LE DÉVOILEMENT DES IGNOMINIES GRECQUES ET LES ASPERSIONS PAR DE PIEUX CONSEILS

The Great Books of Islamic Civilization
Translation Series No.25

Chefs-d'oeuvre de la Civilisation Islamique

LE DÉVOILEMENT DES IGNOMINIES GRECQUES ET LES ASPERSIONS PAR DE PIEUX CONSEILS

Par Shihāb al-Dīn`Umar
Ibn Muhammad al Suhrawardī

Édition critique et commentaire par
Dr. Aïsha Yousef Al Mannai

Traduit par Dr. Mohamed ben Naser
Commenté par M. Albert Abid

دار جامعة حمد بن خليفة للنشر
HAMAD BIN KHALIFA UNIVERSITY PRESS

Hamad Bin Khalifa University Press
P O Box 5825
Doha, Qatar

www.hbkupress.com

Première édition en langue francaise in 2022

Hamad Bin Khalifa University Press

ISBN: 9789927161117

Imprimé au Doha-Qatar

Qatar National Library Cataloging-in-Publication (CIP)

Suhrawardī, 'Umar ibn Muḥammad,1145-1234, author.

[كشف الفضائح اليونانية ورشف النصائح الايمانية]. French

Le dévoilement des ignominies grecques et les aspersions par de pieux conseils / par Shihab al-Din 'Umar ibn Muhammad al Shurawardī ; Édition critique et commentaire par Dr. Aïsha Yousef Al Mannai ; Traduit par Dr. Mohamed ben Naser ; Commenté par M. Albert Abid. First French edition. – Doha, Qatar : Hamad Bin Khalifa University Press, 2022.

pages ; cm. – (The Great Books of Islamic Civilization = Chefs-d'oeuvre de la Civilisation Islamique; 25)

ISBN 978-992-716-111-7
Includes bibliographical references (pages 333-336) and indexes.
Translation of: كتاب كشف الفضائح اليونانية ورشف النصائح الايمانية.

1. Islamic philosophy -- Greek influences -- Early works to 1800. 2. Islam -- Doctrines -- Early works to 1800. 3. Islamic ethics -- Early works to 1800. I. Naser, Mohamed, translator. II. Al-Mannai, Aisha Yousef, editor. III. Abid, M. Albert, author of added commentary. IV. Title. V. Series.

B744.3. S8414 2022
181.07– dc 23 202228431698

CONTENTS

Système de transcription 16

INTRODUCTION DE LA PREMIÈRE ÉDITION 17

Méthode d'édition critique 19

Description des manuscrits 20

INTRODUCTION DE LA SECONDE ÉDITION 24

Couverture du premier manuscrit 25

Première page du premier manuscrit 26

Couverture du deuxième manuscrit 27

Première page du deuxième manuscrit 28

Couverture du quatrième manuscrit 29

Première page du quatrième manuscrit 30

PREMIÈRE PARTIE

Présentation du livre 31

Qui est al-Suhrawardī ? 31

Méthode de critique philosophique d'al-Suhrawardī 34

L'influence d'al-Ghazālī sur la méthode critique des philosophes d'al-Suhrawardī 36

PREMIÈRE ÉTUDE

Dieu et son rapport avec le monde 41

L'opinion des philosophes 41

Les caractéristiques de la Cause première 42

L'éternité du monde : 46

L'émergence du monde de Dieu 49

La position d'al-Suhrawardī 51

DEUXIÈME ÉTUDE

Le Savoir divin des particuliers entre négation et affirmation 65

L'opinion des philosophes 65

La position d'al-Suhrawardī 68

TROISIÈME ÉTUDE

La résurrection entre négation et affirmation 73

L'opinion des philosophes 73

QUATRIÈME ÉTUDE

Les prodiges, al-Karāmāt, entre négation et affirmation 83

L'opinion des philosophes 83

La position d'al-Suhrawardī 88

Conclusion 91

DEUXIÈME PARTIE

Édition critique du livre 97

Introduction 97

PREMIER CHAPITRE

Sur le bonheur et la réussite à suivre les préceptes du Coran et de la Sunna ; Sur la défection et les malheurs de suivre d'autres préceptes 107

DEUXIÈME CHAPITRE

Sur l'origine des hérésies et des égarements, et sur la multiplication des courants de pensée et des énoncés 129

TROISIÈME CHAPITRE

Sur la prise de parti pour la religion en montrant la voie des croyants et sur la réfutation des arguments des vaniteux 141

QUATRIÈME CHAPITRE

Sur l'affirmation des bases de l'unicité et la destruction des fondements de la pensée grecque 153

CINQUIÈME CHAPITRE
Sur la création, l'Ordre divin, la morale et la nature originelle..........171

SIXIÈME CHAPITRE
Sur la bienfaisance et la justice et sur la concordance entre la raison et la tradition..........185

SEPTIÈME CHAPITRE
Sur l'accomplissement de la promesse et l'infidélité de ceux qui renient la résurrection..........199

HUITIÈME CHAPITRE
Sur les deux naissances et la position des hommes véridiques et des vaniteux..........211

NEUVIÈME CHAPITRE
Sur le sophisme des philosophes et la guidance vers les chemins des Prophètes..........219

DIXIÈME CHAPITRE
Sur les créations grandioses de Dieu dans le monde caché..........233

ONZIÈME CHAPITRE
Sur les récits véridiques au sujet des Prophètes et leurs loyaux compagnons..........251

DOUZIÈME CHAPITRE
Sur la question de la vision menant à la conviction, dissipant l'incertitude et l'hésitation..........263

TREIZIÈME CHAPITRE
Sur l'abrogation des fantaisies de celui dont l'illusion est encline aux fausses représentations et aux aberrantes interprétations..........271

AVANT-PROPOS

Le Centre Mohammed bin Hamad Al-Thani pour les contributions musulmanes à la civilisation est heureux de présenter au lectorat français la première de ses publications en langue française, bien qu'il s'agisse du vingtième volume de sa série intitulée *Chefs-d'œuvre de la civilisation islamique.* L'ouvrage est intitulé *Le dévoilement des ignominies grecques et les aspersions par de pieux conseils,* par al-Cheikh Shihāb al-Dīn `Umar Ibn Muhammad al-Suhrawardī, un érudit Hijri du VIIe siècle, qui a écrit cet ouvrage vers la fin de sa vie. Comme la plupart des lecteurs le savent déjà, al-Suhrawardī est également l'auteur du manuel bien connu sur le Tasawwuf *`Awarif al-Ma'ārif.* Cependant, dans son travail, al-Suhrawardī, aidé par le *Tahafut* d'al-Ghazali, affronte les philosophes grecs ainsi que ceux influencés par leurs erreurs méthodologiques, tentant ainsi de justifier une approche fondée sur la foi de plusieurs idées communes à la théologie, la philosophie et le Tasawwuf.

Inutile de dire que la traduction d'un texte hégirien du VIIe siècle, comportant une terminologie particulièrement spécialisée, n'est pas une tâche facile. Notre traducteur, Dr. Mohamed ben Nasser, a cependant effectué un travail remarquable en traduisant cet ouvrage en un français clair et moderne. Il a de même réussi à transformer un texte assez complexe en une écriture plaisante. Ses efforts sont profondément appréciés. Je tiens également à exprimer ma gratitude envers notre évaluateur, M. Albert Abid, pour son travail minutieux. J'espère que la publication du *Dévoilement* sera un ajout important et utile à la bibliothèque d'œuvres musulmanes en langue française.

Enfin, je voudrais exprimer ma gratitude envers notre merveilleuse équipe des Presses universitaires Hamad bin Khalifa pour leur formidable soutien, et pour avoir entrepris le processus de publication du livre avec leur excellence professionnelle habituelle.

Professeure Aïsha Yousef Al Mannai,
Directrice, Centre pour la Contribution Musulmane
à la Civilisation (CCMC)
Doha, 2021

À PROPOS DE LA SÉRIE

L'interrelation et l'interaction des cultures et civilisations humaines ont fait de leurs contributions respectives, dans divers domaines de la vie, le patrimoine commun à tous les êtres humains, à toutes les époques et dans tous les lieux. Les premiers érudits musulmans ont pu communiquer avec leurs homologues orientaux et occidentaux grâce à des contacts établis parfois à la suite de guerres, mais le plus souvent à travers les centaines de centres d'apprentissage qui se sont multipliés depuis al-Andalus (Espagne musulmane) et la Sicile, sur le continent européen, jusqu'aux coins les plus éloignés des États d'Asie centrale et de la Chine. Parmi les éminents érudits musulmans, dont les travaux sont devenus populaires dans ces centres d'apprentissage, se trouvaient Ibn Sīna (Avicenne), al-Ghazālī, Ibn Rushd (Averroès), al-Khwārizmī, Ibn Khaldūn et bien d'autres. Des érudits musulmans, tels ceux cités et bien d'autres, ont produit un immense corpus d'œuvres originales dans divers domaines de la connaissance, la majorité d'entre elles écrites en langue arabe.

Le besoin s'est fait sentir de présenter certaines des œuvres les plus marquantes de cet imposant corpus intellectuel, non seulement pour faire bénéficier un public occidental non musulman, mais aussi pour un nombre croissant de musulmans qui connaissent mieux certaines langues occidentales que leur propre langue maternelle. Et c'est pour répondre à ce besoin que le Centre pour les contributions musulmanes à la civilisation a été créé, où un projet intitulé « Chefs-d'œuvre de la civilisation islamique » a été lancé. Ce projet vise à rendre disponible en anglais et dans d'autres langues européennes une large sélection d'œuvres représentatives de la civilisation islamique dans toute sa diversité.

En sélectionnant les livres de la série, le Centre a pris en compte tous les principaux domaines de la recherche intellectuelle islamique qui pouvaient être représentés. Ainsi, la série comprend-elle des œuvres non seulement sur des sujets plus connus tels que l'exégèse coranique, la tradition prophétique, la théologie, le droit et la jurisprudence, le soufisme, l'histoire et la politique, mais aussi sur des sujets tels que la littérature, la médecine, l'astronomie, l'optique et la géographie. Les critères spécifiques utilisés pour sélectionner les livres individuels étaient les suivants : un livre doit proposer un compte rendu fidèle et complet de son domaine ; il devrait être une source faisant autorité. Le lecteur dispose ainsi de pratiquement toute une bibliothèque d'ouvrages informatifs et éclairants. Une tentative délibérée a été faite pour s'assurer que non seulement le spécialiste et l'érudit, mais aussi le non-spécialiste qui s'intéresse à l'Islam et à son héritage culturel, puisse bénéficier des travaux publiés dans cette série. Ensemble, les travaux devraient constituer une riche source pour l'étude des premières périodes de la pensée islamique.

Chaque livre de la série a été traduit par un érudit qualifié et révisé par un autre expert. Alors que chaque style d'une traduction diffère naturellement d'un autre, à l'instar des styles des auteurs, les traducteurs se sont efforcés, dans la mesure du possible, de rendre les ouvrages accessibles au lecteur commun. En règle générale, l'utilisation des notes de bas de page a été réduite au minimum, bien qu'une utilisation plus étendue de celles-ci ait été nécessaire dans certains cas.

Inutile de dire que le Centre trouve rarement des traducteurs excellents et qualifiés, en particulier dans le domaine des sciences naturelles. Malgré cela, il a persévéré dans ses efforts pour produire des traductions de haute qualité, et encourage les commentaires des chercheurs par le biais de critiques ou de contacts directs avec le Centre.

CENTRE POUR LA CONTRIBUTION MUSULMANE À LA CIVILISATION (CCMC)

Créé en 1983 à Doha, capitale du Qatar, le Centre Mohammed Bin Hamad pour la contribution musulmane à la civilisation a pour objectif de surmonter les obstacles qui entravent la tolérance, la coexistence et le dialogue constructif entre les nations et les cultures, ainsi que de vaincre l'islamophobie qui s'est développée telle un cancer putréfiant le corps de la civilisation humaine, et dont la raison d'être est la prévalence du conflit, de la discorde et de l'hostilité sur le dialogue, la participation, la coopération, et la présentation des musulmans comme les ennemis de la civilisation. Il s'est avéré clairement que l'ignorance de l'Islam, de l'histoire de sa civilisation et des contributions scientifiques, littéraires et culturelles universelles des musulmans à la civilisation humaine, était à l'origine de ces attitudes négatives et de ces perceptions injustifiées.

C'est dans ce contexte que le Cheikh Mohammed bin Hamad Al-Thani, alors ministre de l'Éducation de l'État du Qatar, a créé le CCMC (Centre pour la Contribution Musulmane à la Civilisation) qu'il a personnellement supervisé et dont il a présidé le conseil d'administration. L'objectif principal était de familiariser le public avec les réalisations scientifiques des musulmans et leurs contributions universelles à la civilisation humaine et à son développement. Afin de promouvoir l'idée fondatrice du Centre, le CCMC a entrepris une campagne de sensibilisation par la diffusion de quelques-uns des ouvrages scientifiques islamiques les plus remarquables dans différentes disciplines, et leur traduction dans les principales langues internationales, et ce, dans le cadre de la série *Chefs-d'œuvre de la civilisation islamique.*

La Dr. Aïsha Yousef Al Mannai a pris la direction du CCMC en 2012 et a lancé un programme d'expansion. Un comité ad hoc d'experts internationaux a ensuite été mis en place au Centre et un plan stratégique a été élaboré pour restructurer le CCMC, transformant ce qui était jusqu'alors un simple centre de ressources chargé de la traduction d'œuvres de l'arabe vers l'anglais en un centre de sensibilisation visant à faire connaître aux musulmans et non-musulmans la contribution des musulmans à la civilisation humaine. Doté d'une vision et d'un objectif clairs, le CCMC entend assurer la disponibilité du patrimoine scientifique islamique dans les grandes langues internationales ainsi que la traduction de l'héritage des autres civilisations en arabe.

Objectifs du CCMC :

1. Sensibiliser les musulmans et les non-musulmans au patrimoine de la civilisation islamique.
2. Faire découvrir les contributions des musulmans à la civilisation humaine.
3. Participer à la promotion de la recherche scientifique dans le domaine de la contribution de la civilisation islamique.
4. Permettre aux chercheurs dans le domaine de la contribution de la civilisation islamique d'utiliser le Centre comme plate-forme de communication, de dialogue et de collaboration.
5. Souligner le rôle de l'État du Qatar dans la renaissance du patrimoine de la civilisation islamique (dans le cadre des efforts fournis par l'État dans ce domaine).

Activités du CCMC

1. La traduction d'œuvres arabes dans les grandes langues internationales telles que l'anglais, le français, l'allemand, le chinois, le turc et l'espagnol.
2. La traduction en arabe d'ouvrages de langues internationales.

3. L’analyse des manuscrits islamiques importants et la manifestation de l’intérêt pour tous ceux qui mettent en valeur les contributions universelles de la civilisation humaine.
4. La publication d’ouvrages majeurs abrégés sur la civilisation islamique.
5. L’organisation de conférences et de séminaires académiques sur les contributions des musulmans à la civilisation et la publication des actes après leur révision.
6. L’établissement de contacts, de liens de coordination et de coopération avec des entités et des institutions internationales partageant des intérêts communs.
7. L’organisation de concours de recherche.
8. La participation à des foires du livre dans le monde entier pour identifier les contributions scientifiques islamiques universelles et présenter les réalisations importantes dans ce domaine.

SYSTÈME DE TRANSCRIPTION

Ḍ	ḍ	: ض
Ḥ	ḥ	: ح
Ṣ	ṣ	: ص
Ṭ	ṭ	: ط
Ẓ	ẓ	: ظ
Th	th	: ث
Gh	gh	: غ
Dj	dj	: ج
Sh	sh	: ش
Dh	dh	: ذ
`		: ع
’		: ء
Ā	ā	: آ
Ī	ī	: إي
Ū	ū	: أو

INTRODUCTION DE LA PREMIÈRE ÉDITION (1420 H./1999 AP. J.-C.)

Mon intérêt pour le livre que je présente ici remonte à 1982, alors que j'observais la pensée d'al- Suhrawardī (632 de l'Hégire). Sa personnalité et son soufisme ont fait l'objet d'une thèse de Magister[1] que j'ai présentée devant la Faculté des Études islamiques et arabes à l'Université d'Al Azhar au Caire. Ce livre est resté longtemps à l'état de manuscrit parmi les autres manuscrits d'al- Suhrawardī.

Seule son encyclopédie *`Awārif al- Ma`ārif, les définitions des connaissances*, a fait l'objet d'une édition, à laquelle le nom d'al- Suhrawardī est intimement lié. On dit d'ailleurs : « *le Suhrawardī des définitions des connaissances* » pour le distinguer des autres patronymes de la ville de Siharaward.

Ce livre peut être considéré comme l'une des œuvres majeures de l'héritage islamique, et ceci malgré le désintérêt des chercheurs arabes pour cette œuvre[2], ce qui explique que ce livre n'ait jamais bénéficié

1 Thèse éditée sous le titre *Abū Ḥafṣ `Umar al- Suhrawardī, sa vie et son soufisme.* Dār al- Thaqāfa, Doha, Qatar, première édition 1991.

2 Ce livre a suscité de l'intérêt dans la culture iranienne. Traduit en persan par Mu`īn al- Dīn Djamāl Ibn Djalāl al- Dīn Muhammad al-Mashhūr bi Mu`allam Yazdī (789 H.), corrigé et édité par Nadjīb Māyil Harāwī, Iran (1365 H.), 522 pages. Le traducteur, selon Harāwī n'a pas respecté à la lettre le texte d'al-Suhrawardī : « Le traducteur a ajouté de nouvelles questions, comme s'il avait rédigé une étude sur le livre et non une traduction. Il a inventé lui-même une introduction pour chacun des 15 chapitres. Il a même apporté deux nouveaux chapitres de conclusions de son invention. » Cependant, de notre côté, nous pensons que lesdites conclusions sont l'œuvre d'al- Suhrawardī lui-même et non une invention du traducteur persan. La preuve à ce que nous avançons réside premièrement dans le fait qu'al-Suhrawardī les avait lui-même annoncées dans son introduction. Il dit dans l'ensemble des manuscrits consultés : « J'ai subdivisé mon livre en 15 chapitres en plus de deux chapitres de conclusions. » Deuxièmement, les deux conclusions du

d'une édition critique et soit resté à l'état de manuscrit dans de nombreuses bibliothèques. Ce livre montre cependant les efforts des soufis pour réfuter les philosophes, démontrer la vacuité de leur philosophie et la combattre en mettant en avant ses vices et ses manquements, puisque les philosophes eux-mêmes n'ont pas réussi à atteindre la vérité, et ce, malgré le fait qu'elle soit un but commun au philosophe et au soufi.

Le livre traite du dévoilement des ignominies grecques. Al-Suhrawardī a tenté de les dévoiler à travers des controverses entre les philosophes et lui-même pour démontrer la faiblesse de leurs apports concernant les sciences métaphysiques – poussé en cela par son zèle à défendre la religion musulmane partagée par tous, et dont les philosophes se sont éloignés en privilégiant et en donnant la priorité à la raison, la lecture et l'emprunt à la philosophie grecque. Al-Suhrawardī s'étonne que les philosophes puissent en même temps appeler à la croyance et s'éloigner des lumières de la *Sharī`a*. C'est ce qui l'a poussé à rédiger ce livre. Il dit : « en ces temps-là, un groupe de jeunes oisifs et ignorants se sont intéressés à la lecture d'une philosophie dont les écrits étaient enjolivés et y ont pris goût ; ce qui les a éloignés des sciences religieuses, du *ḥadith* et du Coran. C'est pour cela que j'ai été poussé par une fièvre de croyance à défendre les sciences religieuses et rejeter les sciences philosophiques. »[1]

Ce livre est un essai pour faire barrage à la philosophie grecque et pour le dévoilement de ses manquements, afin qu'une partie des musulmans s'en éloignent et reviennent à la croyance pure et à la *Sunna*. Comme le disait Brockelmann à propos de ce livre, c'est « une tentative pour défendre l'Islam contre les études philosophiques

---

traducteur Mu`allam Yazdī, dans le corpus arabe, diffèrent de celles du principal auteur al-Cheikh al-Suhrawardī, bien que ces conclusions, de part et d'autre, portent les mêmes titres. Pour clore ce sujet, nous constatons qu'il y a bien deux conclusions écrites par al-Suhrawardī mais modifiées lors de la traduction persane faite par Yazdī.

1 *Rashf al-Naṣā'iḥ al-Īmāniyya*, Manuscrit de Ma`had Iḥyā' al-Makhṭūṭāt al-`Arabiyya, le Caire, numéro 136, *Tawḥīd*, p. 5.

grecques dédiées au calife al-Nāṣir dont le nom a été cité plusieurs fois comme gardien de la tradition ».[1]

On peut dire qu'al-Suhrawardī a réussi sa démarche, comme nous allons le démontrer à travers l'édition critique de ce livre. Il a rédigé ce livre onze ans avant sa mort et l'a dicté à l'un de ses élèves au moment où sa vue déclinait. Il dit « la Volonté de Dieu m'a poussé à la rédaction de ce livre au mois de joumada en l'an 621 H. /1224, malgré ma cécité qui m'empêche de lire et d'*écrire, ce qui* m'oblige à demander de l'aide à l'un de mes élèves ».[2]

Méthode d'édition critique

J'ai essayé, dans ce texte important, de faire une édition critique et de suivre une méthode scientifique telle que je l'ai apprise à travers mon étude des manuscrits, ainsi que dans les livres spécialisés.

Ma méthode consiste premièrement à m'assurer du titre du livre et de sa véritable appartenance à son auteur. Al-Suhrawardī ne cite pas le nom du livre dans son introduction, comme il l'avait fait dans ses *Définitions des connaissances* et dans ses autres épîtres. J'ai eu la certitude que le titre était exact en comparant le contenu du livre avec le titre – qui sont identiques – puis je m'en suis assurée, deuxièmement, en comparant les titres des quatre manuscrits de ce livre que j'ai découverts. L'unique différence consistait dans la position inverse des deux composantes du titre.

Dans le premier manuscrit, nous pouvons observer sur la couverture une inscription d'un titre en anglais alors que dans la deuxième page de couverture, le titre est inscrit, lui, en arabe, en position inverse de la composante précédente. Dans le troisième manuscrit, le copiste, après la formule d'invocation à Dieu, inscrit le titre *Définitions des connaissances*. Alors qu'à la fin de la première partie du manuscrit il

1 Carl Brockelmann : *Gechichte Der Arabischen Litterature*, 1943, page 569.

2 *Rashf al-Naṣā'iḥ*, manuscrit 2, feuillet 144.

inscrit *Conclusion du livre, Aspersions...*. Enfin dans le quatrième manuscrit, le copiste met en avant le titre «*Dévoilement des ignominies* mais il a été corrigé par une note claire sur l'expression *Aspersions de pieux conseils*, affirmant qu'elle devait être placée avant l'autre titre.

Le troisième élément de ma méthode consistait à m'assurer de la validité du titre et de sa concordance chez les historiens[1]. Muhammad Iqbal s'est trompé en attribuant ce livre à « al-Suhrawardī, le martyr » dans l'exposé philosophique de son livre *Évolution de la métaphysique en Perse*[2]. Le Dr. Abdel Ḥamid Madkūr a démontré également l'inanité de cette attribution, car le vrai al-Suhrawardī est Shihāb al-Dīn `Umar Ibn Muhammad, l'auteur des *Définitions des connaissances.* [3]

Le quatrième élément de ma méthode consistait à comparer les deux styles d'écriture entre, d'une part, ce livre-ci et celui des *Définitions des connaissances*. J'ai trouvé une concordance de style, les différentes citations religieuses de ces écrits sont semblables et concordantes. Al-Suhrawardī cite abondamment son oncle et Maître Abū Nadjīb al-Suhrawardī, et affirme s'en être inspiré pour les *Définitions* et les *Aspersions*.

Description des manuscrits :

J'ai classé et comparé les différents manuscrits selon leur date de copie.

- La copie que j'ai utilisée comme base principale et que j'ai nommée « copie numéro 1 » se trouve au département des manuscrits de la bibliothèque de l'Université *Umm al-Qurā* à la Mecque sous le numéro 5286. Elle a été écrite en *naskh* et était

1 Ibid., Brockelmann page 569, et *Encyclopédie de l'Islam* Traduction al-Shintanāwī, entrée al-Suhrawardī, volume 12, page 297. Voir aussi, *Wafiyyāt al-A`yān* de Ibn Khillikān, édition critique du Dr. Iḥsān `Abbās. Beyrouth, annotation 496, volume 7, page, 323.

2 Traduit de l'anglais par Dr. Ḥasan Maḥmūd al-Shāfi`ī, al-Dār al-Fanniya li al-Nashr, 1989, pages 96-110.

3 *Al-Dīn wa al-Falsafa `Inda Iqbāl*, commentaire 48, Madjallat Munīr li al-Ḥiwār, numéro 16, 4e année 1990, Beyrouth.

claire et lisible. Elle ne comporte pas le nom du copiste, et dans les marges sont inscrits des commentaires et des corrections. La date de la copie est inscrite sur la première de couverture en langue anglaise, et correspond au VIIIe siècle de l'Hégire (XIVe de notre ère). Elle mesure 15 x 2 centimètres. Le nombre de folios est de 32. Le titre est écrit sur le dernier folio accompagné de l'expression « un des livres rares où il manque la dernière page, non rédigée ». En vérité ce manque concerne deux feuillets qui, eux, comportaient les deux colophons. Le manuscrit se termine par l'expression suivante : « les Qarmates par rapport aux Hanbalites sont des assimilateurs et les Hanbalites sont… ».

- Le deuxième manuscrit que j'ai nommé « copie numéro 2 » se trouve à l'Institut des manuscrits arabes du Caire sous le numéro 136, section monothéisme, microfilmé du manuscrit numéro 728 en *naskh* lisible. Le nombre de feuillets est de 164. On estime que la date de sa copie est le IXe siècle de l'Hégire. Elle comporte un manque au folio numéro 10 « de `Uquayl, de Ibn Shihāb, de 'Urwa Ibn Zubayr, de Aïcha, qu'elle soit agréée de Dieu qui a dit : ''Le premier acte du Prophète, que les bénédictions et le salut de Dieu soient sur lui'' » jusqu'*à la phrase, «* il a dit à notre Prophète : ''Ceci est la Loi révélée à Moïse'' ». Les marges sont presque intactes à part quelques mots corrigés parfois, et ce, sur 4 folios du manuscrit ; on trouve un long commentaire sur la marge n° 57. Le nom du copiste est cité sur la page de couverture, al-Cheikh Shihāb al-Dīn Ibn al-Badr al-Shāfi`ī al-Muqri' à Tripoli. On y trouve aussi l'inscription suivante sous le nom du copiste : « la copie de ces lignes est attribuée au malheureux serviteur de Dieu : `Abd Allah al-*Ṭālabānī* ». Je suppose que c'est lui qui possédait ce manuscrit et que c'est lui qui a inscrit le nom du copiste.

- Le troisième manuscrit que j'ai nommé « copie numéro 3 » se trouve à la bibliothèque de Berlin – comme mentionné par Brockelmann –, sous le numéro 2078. Après quelques déboires, j'ai pu l'emprunter au département des manuscrits de la bibliothèque de Pologne où il avait été transféré sous le numéro MS. 769. Cette copie est d'une écriture peu lisible et se compose de 122 folios. Le texte d'al-*Suhrawardī* est compris entre les pages 94 et 216. Un troisième colophon en persan a été rajouté, je suppose par le copiste. Aux marges de cette copie, on trouve quelques commentaires. De nombreuses phrases manquent aussi, et au moins trois folios manquent à la phrase : « Le texte révélé dans nombre de ces versets où Dieu dit… », cela correspond à la deuxième ligne avant la fin du folio 27 du manuscrit n° 1, là où il est dit : « il n'est permis à personne de s'attrister, Il a dit que chacun rentre chez soi… ». Cela correspond à la ligne 5 du folio 28 du manuscrit n° 1.

- Le quatrième manuscrit que j'ai nommé « copie numéro 4 » se trouve à Dār al-Kutub al-Miṣriyya au Caire, sous le numéro B-37808, microfilmé sous le numéro 10397. Ni le nom du copiste ni la date n'y figurent. Il se compose de 120 folios en *naskh* bien lisible. Dans les marges se trouvent de nombreux commentaires et corrections tantôt en arabe tantôt en persan. Il comporte des manquements à partir de la citation : « celui dont la science ne provient pas de la lumière prophétique… ». Cela correspond à la ligne 3 du folio 161, du manuscrit numéro 2.

- J'ai tenté, dans cette édition critique, de conserver intact le texte de l'auteur malgré quelques modifications ; la comparaison du manuscrit de base – numéro 1 – m'ayant conduit à modifier des mots apparaissant dans les trois autres. Pour cela, je les ai indiqués dans la marge. J'ai aussi marqué la *hamza* dans les mots où elle avait été supprimée (comme c'était l'habitude dans l'écriture arabe ancienne). Par exemple : al-*Sharā'i`, al-Ayimma, al-Sha`ā'ir, al-Zā'ighīn, al-Khazā'in, al-Ibā', al-Samā', Tis`umīya, Thalāthumīya*. De la même manière j'ai signifié le *alif* là où il avait été supprimé, comme *al-Smāwāt, Ismā`īl, Isḥāq…*

Les commentaires sur les marges concernent l'emplacement des versets dans le Coran, l'authentification du *ḥadith* et la vérification de certaines citations. J'ai fait de même pour les commentaires et les explications de concepts.

J'ai opéré pour les marges de la manière suivante : en les partageants en deux catégories, la première étant celle concernant la comparaison des manuscrits et leurs différences, (je les ai numérotés) ; la deuxième catégorie concerne les commentaires scientifiques que j'ai classés par ordre alphabétique. Cette méthode me paraît apporter une plus grande facilité au lecteur.

Il est aussi important de citer les manuscrits rédigés en persan qui figurent dans la bibliographie établie par le professeur Ahmad Manzawī. Ils sont utilisés par l'éditeur critique de la version persane de notre manuscrit :

1. Le premier manuscrit en persan se trouve à la British Library de Londres sous le numéro Add-23580. C'est la copie la plus fiable et qui correspond le mieux au texte arabe. Elle comporte 156 feuillets. Son copiste est `Abd Allah Ibn Faḍl Allah al-Nīsābūrī.

   Le deuxième manuscrit en persan se trouve à la Bibliothèque de la Madrasa d'al-Shahīd Muṭahharī, en Iran, sous le numéro 1346. Copie augmentée par des introductions de `Ayn al-Quḍat al-Hamadānī dont le copiste est Muhammad Sālaḥ Mahmūd Ibn Burhān. Il a été dit au sujet de cette copie par Mu`īn al-Dīn Yazdī : « C'est une copie pleine d'erreurs, et si son copiste est chiite cela diminue sa valeur… On peut remarquer plusieurs citations ou *ḥadith* qui ne sont pas conformes aux idées du véritable copiste et qui ont été éliminés… »

INTRODUCTION DE LA SECONDE ÉDITION

J'avais démontré lors de la première édition l'importance capitale du livre *Rashf al-Naṣā'iḥ al-Īmāniyya* de l'Imam al-Suhrawardī, auteur aussi du livre *`Awārif al-Ma`ārif.* J'avais aussi exposé la méthode scientifique suivie dans l'édition critique du livre et dans la description des quatre manuscrits utilisés.

Après l'accord donné par le ministère de la Culture, des Arts et du Patrimoine du Qatar pour une édition nouvelle du livre, j'ai de nouveau repris le texte afin d'y apporter, si nécessaire, des corrections ou des améliorations possibles. Hélas, je n'ai rien trouvé à rajouter de plus sur l'ancien texte. Les seuls changements effectués ont consisté à reporter les annotations comparatives des manuscrits utilisés à la fin du livre en gardant telles quelles les annotations de commentaires en bas des marges du texte. Pourtant, j'ai espoir que de nouveaux chercheurs apporteront de nouvelles modifications et corrections dans une autre édition critique de ce précieux manuscrit.

Une fois de plus, je formule mon éloge pour cette nouvelle édition, et je remercie le ministère de la Culture, des Arts et du Patrimoine, et surtout Son Excellence Monsieur le Ministre, Dr. Hamad ben Abdulaziz al-Kawari, pour les efforts considérables déployés afin de promouvoir le patrimoine culturel islamique.

Fait le 1er Ramadan 1430 H./22 septembre 2009.

Couverture du premier manuscrit

كتاب
رشف النصايح الايمانية وكشف الفضايح اليونانية من
تصانيف الشيخ الامام العالم العامل العارف الرباني
مظهر الحقايق ومظهر الدقايق برهان الحق حجة الله
على الخلق قطب الوقت شهاب الملة والدين شيخ
الاسلام والمسلمين ابي عبد الله عمر بن محمد
السهروردي قدس الله روحه العزيز

Première page du premier manuscrit

بسم الله الرحمن الرحيم — الحمد لله المنقذ من الضلال ومنهم من العلم الناس ما يبلغ غايات الآمال والمنع على أوليائه بنشر اليقين الساطع الناطع لا بالجهل اللازم والجهل الذي شرح الصدور بالكتاب المسطور وجعل القلب بالأوضع فيوضع عظيم شرع كاللوح المحفوظ والبيت المعمور المزين بالبهج والرور الراضي بالمقدور الماضي بالسعادة للآني بالمأمور وبالثقافة لمن يكب المنتهى الحمود المنان بالإحسان من بعثه محمدًا أعلم وأنزل القرآن الهادي الطريق الرشيد بالوعد والوعيد والتهديد والتشييد تنزيل من حكيم حميد ثم عظم من البركة أنجانا زم قلوب الطغام الجهال ولم يطرق إلى حريم غرائبه ومجانبه الا العين من الرجال الذين رقوا في معارج التزكية والتحلية لا يدري لاستصفا ولطيف التدبير والاعتبار فكانها بطائرها بسر العلم المكنون الحروي وذلك وأولاده دلالة معنوية حقيقة غير الولادة البشرية الطبيعية فلهم بالولادة لا ترتبط ارتباط بعالم الملك والسهادة وبالولادة الثانية لهم ارتباط بعالم الغيب والملكوت الخاص للعباد ومحمد السعادة فصار لهم كون في عالم الغيب وانفصال من شبهة الشك والريب فأطلعوا على العلم الكلي الذي لا يكاد استعداد وطهارة الفطرة مكتسبه ولم ينتفعوا بالعلم الجزوي الذي كتبه أوائل الأفكار متنصت المستبعدين في مهاميه لا ستنار البعيد بعبور الفطاير المتددة للأوزار فالكلي كريمة من معينه لا ينبا فرغم من الشرايع والمجزوي قمه المحبسين في مطاميرالبتدعة آخرين على علم الأفلاك والنجوم والطبايع فإن العلم الكلي يشع أنواره من سبك ينتقله إلى علي كشمس طبيب اصلها ثابت وفرعها في السماء والجزوي المنصرف إليه تصغ احرز الملك يهوي ينتقله إلى جهنم كشجرة خبيثة اجتنبت من فوق الأرض ما لها من قرار فضلا من الكريم على ارتضاء واجتباء وغل لا من سماح يجبى من أبده وأقصاه فالعلم النافع حظا اتباع لا نبا على الحظ والحظ الوافر لذوي ملة الإسلام وبعد فمدينة السلام وسميتقر بالإسلام سيدنا ومولانا الناصر لدين الله أمير المؤمنين رضوان عنه من حيث استهلت من تركة كلية للاتباع ودول جعلت مستقل السكينة الدينية النبوية براميية وجميع العلوم الشرعية والملة الحنيفية قوت في لوح الجهاد الباذخ والعلاء الشامخ بذوقا وانزقت بالسارة الآلاف لجميع فيها سبعا طباقا تمثل جمال ما في السلام وما إليه وارفت طلبا الكنف تنفض العوالم طعنا للمقيقة النبوتة بمعارف فضلا وعدها فخنان إلى حوار أعناب السنة الشريفة لحماج الملى فشدوا وإبابيا الرجال وحطوا بنا أقسلا استمر آمال وآثر المنام في أدياتها الزهاد والعبادة وأهل الجهد ولا اجتهاد من أهل العلم والعمل ثم تمتدا بك فضلهم فضلا لا ينحل مع تنوقر اتسام الدين من العلم والعمل تزينت بضاءة بعنها رأينا بنيق مستظهر من أقسام الخطوط العاطلة من لأمن والذعة والرونق والبيعة

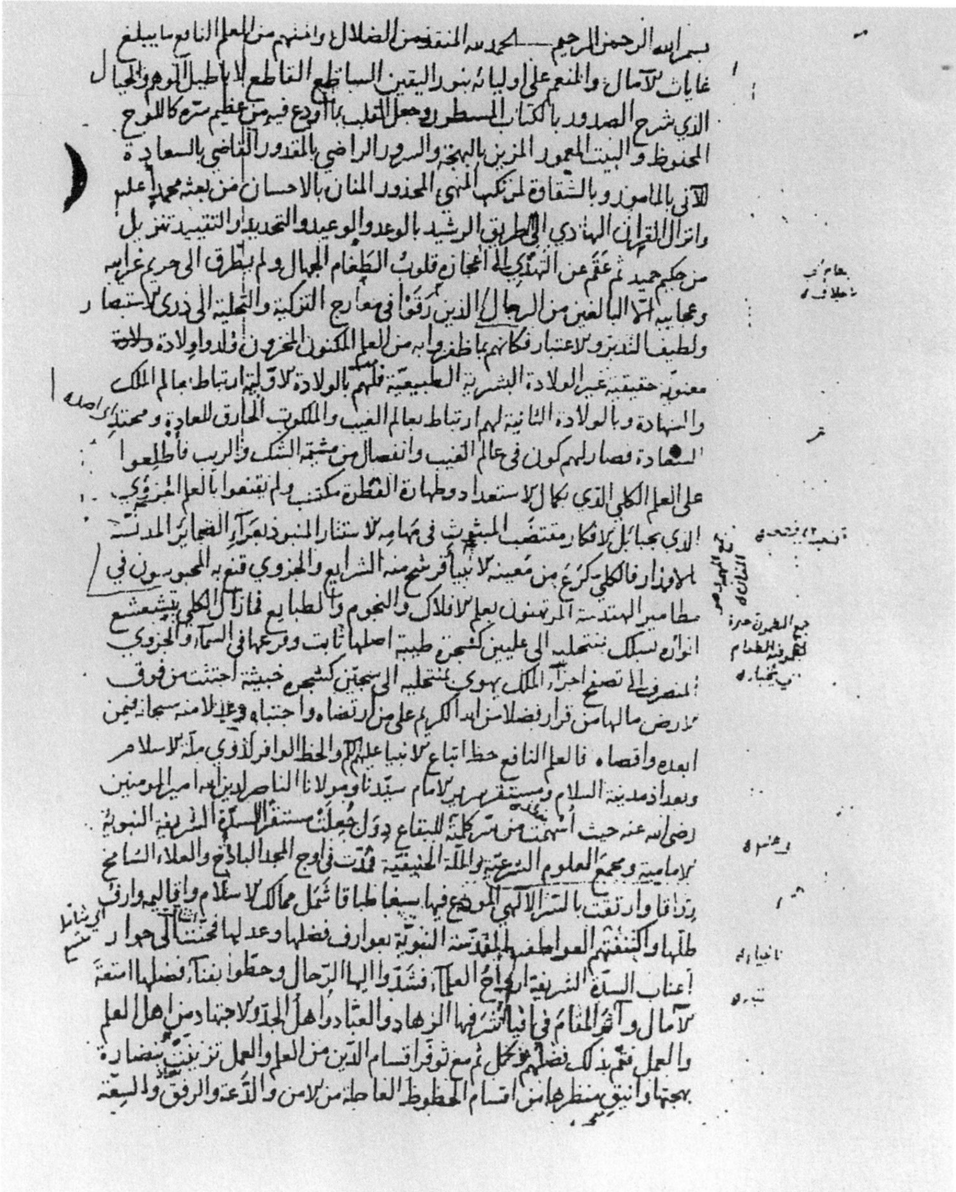

Couverture du deuxième manuscrit

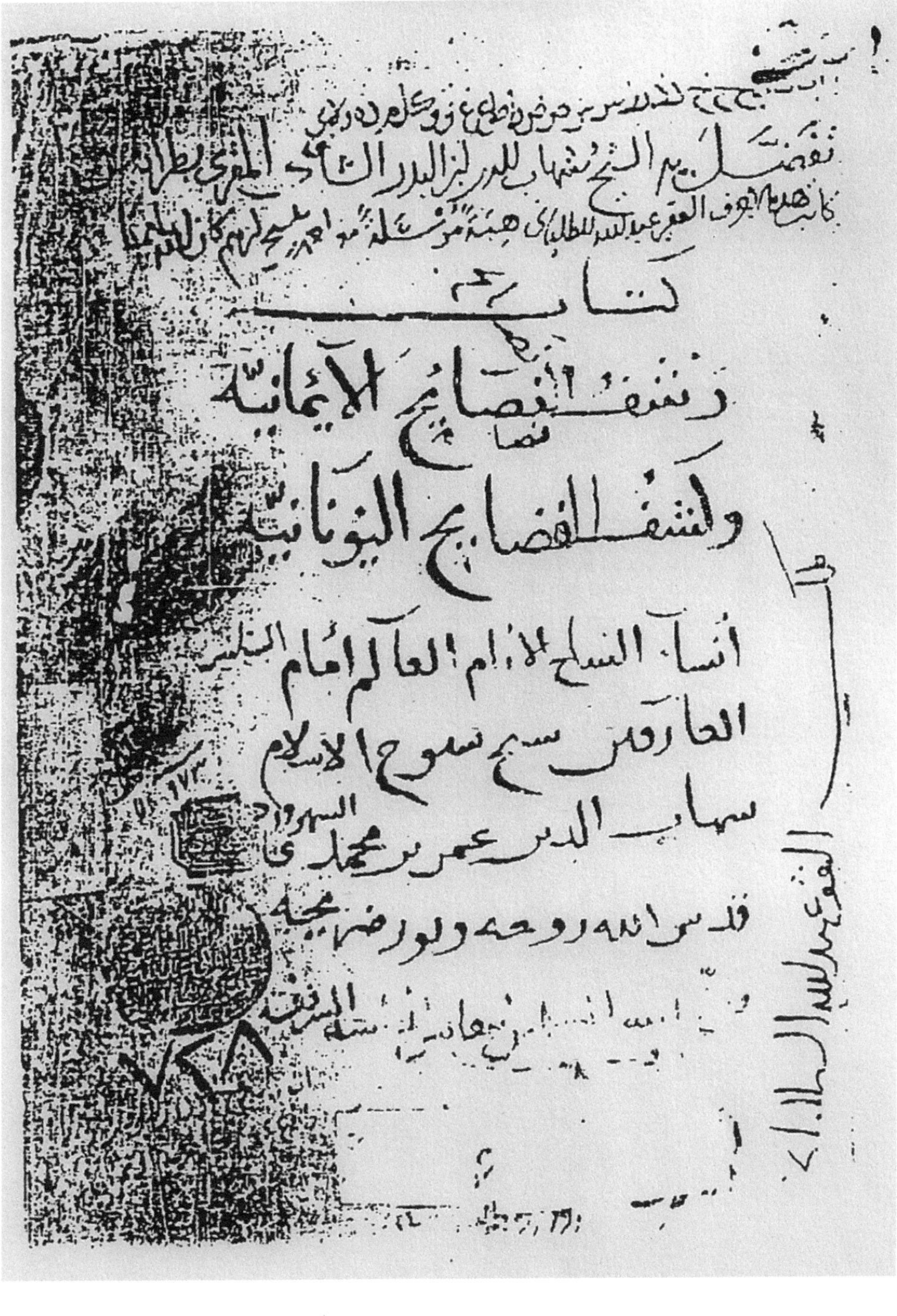
كتاب

رشف النصائح الإيمانية

وكشف الفضائح اليونانية

انشاء الشيخ الامام العالم الامام المسلك

العارف شيخ شيوخ الاسلام

شهاب الدين عمر بن محمد السهروردي

قدس الله روحه ونور ضريحه

Première page du deuxième manuscrit

بسم الله الرحمن الرحيم
الحمد لله المنقذ من الضلال، والملهم من
العلم النافع ما يطلع غايات الآمال
والمنعم على أوليائه بنور اليقين الساطع
القاطع لأباطيل الوهم والخيال، الذي
شرح الصدور بالكتاب المسطور، وجعل
القلب بما أودع فيه من عظيم سره كاللوح
المحفوظ والبيت المعمور المزين بالبهجة
والسرور، الراضي بالمقدور، القاضي
بالسعادة للآتي بالمأمور وبالشقاوة
لمرتكب المنهي المحذور، المنان بالإحسان
من بعثه محمدا النبي عليه السلام وإنزال
القرآن الهادي إلى الطريق الرشيد بالوعد
والوعيد والتهديد والتفنيد تنزيل من
حكيم حميد، ثم عميهم عن التهدي إلى إعجازه
قلوب الطغام الجهال، ولم يتطرق إلى حريم
غرائبه وعجائبه إلا البالغين من الرجال

Couverture du quatrième manuscrit

Première page du quatrième manuscrit

بسم الله الرحمن الرحيم وبه نستعين

الحمد لله المنقذ من الضلال والملهم من العلم

النافع ما يبلغ غايات الامال والمنعم على اوليائه

بنور اليقين الساطع القاطع لاباطيل الوهم

والخيال الذي شرح الصدور بالكتاب المسطور

وحبس القلب بما اودع فيه من عظيم سره كاللوح

المحفوظ والبيت المعمور المزيح بالبهجة

والسرور الراضي بالمقدور القاضي

بالسعادة للاتي بالمامور وبالشقاوة

لمرتكب المنهي المحذور المنان

منان من علينا بنعمة محمد النبي صلى الله

عليه وسلم وانزال القران

الهادي الى الطريق الرشيد

١٨

PREMIÈRE PARTIE

PRÉSENTATION DU LIVRE

Qui est al-Suhrawardī ?

Al-Suhrawardī est l'un des Imams du soufisme parvenant au stade de la vertu, *al-Iḥsān*[1], troisième rang religieux de l'Islam. Son nom complet est Abū Ḥafṣ Ibn Muhammad Ibn `Abd Allah Ibn `Umayr al-Suhrawardī al-Baghdādī (539-632 H./1145-1235). Il est le fondateur de la confrérie al-Suharawardiyya, considérée comme l'une des plus célèbres confréries du VIe et du VIIe siècle de l'Hégire. Sa particularité réside dans l'union de deux concepts : la Loi et la Vérité, « *Sharī`a, Ḥaqīqa* »[2]. Elle est également nommée la confrérie al-Ṣiddīqiyya en référence au premier calife de l'Islam Abū Bakr Ibn al-Ṣiddīq, qu'il soit agréé de Dieu.

Al-Suhrawardī déclare hors du véritable soufisme toute personne qui ne respecte pas la Loi, *Sharī`a* : « Cela même est le seuil espéré. Suivre les préceptes de la Loi est le rang des vulgaires, ceux qui sont limités dans la perception des savoirs. C'est bien une forme d'athéisme et d'éloignement de la religion. Toute vérité réfutée par la Loi est une forme d'athéisme. Ceux-là ignorent que la Loi est l'impératif de la dévotion. L'individu doit alors suivre certaines règles supplémentaires réservées aux personnes d'un niveau de religiosité élevé. Il n'est pas

1 Ce rang est cité dans les dits du Prophète, que les bénédictions et le salut de Dieu soient sur lui, lors du questionnement de Gabriel, que la paix soit sur lui, autour des notions de la foi, de l'Islam et de la vertu. La réponse du Prophète, que les bénédictions et le salut de Dieu soient sur lui, au sujet de cette dernière notion est : « *Adore Dieu comme si tu Le vois, car si tu ne Le vois pas, Lui, Il te voit* ».

2 *Zād al-Musāfir wa Adab al-Ḥāḍir*, manuscrit déposé à l'Institut des Manuscrits Arabes du Caire, n° 246, département Taṣawwuf, page 1.

autorisé de se défaire des obligations légales, ni se dévier du bon chemin, ni de corrompre ses comportements ».[1]

Al-Suhrawardī a suivi, dans son approche, le même chemin qu'al-Sirādj al-Ṭūsī (378 H.), auteur du *Kitāb al-Luma`*, al-Qushayrī (465 H.), auteur de *Kitāb Risālat al-Qushayrī*, al-Makkī (386 H.), auteur de *Qūt al-Qulūb*, al-Ghazālī (505 H.), auteur de *Iḥyā' `Ulūm al-Dīn*, et de nombreux autres auteurs.

Il a été l'élève du maître Abū Nadjīb al-Suhrawardī (563 H.), d'al-Cheikh `Abd al-Qādir al-Djaylānī (561 H.), d'Abū Muhammad al-Qāsim Ibn `Abd al-Baṣrī (580 H.), et d'autres encore.

Al-Suhrawardī a rédigé de nombreux livres et épîtres, dont les plus importants sont :

1. *`Awārif al-Ma`ārif*
2. *A`lām al-Hudā wa `Aqīdat Albāb al-Tiqā*
3. *Nukhbat al-Bayān fī Tafsīr al-Qur'ān*
4. *Ḥilyat al-Faqīr al-Ṣādiq fī al-Ṭaṣawwuf*
5. *Risālat al-Sayr wa al-Ṭayr*
6. *Djadhb al-Qulūb ilā Muwāṣalat al-Maḥbūb*
7. *Zād al-Musāfir wa Adab al-Ḥāḍir*
8. ***Rashf al-Naṣā'iḥ al-'Īmāniyya wa Kashf al-Faḍā'iḥ al-Yūnāniyya (Le dévoilement des ignominies grecques et les aspersions par de pieux conseils)***

Le soufisme d'al-Suhrawardī est un soufisme sunnite soumis au Coran et à la *Sunna*. En effet, ses écrits sont caractérisés par de très nombreuses citations coraniques et traditionnelles, un texte garni de récits et de démonstrations tirées de la tradition religieuse.

1 *`Awārif al-Ma`ārif*. Maktabat al-Qāhira. Le Caire 1973, page 77.

De nombreux chercheurs ont confirmé l'empreinte d'al-Suhrawardī dans le soufisme d'al-Ghazālī (505 H./1112 apr. J.-C.). Son soufisme apparaît comme une continuation au soufisme de son prédécesseur.

Le livre d'al-Suhrawardī, *`Awārif al-Ma`ārif* est souvent édité en marge du texte d'al-Ghazālī, *Iḥyā' `Ulūm al-Dīn*, ce qui indique la complémentarité des deux textes. La seule différence notable entre les deux livres réside dans le fait qu' « *al-`Awārif* s'adresse essentiellement aux soufis, tandis que *Iḥyā'* vise l'ensemble des croyants ».[1]

En effet, nous avons relevé des passages entiers du texte d'al-Ghazālī reproduits dans le livre d'al-Suhrawardī. Cela confirme la forte influence exercée par al-Ghazālī sur al-Suhrawardī. Mais, mis à part ce constat, nous ne pouvons affirmer que ce dernier n'a fait que copier son prédécesseur sans aucun apport personnel dans le domaine du soufisme et les autres sciences.

Al-Suhrawardī s'était érigé en défenseur de la pensée islamique contre la pensée et la philosophie grecque et contre le courant des philosophes péripatéticiens chez les musulmans, comme Avicenne par exemple.

Il avait rédigé un livre sur le sujet, qualifié par l'Encyclopédie de l'Islam comme « un livre basé sur la controverse, et consacré à l'étude de la philosophie grecque et aux philosophes musulmans de cette tendance »[2]. L'Encyclopédie de l'Islam confirme l'analyse selon laquelle al-Suhrawardī aurait été influencé par la méthode critique d'al-Ghazālī dans ses livres *Maqāṣid al-Falāsifa* et *Tahāfut al-Falāsifa*, mais qu'il n'arrive pas à atteindre le même niveau analytique et critique que son mentor. Al-Suhrawardī « s'est borné à une critique des philosophes musulmans dans une approche scolastique et suivant l'approche d'al-Ghazālī, mais il ne parvient pas à saisir le sens de la philosophie tel al-Ghazālī dans *Tahāfut* »[3].

---

1 Baron Carra de Vaux, *Gazali*, traduction de `Ādil Z`aytar, al-Mu'assasat al-`Arabiyya li al-Dirāsāt wa al-Nashr. Beyrouth, 2e édition, 1984, page 206.

2 *Encyclopédie de l'Islam*, traduction al-Shinnāwī, volume 12, entrée Siharaward, page 297.

3 Ibid., E.I.

Méthode de critique philosophique d'al-Suhrawardī :

Une lecture approfondie du livre nous a permis de relever les différents points d'accord entre les deux auteurs, al-Ghazālī et al-Suhrawardī, ainsi que les apports personnels de ces derniers. Dans l'introduction du livre, al-Suhrawardī se vante de sa contemporanéité avec le régime politique du calife al-Nāṣir li Dīn Allah[1], une période marquée, selon l'auteur, par l'expansion et le développement des sciences religieuses, de la morale, des sciences du Coran, de l'exégèse et du *ḥadith*. Il signale la disparition rapide des autres savoirs indésirables, notamment la philosophie. Pratiquer la philosophie était passible de lourdes sanctions et mettait son adepte au ban de l'Islam.

Al-Suhrawardī va encore plus loin dans sa guerre contre la philosophie ; il constate avec amertume la tendance de certaines personnes à amalgamer le texte légal avec une pensée dite rationnelle. Son livre se propose comme une réfutation implacable de ce courant intellectuel. Plusieurs fois dans son écrit, al-Suhrawardī jette son anathème sur les philosophes musulmans en les classant parmi les athéistes, les matérialistes et les manichéens. Ils sont semblables, dans sa conception rigoureuse, aux idolâtres, inventeurs d'une forme d'idolâtrie identique aux idoles préislamiques comme al-Lāt, al-`Uzzā, et Hubal, fruit de leur imagination et leur raisonnement détraqués[2]. En ces termes, les philosophes, et à leur tête Avicenne et al-Farābī, se sont mis en dehors de la communauté des croyants. Il dit : « La plus grande catastrophe réside dans le fait que des personnes ont intériorisé la mécréance en se drapant par la cape de la communauté. Ils se réclament de la communauté, ils se mélangent aux gens de l'Islam, mais ils prétendent exceller dans l'étude de la philosophie et du matérialisme. Ils ont trouvé en leurs disciples des proies faciles pour

1 Abū al-`Abbās Ahmad al-Nāṣir li Dīn Allah Ibn al-Mustaḍī' bi Allah (622 H./1225 apr. J.-C.). Un des règnes les plus longs sous les Abbassides. Il durera plus 46 ans et 10 mois jusqu'à la fin du règne des Seldjoukides en Iraq. Source: `Abd al-Malik Ibn Ḥasan al-Makkī, *Simt al-Nudjūm al-`Awālī*. Édition al-Salafiyya, volume 3, page 378.

2 Ibid., *Rashf al-Naṣā'iḥ*, feuillet 29.

la diffusion et la propagation de leur savoir en le présentant comme la quintessence de la science et de la sagesse. Ils ne font que déstabiliser et corrompre des âmes naturelles et pures. Ils ont attaqué l'Islam de l'intérieur et l'ont fait dévier de sa vraie norme. Ils sont les suppôts de Satan, participant avec lui à l'égarement des croyants et à la dissimulation de la vérité. Dans ce même sens, Dieu, le Très-Haut, dit : *''Il vous voit, lui et ses suppôts, d'où vous ne les voyez pas.''*[1] Les philosophes se montrent artificiellement appliqués dans l'étude des sciences religieuses, en exhibant et en ventant leur savoir dans les cercles scientifiques et les lieux des controverses intellectuelles. Nous désignons ces fervents adeptes d'Aristote par leurs noms : Avicenne, Abū Naṣr al-Farābī »[2].

Les philosophes sont coupables d'après notre auteur d'avoir délaissé la Loi, al-*Sharī`a,* au profit de la raison, *al-`Aql.* Al-Suhrawardī continue dans sa diatribe contre les philosophes : « ils ont amalgamé les lois légales et les rationalités ; ils ont mélangé la question religieuse avec les choses les plus basses. »[3]

Le livre d'al-Suhrawardī ne vise pas uniquement les philosophes cités plus haut, comme l'avait écrit al-Ghazālī, mais il élargit sa palette critique pour englober un nombre considérable de philosophes musulmans qu'il désigne nommément : « Ah ! Vous qui prétendiez être musulmans, des plus anciens aux plus tardifs, vous les Ya`qūb al-Kindī, Ḥunayn Ibn Isḥ*āq*, Yaḥya al-Naḥwī, Abū al-Faradj al-Mufassir, Abū Sulaymān al-Sidjrī, Abū Sulaymān Muhammad Ibn Mish`ar al-Maqdisī, Abī Bakr Thābit Ibn Qurra al-Ḥarrānī, Abū Tammām Yusuf Ibn Muhammad al-Nīsābūrī, et d'autres comme al-Farābī et Avicenne ».[4]

1 Coran, sourate *al-A`rāf*, n° 7, verset 27.
2 Ibid., *Rashf al-Naṣā'iḥ*, feuillet 28.
3 Ibid., *Rashf al-Naṣā'iḥ*, feuillet 6.
4 Ibid., *Rashf al-Naṣā'iḥ*, feuillet 96.

L'influence d'al-Ghazālī sur la méthode critique des philosophes d'al-Suhrawardī :

Le chercheur ne trouvera pas grande peine à démontrer l'influence exercée par al-Ghazālī sur al-Suhrawardī. Cette empreinte est due, selon nous, au fait qu'al-Ghazālī a vécu la majeure partie de sa vie à Bagdad, entre 405 et 505 H. Son livre le plus célèbre *Tahāfut al-Falāsifa, la Réfutation des Philosophes*, est une critique acerbe de la philosophie et des philosophes. De la même manière qu'al-Suhrawardī, né en 539 H., 24 ans après la mort d'al-Ghazālī, il a vécu à Bagdad et c'est dans cette ville qu'il a rédigé *Rashf al-Naṣā'iḥ al-Īmāniyya*, son apport personnel en matière de critique sur les philosophes grecs et leurs disciples dans les cercles des philosophes musulmans. Il va de soi que le premier a influencé le second, et que ce dernier a usé de la méthode critique ghazalienne. Une comparaison des deux œuvres, nous permet le plan suivant :

1. Dans l'introduction du livre :

Les introductions des deux livres traitent des mêmes sujets et visent les mêmes objectifs critiques. Al-Ghazālī part du constat qu'un groupe de personnes s'est démarqué en rejetant les cultes, en méprisant les préceptes de la religion, et en ridiculisant la vie future. Ils se sont laissé manipuler par la pensée des philosophes grecs tels que Socrate, Platon et Aristote. Ils ont usé de leurs démonstrations et de leurs logiques géométriques, dialectiques et métaphysiques, en déviant les questions théologiques. En partant de ce constat, al-Ghazālī se croit investi d'une mission : défendre l'Islam, ses sciences et ses questions, face à ceux-là et à leurs semblables, en rédigeant son livre et en démontrant l'écroulement de leur pensée et la faiblesse leur raisonnement[1]. Al-Suhrawardī, quant à lui, emprunte le même chemin qu'al-Ghazālī et donne les mêmes raisons pour justifier la rédaction de son livre.

1 *Tahāfut al-Falāsifa*. Édition critique de Sulaymān al-Dunyā, Dār al-Ma`ārif bi Miṣr. Le Caire, 6e édition, 1980, pp. 73-78. Aussi ibid., *Rashf al-Naṣā'iḥ*, pp. 5-6.

Il part du même constat que son mentor, abordé plus haut. Il focalise sa critique sur Avicenne et al-Farābī : « Ils [les philosophes] ont choisi la pensée d'Aristote comme seule vérité aux dépends des autres philosophes. Ils ont même pris faits et causes pour ce dernier contre son maître Platon, dont la célèbre citation attribuée à Aristote : ''Platon m'est cher, certes, mais la vérité m'est encore plus chère que lui'' ». *Aristote* contredira l'idée de Platon sur la théorie des formes intelligibles, *Ḥudūth al- `Ālam*[1]. À ce propos, al-Ghazālī avait formulé la même idée dans *Tahāfut al-Falāsifa*, dans lequel il dit : « Nous nous limiterons à démontrer les contradictions dans la pensée de leur chef de file, le philosophe absolu, le premier Maître, qui est Aristote. C'est lui, qui organisa leur science et l'améliora en supprimant le superflu et en sélectionnant les idées les plus à même d'apporter un plus. Il critiqua tous ceux qui l'ont précédé y compris son maître, Platon le théologien. Il justifia cette différenciation dans sa célèbre citation : '' *Platon* est mon ami, mais la vérité est notablement plus véridique que lui'' »[2], et al-Ghazālī poursuit plus loin : « Nous nous consacrerons à la réfutation de leurs choix et leurs logiques d'après leurs deux chefs de file, al-Farābī et Avicenne. Nous n'aborderons pas les questions qu'ils ont rejetées eux-mêmes, mais nous voulons seulement répondre point par point au sujet de leur doctrine attribuée à Platon et Aristote. »

En conclusion, les introductions des deux livres d'al-Suhrawardī et al-Ghazālī, indiquent les mêmes approches et objectifs de part et d'autre, et confirment la grande influence qu'al-Ghazālī avait exercée sur son successeur. Cette comparaison mise à part, nous observons que la méthode d'al-Suhrawardī manque sérieusement d'arguments rationnels et scientifiques précis, élément qui caractérise l'approche ghazalienne. Cela s'explique par le fait que notre auteur ne possède pas les outils philosophiques nécessaires. Son style est prédominé par la prédication et l'exhortation religieuse. Il se base essentiellement sur des arguments transmis par la tradition religieuse et sur ses propres

---

1 Ibid., *Rashf al-Naṣā'iḥ*, feuillets 28-29.

2 Ibid., *Tahāfut al-Falāsifa*, pp. 77-78.

illuminations intellectuelles, résultat de sa formation soufie. Il dit dans son livre : « J'ai imploré l'aide de Dieu en mettant toutes mes espérances en Lui et en me remettant entièrement à Sa volonté. J'ai rédigé mon livre en me basant sur les dits du Prophète, *ḥadith*, que j'ai résumés de manière authentique, que j'ai eu l'honneur de citer et dont je me suis m'inspiré dans mon exposé ci-présent. »[1]

2. Les questions philosophiques :

Al-Suhrawardī passe en revue diverses questions philosophiques qui se résument comme l'avait exposé al-Ghazālī précédemment, en six chapitres :

Premièrement, les questions qui ne nécessitent pas une argumentation religieuse :

1. les mathématiques numériques et géométriques ;
2. les logiques traitant des arguments et des comparaisons analogiques ;
3. les sciences physiques traitant des phénomènes physiques dans l'espace et dans le temps.

Deuxièmement, les questions où l'approche religieuse est omniprésente :

1. les politiques traitant des jugements d'ordre pratique et d'intérêt public ;
2. la morale traitant des questions de l'âme humaine, ses caractéristiques, sa conduite et de la psychothérapie ;
3. les métaphysiques, sources d'inexactitudes et de sophisme de la part des philosophes : « Ils n'ont jamais réussi, selon al-Ghazālī, à respecter en cette matière même leur propre logique, source de grandes divergences entre les philosophes eux-mêmes. »[2]

---

1 Ibid., *Rashf al-Naṣā'iḥ*, feuillet 6.

2 *Al-Munqidh mina al-Ḍalāl*, édition critique d'al-Imām `Abd al-Ḥalīm Maḥmūd, Dār al Ma`ārif bi Miṣr. Le Caire 1981, page 353.

Al-Suhrawardī n'en ajoute pas plus en résumant l'idée d'al-Ghazālī : « Les questions traitées par la géométrie, les mathématiques et la physique ne sont pas à réfuter ou à mettre en doute. Par contre, les philosophes ont abordé des questions qui leur échappent et attisent leurs divergences : ***''Vous les croyiez unis, mais leurs cœurs sont divisés.''***[1] »[2]

Les divergences entre les philosophes sur les questions métaphysiques ont pour cause, selon al-Ghazālī, l'influence directe qu'a exercé Aristote sur leurs raisonnements : « Nous constatons en cette matière, *écrit al-Ghazālī,* une correspondance parfaite entre Aristote et les philosophes musulmans al-Farābī et Avicenne »[3]. Al-Suhrawardī prend à son compte la même idée : « Ils [les philosophes] ont vendu leur âme en suivant aveuglément les philosophes et surtout en matière de métaphysique. »[4]

Nous concluons cette introduction en posant la question suivante : quelles ont été les questions philosophiques réfutées par al-Ghazālī et selon lesquelles il déclare les philosophes mécréants ? En effet, al-Ghazālī n'énumère pas moins de vingt questions possibles, et il juge seulement trois d'entre elles comme étant des philosophies impies et trois autres sont classées comme hérésies.

De son côté, al-Suhrawardī aborde le problème de la même manière en usant de citations coraniques et de la tradition du Prophète. Nous allons, dans la suite de notre exposé, traiter ces questions en trois études indépendantes autour de ces sujets. Nous nous limiterons à la présentation des pensées philosophiques et aux réponses apportées par al-Suhrawardī.

---

1 Coran, sourate *al-Ḥashr*, n° 59, verset 47.

2 Ibid., *Rashf al-Naṣāiḥ*, feuillet 43.

3 Ibid., *al-Munqidh*, pp. 353-354.

4 Ibid., *Rashf al-Naṣā'iḥ*, feuillet 67.

PREMIÈRE ÉTUDE

DIEU ET SON RAPPORT AVEC LE MONDE

L'opinion des philosophes :

De prime abord, les philosophes approuvent l'idée que le monde ait un Créateur, Dieu le Très-Haut, avec l'argumentation suivante :

Le monde nécessite un inventeur, un artisan qui œuvre à sa création, alors qu'il n'existait pas auparavant. Ce postulat suppose que le monde est une création à partir du néant. Mais les philosophes approuvent en même temps deux autres idées distinctes sur l'éternité du monde et sa création par Dieu. C'est sur ce point précisément qu'al-Ghazālī s'est démarqué des philosophes et a réfuté cette idée qu'il considérait contradictoire.

Les philosophes ont donné une définition très précise de l'Artisan. Ils l'ont explicitée comme suit :

« Nous ne le désignons pas comme un agissant qui a le choix d'agir et qui était avant dans l'inaction, comme par exemple les différents artisans tel un couturier, un tisserand, ou un maçon, mais nous le désignons comme la Cause du monde, que nous appelons le Créateur Premier, *al-Mubdi', al-Awwal*, dans le sens où il n'y a pas de cause à Son existence. Mais Il est la cause de l'existence pour autrui. C'est dans ce sens uniquement que nous L'avons désigné comme Artisan… Le fait qu'Il existe sans aucune cause à Son existence, cela démontre absolument et plus précisément Son existence. Par ailleurs, nous affirmons que les choses existantes du monde sont de deux choses l'une : ou bien elles existent selon une cause ; ou bien il n'y pas de cause à leur existence. Si elles avaient une cause, cette même cause aurait, elle aussi, eu une cause, ou non ? Parallèlement, pour la Cause des causes, elle s'enchaîne de cause en cause jusqu'à l'infini, ce qui est impossible, ou bien elle s'arrête à une fin qui ne peut être que la Cause première. »[1]

Par cette argumentation, les philosophes ont démontré que le monde a un Artisan Créateur, mais une conception différente de celle donsiste en un Dieu Créateur ou *al-Bārī,* Producteur, dans le sens où Dieu, le Très-Haut, avait créé le monde à partir du néant vers l'existence. Pour les philosophes, un Artisan se définit par un fait premier, une Cause. première ou un commencement premier pour l'existence du monde. La raison humaine ne peut nier l'obligation pour le monde d'avoir une cause et un motif. Si le monde n'avait pas besoin de cette cause, il existerait par lui-même ou bien sans cause aucune. Le premier postulat est considéré comme erroné aussi bien pour le second postulat, en raison de ce qu'ils suggèrent de notre besoin de cause d'une part et aussi de l'affirmation d'une préexistence qui lui est propre d'autre part.

Il est évident que le monde n'a pas pu exister subitement, mais d'un autre côté, s'il avait existé par une cause obligatoire, cela nous aurait mené à une interminable chaîne de causes jusqu'à l'infini, à savoir que pour chaque cause il y a une autre cause préalable, et ainsi de suite. Cet enchaînement ne peut être admis rationnellement... Donc, le monde avait besoin pour son existence d'une Cause première ou commencement premier, qui ne pourrait être que Dieu le Très-Haut, l'Artisan du monde.

Les caractéristiques de la Cause première :

- Elle est *Wādjib al-Wudjūd*, une caractéristique fondamentale, la nécessité d'exister par elle-même, sinon elle serait conséquence. Avicenne affirme à ce sujet : « s'il est considéré comme nécessité d'existant dans la mesure où il est effectivement nécessité d'existant, il en découle donc qu'il n'y a que lui comme nécessité d'existant. Mais

1 Al-Ghazālī, *Tahāfut al-Falāsifa*, page 155. Aussi Ibn Sīnā, *al-Ishārāt wa al-Tanbīhāt*, commentaire de Naṣīr al-Dīn al-Ṭūsī, édition critique de Sulaymān Dunyā, troisième partie, Dār al-Ma`ārif, le Caire, 2e édition 1968, pp. 19-24.

si au contraire, il n'est pas considéré comme tel, alors c'est une autre question qui apparaît, il est donc *Ma`lūl*, conséquent. »[1]

- Parmi les attributs de la nécessité de l'existant figure le fait qu'elle soit Un selon la définition de son existence. Donc, elle n'est ni composée, ni divisible. Avicenne soutient que l'argumentation en faveur du *Wādjib al-Wudjūd*, son unicité et son épuration des attributs, ne suggère qu'une seule preuve, celle de son existant. Il dit à ce propos : « Tu observes que notre argumentation n'a pas besoin d'affirmer l'existence du Premier, son unicité et son dégagement des attributs, sauf par sa propre existence par lui-même. Ainsi, il n'a pas besoin, pour le prouver, d'une considération quelconque au sujet de son action et de son caractère, malgré ce que prouvent ces considérations. Mais, à notre avis, la première méthode est la plus viable et la plus noble. Si on considère que l'état de l'existant est confirmé dans son existence par l'existence elle-même, il en découle qu'il témoigne ensuite logiquement du reste des choses qui lui succèdent dans l'existant. Le Livre saint confirme cette notion : ***''Nous leur montrerons Nos signes dans l'univers et en eux-mêmes, jusqu'****à ce* ***qu'il leur devienne*** *évident que* ***c'est cela (le Coran), la vérité.''***[2] Ceci, selon moi, est une Sentence divine pour certaines personnes. Puis, Dieu, le Très-Haut, de poursuivre : ***''Ne suffit-il pas que ton Seigneur soit témoin de toute-chose ?''***[3] La suite de ce verset est aussi une Sentence divine en faveur des *Ṣiddīqīn*, ceux qui croient fermement en lui, ceux qui témoignent en Sa faveur et non contre Lui. »[4] L'existant dans sa propre essence est plus noble et plus sûr dans l'argumentation que la preuve suite à une observation ou à une constatation d'un fait.

Al-Farābī, à son tour, utilise la même argumentation qu'Avicenne à quelques détails près. Selon lui, l'imagination intellectuelle du seul existant conduit obligatoirement à la reconnaissance du *Wādjib*

1 Avicenne, *al-Ishārāt wa al-Tanbīhāt*, troisième partie, page 36.

2 Coran, sourate *Fuṣṣilat* n° 41, verset 53.

3 Coran, sourate *Fuṣṣilat* n° 41, verset 53.

4 Ibid., *al-Ishārāt*, pp. 54-55.

al-Wudjūd, la nécessité de l'existant, d'une manière indépendante. Les faits réels et l'observation viennent ensuite confirmer et soutenir ce même existant.

Par ailleurs, chez les deux philosophes, l'existant se divise d'une manière absolue à une nécessité d'existant et à un *Mumkin al-Wudjūd*, un possible existant. La notion de la nécessité ou de l'obligation désigne, selon eux, Dieu, le Très-Haut, alors que le *Mumkin*, possible, désigne le monde et l'univers.

Selon Avicenne : « Au demeurant, il y a un *Wudjūd*, existant, puis cet existant se divise en *Wādjib*, nécessité, obligation, et en *Mumkin*, possible. L'obligation ne suppose en aucun cas le non-existant, une supposition impossible. Par contre, le *Mumkin*, le possible existant, la supposition d'un non-existant ou d'un existant est dans certaine mesure possible. Le *Wādjib al-Wudjūd* est obligatoirement existant. Le *Mumkin al-Wudjūd* n'est pas forcément obligatoire dans son existence ou dans la non-existence. »[1]

Dans *al-Ishārāt wa al-Tanbīhāt*, Avicenne déclare aussi : « Chaque existant, si on le considère particulièrement dans sa substance sans prendre en compte quelque autre existant, ou bien il est un existant qui ne peut exister que par lui-même ou bien il ne peut pas exister. S'il est une nécessité, il est la vérité même dans son essence, il est l'obligation d'exister par lui-même. Il est l'Immuable, le Subsistant par Lui-même, *al-Qayyūm*, sur le monde. Mais, si dans le second cas il n'est pas obligatoire, il n'est pas permis de dire qu'il suffit à lui-même après qu'il est imposé en existant. S'il considère que son essence dépend d'une condition, comme la condition qu'il soit sans cause, il devient alors impossible. Ou comme la condition de l'existence de sa cause, il devient donc obligatoire et nécessaire. S'il n'associe aucune condition de cause, soit une cause définissant son existence, soit l'absence de cause, il lui reste dans ce cas, au sujet de lui-même, une troisième voie, celle du possible, *al-Imkān*. Il sera alors, dans son essence, la chose qui

1 Ibid., *al-Nadjāt*, 2e édition, al-Kurdī. Le Caire, 1938, page 225.

n'est ni obligatoire, ni impossible. Donc, chaque existant ne peut être qu'existant par lui-même, ou possible par lui-même aussi. »[1]

Donc, le possible existant est un état préalable pour recevoir l'existant ou bien le néant. L'influent véritable qui est la cause de l'existant possible ou le non-existant ne peut être que quelque chose d'extérieur à son être lui-même : « Quelle est sa part dans le possible ? », s'interroge Avicenne dans son livre *al-Ishārāt*. La réponse avicennienne est : « Il ne peut pas devenir existant par lui-même. Son existence par lui-même n'est en aucun cas obligatoire par rapport à sa non-existence, dans le sens où il est possible. Mais, si l'une des deux situations devient obligatoire par la présence d'une cause ou bien sûr l'absence d'une autre, il en résulte que son existence est aussi possible que sa négation. »[2] En résumé, l'existence du monde ou son contraire, ne peuvent être possibles sans la présence d'un agissant, ou activant. Elle nécessite donc obligatoirement un élément actif provenant de l'extérieur du monde. Nous appelons cet élément qui diffère du monde le possible, il possède la faculté de sortir le monde du néant vers l'existant, ou bien le maintenir dans le néant. Ici, nous convergeons vers l'idée de la Cause première des philosophes, dont le reste est considéré comme conséquence de cette cause : « Si elle est Cause première, elle est la cause de l'ensemble de l'existant. Une véritable cause pour l'existant de l'existence. »[3]

« Donc, avait conclu Naṣīr al-Dīn al-Ṭūsī dans son commentaire d'*al-Ishārāt*, s'il y a une Cause première préfigurant à l'existant, elle ne peut être qu'une cause activant toute la causalité de l'existant. Et chaque forme ou chaque matière n'est que cause engendrant une conséquence demeurant dans l'existant. »[4]

---

1 Ibid., *al-Ishārāt*, page 19.

2 Ibid., *al-Ishārāt*, page 20.

3 Ibid., *al-Ishārāt*, page 18.

4 Ibid., *al-Ishārāt*, commentaire de Naṣīr al-Dīn al-Ṭūsī, page 18.

L'éternité du monde :

La forme et la matière évoquées par al-Ṭūsī sont les deux éléments fondateurs du monde selon les philosophes. À ce propos, al-Farābī dit : « En vérité, l'ensemble du monde est composé de deux éléments simples : la forme et la matière, si on admet qu'il est apparu subitement et d'un seul coup hors du temps... sa corruption sera aussi hors du temps. Il est évident que celui qui a une formation ou une existence est par la force de la chose corrompu. Donc, nous venons de démontrer que le monde est entièrement corrompu, et que son existence et sa corruption sont hors du temps. Par contre, les éléments du monde, eux aussi, sont existants et corrompus à la fois, mais définis par le temps. Dieu, le Très-Haut et le Très-Généreux est l'Unique Vérité. Il est le Créateur de tout. Il n'est ni formé ni corrompu. »[1]

Par ailleurs, en partant du principe de la concordance entre religion et philosophie, al-Farābī aussi bien qu'Avicenne ont œuvré pour démontrer les notions suivantes :

1. La matière et la forme du monde sont anciennes aussi bien dans l'existant que dans le néant. Le néant est aussi considéré comme un état possible des choses. Cette préexistence est suivante à l'éternité de Dieu. Chacun, Dieu mais aussi le monde, est éternel dans le temps, mais la différence majeure de cette éternité réside dans le fait que Dieu est éternel par essence, alors que le monde est créé par essence et éternel dans le temps seulement. Nous constatons qu'al-Farābī et Avicenne ont œuvré à travers ce point à confirmer l'idée philosophiquelosophes.
2. Les éléments du monde dans leur existence et leur non-existence sont inventés ou créés par l'action d'un Inventeur qui ne peut être que Dieu. Donc, leur existence et leur non-existence sont définies dans un temps bien déterminé. Ce postulat donne ainsi raison à la philosophie et à la religion en même temps.

---

1 Ibid., al-Farābī, *al-Masā'il al-Falsafiyya*, pp. 93-94.

3. Dieu, le Très-Haut, est l'obligation de l'existant**Error! Bookmark not defined.**, *Wādjib al-Wudjūd*. Il est existant sans corruption ni néant. C'est lui, l'Influant, qui fait exister et inventer les éléments du monde à partir de rien avant qu'ils soient existants. Cette dernière affirmation est en faveur de la conception religieuse uniquement.

En résumé, la conséquence, le *Ma`lūl*, est intimement liée à la Cause première dans son existence temporelle. Cela veut dire que la forme et la matière sont éternelles. En d'autres termes, le genre du monde est lié dans sa propre existence à l'existence de sa Cause première qui est Dieu, le nécessaire existant. Leur liant est la relation entre la conséquence et la cause qui lui permet d'exister.

Mais une question demeure en suspens : est-ce que la conséquence est aussi éternelle que la cause elle-même ; ou bien est-ce la cause qui l'a créée alors qu'elle n'existait pas auparavant, et dans tel cas, est-elle une création ?

Selon les philosophes et plus précisément selon les textes d'al-Farābī, le monde est éternel dans le temps mais n'est pas préexistant dans son essence. La matière première qui le constitue dans l'univers n'était pas créée de quelque chose et est non préexistante dans un temps. Son existence était une existence subite en soi. En se basant sur cette définition, le monde est donc éternel dans le temps et n'avait pas de préexistence temporaire au préalable. Mais, cette notion de *Qidam*, éternité, ne peut en aucun cas, selon les philosophes, s'opposer à la religion quant à la création ou le rejet de toute association avec Dieu.

Al-Ghazālī, dans *Tahāfut*, nous résume cette opinion de la manière suivante :

« L'opinion des philosophes diffère d'un courant à un autre au sujet de l'éternité du monde. La majorité d'entre eux et les plus récents admettent la notion de l'éternité du monde et le fait qu'il continue d'exister avec l'existence de Dieu. Il est conditionné par lui et existe par son existence dans le même champ du temps, une sorte d'existence conditionnée dans un rapport de cause à conséquence, comme l'existence de la lumière par rapport au soleil. Mais, il faut ajouter que la préexistence de Dieu, le Créateur, à partir de rien, est semblable à la préexistence de la cause à l'effet causé. Un avancement par essence et par rang, et non un avancement dans le temps. »[1]

La matière du monde existe suite à l'existence de Dieu, mais sa réalisation dans l'existence observée par ses éléments et ses composantes est un événement surgissant, créé par la Cause première à partir du néant. Le monde de ce point de vue est considéré surgissant par essence et préexistant dans le temps, comme s'il dépend de la cause pour sa seconde forme sans qu'il ait eu besoin d'elle pour sa première forme préexistante.

Les philosophes se sont défendus pour repousser le jugement religieux impitoyable les accusant de *Kufr*, mécréance, suite à leur opinion au sujet de l'éternité du monde. Ils ont réexposé cette même idée en établissant une différence majeure entre Dieu et le monde. En effet, Dieu diffère sans aucun doute du monde par la notion de l'éternité, l'une des caractéristiques les plus primordiales ; l'éternité par essence est un fondement *sine qua non* de la nécessité d'existant, cela veut dire que Dieu n'a pas un début à son existence. Il est existant pour lui-même et non pour autre chose. Tandis que le *Mumkin al-Wudjūd*, le possible existant, a besoin pour son existence, au contraire, d'un agent lui permettant d'exister. Son ascendant est similaire à l'action de la cause sur le fait causé.

En conclusion, la différence se résume en deux questions : la non-antériorité de l'existence, une question qui ne concerne pas le *Wādjib al-Wudjūd*, alors que le besoin, ou la causalité qui est l'existence en soi, est une question qui touche le *Mumkin al-Wudjūd*, qui est en fait le monde à proprement dit.

---

1 Ibid., al-Ghazālī, *Tahāfut*, page 88.

L'émergence du monde de Dieu :

Cette question avait donné du fil à retordre aux philosophes, ce qui les a amenés à énoncer l'idée de l'émergence ou l'émanation. Mais une question demeure : comment l'Un peut-il se démultiplier ?

Les philosophes affirment l'unicité de Dieu dans plusieurs présuppositions. Ils préconisent en même temps la simplicité de l'Essence divine et l'action influente de Dieu sur toute chose. Comment l'Un, simple, peut-il influer sur les choses multiples ? En d'autres termes, comment agit-il pour sa création et son émergence vers l'existant ?

Sur cette question, la religion répond par : « ***Son ordre, quand qu'Il veut une chose, Il Lui dit ''Sois'', et elle est*** »[1].

L'idée de la création répond donc à ce questionnement par : Dieu, s'Il veut faire émerger une chose du néant, Il le fait alors qu'elle n'existe pas. Il la crée et lui donne forme : « ***Dieu est le Créateur, Celui qui donne la forme*** »[2]. Par son ordre *Qun*, sois, il agit directement sur les choses et provoque leur existence. La religion nomme l'impératif *Qun*/sois, le monde de l'ordre. C'est en quelque sorte la parole de Dieu qui confirme son action en créant et en anéantissant les choses.

Mais cette position, du point de vue de la religion, n'est pas prise en considération ni par al-Farābī ni par Avicenne et les autres philosophes. À l'inverse, ils ont une autre vision des choses, totalement en contradiction avec l'idée de la création développée précédemment. Ils ont conçu la notion de l'émanation, *al-Fayḍ,* ou le surgissement, *Ṣudūr*. Ils rejettent ainsi la conception religieuse et trouvent inconcevable l'idée de surgissement direct du multiple, qui est le monde avec ses particules, à partir de l'Un qui est Dieu, car si cela est possible, l'Un sera imprégné par le multiple et cela transforme son unicité et change le monde et ses particules.

1 Coran, sourate *Yāsīn* n° 36, verset 82.

2 Coran, sourate *al-Ḥashr* n° 59, verset 24.

Nous pensons que cette opinion s'oppose radicalement à l'idée de *Tanzīh*, l'exemption, de Dieu et son unicité : « Afin de libérer la raison de cette problématique, nous pouvons supposer, par exemple, des intermédiaires entre l'essence Un et le monde multiple. »[1] Il ne peut émerger de l'Un qu'un identique. Cet « Un » est nommé la raison première et c'est uniquement à partir de cette raison qu'apparaissent les multiples. Les choses multiples empruntent le chemin de ce qui est nommé le principe de raisonnement, *al-Ta`aqqul*. Elles s'enchaînent selon la ligne suivante : l'existant possède trois grades. Le plus noble est le *Wādjib al-Wudjūd*, la nécessité d'existant par lui-même (Dieu), suivi de près par le monde des astres (les cieux), puis le monde des éléments (la Terre) : « le monde des sphères célestes ou du ciel, est le point intermédiaire entre l'élévation et le haut positionnement, une nécessité par soi-même, ou Dieu d'une part, et les éléments et la Terre qui sont éloignés de ce positionnement, d'autre part. Le monde des astres se trouve intermédiaire d'une certaine manière entre deux degrés disparates de l'existence. Il forme ainsi un lien entre deux opposés.

Bien que la religion considère le ciel comme étant la demeure des anges, il aurait été plus judicieux pour ses adeptes et ses défenseurs de considérer les anges comme le lien direct entre Dieu et le monde terrestre au lieu de parler du ciel d'une manière vague et dans l'absolu.

Parallèlement pour les philosophes, il y a d'abord le nécessaire existant par lui-même, puis les esprits des corps célestes, puis les éléments. À l'inverse, la religion et ses interprètes établissent la hiérarchisation suivante : Dieu, puis les anges, puis les choses créées à partir de la Terre. »[2]

Dieu est le nécessaire existant alors que les corps célestes et les éléments sont le possible existant. Le lien entre eux est un lien d'influence, de création à travers l'émanation et le surgissement. Il y a

---

1 Muhammad `Abd al-Sattār Naṣar, *Fī al-Falsafa al-Islāmiyya*. Le Caire, 1981, page 91.

2 Muhammad al-Bahī, *al-Djānib al-Ilāhī min al-Tafkīr al-Islāmī*, Dār al-Kitāb al-`Arabī, le Caire, 1967, page 474.

d'abord, la raison première émanant de Dieu, puis vient l'intellect de Dieu, *Ta`aqqul* par lui-même. Cet intellect existe par lui-même et non par l'intermédiaire d'un corps que les philosophes nomment le nécessaire existant par autrui. Avec l'action du discernement de la raison première par elle-même, une deuxième raison ensuite émane et émerge par elle-même. Aussi par l'entendement de l'intellect pour lui-même, un raisonnement possible existant par autrui, émane d'une âme première. Puis, par son propre entendement, possible existant par autrui, émerge les corps célestes les plus éloignés, de même, de cet intellect, émane une troisième raison associée à son tour à d'autres corps et ainsi de suite jusqu'à la dixième raison. « À ce point donné, l'émergence concerne particulièrement la lune, son âme et sa sphère, car par ces trois éléments cités, le monde des corps célestes arrive à son accomplissement et ouvre la voie au monde des éléments, mais sans qu'il y ait une séparation entre les deux mondes. En effet, la raison détachée, mais adoratrice *Ma`shūq* de la lune (son âme et sa sphère) prend en charge et gère la raison humaine dans le monde terrestre. Il est agissant envers la raison humaine dont cette dernière épouse le rôle de l'influé. »[1]

La raison agissante est en lien direct avec les éléments, ses composantes et ses parties. L'idée finale selon les philosophes se résume ainsi : le nécessaire existant, même s'il est l'agissant et le Créateur du monde, son agissement passe obligatoirement et indirectement par la voie des dix raisons déjà citées. Cela s'explique par le postulat suivant : la raison ne nous autorise pas à concevoir une possible émergence du multiple à partir de l'Un absolu.

La position d'al-Suhrawardī :

Dans son livre, al-Suhrawardī n'a pas suivi la même démarche qu'al-Ghazālī dans le classement des questions philosophiques. Sa démarche manque considérablement d'organisation et de clarté, et sa

1 Ibid., pp. 485-486.

méthode manque de rigueur scientifique et de recherche. Il aborde les sujets philosophiques sans les détailler, ni exposer les argumentations des philosophes afin de les critiquer ou de les réfuter selon la logique rationnelle et les textes traditionnels. Au contraire, al-Suhrawardī ne traite ces questions que d'une façon générale en mettant excessivement l'accent sur les fausses opinions et les imaginations farfelues des philosophes musulmans, selon ses dires, en leur reprochant leur appartenance à l'école philosophique grecque, voie menant à la perdition. Il expose ainsi les différentes « mauvaises idées » et tente de démasquer leurs erreurs de jugement en se référant aux versets coraniques et à la *Sunna*. Face à cette méthode d'analyse peu commune, nous proposons, afin de mieux comprendre la thèse d'al-Suhrawardī, de jeter un œil aux différents sujets abordés par le livre que nous présentons aux lecteurs.

L'homme subit dans sa vie deux naissances successives, d'après al-Suhrawardī. La première est une naissance naturelle basée sur les quatre qualités élémentaires : le chaud, le froid, l'humide et le sec. La deuxième naissance est une naissance symbolique basée à son tour sur quatre éléments différents : la croyance dans le *Ghayb*, le monde caché avec ses différentes conditions, le repentir véritable et sincère, la vie ascétique et enfin l'action constante en faveur de Dieu. Pour approuver et étayer sa théorie, al-Suhrawardī rapporte une tradition – dont nous n'avons pu vérifier l'authenticité – : « Ne pénètrera jamais les Royaumes du ciel celui qui n'a pas vécu deux naissances ». Il considère ainsi que les philosophes sont privés de la véritable naissance et qu'ils ne pourront donc pas pénétrer les Royaumes du ciel. Ils ont péché par orgueil en dépassant les limites rationnelles des questions métaphysiques.

Les philosophes, du point de vue de notre auteur, ont œuvré en vain quant à trouver l'Artisan à travers l'existence de Dieu, en démontrant ses attributs et sa possession du monde des corps célestes, et le monde des éléments. Il dit : « Dieu, l'Être éternel aux attributs immuables, Dieu possède les deux mondes, caché et du témoignage, avec ce qu'ils contiennent de corps célestes, d'étoiles, de choses simples et composées et d'éléments. Il a les noms vertueux et les attributs suprêmes. »[1]

Les attributs et les noms de Dieu sont indéfiniment éternels et perpétuels. Dieu ne se prénomme que par quoi Il se nomme lui-même. Nous ne pouvons lui attribuer des noms selon notre propre arbitre, Cause première ou nécessité d'existant, ni par quoi les philosophes trouvent le moyen de Le qualifier.

Son unité est prouvée à la fois par la raison et par la religion. La raison qui juge par l'observation des créations, qu'elles émanent d'un Créateur unique, non associé à d'autres Dieux ou créations. Ainsi l'homme doit raisonner et réfléchir, il aboutira à la certitude que tout ce qu'il y a dans le monde témoigne de Son Unité absolue. « Chaque chose, dit al-Suhrawardī, est un signe qui prouve qu'Il est Un. Le soleil est l'un des signes les plus importants. Dieu l'a créé et a fait en sorte qu'il rythme les jours de l'année. Il est la cause vitale pour le développement des minéraux, des plantes et des animaux. Il est plus de cent-soixante-six fois, un quart et un huitième de quart plus important que la Terre. Il est le plus important des astres fixes. Chacun de ses astres est quatre-vingt-quatorze fois et demi plus imposant que la Terre. Suit après Zuhal, Saturne, qui est quatre-vingt-dix-neuf fois et demi plus grande que la Terre… »[2]

Chemin faisant, al-Suhrawardī passe en revue les signes universels qui prouvent et démontrent l'existence de Dieu et prouvent Son Unité absolue, sans association à Son Existence ni à Son Action. L'auteur met ainsi l'accent sur les errements des philosophes, surtout quand ils ont avancé l'idée qui consiste à dire que la raison première avait été émané de l'entendement, *Ta`aqqul*, de Dieu Lui-même, par la cause ou la Cause des causes, ou encore par la nécessité d'existant et par une kyrielle d'autres concepts et appellations possédant des attributs semblables aux attributs ni de préfiguration ni de la même forme que l'Être divin, etc.

1 Ibid., *Rashf al-Naṣā'iḥ al-Īmāniyya*, feuillet 34-35.
2 Ibid., *Rashf al-Naṣā'iḥ al-Īmāniyya*, feuillet 84-85.

Selon lui, la notion de la Cause des causes est une notion qui évoque curieusement les divinités pré-islamiques al-Lāt, al-`Uzzā et Hubal, des idoles associées à Dieu. « Ils sont aveugles, affirme al-Suhrawardī, et naviguent à tâtons. Ils n'ont pour guide que leurs mauvaises idées, incapables de saisir des mondes aussi éloignés et inébranlables. Mais, celui qui met le cap sur un seul éclat de lumière de ces secrets sera sur la bonne voie, à condition d'allouer la supériorité à ces mondes-là. Mais le philosophe s'obstine à ne pas admettre cela, pis encore, il se cabre sur la notion de la Cause des causes qui n'est autre chose qu'une forme d'allégeance et de croyance destinée aux idoles les plus anciens al-Lāt et al-`Uzzā. Leurs visions sont mirages et leurs terres sont incertitudes et exile, voilà tout. »[1]

Dieu nous révèle que la raison est une créature parmi les créatures, mais Il l'a dotée d'une caractéristique spécifique qui la distingue du reste, n'est-il pas plus judiciable d'attribuer la notion de cause à cette raison-là à la place d'une autre prétendue raison que les philosophes ressassent inlassablement ?

Al-Suhrawardī rapporte une tradition attribuée au Prophète de Dieu, que les bénédictions et le salut de Dieu soient sur lui, dont voici les termes : « *La première chose que Dieu créa fut la raison. Il lui ordonna de se présenter devant lui et elle se présenta. Il lui ordonna de repartir et elle repartit. Il lui demanda de s'assoir et elle s'assit. Il lui dit de parler et elle parla. Il lui signifia de se taire et elle se tut. Puis Dieu dit : ''**Par Ma Majesté, par Mon Imminence, par Ma Grandeur, par Ma Suprématie, par Mon Autorité incontestable et par Mon Pouvoir, Je n'ai point créé de créature qui Me soit plus aimable que toi et qui Me soit plus généreuse car c'est par toi que Je suis connu et par toi que Je suis adoré, par toi que Je prends et par toi que Je donne. Par toi Je reproche et c'est toi qui auras la récompense et subiras le châtiment. Je t'ai douée par la qualité la plus bénéfique, par la***

1 Ibid., *Rashf al-Naṣā'iḥ al-Īmāniyya*, feuillet 79.

persévérance.’’[1] *Cette création précieuse de Dieu, ne devrait-elle pas être qualifiée selon la notion de suprématie ? »*[2]

Les philosophes n’ont de cette raison-là, évoquée par le Prophète, que sa dégénérescence et son crépuscule. Il dit dans un autre passage : « *Ils n’ont ainsi de raison que son revers, lorsque Dieu ordonna à la raison de s’en aller. Alors que la part des Prophètes de la raison est son avancement, quand Dieu lui ordonna de venir obéissante vers Lui.* »[3]

Les philosophes se trompent au sujet de la raison première ou la Cause des causes. Cette désignation n’est qu’une sorte d’imagination et de divagation à mille lieues de la vérité. En réalité, la raison première n’est autre que la raison telle qu’elle est décrite dans la tradition prophétique citée plus haut. C’est une création parmi les nombreuses créations de Dieu. Ils sont donc dans la confusion complète au sujet de cette première création, surtout quand il s’agit d’une raison rattachée à l’âme dont elle est la manifestation et l’interprète : « Sur ce point, les philosophes perdent pied quand ils s’obstinent à prouver que cette raison-là est la Cause première… Hélas, ils se trompent gravement, la cause et la conséquence ensemble sont la même et unique chose, elles sont des créations de Dieu. Voilà, l’insuffisance de leur raisonnement qui les induit dans une erreur fatale, ils n’ont pas trouvé mieux que de faire de la raison chose première ! »[4]

La confusion des philosophes quant à cette problématique vient de la confusion dans la perception du monde de l’ordre d’une part, et le monde de la création d’autre part ; deux mondes, au demeurant, créés par Dieu.

---

1 Tradition authentifiée par al-Ḥāfiẓ al-`Irāqī dans *al- 'Iḥyā'*, volume 1, page, 142. Il dit : « cité par al-Ṭabarānī dans son livre *al-Awsat*, selon un *ḥadith* rapporté par 'Amāma et Abī Na`īm selon Aïcha, les deux *Isnād*, chaînes de transmission, sont peu fiables. »

2 Ibid., *Rashf al-Naṣā'iḥ al-Īmāniyya*, feuillets 78-79.

3 Ibid., *Rashf al-Naṣā'iḥ*, feuillet 80.

4 Ibid., feuillet 2.

Dieu, le Très-Haut, dit : « ***La création et le commandement n'appartiennent qu'à Lui. Toute gloire à Allah, Seigneur de l'Univers !*** »[1] Dans ce verset, Dieu a uni la création, le Créateur et l'univers. Mais la logique des philosophes ignore le monde de l'ordre et de la nature originelle, *al-Fiṭra.* La seule argumentation dont la logique philosophique peut se faire valoir concerne le monde de la création et la forme des créations. C'est ce monde-là qui est désigné par la notion de la Cause des causes dans le système de la pensée des philosophes.

« Ces gens au raisonnement très limité, les philosophes je veux dire, ont saisi du monde du témoignage l'idée de la création sans l'ordre de Dieu, ils ont abordé la forme de la création et non la nature originelle. Ils ont prétendu percevoir dans cela la Cause des causes... Par ailleurs, ils considèrent l'Artisan, Sa Sainteté glorifiée, comme essence, *Djawhar :* ''***Peu s'en faut que les cieux ne se fendent à cause de cette parole ; que la Terre ne s'entrouvre et que les montagnes ne s'écroulent ! Ils ont attribué un fils au Miséricordieux!***''[2] Ils ont abaissé jusqu'au mensonge la notion de la Cause première (il veut dire le monde de l'ordre ou la première création qui est la raison) au niveau du fils engendré. Voyez cette ignominie qui les dépasse toutes, comment pouvaient-ils oser attribuer à Dieu, le Très-Haut, cette espèce de notion ? »[3]

Cette certitude provient et découle, à notre avis, de l'attribut non-composé, qualifiant Dieu et donné par les philosophes. Effectivement, le Simple ne peut engendrer le multiple. Il ne peut émerger de Lui qu'un semblable à Lui. L'Un n'est en définitive que la première création qui joue le rôle d'intermédiaire entre l'Un et le multiple. Mais al-Suhrawardī nie farouchement toute logique et argumentation sur la notion philosophique de la Cause première.

---

1 Coran, sourate *al-A'rāf*, n° 7, verset 54.

2 Coran, sourate *Maryam*, n° 19, versets 90-91.

3 Ibid., *Rashf al-Naṣā'iḥ*, feuillets 44-45.

Selon lui, cette définition est une forme d'association idolâtre à Dieu, l'Unique, le Très-Haut. Elle suppose que Dieu ne dispose pas d'une volonté propre dans la création du Monde, du fait que sa création dépend de la raison première: « Le plus scandaleux, s'écria al-Suhrawardī, c'est cette concordance entre les premiers philosophes et les philosophes islamiques suivants, enfin, tous ceux qui se prennent les pieds dans des traînées de troubles. Ceux qui trouvent refuge dans l'obscurité, drapés et voilés faussement par la religion musulmane, se targuant de quelques compositions. Ils sont tous unis dans l'idée de la Cause des causes. Ils ont fait de cette affaire leur guide. Que dis-je ? Une idole, tantôt dévoilée tantôt masquée. Ils sont à doubles visages, mais les voilà unis sur le principe inventé de toute pièce par eux, à savoir que l'Un ne peut engendrer qu'un. Balivernes ! Cela même est le fondement de l'athéisme, de la *zandaqa*, l'hérésie, de l'éloignement du droit chemin et du fait de s'adonner aux pires vanités. »[1]

Par les philosophes, al-Suhrawardī désigne les philosophes grecs, par les suivants, il pointe du doigt les philosophes musulmans, imitateurs et disciples des précédents. Ils sont unis et conformes dans le postulat : l'Un n'engendre qu'un. Leur motivation première est louable : écarter les associations à Dieu. De cette opinion découle leur obstination à refuser de donner des attributs multiples à un seul être désigné, d'où la notion de la Cause des causes comme issue honorable. L'idée est d'écarter de Dieu la notion de l'émergence, l'instauration du *Ḥudūth*. Par cette formulation, le vouloir de monothéisme absolu s'est transformé en association et en athéisme. Leur désir d'écarter à Dieu l'idée de l'apparition les fait plonger dans l'anthropomorphisme :

- « Il a échappé aux philosophes la possibilité des attributs multiples conformes à l'action. Ils sont acculés dans l'étroitesse de la cause nécessaire à l'Un. Ils ont préféré le nécessaire à l'existant. Ils n'ont pas saisi le Créateur. Dieu est le Créateur des unités et des multiples par la Volonté et la Puissance éternelle et cela sans accident de par lui-même.

1 Ibid., *Rashf al-Naṣā'iḥ*, feuillets 106-107.

Tandis que la vision des Prophètes ne s'est pas laissée enfermer dans l'étroitesse de la Cause des causes. Ils ont exempté à l'Artisan Créateur l'idée de l'influent et de l'influence. Dieu est Plus-Haut face à ses allégations des iniques et des négationnistes. »[1]

- « Le raisonnement philosophique nous fait croire à l'émergence de la cause dans la multiplicité des sens. L'idée selon laquelle il n'existe de l'Un qu'un afin d'échapper à la multiplicité n'est autre chose qu'une tromperie supplémentaire dans les idées les plus néfastes qui persistent à donner au possible existant, *Mumkin al-Wudjūd,* une double face : d'un côté, il est nécessaire par obligation et de l'autre, il est possible, *Mumkin*, à la seconde conséquence. »[2]

Les Prophètes, que la paix soit sur eux, écartent à Dieu l'idée que Son rapport avec Ses créatures soit un rapport de cause à effet, car s'il y a cause, il y a conséquence par la force des choses, un Dieu sans volonté ni puissance. Au contraire, les philosophes pensent que l'Être divin est éternel, Il est nécessairement existant. Mais ils se trompent quand ils affirment que le *Mumkin*, le possible, est un nécessaire existant par autrui, dans la mesure où il dépend pour son existence du nécessaire existant. Il lui est lié par essence. Paradoxalement, ils ont donné un autre avis à l'opposé de la première affirmation. Le *Mumkin* est cette fois émergeant et possible du point de vue de son lien avec le second conséquent, qui n'est autre chose que la seconde raison suivant la chaîne des raisons des corps célestes jusqu'à la dixième raison…

La question qui se pose désormais est : comment peut-on réunir dans un seul tenant le *Wādjib al-Wudjūd* et le *Mumkin*, le nécessaire existant et le possible existant ? Pour ma part, cette opposition est sans fondement, car la raison première existe nécessairement selon les philosophes en prenant en considération sa cause. Alors que la raison première est aussi possible du point de vue de son être possible. Donc, il n'y a pas de contradiction possible entre les deux idées.

---

1 Ibid., *Rashf al-Naṣā'iḥ*, feuillet 37.

2 Ibid., *Rashf al-Naṣā'iḥ*, feuillet 38.

Par ailleurs, la problématique philosophique qui considère que le multiple ne peut être engendré par l'Un est assimilée, par al-Suhrawardī, à la croyance mazdéenne qui subdivise Dieu en deux : un dieu du bien et un autre du mal, un dieu lumière et un dieu obscurité. Le multiple du mal ne peut être que l'œuvre d'Ahriman. Ce dernier doit son existence au dieu du bien Yazdan. En effet, quand Yazdan a pensé à lui-même, Ahriman a émergé de lui. Après cet état des faits, le multiple du mal a été engendré par Yazdan, donc ce dernier est l'influent direct du mal. Par conséquent, Ahriman demeure un intermédiaire, Yazdan étant la multiplicité du mal.

« Celui qui demeure enchaîné dans l'idée que l'Un ne peut engendrer qu'un croupira dans un gouffre obscur, sans lumière ni issue. Il n'a pour unique refuge que des idées iniques, résultat de sa vanité et de ses faux-semblants. Il a choisi le même chemin que les mazdéens, et adhéré à la croyance du bien comme œuvre de Yazdan tandis que le mal provient d'Ahriman. La multiplicité du mal est l'œuvre unique de ce dernier, de la même manière que le philosophe considère le multiple au conséquent premier. »[1]

Effectivement, selon les mazdéens, le multiple est un mal absolu, à l'inverse de Yazdan qui est le bien complet. Ahriman est lié à jamais au dieu du bien, n'est-il pas engendré par lui ? N'est-il pas aussi lié au multiple du mal ?

En résumé, nous pouvons considérer que cette croyance est une autre approche philosophique du rapport entre Dieu, l'Unique, le Très-Haut, d'une part et le multiple de ses créations d'autre part.

L'éternité du monde, d'après le système philosophique, est possible par l'existence de Dieu dans le temps uniquement et non par essence. Mais encore, ce système de pensée est aussi rejeté par al-Suhrawardī. Les philosophes, sujet de sa critique dans ce livre, ont eu recours à cette théorie pour ainsi échapper à la primauté du temps et confirmer

1 Ibid., *Rashf al-Naṣā'iḥ*, feuillet 31.

par la même occasion la primauté de l'Essence divine. Cela revient à dire que le monde dans sa matière et dans sa forme est éternel dans le temps et existant par l'existence de Dieu. Alors que par essence, il est ultérieur et créé. Ainsi, il a besoin pour son existence d'un Créateur.

Si l'on pose la question suivante : qui est de Dieu ou du monde, le plus ancien dans le temps ? La réponse philosophique demeure insuffisante. Mais s'il s'agit de s'interroger sur qui parmi Dieu ou le monde est le plus avancé dans l'existence par essence, les philosophes répondent cette fois-ci sans hésitation aucune : c'est Dieu, bien évidemment, qui devance le monde, car il n'a pas besoin pour son existence d'un agent le faisant exister. Le monde quant à lui, a besoin d'un Créateur qui n'est autre que Dieu, le nécessaire existant.

À ce propos, al-Suhrawardī développe l'analyse suivante sur le système philosophique de ce sujet : « Les philosophes tentent d'échapper à la primauté du temps vers la primauté de l'essence. Une idée qui en dit long sur la limitation de leur pensée ! Ils sont très loin de Dieu, l'Unique, l'Éternel, le Perpétuel. Les espaces et les temps se sont épuisés dans Son Éternité et Sa Perpétuité. L'ensemble des êtres dans les deux mondes, caché et du témoignage, avec leurs espaces et leurs temps, est semblable à un grain de moutarde tombé dans le vaste espace de Sa Volonté et Sa Puissance. Dieu a le pouvoir de créer un millier de choses ou de faire disparaître un autre millier de choses par une volonté antérieure, contenant l'ensemble des volontés menées vers leurs destinées, sans que cela provoque un évènement dans Son Être. »[1]

Dans ce passage, al-Suhrawardī fait allusion à la notion de l'éternité du monde dans le temps et non par essence. En plus de l'autre sujet de prédilection des philosophes, Dieu a fait émerger le multiple par l'intermédiaire et la voie du conséquent premier, ou bien encore la raison première. Avec cette approche, les philosophes pensaient écarter de Dieu l'idée de la multiplicité en multipliant les choses émanant de

---

1 Ibid., *Rashf al-Naṣā'iḥ*, feuillets 31-32.

Lui. L'émergence des actes directement de l'Être divin éternel est un postulat que la raison ne peut que rejeter, car l'essence du Divin est de nature non-composée, et le simple ne peut pas, en l'occurrence, produire le multiple. Notre auteur considère ces croyances non-avenantes, car selon lui, Dieu a été, sans aucune autre chose avec Lui, ni l'univers, ni sa matière, ni sa forme, ni l'univers dans son ensemble, ni une simple partie. L'univers à ce moment-là n'avait ni espace, ni temps. Dieu est le Créateur du temps et de l'espace dans le monde du témoignage. Sa volonté est liée à toutes choses créées. Il les fait émerger mais aussi anéantir. Une Volonté éternelle avant les volontés de toutes autres volontés. L'Être divin n'est en aucun cas influencé par les variables volontés ni par la multiplicité ni par l'émergence.

Dans sa critique de la philosophie, al-Suhrawardī s'inspire d'al-Ghazālī et emprunte ses thèses sur ce dernier sujet, la Résolution, *al-Ikhtiyār*, qui est une caractéristique importante de la Volonté, *al-Irāda*, dans le sens de la résolution de créer le monde à un temps précis et non un autre. On ne peut en aucune manière dissocier les deux notions. On ne peut pas dire non plus, si l'on admet l'attribut de la volonté, pourquoi il l'avait choisie. Nous trouvons amplement cette approche chez al-Ghazālī dans son livre *Tahāfut al-Falāsifa.*

Al-Suhrawardī concède aux philosophes la division de la raison en une raison première et une raison seconde, mais la définition de la raison diffère de celle des philosophes. Il ne peut la concevoir que créée par Dieu, tandis que les philosophes affirment que la raison première émane de Dieu, suivie par la seconde raison qui est, à son tour, est une émanation de la raison première. Les raisons s'enchaînent l'une après l'autre dans une relation d'interdépendance, une ascension qu'al-Suhrawardī nomme l'ascension des corps célestes vers la dixième raison, le Saint-Esprit, *al-Rūḥ al-Qudus,* la raison agissante. Mais il rejette l'interdépendance et l'influence mutuelle des corps célestes, sans le rôle d'agissant joué par les anges, obéissant à leur tour à Dieu. La première raison, selon lui, une raison en rapport avec le monde caché et invisible. À cette raison, accèdent uniquement les

Prophètes et les saints hommes de Dieu. Quant à la seconde raison, elle est liée au monde du témoignage. À ce stade de l'analyse, les philosophes demeurent incapables d'accéder à la première raison et ce qu'elle comporte : « La Cause des causes – la raison première – selon les dires des philosophes, n'est en réalité que l'Ordre du divin et du Saint-Esprit, sujet encore ignoré par ces derniers. Ils prétendent que cette raison première est émanée de l'Un par l'intermédiaire d'une autre raison qui rend possible l'émergence du multiple, désignée par le possible existant selon leur conception. Un *Mumkin al-Wudjūd*, obligatoire par l'obligation de la nécessité de l'existant. Cette notion n'est autre chose que l'expression de l'âme qui permet à la raison de visionner le monde invisible et saisir une partie minime de ce monde. L'âme garde pour elle la grande majorité de cette connaissance qui ne se dévoile pas à la raison, reflet, dans son état, de cette même âme. La seconde raison, pour sa part, contourne le monde du témoignage et prend connaissance de certaines parties d'une royauté entourée par la muraille des sens. Cette raison est l'expression de l'expression première. Regarde à quoi les philosophes invitent à travers ***« Ceux-là sont appelés d'un lieu lointain. »*** Ils ont ignoré le Glorieux, le Créateur…

Nous pouvons dire que les philosophes ont saisi la notion de la sagesse sans la volonté, car la sagesse, en définitive, est un voile sur le visage de la volonté, telle une mariée protégée par son voile du regard des personnes étrangères. La Volonté divine est alimentée par la lumière de la nature originelle, héritage direct du Saint-Esprit. La raison des philosophes déchoit jusqu'aux bas-fonds de l'univers, jusqu'aux planètes dont elle n'a saisi que la création mais pas l'Ordre divin. Ce raisonnement restreint accorde aux astres la capacité de choisir et d'agir. Ils ont perdu de vue que ces planètes et ces astres ne sont que des choses inanimées, mais derrière elles se trouve la vie des anges chargés d'elles. Ils décident et conduisent les créations vers leurs destinées préalables, puis, ils font de même pour les éléments. Certains philosophes affirment même que les éléments sont des conséquents premiers de nature décisionnelle. Ceux-là aussi sont dans l'erreur fatale. »[1]

Rien dans le monde du témoignage ne peut agir de lui-même. L'agissement vient uniquement des anges chargés par Dieu à cet effet. Al-Suhrawardī s'obstine à développer cette idée dans le précédent extrait et de persister par la suite dans un autre passage :

« Les philosophes nous parlent des astres et non des anges. Ils ignorent que le mouvement des astres n'est pas un mouvement naturel, ni un choix propre aux astres, mais ce sont les anges chargés d'eux qui décident de ce mouvement et orientent leurs caractéristiques et leurs influences. De même, les philosophes ont doté les planètes d'une capacité propre d'influer, en les considérant comme planètes influentes et décideuses, mais la réalité est différente, ce sont les anges qui décident et non les astres ni les planètes. C'est d'un œil borgne que les philosophes nous donnent l'habitude de voir le monde. »[2]

1 Ibid., *Rashf al-Naṣā'iḥ*, feuillets 46-47.

2 Ibid., *Rashf al-Naṣā'iḥ*, feuillet 118.

DEUXIÈME ÉTUDE

LE SAVOIR DIVIN DES PARTICULIERS ENTRE NÉGATION ET AFFIRMATION

L'opinion des philosophes :

Les philosophes considèrent que Dieu est savant de toute chose. « ***Les négateurs disent : ''l'Heure ne nous atteindra pas !''. Réponds-leur : ''Mais si, par mon Seigneur qui connaît le mystère de l'univers ! Elle vous atteindra à coup sûr, car rien de ce qui est dans les cieux ou sur la Terre, fût-il du poids d'un atome, n'échappe à la connaissance du Seigneur***''[1].

Car rien n'échappe à ton seigneur : ni le poids d'un atome sur terre ou dans le ciel, ni un poids plus infini ou plus grand - tout est inscrit dans un Livre évident''. »[2]

Cette science est l'un des attributs de Dieu. Aucun de ses attributs n'est sujet au changement ou à la transformation. Il en est de même de son essence, qui ne change ni ne se transforme. C'est sur ce fondement que les philosophes ont démontré l'impossible immanence directe de la multiplicité de l'unité. Cette négation est en rapport direct avec la question de la multiplicité de l'Être et de l'unicité impossible.

À partir de ce dénudement de Dieu de tout anthropomorphisme, les philosophes ont déduit que Dieu est savant de toute chose d'une manière globale, dans le sens où Il connaît les choses par le principe dont elles procèdent. Selon Avicenne, « les particuliers sont intelligibles,

1 Coran, sourate *Saba'*, n° 34, verset 03

2 Coran, sourate *Yūnis*, n° 10, verset 61

tout comme les généralités deviennent nécessaires par leurs propres causes, accordées au principe spécifique de son genre. Prenons l'exemple de l'éclipse partielle, elle devient prévisible lorsque la raison arrive à saisir ses causes partielles qui se mettent en place comme elle saisit les principes généraux. Ce savoir est fondamentalement différent du savoir relatif au temps, avant, après et au moment de la survenance de l'éclipse ».[1]

Le savoir de Dieu relatif aux choses individuelles est indépendant de toute notion de temps et de tout rapport de ces particuliers au temps passé, présent et futur. La science liée au temps est une science incomplète, elle change avec le temps alors que la Science divine est au-dessus de toute implication relative au temps. « L'Être intrinsèquement nécessaire, écrit Avicenne, doit avoir un savoir dépourvu de tout aspect temporel. S'il contient le présent, le passé ou le futur, alors son essence devient sujette au changement. Le savoir de Dieu concernant les choses individuelles est un savoir sacré au-dessus du temps ».[2]

Le changement du savoir de Dieu que les philosophes ne reconnaissent pas, est dû, selon eux, à leur croyance que le changement des choses connues crée un savoir supplémentaire dans la science même de Dieu et un nouvel état de son essence. Tout comme celui qui sait que Zayd s'apprête à rentrer chez lui, puis apprend que Zayd est déjà chez lui, enfin qui reçoit la nouvelle que Zayd est sorti de chez lui. Ainsi le savant a connaissance de trois états qui diffèrent en fonction de la temporalité de la science, passé, présent et futur.

Avicenne donne aussi l'exemple « de la personne qui sait que telle chose est inexistante et quand cette même chose se manifeste, cette personne devient savante de son existence, alors la science, comme la conscience, se transforme. Le fait qu'elle soit devenue savant de quelque chose implique l'acquisition d'un nouveau savoir

---

1 Ibid., *al-Ishārāt*, *Le Livre des directives et des remarques*, troisième partie, pp. 286-287.
2 Ibid., *al-Ishārāt*, troisième partie, pp. 295-296.

et cela montre que l'être intrinsèquement nécessaire, même s'il possède la science globale, cela ne lui suffit pas pour savoir la science des particuliers. Ce genre de savoir est un savoir inachevé qui demande toujours un accomplissement continu et un état d'âme toujours renouvelé, autre que la science préalable et autre que son état initial. »[1]

C'est aussi l'opinion des philosophes sur la science de Dieu concernant les êtres vivants, confirmant ainsi que cette science est aussi globale. Ainsi, Dieu connaît-il l'Homme comme étant un être absolu. De sa part, al-Ghazālī considérait que « Dieu connaît les contingences et les caractéristiques de l'Homme, que son corps doit être composé des membres dont certains pour agresser, d'autres pour marcher, d'autres encore pour penser ; que certains de ses membres sont doubles tandis que d'autres sont uniques. Que sa force doit être imbibée dans toutes ses parties et ainsi que tous les attributs de l'être humain, ses attributs intérieurs comme ses attributs extérieurs, et toutes ses extensions, ses besoins et ses attributs. C'est une connaissance parfaite, de telle façon que rien de l'être vivant n'échappe à Sa science. » [2]

La science de Dieu, aux yeux des savants musulmans, se démarque de cette vision philosophique de la Science divine, en dépit de leur accord avec les philosophes sur le fait que la science de Dieu n'est pas sujette au changement ni à la transformation et que le changement des états de l'objet de la science ne sont que des changements renouvelés. En effet, ils sont en désaccord avec les philosophes concernant l'explication de la relation entre ces deux aspects. Les changements en question ne touchent ni l'objet de la science ni l'Être savant. « Pourquoi vous désapprouvez, disait al-Ghazālī, celui qui dit que Dieu a un seul aspect de savoir concernant l'éclipse à un moment donné, avant l'éclipse, son savoir se limite à la connaissance de ce qui devrait avoir

---

1 Ibid., *al-Ishārāt*, pp. 292-293.

2 Ibid., al-Ghazālī, *Tahāfut.*, page 208.

lieu. Au moment de l'éclipse, son savoir concerne ''ce qui est''. Après l'éclipse, son savoir porte sur la fin de l'éclipse. Tous ces aspects du savoir ne changent en rien ni de l'essence de l'Être savant, ni de l'objet du savoir. Ce ne sont que des savoirs complémentaires. Si quelqu'un se trouve sur ta droite, il change de place et il se met face à toi, puis à ta gauche, tous ces changements qui se succèdent devant tes yeux touchent la personne en question, en revanche, ils n'ont aucun impact sur ta personne. C'est ainsi qu'il faut comprendre la nature du Savoir divin. On doit admettre que cette science qui englobe toutes les choses est unique, éternelle et parfaite. Elle n'est pas sujette au changement et sur cela, tout le monde est d'accord. »[1]

La position d'al-Suhrawardī :

Pour al-Suhrawardī, la négation par les philosophes de la science de Dieu des particuliers résulte de leur ignorance quant à l'essence de Dieu. Ils croient en effet que l'affirmation des attributs de Dieu remet en cause son Unicité. Cette position erronée des philosophes implique à leurs yeux la négation de tout Impact divin sur la multiplicité et, par conséquent, la négation de tout Savoir divin des particuliers. Toutes ces restrictions dépourvues de tout fondement logique trouvent leur origine dans le fait que les philosophes n'ont pas une connaissance de l'essence de Dieu. Selon al-Suhrawardī : « il s'agit d'une néfaste ignorance du Créateur dont le rappel est exalté et la sainteté est suprême. Cette ignorance les amène à supposer que le principe de l'unicité absolue exige la négation des attributs du Novateur et, par conséquent, ils ont donné au Créateur un statut identique à celui de la créature. Ainsi, il devient agent et contingent. Dans leur égarement, ils ont privé Dieu de sa qualité de Novateur, alors qu'Il est le Créateur, le Béni, gloire à Lui, l'abondant du fait de la multiplicité des êtres et des choses existants. Sauf Son respect, tout cela ne peut en aucun cas mettre en cause Son unicité. »[2]

1 Ibid., *Tahāfut*, page 213.
2 Ibid., *Rashf al-Naṣā'iḥ*, feuillet 110.

Al-Suhrawardī veut dire par là que les philosophes ont donné au Créateur un statut identique à celui de ses créatures. Ils ont essayé de sanctifier Son avoir en pensant que Sa science est comparable à la science de l'Homme qui change, évolue et se transforme. Un savoir dépendant du temps, du lieu et des acteurs humains. Il est relatif au passé, au présent et au futur. L'Homme devient savant alors qu'il était ignorant, son savoir est, de par sa nature même, contingent. Tout cela est de la pure ignorance de la nature du Savoir divin qui est fondamentalement différent du savoir humain. Le Savoir divin des particuliers temporels n'implique en aucun cas un changement de son essence, Il est le Créateur de tout, du particulier comme du général. Rien n'échappe au Seigneur.

Al-Suhrawardī donne l'exemple suivant : « Si tu prends une poignée de moutarde, tu la mets dans un récipient étroit, les grains de moutarde s'entassent et font un corps solide à tel point que tu ne peux plus voir les grains séparés les uns des autres à cause de l'étroitesse du récipient et les limites de ta puissance de vision pour les capter. Si tu fais sortir les grains de moutarde et que tu les étales sur une chose plate, tu peux, à ce moment, les saisir à l'œil nu en tant que grains séparés les uns des autres. Ainsi, Dieu, l'Être suprême, par Son pouvoir divin, fait-Il sortir les secrets des êtres de l'universel comme du particulier en les déployant, tout ce qui a déjà existé et ce qui devrait être. Un déploiement dont l'une des deux extrémités est liée à l'éternel, l'autre à l'infini... Tout est concevable dans la Science éternelle de Dieu, ce qui est et ce qui devrait être. Ne cherche pas alors à argumenter pour montrer que l'inexistant est une chose. Cela dépasse nos capacités mentales limitées. Rien n'échappe au soleil qui rayonne sur toute la Terre, à l'exception de ce qui est caché, et une fois dévoilé, les rayons de soleil le rattrapent. Quand le voile de l'inexistant se lève sur les êtres cachés, universels et particuliers qui sont dans l'univers, ils sont aussitôt attrapés par les rayons et cela n'est pas l'effet d'un changement qui a touché les rayons mais l'effet du dévoilement qu'ont subi les êtres cachés. Ainsi le Pouvoir divin éternel lève-il le voile de l'inexistant sur les particuliers pour recevoir les rayons de la Science divine éternelle. *''Comment donc Dieu ignorerait-Il ce qu'Il a Lui-même crée, Lui, le Subtil, l'Informé''.*[1] »[2]

À la lecture de ce texte, il nous paraît une chose étrange qui doit être relevée. Ce texte nous laisse comprendre que le Savoir divin a un domaine bien précis et que le Pouvoir divin a lui aussi son propre domaine. Le Pouvoir éternel fait sortir le particulier de l'inexistant et la science dévoile la partie immanente de ce dernier. De cette analyse, il résulte que ce qui n'est pas dévoilé n'est pas accessible à la science. Je doute fort que le Cheikh al-Suhrawardī opte pour cette analyse, non seulement parce qu'il a catégoriquement désapprouvé et réfuté la position des philosophes concernant le Savoir divin des particuliers, mais aussi parce qu'il croit à la Science divine intégrale, le particulier comme l'universel, en se basant sur le verset :

*« **Comment donc Dieu ignorerait-Il ce qu'Il a Lui-même crée, Lui, le Subtil, l'Informé**. »*

Ce verset montre bien que le Créateur est le mieux placé pour connaître Ses créatures, le particulier comme l'universel.

La définition adéquate selon al-Suhrawardī est la suivante :

A. Montrer la différence entre le Savoir divin et le savoir humain. Le savoir humain, pour qu'il soit considéré comme scientifique, doit répondre à un certain nombre de conditions. Il adopte des outils et des méthodes, certains sont relatifs à l'Homme comme la raison et le sens, d'autres sont des moyens techniques qui se développent au fil du temps.

   La Science divine est sanctifiée de tout cela, l'exemple donné par al-Suhrawardī le montre bien. Si l'on prend un récipient étroit plein de grains de moutarde, nous sommes incapables d'identifier les grains de moutarde, séparés les uns des autres, d'une part à

---

1 Coran, sourate *al-Mulk*, n° 67, verset 14.

2 Ibid., *Rashf al-Naṣā'iḥ*, feuillet 112.

cause des limites de notre capacité visuelle et d'autre part à cause de l'étroitesse du contenant et de l'entassement des grains de moutarde, à tel point qu'ils forment un corps solide, sans qu'il soit possible de les identifier à l'œil nu. Une fois les grains de moutarde extraits du contenant étroit et étalés sur une chose plate, ils deviennent séparés les uns des autres. Si on a une vision correcte et assez de lumière pour voir, on peut alors distinguer les grains en tant que corps séparés, ainsi on acquiert à la fois la science des particuliers et la science de l'universel.

B. Le Savoir divin est un savoir intégral qui a pour objet le néant et l'existence. Dieu, par Son pouvoir éternel, a fait sortir les êtres, le particulier comme l'universel, du néant. Il les a placés dans le passé, le présent et le futur au sein du même univers qui ne peut en aucun cas contredire la Science divine de l'éternité à l'infini.

C. Le Savoir divin ne s'intéresse pas seulement à l'universel, il s'occupe aussi du particulier. Rien n'échappe à Sa science éternelle, appartenant au passé, au présent et au futur. Quant au néant que les philosophes considèrent comme une limite à leur capacité intellectuelle en les empêchant de raisonner correctement, al-Suhrawardī, dans le texte cité ci-dessus, a donné son avis sur cette question du néant en comparant Dieu au rayonnement du soleil et le néant au voile. Tous les êtres, le particulier et l'universel, existent réellement mais le néant les cache. Le Pouvoir divin éternel les dévoile graduellement. C'est la partie dévoilée qui sera l'objet de la Science divine. Cela n'implique en aucun cas le changement ou le renouvellement du rayonnement solaire : seule la partie dévoilée est sujette au changement.

Par conséquent, les choses se renouvellent, se multiplient, se désagrègent, Dieu en connaît les aspects généraux comme les aspects particuliers, sans que cela implique un renouvellement ou une multiplication dans Sa science éternelle.

TROISIÈME ÉTUDE

LA RÉSURRECTION ENTRE NÉGATION ET AFFIRMATION

L'opinion des philosophes :

Les philosophes partagent avec les autres musulmans la croyance selon laquelle le jugement dernier est une vérité indiscutable. Elle est l'un des fondements de la foi. Aucun musulman ne peut ni la nier ni la désavouer. Averroès considère que : « toutes les religions sont d'accords sur le jugement dernier, la polémique porte sur la manière et la façon de son déroulement, ou plutôt sur la façon de présenter cette situation de l'Au-delà au grand public ».[1] Être ressuscité en vue d'être jugé et récompensé ou puni est une croyance sur laquelle les religions sont unanimes. C'est une chose confirmée par la religion comme par la raison. La polémique, selon Averroès, porte sur la façon dont les Hommes seront ressuscités.

La résurrection concerne-t-elle à la fois le corps et l'âme, ou uniquement l'un ou l'autre ? Voilà une autre question sur la nature de la récompense et du châtiment. Averroès voulait dire par là que cette question concerne le monde de l'Au-delà et le Créateur pour nous faire comprendre cette situation. Il a pris comme métaphore le bien-être et le mal-être matériel dans le monde ici-bas, celui qui touche particulièrement le côté physique de l'être humain. Cette métaphore est propre à la jurisprudence islamique concernant le côté physique même si elle ne démontre pas l'Au-delà par l'ici-bas en ce qui concerne l'âme.

1 Ibn Rushd, *al-Kashf `An Manāhidj al-Adilla*. Le Caire, al-Maktaba al-Maḥmūdiyya, 1968, 3e édition, page 149.

En effet, démontrer par le matériel la nature et la durée du châtiment et de la récompense est plus efficace pour les faire comprendre au grand public que la démonstration par le spirituel. Averroès estimait que la métaphore matérielle dans notre religion « est la plus adéquate pour toucher la sensibilité du grand public envers les questions métaphysiques, surtout que ce dernier est la cible privilégiée de la religion. En revanche, la métaphore spirituelle est moins efficace pour attirer l'attention du grand public pour ce genre de questions. D'ailleurs, le public se montre moins fasciné par cette métaphore et se sent plus à l'aise avec la métaphore matérielle, alors que les théologiens spéculatifs, qui sont par définition minoritaires, préfèrent la métaphore spirituelle ».[1]

Par conséquent, le sens premier de la religion n'est pas un argument solide pour montrer la résurrection des corps, « étant donné que la religion est censée s'adresser au public par un discours simple visant à rendre compréhensible ce qui est complexe, en utilisant la comparaison et la métaphore. La religion ne fait pas ses preuves si elle n'a pas recours à cette méthode, alors comment le sens premier de la religion pourrait-il être le fondement rationnel de ce chapitre ? »[2]

D'après les écrits des philosophes, on pourrait comprendre que les récompenses et le châtiment dans l'Au-delà sont réservés à l'âme qui est la vérité intrinsèque de l'Homme et son essence. L'âme est une lumière de la Lumière divine. Par ces deux caractéristiques, sa nature diffère de la nature du corps créé d'une matière temporelle et décomposée, alors que l'âme est éternelle et pour cette raison, elle mérite seule la résurrection et la récompense et cela est loin d'être compris par les gens ordinaires, seuls les sages qui connaissent parfaitement la parole de Dieu pourraient en saisir le sens caché. En dépit de tout cela, certains textes philosophiques laissent entendre que les philosophes reconnaissent la résurrection des corps. À titre d'exemple, Avicenne disait : « quant

1 Ibid., Ibn Rushd, *al-Kashf `An Manāhidj al-Adilla*, page 153.

2 Ibn Sīnā, *al-Uḍḥawiyya fī al-Mī`ād*, édition Ḥasan `Āṣī. Beyrouth, al-Mu'assasa al-Djāmi`iyya, 1987, page 103.

au corps ressuscité, s'il est heureux, il aura comme récompense les plaisirs corporels et s'il est malheureux, il aura comme punition les peines corporelles, mais le plaisir sentimental, comme la peine sentimentale, est de loin le plus signifiant. »[1]

Cette résurrection du corps et l'obtention de ce qu'il revient du bien ou du mal est confirmée par la religion et nul ne peut le confirmer si ce n'est la religion, d'après Avicenne. Mais tout cela reste une simple métaphore des délices et châtiments repris de la vie dans le monde ici-bas pour donner une image approximative du sens de la récompense et du châtiment dans l'Au-delà. En revanche, s'agissant de la récompense et du châtiment spirituel, seule la raison peut en donner la preuve. Voilà le genre de récompense et de châtiment auquel le sage et le connaisseur de Dieu sont attachés, en raison de leur science qui leur permet de connaître la nature de l'âme et le bonheur immense qui en découle ; un bonheur est de loin incomparable aux délices et au bonheur du corps.

Avicenne, disait : « tu dois savoir que la résurrection a deux aspects, l'un approuvé et confirmé par la religion et ne pourrait être confirmé que par la religion et la prophétie. Il s'agit de celui qui est propre au corps dont les bienfaits et les méfaits sont tellement connus que tout effort pour les connaître davantage n'y ajoute rien à notre connaissance déjà établie. La religion et notre Prophète ont clairement démontré le bonheur et le malheur relatifs au corps. L'autre aspect que la prophétie a approuvé ne peut être dévoilé et saisi que par la raison et l'analogie rationnelle, il s'agit du bonheur et du malheur démontrés par des critères propres aux âmes, même si notre imagination est à première vue incapable de les conceptualiser.......

Le désir des théologiens sages d'obtenir ce genre de bonheur est beaucoup plus grand que leur désir d'obtenir le bonheur physique. Ils ne s'y intéressent pas même s'il leur est offert. Ils ne trouvent pas dans

---

1 Ibn Sīnā, *al-Hidāya*, page 308, citation d'après Muhammad `Āṭif al-`Irāqī, *Madhāhib Falāsifat al-Mashriq*, Dār al-Ma`ārif. Le Caire, 6e édition, 1978, page 275.

le bonheur physique la grandeur qu'ils trouvent dans le vrai bonheur de l'âme qui les rapproche de Dieu. »[1]

Le sens premier de ces textes nous laisse entendre que les philosophes reconnaissent la résurrection, le châtiment et la récompense du corps. En revanche, ils considèrent que la résurrection de l'âme, de son châtiment et de sa récompense est la plus grandiose et la plus honorable, à la hauteur de la grandeur et de l'honorabilité de l'âme éternelle. En même temps, on peut déduire de ces mêmes textes, si on les analyse profondément, que les philosophes, contrairement aux croyances des musulmans, nient la résurrection des corps.

L'auteur, Sulaymān Dunyā, a montré, en se basant sur des textes assez longs d'Avicenne, que les philosophes nient la résurrection des corps. Selon lui, « la position d'Avicenne concernant la résurrection, comme tu le constates, comporte deux volets : d'une part, il fait référence à la religion musulmane et toute sa doctrine concernant la résurrection des corps, leur bonheur et leur châtiment. D'autre part, il fait référence à la raison qui confirme la résurrection de l'âme, son bonheur et son châtiment. Un lecteur objectif ne saurait nier que l'aboutissement du deuxième volet est presque identique à celui du premier. En effet, il a subordonné le bonheur et le malheur de la libération de l'âme à son corps. Les âmes potentiellement heureuses sont privées de ce sentiment heureux parce qu'elles sont prisonnières de leurs corps. Quand elles se débarrassent de leurs corps et s'en détachent, elles goûtent pleinement au bonheur. En revanche, le corps et les soucis empêchent les âmes potentiellement malheureuses de sentir leur malheur. Dès qu'elles rejettent leurs corps, elles commencent à se sentir mal et à souffrir. Chacune de ces deux catégories d'âmes se sépare pour toujours de son corps. Ce qui signifie la négation de la résurrection du corps et de ce qui en découle, telle que la récompense et le châtiment du corps. »[2]

---

1 Ibn Sīnā, *al-Nadjāt*. Le Caire, Maṭba`at al-Sa`āda, 1331 H., page 477.

2 Note de l'éditeur, *Tahāfut al-Falāsifa*, page 294.

Cette conclusion est confirmée par un autre texte d'Avicenne dans lequel il nie clairement la résurrection des corps et cela après qu'il a critiqué les idées erronées – selon lui – sur la question de la résurrection en disant que « si la résurrection du corps seul est exclue tout comme la résurrection du corps et de l'âme à la fois, et si la résurrection de l'âme par la voie de la réincarnation est aussi exclue, alors la seule possibilité, après l'affirmation de la résurrection, est la résurrection de l'âme toute seule. C'est ce qu'on essaie de développer par la suite, si Dieu le veut. »[1]

La position d'al-Suhrawardī :

Al-Suhrawardī a sa propre définition de la relation âme/corps. Pour lui, l'âme se subdivise en une âme spirituelle et une âme animale. L'âme spirituelle est celle que le Coran cite dans le verset « ***Après que Je l'aurais bien formé et J'aurais insufflé en lui de Mon esprit, jetez-vous devant lui prosternés*** »[2] et dans un autre verset « ***Ils t'interrogent au sujet de l'âme, dis : ''L'âme relève de l'Ordre de mon Seigneur''*** »[3].

L'âme animale est celle qui assure la vie du corps et son mouvement. Elle a donc un rapport avec la poussière. C'est pour cela que l'Islam a affirmé la résurrection des animaux au point qu'Il permettra à la bête privée de corne de se faire justice contre la bête cornue, « puis on demande à la bête cornue de devenir poussière, elle devint poussière pour échapper à l'enfer, et l'infidèle cria : ''Hélas pour moi ! Comme j'aurais aimé n'être que poussière espérant fuir le châtiment douloureux'' ».[4]

Mais l'âme animale de l'Homme est différente de celle de l'animal parce que l'Homme a été créé d'une pâte d'argile fermentée par Dieu pendant quarante jours selon la tradition : « Dieu fit *fermenter* la pâte d'*argile* dont fut créé Adam quarante jours durant. »

---

1 Ibid., *al-Uḍḥawiyya*, page 126.

2 Coran, sourate *Ṣād*, n° 38, verset 72.

3 Coran, sourate *al-Isrā'*, n° 17, verset 85.

4 Ibid., *Rashf al-Naṣā'iḥ*, feuillet 61.

Par cette caractéristique acquise de la Fermentation divine de la pâte d'argile, « l'âme animale de l'Homme est devenue capable d'accueillir l'âme spirituelle. Il acquiert alors une âme supérieure issue du genre animal. Armé de cette âme supérieure, l'Homme devint vicaire de Dieu sur la Terre, responsable de ses actes et passible de récompense et de châtiment. »[1]

D'après al-Suhrawardī, les philosophes n'ont pas compris la relation entre ces deux genres d'âmes et n'ont pas non plus su distinguer entre elles. Ils se sont en effet focalisés sur l'âme spirituelle ou supérieure face au corps qui redeviendra poussière et se perdra dans l'Au-delà. C'est pour cette raison qu'ils ont nié la résurrection des corps en niant tout rapport avec l'âme. Ce qui va disparaître ne mérite point le bien-être ou le mal être. En revanche, l'âme spirituelle le mérite parce qu'elle est éternelle. La réception de l'âme spirituelle, laquelle se démarque des animaux par son honneur et sa supériorité, nous montre qu'il y a un lien de parenté entre les deux. C'est par ce lien que le corps mérite la résurrection et le jugement. La récompense penche vers l'âme spirituelle et le châtiment penche vers la pâte d'argile, la matière de sa création d'origine. Ainsi, l'âme animale constitue un lien entre le corps et l'âme spirituelle. Du fait de cet attachement à la poussière, le corps a mérité le bien-être ou le mal-être.

Pour illustrer sa démonstration, al-Suhrawardī a pris deux exemples du Coran : l'histoire du Prophète Abraham : « ***Et quand Abraham dit : ''Seigneur ! Montre-moi comment Tu ressuscites les morts'', Dieu répondit : ''Ne crois-tu pas encore ?''. ''Si ! dit Abraham ; mais que mon cœur soit rassuré.'' ''Prends donc, dit Dieu, quatre oiseaux, apprivoise-les, et coupe les, puis, sur des monts séparés, mets-en un fragment, ensuite appelle-les : ils viendront à toi en toute hâte. Et sache que Dieu est Puissant et Sage''*** »[2]. Ou encore l'histoire du roi que Dieu a fait mourir et a gardé ainsi pendant cent ans. Puis Il l'a

1 Ibid., *Rashf al-Naṣā'iḥ*, feuillet 63. Aussi al-Suhrawardī, *`Awārif al-Ma`ārif*, page 191.
2 Coran, sourate *al-Baqara*, n° 1, verset 260.

ressuscité. Selon al-Suhrawardī : « Il a vu les ossements de son âne réduits en poussière et assemblés se redresser de nouveau, revêtus de chair, couverts de peau. L'Homme n'en revient pas et l'âne se mit à braire pour réveiller ceux qui nient la résurrection des corps mais Dieu, le Très-Haut, a dit : ***''N'est-il pas prouvé à ceux qui reçoivent la Terre en héritage des peuples précédents que, si Nous voulions, Nous les frapperions pour leurs péchés et scellerions leurs cœurs, et ils n'entendraient plus rien ?''***[1] ... »[2].

Pour illustrer le rapport de l'âme au corps et leur mérite commun au châtiment ou à la récompense, al-Suhrawardī nous rapporte un dialogue imaginaire entre l'âme et le corps. Dans l'Au-delà, l'âme tente de décliner toute responsabilité en la faisant porter au corps de nature matérielle. Le corps fait de même en disant que sans l'âme, il n'est qu'un corps solide sans aucune vie et par conséquent nullement responsable. « L'âme est convoquée écrit al-Suhrawardī, on lui dit : ''Âme, tu es responsable de tes actes, susceptibles de jugement, châtiment ou récompense.'' L'âme se défend : ''Ô Dieu, je n'étais qu'un nourrisson qui tétait du lait spirituel, je ne connaissais pas le monde de la corruption. Je n'ai jamais été à l'origine d'un péché ou d'un crime. Je ne faisais pas partie du monde des animaux et des bestiaux. Le crime est l'acte du corps, formé de composantes poussiéreuses. Il a pris le chemin de tous les dangers en portant les plus lourds des fardeaux. Responsable de ses actes, il mérite d'être châtié''. On dit au corps : ''Que penses-tu de ce reproche ?'' Le corps répond : ''Ô Dieu, j'étais une chose inanimée reliée aux pierres et aux boues sèches, incapable de nuire et même de bouger. Si je suis resté éternellement à cet état, je ne pourrais ni bouger, ni m'aventurer dans la voie de la destruction.'' Dieu dit : ''Ô âme et corps : votre cas est comme celui d'un aveugle qui entre dans un jardin plein d'arbres fruitiers ornés de toutes sortes de fruits, hélas, il ne pourra rien voir de tout cela, il trouvera dans le jardin un homme estropié qui, au contraire,

1 Coran, sourate *al-A'rāf*, n° 7, verset 100.

2 Ibid., *Rashf al-Naṣā'iḥ*, feuillets 63-64.

peut tout voir mais est incapable de bouger pour cueillir les fruits. Il dit à l'aveugle : porte-moi, je te rapproche des fruits, tu prends ce que tu voudras. L'aveugle porte l'homme estropié et ainsi par leurs forces limitées mais combinées, arrivent à atteindre leurs objectifs. Vous, corps et âme, ayant pratiqué les mêmes actes et acquis les mêmes résultats, alors vous partagerez ensemble les vicissitudes du sort, récompense soit-il ou jugement.'' ***''Le jour où chaque âme viendra, plaidant pour elle-même, chaque âme sera pleinement rétribuée pour ce qu'elle aura œuvré sans qu'elle ne subisse la moindre injustice.''***[1] ... »[2]

La logique de la raison bien guidée ainsi que la logique de la révélation amènent à considérer que la justice exige que l'âme et le corps aient le même traitement en matière de récompense puisqu'ils ont participé ensemble et à part égale dans les mauvais comme dans les bons actes. Il paraît que la raison et l'entendement ont du mal à saisir cette dimension. C'est ce qu'al-Suhrawardī reproche aux philosophes : « Ce que nous avons essayé de développer est une science inconnue de la part des philosophes, elle ne se mesure ni pas par la balance des idées ni par la balance de la stupidité et la vanité. »[3]

La résurrection et le jour dernier font partie des sujets métaphysiques que les philosophes n'arrivent pas à saisir par la raison, c'est pour cela qu'ils ont nié une chose et confirmé une autre : ils ont confirmé le délice spirituel et ils ont nié le délice matériel. Alors que la raison bien guidée par la lumière de Dieu ne nie pas les choses qui dépassent les limites de la raison. Celui qui raisonne par cette raison bien guidée n'a pas besoin de prendre une métaphore prise du monde ici-bas pour illustrer une chose qui appartient au monde de l'Au-delà, comme le prétendent les philosophes. Les Prophètes, la paix sur eux, ont saisi les questions métaphysiques telles que la résurrection, le jour du jugement,

1 Coran, sourate *al-Naḥl*, n° 16, verset 111.

2 Ibid., *Rashf al-Naṣā'iḥ*, feuillet 65.

3 Ibid., *Rashf al-Naṣā'iḥ*, feuillet 65.

la voie, la balance, l'intercession, le bassin, le paradis et l'enfer, d'une manière instinctive qui reflète la faculté de comprendre du Saint-Esprit.

Les philosophes ont essayé de comprendre le monde ici-bas par des raisons naturelles qui ne sont pas orientées par la lumière de la Guidance divine.[1] Ainsi ont-ils négligé la parole de Dieu, inversé ses sens et ses significations, ce qui implique la négligence du pouvoir absolu de Dieu pour qui rien n'est impossible. Al-Suhrawardī disait de ce genre de philosophes qu'ils sont « aveuglés dans leur vision, ils ont affirmé le délice spirituel et ils ont nié le délice matériel. Ils n'ont pas su comprendre que Dieu a mis à la disposition des âmes et des cœurs le délice spirituel, Récompense divine dans un lieu paisible et proche de Dieu. Il offre aux âmes qui ont participé avec les esprits au perfectionnement de la Soumission divine le délice matériel. Un délice compatible avec les esprits et un autre compatible avec les âmes. C'est cela qui a aveuglé leur vision en niant le partage du délice permanent entre les âmes et les corps. »[2]

Le fait que les âmes soient récompensées ou châtiées au même titre que les corps, c'est ce qu'al-Suhrawardī confirme, en accord total sur ce point avec les philosophes. Seulement, il accorde aux corps ce qu'il a accordé aux âmes, même si la nature de la récompense et du châtiment n'est pas la même.

Pour argumenter sa position concernant ce destin commun, il cite de nombreux versets et *ḥadiths* explicites dont le sens est clair et qui ne demandent pas une explication ou une interprétation supplémentaire pour qu'ils soient compréhensibles. Puis, il expose un certain nombre de délices au paradis en concluant avec le commentaire suivant : « Les idées sont faites pour comprendre les secrets de l'Au-delà, un négateur de la résurrection des corps, sans preuve, est aveugle et incapable de saisir les questions de l'Au-delà. Un autre voit dans la résurrection une

1 Ibid., *Rashf al-Naṣā'iḥ*, feuillets 68-69.
2 Ibid., *Rashf al-Naṣā'iḥ*, feuillet 119.

simple métaphore qui a pour but de simplifier les vérités cachées au grand public, et d'attirer les âmes qui penchent ou même aspirent aux désirs matériels, en considérant que cette métaphore n'est qu'une forme d'infidélité, d'athéisme et un égarement équivoque rattaché à l'ancienne parole. »[1]

---

1 Ibid., *Rashf al-Naṣā'iḥ*, feuillet 118.

QUATRIÈME ÉTUDE

LES PRODIGES, *AL-KARĀMĀT*, ENTRE NÉGATION ET AFFIRMATION

L'opinion des philosophes :

On reproche aux philosophes d'avoir nié les miracles matériels puisqu'ils croient à la simultanéité nécessaire de la liaison causale observée dans l'existence entre la cause et son effet, et cela implique, comme disait l'Imam al-Ghazālī, la négation des philosophes de tout ce qui pourrait être miraculeux ou extraordinaire, comme le bâton qui se transforme en serpent, ou comme rendre la vie aux morts ou la lune fendue… « Celui qui rend le cours normal des choses intrinsèquement nécessaire nie catégoriquement tout cela. Ainsi ont -ils interprété la renaissance des morts comme ils ont interprété aussi le happement du bâton. Quant à la lune fendue, ils ont vraisemblablement nié son existence en prétendant qu'elle n'est pas régulière. »[1]

Al-Ghazālī ne veut pas dire par là que la négation des philosophes des miracles et des prodiges est absolue puisqu'ils reconnaissent trois forces dont les actes sont miraculeux :

a. La faculté imaginative, *al-Quwwa al-Mutakhayyila.*
b. La faculté théorique et rationnelle, *al-Quwwa al-Naẓariyya al-`Aqliyya.*
c. La faculté pratique de l'âme, *al-Quwwa al-Nafsiyya al-`Amaliyya.*

1 Ibid., *Tahāfut al-Falāsifa*, page 236.

La première, si elle réussit à s'installer et à se libérer des sens, pourra accéder à la table protégée, *al-Lawḥ al-Maḥfūẓ.* Ainsi, les formes des particuliers qui pourront avoir dans le futur s'y impriment. Cela concerne les Prophètes à l'éveil et tous les gens pendant les rêves.

La deuxième, revient à la force de l'intuition. Il s'agit de la rapidité de passer d'une connaissance à une autre. Celui qui possède une âme sacrée et clairvoyante, son intuition continue à collecter les dits sacrés dans les plus brefs délais. C'est le miracle des Prophètes.

La troisième peut aller jusqu'à l'influence sur les choses naturelles. Quand l'âme s'imagine une chose, toutes les forces et tous les membres dont elle se compose se mettent à son service, elle s'oriente vers l'endroit désiré. C'est comme quelqu'un qui marche sur une branche d'arbre tendue dans l'espace et dont chacune des deux extrémités est posée sur un mur, il pense qu'il peut tomber à tout moment, son corps répond en tombant réellement. L'influence de cette âme pourrait dépasser son corps de telle manière à provoquer le vent, la pluie et un tremblement de terre sans aucune cause naturelle manifeste.

Al-Ghazālī ne désapprouve pas les actes extraordinaires confirmés par les philosophes mais il déplore le fait de se limiter à ce genre d'actes et de nier toutes les autres qui sont similaires. Selon lui, « ceci est leur doctrine concernant les miracles, aucune objection sur ce qu'ils ont énoncé et que ces miracles sont propres aux Prophètes, que la paix de Dieu soit sur eux, mais nous déplorons le fait de se limiter à cela et nier le happement du bâton en serpent et la renaissance des morts, etc. »[1]

Ce qu'on peut noter sur les propos de l'Imam al-Ghazālī, c'est le ton pesé et calme de son reproche aux philosophes concernant cette question, ce qui est normal étant donné la nature du sujet en question : il s'agit de la science de la nature à laquelle il ne s'oppose pas et qui n'entre pas d'ailleurs dans le domaine de sa critique. C'est une science qui, en règle générale, ne contredit la religion que sur des questions

1 Ibid., *Tahāfut al-Falāsifa*, page 238.

bien précises qui n'ouvrent la porte ni à l'athéisme ni au jugement de déviation de la religion. C'est une science qui ne nie ni le Prophète, ni la prophétie, bien au contraire : le message et le messager sont confirmés par le texte et la religion ainsi que leur statut exceptionnel dans la théorie de la connaissance selon Averroès. Il s'agit du statut des religions dont l'affirmation ne se fait pas par la voie de la science mais par la voie de révélation ou la prophétie.

Le Prophète, que les bénédictions et le salut de Dieu soient sur lui, n'a jamais eu recours au miracle qui, par définition, relève de l'extraordinaire, pour affirmer son message. « Il n'a pas eu recours au miracle pour convaincre les individus ou les nations de l'authenticité de son messager. Il n'a pas cherché à user d'un acte extraordinaire, tels que transplanter un œil à la place d'un autre. Tout ce qu'on pourrait qualifier de miraculeux ou prodigieux parmi Ses actes sont produits comme étant des états d'esprit qui sont propres à Lui, jamais Il ne les a utilisés pour défier les autres. C'est ce qu'on peut comprendre de la parole de Dieu : ***« Et ils dirent : Nous ne croirons pas en Toi, jusqu'à ce que Tu aies fait jaillir de terre, pour nous, une source ; ou que Tu aies un jardin de palmiers et de vignes, entre lesquels Tu feras jaillir des ruisseaux en abondance ; ou que Tu fasses tomber sur nous, comme Tu le prétends, le ciel en morceaux ; ou que Tu fasses venir Dieu et les Anges en face de nous ; ou que Tu aies une maison [garnie] d'ornements; ou que Tu sois monté au ciel. Encore ne croirons-nous pas à Ta montée au ciel, jusqu'à ce que Tu fasses descendre sur nous un Livre que nous puissions lire. Dis [leur]: Gloire à mon Seigneur ! Ne suis-je qu'un être humain-Messager ?*** »[1]-[2]

Par conséquent, l'extraordinaire n'a aucune importance dans l'affirmation du message. Ainsi, selon Averroès, « l'extraordinaire, qui n'est pas du tout du même statut que la religion, comme par exemple la séparation de la mer et d'autres exemples encore, ne

1 Coran, sourate *al-Isrā'*, n° 17, versets 90-93.

2 Ibid., *al-Kashf `an Manāhidj al-Adilla*, page 126.

constitue pas une preuve nécessaire pour affirmer l'authenticité de la prophétie, il pourrait avoir cette fonction s'il s'associait à la prophétie, en revanche, l'extraordinaire isolé ne constitue jamais une preuve en soi. L'extraordinaire que les Prophètes pourraient avoir ne prouve pas leur prophétie étant donné que la prophétie en tant que telle constitue une preuve tangible. C'est dans ce sens qu'il faut comprendre la signification du miracle qui pourrait être du même genre que la prophétie. Il s'agit de chercher le miracle comme acte dans la science et dans l'action des Prophètes. C'est une preuve tangible de leur prophétie. L'extraordinaire, en dehors de ces deux actions, la reflète et la consolide. »[1]

Si Averroès refuse d'admettre l'extraordinaire, c'est parce qu'il est inadéquat pour prouver la prophétie mais s'il est associé à une connaissance extraordinaire qui reflète parfaitement la qualité de la prophétie, l'extraordinaire devient un témoin solide et un appui sûr. De plus, Avicenne considère que même l'attribut extraordinaire n'est pas compatible avec les états et les actions qui donnent l'illusion du non-respect de la nature. S'il croit que les saints et les hommes pieux pourraient connaître ce genre d'états et d'actions, il nie leur caractère extraordinaire.

Averroès reconnaît que les hommes pieux et les connaisseurs de Dieu ont le pouvoir d'accomplir des choses étranges que ceux qui ignorent la nature de leurs états et leurs capacités rationnelles et psychologiques n'admettent pas, voire déplorent. Il a même conseillé parmi ceux qui assistent à leurs invraisemblables actes de les croire et de ne pas les contester puisque celui qui a une connaissance parfaite des forces psychologiques de l'Homme et de la nature et ses actions ne considère pas les actes des hommes pieux et des saints comme blâmables et allant à l'encontre de la nature de l'âme ou contre le cours normal de la nature. « Si un jour, écrit Avicenne, tu apprends qu'un connaisseur de Dieu, par un effort physique exceptionnel, fait un acte

---

1 Ibid., *al-Kashf `an Manāhidj al-Adilla*, page 129.

ou un mouvement qui sort de l'ordinaire, ne l'accueille pas par le dénigrement, il se pourrait que tu trouves dans l'explication de ses actes une manière de reconsidérer les doctrines de la nature. »[1]

En effet, ces actes puisent de la volonté et de la force de l'âme pratique et sa capacité d'influence sur le corps humains et sur les autres corps. « Si tu apprends un jour qu'un connaisseur de Dieu prédit qu'une bonne ou mauvaise chose aura lieu dans le futur et que les événements le confirment et que tu n'as pas de mal à le croire, sache que dans les doctrines de la nature, ses causes sont connues ». [2]

Ces actes émanent de la volonté et de la force de l'âme d'imagination qui, une fois développée, pourrait donner accès à la table protégée, un certain nombre de ses secrets seront alors dévoilés : « Il est possible que tu apprennes des nouvelles d'un connaisseur de Dieu qui sont contre le cours normal des choses, aussitôt tu les rejettes. Il fut dit par exemple qu'il a invoqué Dieu de faire pleuvoir, et sa demande fut aussitôt exaucée, ou qu'il a appelé à la guérison des malades, et ils se rétablirent, ou qu'il a invoqué contre les gens, et ils ont été enfouis sous terre ou toute autre chose qui relève de l'impossible. Prends ton temps, ne te précipite pas, pour ce genre d'actes des causes existent, enveloppées par les secrets de la nature. »[3]

Ceci s'inscrit dans la volonté et la force d'imagination pratique et son influence sur les autres corps. D'après Avicenne, cette force ne sort pas du cadre de la causalité naturelle, dont l'explication et les secrets relatifs ne sont pas accessibles à tout le monde. C'est pour cela qu'Avicenne a dit de ces phénomènes « qu'ils sont presque contre le cours normal de la nature ». Mais Avicenne n'a pas dit, comme l'a développé son commentateur et disciple al-Ṭūsī : « ils sont contre le cours normal des choses tout simplement, parce que ces actes ne sont pas, pour celui qui connaît les causes de leur raison d'être, contraires

---

1 Ibid., *al-Ishārāt*, troisième partie, page 116.

2 Ibid., *al-Ishārāt*, page 119.

3 Ibid., *al-Ishārāt*, page 150.

au cours normal des choses, mais ils sont extraordinaires par rapport à celui qui ne connaît pas ces causes. »[1]

La position d'al-Suhrawardī :

Al-Suhrawardī accuse les philosophes d'avoir nié les prodiges qui viennent compléter les miracles des Prophètes. D'après lui, ils sont réellement extraordinaires mais non selon le sens donné à ce terme par les philosophes. La raison de leur négation provient du fait qu'ils se sentent incapables d'arriver à la pleine certitude que notre Prophète, que les bénédictions et le salut de Dieu soient sur lui, ses compagnons et les saints pieux ont atteint.

Al-Suhrawardī affirmait que « certains Maîtres de la certitude se sont élevés à un tel niveau de certitude qu'ils ont le sentiment, lorsqu'ils se prosternent, d'être sous le Trône ; d'autres s'élèvent davantage, à tel point qu'ils se prosternent sur le bout de l'habit de Sa Majesté, au-delà des points culminants d'honneur qu'on ne peut mentionner à ceux qui y sont étrangers, ces actes miraculeux gardés ou confiés dans des feuilles purifiées, y compris la pleine certitude dont on trouve des extraits dans le monde d'ici-bas. Ô philosophes ! Vous sortez de ce monde avec des foies assoiffés, vous n'avez bu aucune gorgée de la science pure. Vos oreilles n'ont rien capté de vos professeurs. Vous sortez alors de ce monde avec un voile épais qui vous couvre la vue et vous empêche de puiser de la science, en revanche, vous avez bien développé les sciences des idées, votre marchandise de cela est sans grande valeur, vous ne pouvez acheter avec vos marchandises le poids d'un atome de certitude ».[2]

Celui qui possède la certitude, qui croit aux miracles et aux prodiges en s'appuyant sur le pouvoir de Dieu est celui qui croit que l'extraordinaire dans la nature fait partie du Pouvoir divin et de son impact. C'est sous l'égide de ce pouvoir que certaines créatures

1 Note de marge, *al-Ishārāt*, troisième partie, page 150.
2 Ibid., *Rashf al-Naṣā'iḥ*, feuillet 135.

naturelles ont été créées à partir de l'inexistant et que la nature appartient au monde du possible. « Parmi les Maîtres de la pleine certitude qui ont vécu des moments extraordinaires et leurs récits sur les distances raccourcies et la marche sur l'eau et sur l'air. »[1]

Ainsi, croire en Dieu et à son pouvoir absolu, c'est avoir une croyance sans faille, une croyance au plein sens du terme. Quel est le sens de cette plénitude ? On demanda à un Maître parmi les connaisseurs de Dieu. Il répondit : « Tu crois et tu ne doutes guère en ceci : un serviteur de Dieu couché sur un de ses côtés en Orient, *al-Mashriq*, il suffit qu'il change de côté et le voilà, par miracle, en Occident, *al-Maghrib*. Cela ne peut pas être saisi par le raisonnement philosophique, alors que c'est loin d'être impossible. Le temps comme le lieu et les distances, peuvent être rapprochés pour les saints pieux. »[2]

Par ailleurs, Al-Suhrawardī rapporte un certain nombre de prodiges, parmi lesquels :

- Ce qui est arrivé à Dja`far al-Ṣādiq, que la paix soit sur lui, lorsqu'il a dit : « Dieu s'est manifesté à ses serviteurs à travers Sa parole mais ils ne Le voient pas. Il fut dit qu'il était un jour en train de prier, soudain il s'évanouit et arrêta sa prière, on lui demanda alors la raison, il répondit : ''Je n'ai pas arrêté de psalmodier un verset jusqu'à que je l'ai entendu directement de Sa Majesté, mes pieds n'ont alors pas résisté et ont chancelé.'' »[3]
- Un homme digne de confiance a rapporté à al-Suhrawardī qu'il était à la Mecque, quand il a rencontré fortuitement un homme pieux venu du Maghreb auquel on attribuait des prodiges et des actes extraordinaires. En effet, pendant la circumambulation, je l'ai entendu réciter une partie importante du Coran alors que la distance parcourue est uniquement celle qui sépare l'angle irakien de l'angle de la pierre noire. Selon al-Suhrawardī, « Cela est un

1 Ibid., *Rashf al-Naṣā'iḥ*, feuillet 136.
2 Ibid., *Rashf al-Naṣā'iḥ*, feuillet 137.
3 Ibid., *Rashf al-Naṣā'iḥ*, feuillets 131-132.

> prodige partagé entre le récitateur et l'écouteur. Pauvre Philosophe, celui qui a su cela et l'a vécu, penses-tu qu'il prête attention aux polémiques des philosophes ? On te dit alors : ''On reconnaît ton savoir en matière de physique et de géométrie mais ton savoir ne vaut même pas un atome de certitude.'' »[1]

En dépit de sa négation de ce genre d'actes extraordinaires, le philosophe affirme d'autres actes similaires comme l'effet étrange d'une solution faite de perles terrestres et d'énigmes produites de cette combinaison des forces terrestres et extraterrestres afin de créer une force qui œuvre étrangement dans le monde ici-bas.[2] Il serait plus pertinent pour le philosophe, selon al-Suhrawardī, de chercher à affirmer le Pouvoir divin plutôt que de chercher à affirmer les caractéristiques des corps chimiques. Hélas, le philosophe se laisse séduire par ce type de raisonnement qui le pousse vers sa ruine. « Ô philosophe ! Tu as quelque chose qui ressemble à ce qui arrive aux victimes d'un mélange étrange d'essences de cristaux terrestres et des herbes et des énigmes. Sache que tout cela n'a qu'un seul but : te pousser par la ruse à l'erreur pour que tu restes exclu dans des zones perdues. »[3]

---

1 Ibid., *Rashf al-Naṣā'iḥ*, feuillet 137.

2 Ibid., *Tahāfut*, page 235.

3 Ibid., *Rashf al-Naṣā'iḥ*, feuillet 138.

CONCLUSION

On peut résumer l'étude de la manière suivante :

1. Il est clair qu'al-Suhrawardī a suivi la démarche de l'Imam al-Ghazālī dans sa critique des philosophes. À l'image de *Tahāfut al-Falāsifa*, Les incohérences des philosophes, al-Suhrawardī a écrit son livre intitulé : *Le dévoilement des ignominies grecques et les aspersions par de pieux conseils*. Comme c'était le cas pour le livre d'al-Ghazālī qui a fait l'objet d'une vive critique de la part des philosophes, en l'occurrence Averroès qui avait écrit *Tahāfut al-Tahāfut*, L'incohérence de l'incohérence, le livre d'al-Suhrawardī a également fait l'objet de critiques de la part des savants musulmans, parmi eux Ḍiyā' al-Dīn Abī al-Ḥasan Mas`ūd al-Shīrāzī (655 H.), auteur du livre intitulé : *Kashf al-Asrār al-Īmāniyya wa Hatk al-Astār al-Ḥuṭāmiyya*, Dévoilement des secrets de la piété et le déchirement des couvertures de la ruine. Mais malgré cette vive opposition, le livre d'al-Suhrawardī et ses idées n'ont subi aucune influence négative, comme c'était le cas du livre d'al-Ghazālī qui n'a pas non plus été affecté par l'opposition d'Averroès.[1]

2. Si le sort des deux livres est comparable, en revanche, on peut facilement remarquer que la méthode employée par les deux auteurs pour critiquer les philosophes n'est pas la même. La méthode adoptée par al-Ghazālī se caractérise par son objectivité scientifique. Pour critiquer une question abordée par les philosophes, il commence d'abord par un exposé clair et précis de leurs idées, il passe ensuite à la réfutation de leur doctrine en montrant leurs erreurs et leur incohérence.

---

1 Mu`īn al-Dīn Djamāl Muhammad, Introduction en persan de ce même livre, *Rashf al-Naṣā'iḥ*, édition critique Nadjīb Māyil Harawī, première édition, 1365 H., Iran, page 23.

Il ne se contente pas d'une réfutation globale mais il examine toutes les hypothèses possibles de la même question jusqu'à réfuter ses fondements et ses conclusions. En fait, al-Ghazālī a utilisé les mêmes outils que ceux des philosophes, à savoir la démarche rationnelle et logique, c'est pour cela qu'il est plus scientifique et plus convaincant.

Quant à al-Suhrawardī, il n'a pas suivi la méthode d'al-Ghazālī dans sa critique et sa réfutation des philosophes. De façon générale, al-Suhrawardī ne s'intéresse pas à la présentation des idées des philosophes et leurs fondements, il passe directement à la critique et à la réfutation en supposant que le lecteur connaît la doctrine des philosophes sur cette question. Parfois, il présente brièvement leurs idées sur la question abordée mais il ne le fait qu'après avoir présenté l'avis de la religion en se basant sur un certain nombre de versets et la tradition du Prophète.

Si l'avis de la religion est pour lui chose confirmée et attestée, tous les autres avis sont réfutés et en premier lieu la doctrine des philosophes. Ce qui est pour le philosophe un appui et un témoin dans sa démarche rationnelle, est pour al-Suhrawardī un fondement. On peut alors dire que l'aspect prêcheur et sermonneur est prédominant dans sa critique de la philosophie.

3. Al-Suhrawardī a montré l'échec de la tentative des philosophes de plaire en même temps à la religion et à la philosophie en mettant l'accent sur le rapport de Dieu au monde. Ils ont affirmé l'idée que l'être intrinsèquement nécessaire est simple et que le monde émane de Dieu par le biais de dix raisons. Ils croient à l'éternité du temps, alors que la religion nie tout cela et elle se met en opposition complète vis-à-vis de la philosophie.

4. Al-Suhrawardī a confirmé l'échec des philosophes dans leur démarche pour démontrer que la gloire de Dieu ne va pas de pair avec le savoir des particuliers matériels contingents, ce qui implique à leurs yeux la multiplicité de la Science divine du fait de la multiplicité des informations. Il montre que cela est possible dans le cas de la science

de l'Homme mais n'est pas valable dans le cas de la Science divine, rien n'échappe à Sa science sans qu'Il soit pour autant influencé par quelque chose. La multiplicité et le renouvellement sont des attributs des créatures et non du Créateur. Il est sur ce point en accord avec les savants théologiens selon lesquels la Science divine est intégrale mais se dévoile et se manifeste en fonction de la Volonté divine.

5. Pour al-Suhrawardī, Dieu est juste dans son jugement dans l'Au-delà, récompense ou châtiment, en confirmant la résurrection, le châtiment et le délice pour le corps comme pour l'âme. Cette résurrection est niée par les philosophes pour le corps et admise pour l'âme. Al-Suhrawardī réfute la position des philosophes et trouve qu'elle est due à leur ignorance des choses secrètes appartenant au monde de l'Au-delà, c'est pour cela qu'ils les ont soumises à la logique de la raison humaine. La raison est ainsi incapable de saisir le monde caché, en l'occurrence quand cette raison n'est pas guidée par la Lumière divine.

Il écrit dans son livre :« les Prophètes, que la paix de Dieu soit sur eux, ont reçu de Dieu des informations sur la résurrection qu'Il a préparée pour ses serviteurs dans l'Au-delà, avec des raisons de pleine certitude, reliées à l'océan de la Science divine et aux deux mondes, le monde physique et le monde caché, alors que la raison des philosophes n'est qu'une rivière détachée de sa source, voulant se hisser pour atteindre l'Au-delà en s'appuyant sur sa science physique et sur sa connaissance des astres. Le philosophe se voit vite retourné sur ses pas, dans l'impossibilité d'avancer, le monde caché est à jamais fermé devant lui, du fait de son ignorance du Créateur qu'il a identifié à la créature. Dieu, dans Sa parole éternelle et avec des énoncés explicites, a annoncé la résurrection des corps.

Dieu dit : ***''Ceux qui craignent leur Seigneur seront conduits par groupes aux paradis'',***[1]

1 Coran, sourate *al-Zumur*, n° 39, verset 73.

''Les incrédules seront conduits en groupes'',[1] *''Lorsque la Terre sera secouée par son tremblement, lorsque la Terre rejettera ses fardeaux''*.[2] Mais que seront-ils ces fardeaux, ne sont-ils pas les corps ? Et le fait de nier cela, n'est-il pas une réfutation du Coran et l'enlisement dans l'infidélité et l'athéisme ? »[3] En conclusion, le texte transmis ainsi que la raison bien guidée affirment l'équité du traitement, le corps et l'âme seront tous les deux ressuscités et tous les deux châtiés ou récompensés.

6. Le livre d'al-Suhrawardī nous montre aussi que les philosophes affirment l'existence des actes extraordinaires émanant de l'imagination, de la force théorique rationnelle et de la force psychologique pratique. Al-Ghazālī leur reproche le fait de se limiter à ce genre d'actes, alors même que la tradition nous confirme les autres actes extraordinaires comme les miracles et les prodiges propres aux Prophètes et aux saints pieux. En revanche, ce que les philosophes confirment comme étant extraordinaire revient au mécanisme de la nature et de ce fait ne sort pas forcement de son cours normal étant donné que dans les causes des actes de la nature, certains aspects sont insaisissables par les gens ordinaires, et quand des actes de ce genre ont lieu, seuls les savants spécialisés en ces actes et leurs secrets les reconnaissent.

Pour sa part, al-Suhrawardī considère que la position des philosophes reflète une négation des prodiges qui pourraient être une introduction aux miracles. Celui qui croit au Pouvoir absolu de Dieu ne trouvera aucune difficulté à croire à l'existence de ce qui sort du cours normal de la nature.

7. Enfin, cette étude nous montre un élément d'une grande importance, c'est l'observance totale du Coran et de la tradition du Prophète par al-Suhrawardī dans ses argumentations et ses preuves, à tel point qu'il paraît au lecteur que l'aspect prêcheur et sermonneur est

1 Coran, sourate *al-Zumur*, n° 39, verset 71.

2 Coran, sourate *al-Zalzala*, n° 99, verset 1-2.

3 Ibid., *Rashf al-Naṣā'iḥ*, feuillet 67-68.

prédominant dans ses livres. Tout cela revient à la ferme conviction d'al-Suhrawardī qui considère que le texte transmis est la source la plus fiable. On ne doit pas pour cette raison sous-estimer les efforts d'al-Suhrawardī pour critiquer et réfuter les thèses des philosophes. Il est peut-être au bénéfice d'al-Suhrawardī comparé à al-Ghazālī qui a privilégié l'extase soufie propre au maître de la confrérie qui joint la Vérité, *Ḥaqīqa*, à la Loi, *Sharī`a*.

DEUXIÈME PARTIE :

ÉDITION CRITIQUE DU LIVRE

Introduction

Au nom de Dieu, le Clément, le Miséricordieux

Louange à Dieu, celui qui nous préserve de l'égarement. Celui qui nous inspire la science bénéfique pour atteindre les buts suprêmes des espérances. Celui qui a favorisé ses saints par la lumière éclatante de la vérité, celle qui met fin aux vanités, aux erreurs et aux orgueils. Celui qui a réjoui les cœurs par le Livre écrit et qui a confié à l'âme le plus grand de Ses secrets, telle une table protégée, *al-Lawḥ al-Maḥfūḍ*, semblable à la maison prospère de Dieu, une maison ou règnent la joie et le bonheur. Elle ira satisfaite du destin qui lui est accordé. Celui qui récompense par le bonheur toute personne qui applique dans sa vie les obligations légales et celui aussi qui juge par le malheur la personne qui brave les interdits religieux.

Il est le Bien Vaillant, Il a envoyé Muhammad le Prophète, que les bénédictions et le salut de Dieu soient sur lui. Il a descendu du ciel le Coran qui guide vers la bonne voie, qui la balise et la limite tantôt par la promesse, tantôt par la menace.

Un Coran révélé en plusieurs étapes de la part d'un Glorieux Sage. Un Coran qui a mis le cœur des ignorants à rude épreuve[1] par l'ingéniosité de son éloquence.[2] Un Coran accessible uniquement aux

1 *`Uqm* : impossible d'atteindre, dans ce cas, l'éloquence du Coran. *Lisān al-`Arab*, entrée : *`Aqama*, volume 12, page 412, Dār Ṣādir, Beyrouth.

2 *Ṭughām* : les gens de basse condition. *Lisān al-`Arab*, entrée *Ṭaghama*, volume 12, pages 368.

Hommes de grandes cultures, eux seuls sauront ses mystères et ses merveilles. Ces Hommes ont escaladé les échelles spirituelles qui transcendent vers la purification et l'Apparition divine jusqu'aux sommets[1] du Scrutement divin, et la voie éclectique de la sagesse. Par cette science cachée tel un trésor, ces hommes ont l'impression de naître de nouveau, une vraie naissance symbolique, qui n'a rien à voir avec la naissance matérielle.

La première naissance, naturelle, les a liés au monde de la Royauté et au monde temporel. Par contre, par la seconde naissance, ils sont liés à jamais au monde caché, à un Royaume extraordinaire, un Royaume de Bonheur absolu[2]. Ils ont de la sorte une position dans le monde caché. Ils ont coupé le cordon ombilical avec le doute et le soupçon. Ils ont accédé au savoir universel par le biais de la prédisposition et par la nature purifiée.

Ils ne se sont pas arrêtés aux limites des savoirs partiels, un savoir amputé qui favorise[3] la dissimulation des âmes et des consciences dépouillées, infiltrées et cachées sous cette couverture.

Le Savoir absolu, quant à lui, est la source dont les Prophètes s'abreuvent. De là aussi les religions sont apparues[4]. Le savoir partiel est le lot des personnes prisonnières dans les fossés[5] de la géométrie ; elles sont les otages de l'astronomie, la science des planètes et des étoiles et de la nature.

La Science absolue continue de briller de ses lumières et guide ses adeptes vers les situations des êtres spirituels les plus élevés.

---

1 *Dhurā* : pluriel de *Dhirwa*, le sommet de scrutement. *Dhurā* : la partie la plus haute. *Mukhtār al-Ṣaḥīḥ*, entrée : *Dharā*. Édition critique *Ladjna min `Ulamā' al-`Arabiyya*, Dār al-Ma`ārif bi Misr. Le Caire, page 222.

2 *Muḥtad* : l'origine et la nature. *Lisān al-`Arab*, entrée *Ḥatada*, volume 3, page 139.

3 *Mahāmuh*, pluriel *Mahma*, un grand bénéfice. *Al-Ṣaḥīḥ*, page 639, entrée *Mahma*.

4 *Rashaḥa* : humidifié. Apparition des religions par le biais des Prophètes après s'être fortifiés par le savoir universel et global. *Lisān al-`Arab*, page 449, volume 2.

5 *Maṭāmīr* : pluriel de *Miṭmār*, sorte de puits creusé dans le sol. *Lisān al-`Arab*, page 502, volume 4, entrée : *Ṭamara*.

« ***Un arbre excellent dont la racine est solide. La ramure dans le ciel et les fruits abondants en toute saison.*** »[1]

Le savoir partiel se limite à l'étude de la partie apparente de la gouvernance. Ses adeptes seront amenés à un enfer perpétuel. « Semblable à un arbre mauvais, déraciné de la surface de la terre, manquant de stabilité. »[2]

En définitive, Dieu, dans Sa générosité, honore des bonnes choses celles qu'Il aime et celles qui lui sont les plus rapprochées. Mais Il est juste envers ceux qui sont éloignés de lui et qui sont sanctionnés.

Le savoir bénéfique est une chance pour les adeptes des Prophètes, la paix soit sur eux, et par le même principe pour la nation entière de l'Islam.

Bagdad est la ville de paix et le lieu du royaume du guide, et notre maître et seigneur l'Imam al-Nāṣir li Dīn Allah, commandeur des croyants,[3] qu'il soit agréé de Dieu.

Sa parole précieuse a mené des pays entiers à faire allégeance et à reconnaître Bagdad en tant que cité du haut lieu de la noble gouvernance[4], de l'Imam et de la tradition du Prophète.

Dans cette cité se centralisent les sciences légales et l'authentique nation musulmane. Une ville qui ne cesse de connaître une expansion extraordinaire et une hauteur de construction[5] sans égal. Le Secret divin qui est dans son sein la fait évoluer vers le septième ciel.

---

1 Coran, sourate *Ibrāhīm*, n° 14, verset 24-25.

2 Coran, sourate *Ibrāhīm*, n° 14, verset 26.

3 Al-Nāṣir li Dīn Allah : Ahmad Ibn al-Hasan *`Amīr al-Mu'minīn al-Muntaṣir bi Allah.* Mort en 622 de l'Hégire. Son règne est le plus prolongé des califes abbasides. `Abd al-Malak al-Malakī avait comptabilisé plus de 46 ans. Sous son règne, il y eu la fin de la période seldjoukide en Iraq, et il est apparu aussi pendant une courte période des courants du shiisme et du sunnisme extrémiste. *Simṭ al-Nudjūm al-`Awālī*, édition al-Salafiyya, volume 3, page 378. Aussi Muhammad Ibn Shākir al-Kutbī, Fawāt al-Wafayāt. Beyrouth, Dār Ṣādir, volume 1, page 66.

4 *Al-Sudda* : la porte d'une maison. *Al-Sudda* désigne aussi la cour intérieure d'une maison. *Lisān al-`Arab*, entrée *Sadada*, page 209, volume 3.

5 *Al-Rawq, al-Riwāq* : une entrée couverte dans une maison. Dans le texte : construction très haute. *Lisān al-`Arab*, entrée *Rawaqa*, page 132, volume 10.

Dans son giron se trouvent toutes sortes de royaumes islamiques et de pays divers, attirés par les bienveillances de la prophétique sainteté en reconnaissance implicite pour sa suprématie, sa justice. Il est naturel que ce soit au plus près de l'honorable gouvernance que les âmes des savants sont attirées. Ils ont pris le chemin sans détours menant vers elle, et ils ont posé avec espérance leurs bagages au sein de sa bonté la plus vivace. Les prieurs, les ascètes, les gens pieux, les savants et toute personne de sciences et d'action ont élu domicile en elle. Ici, dans cette cité, ils ont atteint la perfection et la prédilection.

Avec le développement des sciences pratiques et théoriques de la religion, Bagdad a retrouvé tout son éclat et sa belle allure d'autrefois. Elle est redevenue terre de paix, de bonheur d'élévation et de richesse. Elle s'est démarquée des autres villes par sa volupté et sa richesse.

Un savant a demandé à l'un de ses collègues : « As-tu visité Bagdad ? », il a répondu que non, et le savant lui a dit dans ces termes : « Tu n'as rien vu alors, ni de la vie ni des hommes ». Cette parole confirme ce qu'un certain savant a dit : « La terre entière n'est qu'une simple prairie en comparaison à Bagdad. »[1]

Grâce aux décisions de lois émanant de l'honorable Conseil d'État[2] de notre cité, que Dieu, le Très-Haut, veuille bien glorifier encore, l'Islam s'est retrouvé renforcé face aux autres nations existantes ou en voie de désintégration. Sous le règne de notre Seigneur, notre Imam al-Nāṣir li Dīn Allah, commandeur des croyants, la science a fait un

1 *Tārīkh Baghdād* : « La terre entière, en comparaison, n'est que la compagne de la ville de Bagdad ». Al-Ḥāfiẓ Aḥmad Ibn Ali al-Khaṭīb al-Baghdādī, Dār al-Kitāb, Beyrouth, chapitre : *Les histoires transmises sur la ville de Bagdad, ses merveilles et ses privilèges*, volume 1, page 45. Cette citation est attribuée par Ibn Khillikān dans son livre *Wafiyyāt al-A`yān* à al-Imam al-Shāfi`ī. Dans la notice consacrée à Yūnus Ibn `Abd Allah al-A`lā al-Ṣadafī, un des disciples d'al-Shāfi`ī a dit : « al-Shāfi`ī m'a dit : ''Yūnus, es-tu allé à Bagdad ?'' J'ai répondu : ''Non''. Il a dit alors : ''Tu n'as rien vu, dans ce cas, ni du monde, ni des gens.'' », volume 7, page 252.

2 *Diwān* : le conseil d'al-Nāṣir li Dīn Allah.

grand bond en avant[1], vers plus de prodigiosité, d'évolution, de perfection et de diffusion. Les mosquées rayonnent ainsi par la science de la tradition de l'authentification des chaînes de transmissions des *ḥadiths*, pour la méthode, et par l'étude du contenu[2] de la tradition elle-même qui mène vers la droite voie, et prépare à la vie ultérieure.

Les bienveillances prophétiques englobent la bonne morale, les meilleures des mœurs, les plus saines des attitudes, et la plus prodigieuse des noblesses. À cette bienveillance se sont liées avec grande fierté des natures qui ont été préalablement effarouchées, en poussant l'alliance vers une sorte d'attitude chevaleresque[3] sous la houlette de l'ordre de Dieu, et aussi une forme d'engagement moral sans faille vers une destinée hautement supérieure[4]. De cette manière de voir les choses, la réputation des gens de science et des savants de la tradition transmise n'a fait que prendre une position de premier plan par son rayonnement. Leurs œuvres se sont retrouvées baignant avec noblesse dans la lumière de la Protection divine. Le rayonnement des nobles idées a atteint les pays les plus étendus de notre époque. Ils ont mis fin à l'association néfaste des déviations et des impiétés, à un point où les mosquées ont remplacé les lieux des mauvaises causes de perdition[5]. Voilà les tribunes qui s'érigeaient et voilà les mosquées qui s'égayaient par l'intense fréquentation des fidèles.

---

1 *Rubā`* : pluriel de *Rub`*, désigne la maison et la patrie. *Lisān al-`Arab*, entrée *Rub`*, page 103, volume 8.

2 *Al-`An`ana* : notion dans les sciences du *ḥadith*, la transmission d'un rapporteur du *ḥadith* à un autre. On dit par exemple : Il est rapporté d'un tel à un tel à un tel. *Al-Isnād* : notion dans les sciences du *ḥadith* qui désigne les transmetteurs du *ḥadith*, appelés *al-Ridjāl*, science des hommes. *Al-Mutūn* : notion dans les sciences du *ḥadith* qui désigne le contenu des *ḥadith*s.

3 *Al-Futuwwā* : dans la définition soufie, c'est mettre en avant la morale avant le désir personnel dans la vie temporelle et dans la vie future. *Al-Djurdjānī*, *al-Ta`rīfāt*, page 171.

4 *Djudud* : la voie droite sans virages ni détours. *Lisān al-`Arab*, entrée : *Djudud*, page 109, volume 3. *Al-Sadād* : avoir la bonne logique et la bonne gérance. *Lisān al-`Arab*, entrée : *Sadada*, page, 308, volume 3.

5 *Al-Da`wa al-Ḍālla* : la mauvaise discipline.

Mais les *madrassas*, écoles coraniques, et les lieux de savoir qui se trouvent à proximité et sous la protection des mosquées méritent d'être protégés[1] des malveillances et d'être purifiés des sciences professées par les philosophes, sciences qui diffèrent des sciences légales et s'opposent même à elles. Les gens qui prétendent connaître ce genre de sciences sont des ennemis de l'Islam et des Prophètes. Ils réfutent les traditions transmises et les évènements authentiques. Leur dessein est d'empêcher l'Imam d'exercer son autorité de guide unique pour une religion purifiée dans l'ensemble des pays de l'Islam.[2]

Ils veulent astreindre[3] les bonnes volontés en les chargeant d'insalubrités, acculant la religion vers une lutte d'arrière-garde.[4]

Mais les idées saines trouvent leur force dans la noble tradition du Prophète. Elles œuvrent à purifier les sciences de ce beuglement déplorable et à protéger la raison de ce radotage sans importance.

Voici, à notre époque, un groupe de jeunes dont l'ignorance et l'oisiveté les ont poussés à lire avec avidité les écrits des philosophes. Ils ont trouvé dans leurs œuvres une certaine facilité et un tas d'enjolivures de telle sorte qu'ils ont été éloignés[5] de la droiture par le méfait des idées erronées.[6] Ils ont laissé derrière eux les sciences religieuses et ils ont

---

1 *Qaminun* : il est préférable, il mérite de. *Lisān al-`Arab*, entrée *Qamina*, page 347, volume 13.

2 *Yurāghimu al-Sharī`a* : va à l'encontre de la religion. *Yurāghim* provient du mot *al-Rughm* : l'obligation par la force et l'autorité. *Lisān al-`Arab*, entrée *Rughm*, volume 12, page 247.

3 *Gharb* : la limite de la chose. *Gharb al-`Azā'im* : la limitation des volontés. *Lisān al-`Arab*, entrée *Gharb*, volume 1, page 640.

4 *Al-Wabāl* : le poids et la force. L'auteur veut dire que les volontés sont en pleine action avec toute la force et le poids nécessaires. *Lisān al-`Arab*, entrée *Wabala*, volume 11, page 720

5 *Al-Wabī'* : provient de *Wabā'* qui est la maladie, et aussi les mauvaises idées et actions. *Lisān al-`Arab*, entrée *Wabā*, volume 1, page 189. L'auteur évoque ici les courants des philosophes.

6 *Aghālīṭ al-Irtiyād* : les erreurs d'orientation et de choix.

refusé de se munir de la protection de la religion[1]. Satan les a dépravés. Ils se moquent ainsi des sciences inspirées du *ḥadith* et du Coran à un point tel qu'ils ont failli se démunir à jamais du Livre saint et de la *Sunna.* Il est obligatoire de les combattre par les armes s'il le faut, afin de mettre un terme à leurs disputations, leurs arrogances, leurs polémiques, leurs duels, leurs contrariétés et leur ténacité.

En se basant sur ces faits, la fibre de la croyance s'est éveillée en moi pour porter secours aux sciences religieuses. J'ai constaté que ces sciences sont malmenées et contestées, mais en revanche les sciences philosophiques sont lues et appréciées.[2]

C'est une émulation de ma part en faveur des gens qui sont nés en terre d'Islam, nourris par la connaissance du licite et de l'illicite, par les interdits et les lois légales, en faveur de la façon dont ils ont été à ce point sevrés du lait maternel de la croyance et alimentés en contrepartie par une nourriture intellectuelle infecte. Ils se bornent[3] à rejeter la voie de la vérification comme s'ils tombaient du ciel, un oiseau de proie les saisissant soudainement ou bien le vent les précipitant dans un précipice.[4]

La plus grande catastrophe[5] *réside dans* l'avènement de personnes se réclamant de la science et de filiation islamique, mais hélas, la religion n'existe plus en eux, ils n'ont plus aucune certitude, ils sont dans l'hésitation et la perplexité permanentes face à la religion. L'enfantillage de leur âme attirée par les honneurs, la superficialité et

---

1 *Istudjillū* : se sont éloignés. Origine du mot *al-Djalā'*, éloignement. *Lisān al-`Arab*, entrée *Djalal*, volume 11, page 119.

2 *Tanāghum* : origine d'*al-Nagham*, la bonne et agréable parole. L'auteur évoque la philosophie et sa progression ; ses adeptes trouvent en elle matière d'appréciation comme les notes musicales.

3 *Yankabbūna* : ils ne suivent pas et refusent le bon chemin.

4 Al-Suhrawardī s'inspire du verset coranique, sourate *al-Ḥadj*, n° 23, verset 31 « ***Comme s'il tombait du ciel, un oiseau de proie le saisissant soudainement ou bien le vent le précipitant dans un précipice*** ».

5 *Al-Wabiyya* : généralisation d'une épidémie, trop mauvaise.

la distinction face à leurs camarades et leurs semblables, les ont poussés à s'enticher de certaines sciences leur donnant un aspect de nature anciennement habile.[1]

Ils ont perdu pied et ils se sont retrouvés au bord du précipice[2]. Ils ont glissé dedans et ont entraîné dans leur chute d'autres personnes. Ils ont amalgamé les matières légales avec les pensées rationnelles, ils ont osé mélanger les religions avec les basses et impures idées. Rien ne pourrait les arrêter[3], même pas les garde-fous des sciences religieuses. La question qu'on se pose : pourquoi n'ont-ils pas trouvé dans la grande étendue intellectuelle en matière de religion un espace pour exercer leur réflexion sans lui porter atteinte ?

N'y a-t-il pas dans les sciences du Coran et du *ḥadith*, qui met en lumière et aide à la compréhension de ce même Coran, un lieu de réflexion et d'exil intellectuel favorable ?

Assurément, il n'y a aucun préjudice si un groupe parmi eux abandonne la vie matérielle et se trouve avec une âme purifiée[4], baignant dans l'aube du soleil de la droiture ! Ils sont ainsi retournés vers Dieu pleins d'*émotions. Mais parmi eux*, il y a des gens qui se sont dépouillés de l'habit de la communauté en laissant derrière eux une espèce de discipline et une tribune pour diffuser ces idées-là [5]-[6]; eux reviennent vers Dieu pleins de découragement et d'*égarements*, en quittant à jamais la bonne éloquence et la logique dans ses deux faces démonstrative et causale, toujours assoiffés. « ***Vous voilà venus à Nous seuls comme Nous vous avons créés une première fois.*** »[7]

---

1 *Al-Hidhq* : l'excellence dans une activité. *Lisān al-`Arab*, entrée *Hidhq*, volume 10, page 40.

2 *Al-Kharq* : le trou, l'ouverture. *Lisān al-`Arab*, entrée *Kharqa*, volume 10, page 73.

3 *Iktataftum* : ils les ont empêchés de commettre l'erreur. *Lisān al-`Arab*, entrée *Ktafa*, volume 9, page 294 et suivante.

4 *Djinānuhu* : son cœur, son âme. *Lisān al-`Arab*, entrée *Djanana*, volume 13, page 92.

5 *Wakhīm*: lourd, mauvais. *Lisān al-`Arab*, entrée *Wakhama*, volume 13, pages 92.

6 Figure dans l'ensemble des manuscrits. Peux être lu : *Ghuṣṣaṭuhu*.

7 Coran, sourate *al-An`ām*, n° 6, verset 94.

Dans ce livre j'ai longuement imploré l'aide de Dieu en mettant toutes mes espérances en Lui et en me remettant entièrement à Sa volonté. J'ai rédigé ce livre en me basant sur les dits du Prophète selon la science d'authentification et en suivant les chaînes des garants que j'ai eu l'honneur de citer et dont je me suis inspirée dans mon présent exposé.[1]-[2]

J'ai subdivisé mon livre en quinze chapitres et je l'ai terminé par deux conclusions, en espérant que cette œuvre contribue à apporter un certain bénéfice pour son lecteur et enfin une récompense auprès de Dieu :

- premier chapitre : Sur le bonheur et la réussite à suivre les préceptes du Coran et de la *Sunna* ; Sur la défection et les malheurs de suivre d'autres préceptes ;
- deuxième chapitre : Sur l'origine des hérésies et des égarements, et sur la multiplication des courants de pensée et d'intentions ;
- troisième chapitre : Sur la prise de parti pour la religion en montrant la voie des croyants et sur la réfutation des arguments des vaniteux ;
- quatrième chapitre : Sur l'affirmation des bases de l'unicité et la destruction des fondements de la pensée grecque ;
- cinquième chapitre : Sur la création, l'Ordre divin, la morale et la nature originelle ;
- sixième chapitre : Sur la bienfaisance et la justice et sur la concordance entre la raison et la tradition ;
- septième chapitre : Sur l'accomplissement de la promesse et l'infidélité de ceux qui renient la résurrection physique ;
- huitième chapitre : Sur les deux naissances et la position des hommes véridiques et vaniteux ;

1 *Sanaḥa lī* : ce que je possède de connaissance. *Lisān al-`Arab*, entrée *Sanaḥa*, volume 2, page 491.

2 *Uḥbulatuhā* : sa corde, le lien qui a permet à l'auteur de chercher les mots qu'il a présenté dans son livre. Pluriel de *Ḥabl*, *Aḥbāl*. *Lisān al-`Arab*, entrée *Ḥabl*, volume 11, page 134.

- neuvième chapitre : Sur le sophisme des philosophes et la guidance vers les chemins des Prophètes ;
- dixième chapitre : Sur les créations grandioses de Dieu dans le monde caché ;
- onzième chapitre : Sur les récits véridiques au sujet des Prophètes et leurs loyaux compagnons ;
- douzième chapitre : Sur la question de la vision menant à la conviction, dissipant l'incertitude et l'hésitation ;
- treizième chapitre : Sur l'abrogation des fantaisies de celui dont l'illusion est encline aux fausses représentations et aux aberrantes interprétations ;
- quatorzième chapitre : Sur les mystères des dons de vérité rétribués aux compagnons du Prophète, que les bénédictions et le salut de Dieu soient sur lui, en témoignage de leur sagesse et de la justesse de leur jugement ;
- quinzième chapitre : Sur la vie des élites de cette nation de prédilection et du don qui leur fut accordé par la grâce de la compagnie du Prophète, se manifestant à travers des prodiges et des faits extraordinaires, en témoignage de la justesse de leur démarche et en démonstration de la futilité des affirmations des philosophes ;
- première conclusion: Sur l'*évocation et la définition de* l'*âme ;*
- deuxième conclusion : Sur le dévoilement du sens de la générosité.

PREMIER CHAPITRE

SUR LE BONHEUR ET LA RÉUSSITE À SUIVRE LES PRÉCEPTES DU CORAN ET DE LA *SUNNA* ; SUR LA DÉFECTION ET LES MALHEURS DE SUIVRE D'AUTRES PRÉCEPTES.

Dieu, le Très-Haut dit : « ***Dieu est la lumière des cieux et de la Terre. Sa lumière est comparable à une niche où se trouve une lampe. La lampe est dans un verre, le verre est semblable à un astre brillant qui prend sa lumière dans la substance d'un arbre béni ; un olivier, ni d'Est ni d'Ouest et dont l'huile est prête à éclairer sans que le feu la touche. Lumière sur lumière. Dieu guide vers la lumière qu'Il veut. Dieu propose aux Hommes des paraboles. Dieu connaît toute chose.*** »[1]

Le texte révélé a apporté assez de démonstrations et de preuves pour se baser uniquement sur son contenu. La lumière de la croyance est à l'intérieur du cœur des croyants, qui prend racine dans la lumière de la générosité de Dieu. Une lumière qui éclaire dans le ciel son âme et sur Terre son être tout entier.

La Terre s'est illuminée par la lune de son Dieu. Elle s'est éclairée par la lumière de la croyance, se manifestant par les membres extérieurs de l'individu ; d'un autre côté, elle brille par les éclairages de la certitude de l'être intérieur. Une lumière qui éloigne de la demeure de l'arrogance et rapproche de la Demeure éternelle, une demeure ornée de joie et de bonheur. Ainsi son occupant ne connaît-il jamais de malheur. Sa construction ne se détruira jamais. Autour d'elle, une muraille éternelle et une tourelle protectrice pour toujours. Les

1 Coran, sourate *al-Nūr*, n° 23, verset 35.

Prophètes ont leur part du lion dans sa richesse et son bonheur. Notre Prophète, que les bénédictions et le salut de Dieu soient sur lui, a, quant à lui, la part la plus abondante, ceci est une promesse de Dieu, et il a le séjour le plus élogieux.

Quand les Lumières éternelles et les Faveurs divines l'ont fait émerger, elles se sont emparées de son âme, provoquant une rupture entre lui et les autres humains. Cela l'a poussé à éviter la fréquentation des gens, à un point où les Arabes disaient de lui : « Muhammad est fou amoureux de son Dieu ».

Il s'est drapé par la vénération de l'obéissance et s'est lié de la Kaaba d'un lien amoureux. Il s'est défait de toutes choses sauf de Dieu, et cela par l'éloignement des autres et l'élimination du superflu. Il a choisi pour son salut la caverne de Ḥarrā' pour mieux se consacrer à l'adoration de Dieu et pour se préparer à entendre ce qu'il a entendu et à voir ce qu'il a vu.

Des nuées de l'armée de générosité et des délégations des Pactes éternels[1] se sont ruées vers lui, et son âme sanctifiée a survolé les sphères les plus hautes du rapprochement. Il s'est couvert d'habits lui donnant satisfaction complète en Dieu, et il s'est défait des habits de la faillite, en ne se soumettant qu'à Lui.

Il s'est abreuvé de ce qu'il a appris du global et du particulier,[2] et il a été comblé par les sciences ésotériques et les secrets bien gardés jusqu'à l'avènement de son apparition et son établissement dans le stade de la prédication, sur un trône de beauté et de bien-être.

1 Un Pacte éternel entre Dieu et l'Homme. L'Homme asserte qu'il n'y a pas d'autres Dieu que Dieu. Cela est indiqué dans le verset coranique appelé le verset du Pacte : « ***Quand ton Seigneur tira une descendance des reins des fils d'Adam, il les fit témoigner contre eux-mêmes : ''Ne suis-je pas votre Seigneur ?'' Ils dirent ''oui''***… », Coran, sourate *al-A`rāf*, n° 7, verset 172. Le Prophète, que les bénédictions et le salut de Dieu soient sur lui, n'a pas ignoré ce pacte. C'est un pacte ancien mais toujours renouvelé. Il se renouvelle par la générosité de Dieu et par l'obéissance du Prophète.

2 C'est devenu une science globale.

Les lumières de son cœur ont jailli sur les cœurs de nations entières et sur les cœurs de ses compagnons. Ainsi, il n'y a plus d'hésitation ni de doute.

Tout cela grâce aux bienfaits du dévouement et de la retraite dans la prière de Dieu uniquement. Il n'y a plus rien pour lui, ni les choses habituelles ni les choses familières, il n'écoute plus de paroles douces hormis une : la parole émanant de Dieu. Il s'est désolidarisé des humains et des djinns. Il n'y a plus que le rapprochement avec Dieu par l'enchaînement de l'âme.

Il nous est parvenu par l'honorable autorisation, notre Seigneur et Maître al-Imam al-Nāṣir li Dīn Allah, commandeur des croyants, Ahmed Ibn al-Mustaḍī', selon Abī al-Hasan Ali Ibn `Asākir a dit : « Nous avons été informé par Abū al-Waqt `Abd al-Awwal Ibn `Īsā al-Sadjarī qui a dit : ''Nous avons été informé par Abū al-Hasan al-Dāwudī qui a dit : ''Nous avons été informé par Abū Muhammad al-Ḥamawī qui a dit : ''Nous avons été informé par Abū `Abd Allah al-Farbarī qui a dit : ''Nous avons été informé par Abū `Abd Allah al-Boukhārī qui a dit : ''Nous avons été informé par Yaḥya Ibn Bukayr qui a dit : ''Nous avons été informé par Layth d'après `Uqayl, selon Ibn Shihāb, selon `Urwa Ibn al-Zubayr, d'après Aïcha, qu'elle soit agréée de Dieu, qui a dit : ''Le début de la révélation du Prophète de Dieu, que les bénédictions et le salut de Dieu soient sur lui, commença par les rêves prémonitoires dans son sommeil. Chaque rêve se transforma en faits réels, aussi vrais que le lever du soleil à l'aube du jour. Puis, il se plut dans la retraite complète. Il se réfugiait dans la caverne de Ḥarrā' et y demeurait très longtemps en évitant tout contact avec l'extérieur pendant des nuits entières. Il se prémunissait de provisions avant de rentrer en retraite dans la caverne, jusqu'au moment où la vérité le surprit dans Ḥarrā'. L'ange lui apparut et ordonna au Prophète de Dieu, que les bénédictions et le salut de Dieu soient sur lui, dans ces termes : ''Lis !''. Le Prophète de Dieu, que les bénédictions et le salut de Dieu soient sur lui, répondit sans hésitation : *''Je ne sais pas lire !''*. Alors, l'ange le prit et l'enveloppa avec force jusqu'à l'épuisement, puis il le relâcha et lui ordonna à nouveau : ''Lis''. Il répondit : *''Je ne sais pas lire''*. Suite à sa réponse, il le prit, l'enveloppa avec force, le relâcha et s'adressa à lui : ***''Lis, au nom de ton Seigneur. Il a créé l'Homme d'un caillot de sang''***, *puis* : ***''Lui a enseigné ce qu'il ignorait***''.[1] Le Prophète, que les bénédictions et le salut de Dieu soient sur lui, retourna chez Khadidja, qu'elle soit agréée de Dieu, tremblant de tous ses membres[2], en disant : *''Couvrez-moi ! Couvrez-moi !''* et ils le couvrirent. Lorsque le calme l'eut regagné, il demanda à Khadidja : *''Que m'arrive-t-il ?''* et lui narra ce qui venait de se produire en disant : *''J'avais tellement peur de perdre la raison.''* Khadidja, qu'elle soit agréée de Dieu, le réconforta par ces paroles : ''Réjouis-toi, Dieu ne te déshonorera jamais. Tu es bon, tu as toujours eu le sens de la compassion pour tes proches, tu n'affabules jamais, tu accueilles convenablement l'invité étranger et tu aides pour que justice soit faite dans toute circonstance''. Puis elle l'emmena chez Waraqa Ibn Nawfal, un homme qui s'était converti au christianisme avant l'avènement de l'Islam. Il pratiquait l'écriture et la lecture en hébreu, et connaissait les évangiles en langue arabe. Il était déjà très vieux et aveugle. Khadidja s'adressa à lui : ''Mon cousin, aurais-tu l'amabilité d'écouter le fils de ton frère que voici devant toi ?''.

Waraqa dit : ''Qu'as-tu vu mon neveu ?''.

Le Prophète, que les bénédictions et le salut de Dieu soient sur lui, lui raconta ce qui lui était arrivé dans la caverne de Harrā'.

Waraqa dit : ''Ce que tu me racontes là est l'œuvre de l'ange Gabriel, que le salut de Dieu soit sur lui, le même qui est apparu à Moïse. Comme je souhaite être avec toi un élément jeune[3] et un des

---

1 Coran, sourate *al-`Alaq*, n° 96, verset 1-2 et 5.

2 *Bawādiruhu* : pluriel de *Bādira*, la partie entre le coude et le cou. *Lisān al-`Arab*, entrée *Badara*, volume 3, page 49.

3 *Djadh`ān* : de jeune âge. Waraqa Ibn Nawfal souhaite être jeune au moment de la révélation afin d'aider et soutenir le Prophète, que les bénédictions et le salut de Dieu soient sur lui. *Lisān al-`Arab*, entrée, *Djadha`a*, volume 8, page 45.

fondateurs de ton message. Je souhaite survivre jusqu'au moment où ta tribu te rejettera et t'exilera.''

Le Prophète, que les bénédictions et le salut de Dieu soient sur lui, l'interrogea étonné : *''Il vont réellement me rejeter ?''*

Waraqa répondit : ''Rassure-toi, aucune autre personne n'a entrepris pareille chose sans subir l'animosité et la souffrance. Si je vis au moment de cette pénible épreuve, je te soutiendrai de toutes mes forces.[1]'' »

C'est ainsi qu'ont débuté les prophéties. Cela même signale l'ouverture des portes du bonheur et du lever du soleil, de l'acceptation au levant de la Générosité éternelle.

La prophétie se présente et arrive tel un don pur et non le résultat d'un acquis quelconque.[2] Personne ne peut l'escalader même en mettant tous les moyens en œuvre pour y arriver.[3] Au contraire, c'est l'exubérance des océans de générosité qui ont pris appui dans le vaste univers.[4]

Cette générosité submerge[5] l'être intérieur entier des Prophètes et prend forme dans leur comportement extérieur, et cela par l'imagination et par la bravoure. Aucun philosophe dans le sommet de son imagination n'arrive à saisir cette notion. Surtout s'il se base principalement sur de mauvaises opinions.[6] Si toutefois il applique une mauvaise logique, s'il cherche avant toute chose le gain immédiat et le résultat rapide, il

---

1 *Ḥadith* authentifié par al-Bukhārī dans son *Ṣaḥīḥ*, *Livre du début de la révélation* chapitre 1, page 2-3. Et authentifié aussi par Muslim dans son *Ṣaḥīḥ*, *Livre de la croyance, chapitre du début de la révélation* n° 252, pp. 139-140.

2 Al-Suhrawardī insiste sur la pureté et le choix des Prophètes par Dieu. Selon lui, la prophétie est un Don divin, accordé par Dieu à qui il veut de ces sujets. Elle ne peut en aucun cas être acquise par l'effort, ni par le fait d'une certaine préparation spirituelle. Al-Suhrawardī contredit al-Farābī dans sa théorie au sujet de la prophétie. Selon ce dernier, la prophétie peut être acquise en partie.

3 *Al-Mudjāwala* : prendre en compte tous les moyens à notre disposition avec sérieux et persévérance. *Lisān al-`Arab*, entrée *Djawala*, volume 11, page 130-131.

4 *`Urṣa* : vaste et large. Vaste univers.

5 *Ya`ummu* : la générosité submerge les Prophètes.

6 Ne se baser que sur la raison sans faire valoir la religion.

imagine que le phénomène de la prophétie peut être saisi par la ruse et que l'on puisse arriver à la comprendre sans le chemin de l'ascension et sans l'étude, l'observation et la démonstration.

Les mariées[1] des Prophètes dans l'intensité de leur gloire ne leur jettent même pas un simple regard. Elles n'accepteraient rien de leurs idées corrompues et impures[2], et ne les prendraient pas pour argent comptant[3]. Désormais, elles apparaissent en se pavanant telles de jeunes mariées dans la beauté de leur apparence[4]. Elles demandent de larges horizons[5] dans les cœurs prédestinés des Prophètes, qu'on les fasse descendre de leur piédestal et qu'on les prenne pour épouses.[6]

Une fois que les éléments constituants de la prédication vers le droit chemin ont été accomplis chez le Prophète de Dieu, que les bénédictions et le salut de Dieu soient sur lui, et une fois qu'il s'est rempli de dons odorants et tendres, il a lancé la voix de l'avertissement et a fait taire les langues[7] du refus et de l'obstination. Il a diffusé le parchemin[8] de l'éloquence. Il a appelé de toute sa force du minaret du Hedjaz. Il a hissé l'étendard de la fierté et de l'honneur. Il a déployé l'étendue de la religion par les lumières du Livre révélé et par la *Sunna* transmise traditionnellement.

---

1 *`Arā'is* : pluriel de *`Arūs* s'applique à l'homme et à la femme lors de leur union. *Lisān al-`Arab*, entrée *`Arasa*, volume 6, page 135. Al-Suhrawardī emploie ce mot pour évoquer la pureté dans le choix du Prophète. La prophétie est semblable à une mariée dans sa beauté. Elle apparaît quand elle le voudra et avec qui elle voudra.

2 *Rashā* : *al-Rashw*, action d'*al-Rashawa*. Donner un pot-de-vin. *Lisān al-`Arab*, entrée *Rashā*, volume 14, page 322.

3 *Al-Ṣarf wa al-`Adl* : la valeur de la chose. *Lisān al-`Arab*, entrée *Ṣarafa*, volume 9, page 190. Il ne donne aucune importance à leur parole. Leur parole est totalement rejetée.

4 *Tamīs* : se pavaner. *Lisān al-`Arab*, entrée *Mayasa*, volume, 6, page 224.

5 *Safīḥ* : lieu et endroit. On dit *Safīḥ* la surface de la montagne. *Mukhtār al-Ṣaḥīḥ*, entrée *Safaḥa*, page 364.

6 *Ta`rīs* : lier quelqu'un à un autre. L'enfant est *`Arīsun* avec sa mère, Il est lié à elle. *Lisān al-`Arab*, entrée *`Arasa*, volume 6, page 134.

7 Le copiste a donné dans la marge du premier manuscrit, la définition du mot *A`djam*. Il dit : *A`djamma lisānahu*, le laisser sans parole, la phrase dans le texte : faire taire les langues.

8 *Ṭawāmīr* : les parchemins. *Lisān al-`Arab*, entrée *Tamara*, volume, 4, page 503.

Suite à ces faits, les contrées de l'Islam sont maintenant habitées, par contre, les ruines de l'incrédulité sont ignorées et désertées. Les lois de la religion ont été instaurées, finalisées et fleuries par les Lumières éternelles.

Dieu, le Très-Haut, a révélé ce qui suit : « ***Aujourd'hui, J'ai rendu votre religion parfaite. J'ai parachevé ma grâce sur vous. J'agrée l'Islam comme votre religion.*** »[1]

Vouloir un plus après l'état parfait des choses est une sorte de manquement et ne pas se contenter de l'agrément est une perdition certaine.

Il nous est parvenu par l'honorable autorisation d'après Abī al-Hasan `Ali Ibn `Asākir Ibn al-Murdjib Ibn al-`Awwām qui a dit : « Nous avons été informé par Abū al-Waqt `Abd al-Awwal al-Sadjarī al-Ṣūfī qui a dit : ''Nous avons été informé par le Cheikh, le savant Nāṣir al-*Sunna*, Abū Ismā`īl `Abd Allah Ibn Muhammad al-Anṣārī qui a dit : ''Nous avons été informé par Muhammad Ibn Muhammad qui a dit : ''Nous avons été informé par `Abd Allah qui a dit : ''Nous avons été informé par Ibrāhīm qui a dit : ''Nous avons été informé par Ahmad Ibn `Abd Allah, qui a dit : ''Nous avons été informé par Zāhir Ibn `Abd Allah al-Ṣu`adī qui a dit : ''Nous avons été informé par Bikr Ibn al-Marzabbān al-Samarqandī qui a dit : ''Nous avons été informé par `Abd Ibn Ḥamīd, et par Yazīd Ibn Hārūn qui ont dit : ''Nous avons été informé par Ḥammād Ibn Salma d'après `Ammār Ibn Abī `Ammār qui a dit : ''Nous avons lu dans le cercle de Ibn `Abbās, qu'il soit agréé de Dieu, le même verset coranique : ***''Aujourd'hui, J'ai rendu votre religion parfaite. J'ai parachevé ma grâce sur vous. J'agrée l'Islam comme votre religion.''*** Il y avait un Israélite parmi les convives qui a dit à l'écoute de ce verset : ''Si ce verset avait été révélé chez nous les juifs, nous aurions instauré le jour de sa révélation un jour de fête.'' Ibn `Abbās a dit : ''Ce verset a été révélé un jour correspondant à deux fêtes, le vendredi et le jour de la montée sur la montagne `Arafa [2] lors du pèlerinage.'' »

---

1 Coran, sourate *al-Mā'ida*, n° 5, verset 3.

2 *Tafsīr al-Imām al-Ṭabarī, Djāmi` al-Bayān fī Ta'wīl al-Qur'ān*. Édition Dār al-Kutub

Les mosquées sont désormais remplies de fidèles. Les tribunes sont dressées pour recevoir les prédicateurs. Les calames des fatwas ont donné des avis légaux. L'étendard de la vénération s'est hissé haut pour dévoiler les secrets cachés. Les cavaliers de la croyance sont partis vers les régions et les pays pour annoncer les bonnes nouvelles et transmettre des mises en garde.

Ils appellent à la table dressée au sein de la demeure finale et décisive. Ils mettent en garde contre les brûlures du feu et le chevauchement du vaisseau de la honte.

Les cierges de la religion ont déjà la flamme très haute, et la langue de l'athéisme et de la philosophie se trouve ainsi dans le gouffre de la paresse. Une langue qui jettera ses adeptes dans un enfer-prison éternel, qui s'amenuise et rétrécit. Et enfin, sa mauvaise étoile se cache et disparaît à jamais.

Par contre, la religion est la corde solide qui mène vers Dieu et Sa lumière la plus éclatante. Sa racine est ancrée dans les cœurs des croyants et ses ramifications sont en haut, auprès des êtres élevés, entourées par les anges et nourries par les corps célestes. Sa lumière ne peut s'éteindre par de simples paroles et Il ne se cache pas dans les pièges de l'ambiguïté.

Dieu, le Très-Haut, dit : « ***Nous avons fait descendre le récit. Nous en sommes les gardiens.*** »[1] Il dit aussi : « ***Ils veulent éteindre de leurs bouches la Lumière de Dieu, mais Dieu parachèvera Sa lumière en dépit des incrédules.*** »[2]

Les Secours divins n'ont pas cessé de s'étendre dans le cœur du Prophète. Il l'exprime avec précision par sa langue qui est le traducteur fidèle de son cœur.

---

al-`Ilmiyya. Liban, Première édition 1992, volume 3, page 422.

1 Coran, sourate *al-Ḥidjr*, n° 15, verset 9.

2 Coran, sourate *al-Ṣaff*, n° 61, verset 8.

Il nous est parvenu d'après l'honorable autorisation, selon Ali Ibn `Asākir qui a dit : « Nous avons été informé directement dans le cours de `Abd al-Awwal Ibn `Īsā Ibn Shu`ayb qui a dit : ''Nous avons été informé par Abū al-Hasan `Abd al-Raḥmān Ibn Muhammad Ibn al-Muẓaffar al-Dāwudī qui a dit : ''Nous avons été informé par Abū Muhammad `Abd Allah Ibn Ahmad Ibn Ḥamawayh, lors de son cours, qui a dit : ''Nous avons été informé par Abū `Imrān `Īsā Ibn `Imrān qui a dit : ''Nous avons été informé par Abū Muhammad `Abd Allah Ibn `Abd al-Raḥmān al-Darāmī qui a dit : ''Nous avons été informé par Musaddad qui a dit : ''Nous avons été informé par Yaḥyā Ibn `Abd Allah Ibn al-Akhnas qui a dit : ''Nous avons été informé par al-Walīd Ibn `Abd Allah d'après Yūsuf Ibn Māhik d'après `Abd Allah Ibn `Umar, qu'il soit agréé de Dieu, qui ont dit : ''J'écrivais tout ce que j'entendais du Prophète, que les bénédictions et le salut de Dieu soient sur lui, et j'essayais de l'apprendre par cœur. Mais les notables de Quraysh me firent le reproche : ''Comment peux-tu mettre par écrit ce que tu entends du Prophète alors qu'il est un homme parmi d'autres qui s'exprime sous l'emprise de la colère et dans les moments de contentement ?'' Je décidai, suite à ces reproches, de cesser les transcriptions et je racontai cela au Prophète lui-même, que les bénédictions et le salut de Dieu soient sur lui. Le Prophète de Dieu, que les bénédictions et le salut de Dieu soient sur lui, désigna du doigt sa bouche et m'ordonna d'écrire en disant : *''Continue d'écrire. Je jure par celui qui tient mon âme dans sa main qu'il ne sort de ma bouche qu'une parole juste.''* »[1] Voilà, l'énoncé du Prophète est protégé de toute passion. « ***Il ne parle pas sous l'emprise de la passion. C'est seulement une révélation qui lui a été inspirée.*** »[2]

Ses dires sont devenus une législation et sa parole autour du Livre

1 Authentifié par al-Imām Ahmad Ibn Ḥanbal dans *al-Isnād*, édition Turquie, volume 3, page 162.

2 Coran, sourate *al-Nadjm* n° 53, verset 3-4.

révélé une interprétation et une source secondaire,[1] et son ordre aux cœurs de la nation un décret.

Il nous est parvenu selon l'honorable autorisation d'après Abī `Abd al-Razzāk Ibn `Abd al-Qādir qui a dit : « Nous avons été informé par Abū Zar`a Ṭāhir Ibn Abī al-Faḍl al-Maqdisī qui a dit : ''Nous avons été informé par Abū Manṣūr Muhammad Ibn al-Ḥasan Ibn Ahmad Ibn Haytham al-Muqawwim al-Qazwīnī, par autorisation et non par voie d'écoute direct, qui a dit : ''Nous avons été informé par Abū Talḥa al-Qāsim Ibn 'Abī al-Mundhir al-Khatīb qui a dit : ''Nous avons été informé par Abū al-Hasan Ali Ibn Ibrāhīm Ibn Salama al-Qittān qui a dit : ''Nous avons été informé par Abū `Abd Allah Muhammad Ibn Yazīd Ibn Mādja qui a dit : ''Nous avons été informé par Abū Bakr Ibn Abī Shayba qui a dit : ''Nous avons été informé par Zayd Ibn al-Ḥabbāb, d'après Mu`āwiya Ibn Ṣāliḥ, qui a dit : ''Nous avons été informé par al-Hasan Ibn Djābir, selon al-Miqdād Ibn Ma`dī Karb al-Kindī, d'après le Prophète de Dieu, que les bénédictions et le salut de Dieu soient sur lui, qui a dit : ''*Il arrivera un jour où un quelconque individu sera assis confortablement sur sa chaise de repos et évoquera un de mes* ḥadiths *et dira :* ''Il y a entre vous et moi le Livre de Dieu le Très-Haut, si on trouve dans le *ḥadith* quelque chose de licite nous l'adopterons en tant que licite, mais si nous trouvons quelque chose d'illicite dans le *ḥadith* nous le déclarerons illicite et nous le rejetterons.'' Et le Prophète, que les bénédictions et le salut de Dieu soient sur lui, poursuivit : ''Je confirme que ce que le Prophète de Dieu, que les bénédictions et le salut de Dieu soient sur lui, a déclaré illicite est semblable à ce que Dieu avait déclaré illicite aussi'' ».[2]

La nuit de l'ascension, le Prophète, que les bénédictions et le salut de Dieu soient sur lui, a été à une distance très proche de Dieu,

---

1 L'auteur considère la parole du Prophète, que les bénédictions et le salut de Dieu soient sur lui, comme une *Sunna* dont nous avons l'obligation de la suivre. C'est la seconde source législative après le Coran.

2 Authentifié par al-Tirmidhī, *Sunan*, édition Turquie, volume 5, chapitre *Les illicites lors de l'évocation de la parole du Prophète*, introduction, *ḥadith* n° 2664, page 38.

équivalente à la distance entre deux portées d'arc ou un peu moins. Son devenir est associé à jamais à Dieu. Obéir au Prophète revient à obéir à Dieu. Il a ce même rang dans le monde temporel si proche de Dieu.

Voici un *ḥadith* se basant sur une chaîne de transmission authentique remontant à Ibn Mādja, et d'après l'honorable autorisation, il a dit : « Nous avons été informé par Abū Bakr Ibn 'Abī Shayba, qui a dit : ''Nous avons été informé par Abū Mu`āwiya et Wakī` selon al-A`mash d'après Abī Ṣāliḥ d'après Abī Hurayra, qu'il soit agréé de Dieu, le Prophète de Dieu, que les bénédictions et le salut de Dieu soient sur lui, a dit : ''*Celui qui m'obéit, obéit à Dieu, celui qui me désobéit, désobéit à Dieu.*'' »[1]

À l'époque du Prophète, que les bénédictions et le salut de Dieu soient sur lui, la religion était encore jeune et dans son début. Les adeptes étaient nombreux, les sources de la religion étaient pures, les origines étaient protégées, baignant dans une lumière éclatante provenant du message et de la révélation.[2] La religion était illuminée par la lumière de la certitude.[3]-[4] Les âmes demeuraient dans une tranquillité grâce aux préceptes religieux.[5]

Mais quand le soleil du message s'est couché, le doute s'est installé dans les cœurs et la nation entière s'est vue rongée par un mal nommé le désaccord. Il n'y a plus ni accord ni alliance entre les seuls membres de la nation. Chaque fois que l'époque de Protection divine s'éloigne, le désaccord s'intensifie, les dérivations du droit chemin s'accentuent, et ainsi de suite d'une époque à une autre. À chaque époque apparaissent des gens dont le savoir et la certitude sont de plus en plus faibles. Ils

---

1 *Ḥadith* authentifié par al-Bukhārī dans son *Ṣaḥīḥ*, volume 4, *livre du Djihâd et la marche contre l'ennemi*, n° 109, page 8.

2 *Ānisatun Ma`āhiduhā* : symbole de la généralisation du savoir et l'augmentation du nombre d'étudiants.

3 Des mauvaises idées qui ne prennent pas leurs racines dans la source pure du Coran et de la *Sunna*.

4 *Abaha* : familiarité du message. Mot dont l'origine est *al-Bahā'* : la familiarité et le rapprochement. *Lisān al-`Arab*, entrée *Bahā*, volume 1, page 35.

5 *Mudhkāt* : Indépendante. *Mukhtār al-Ṣaḥīḥ*, entrée *Dhakā*, page 223.

chevauchent le vaisseau qui mène à la chute. Ils peinent[1] à élaborer leurs idées en partant des sciences déjà rejetées, puis ils disparaissent et d'autres suivront et prendront la relève.

Dieu, le Très-Haut, dit : « ***Leurs successeurs, après eux, délaissèrent la prière et suivirent leurs passions. Ils trouveront l'égarement total*** ».[2]

Ils rabâchent ce que les anciens ont dit, mais cette fois avec des idées nouvelles truffées de faux, résultat de leur oisiveté. Ils replongent dans un océan d'idées impures et chargées de péchés.

Ils échafaudent sur les idées de ceux qui les ont précédés, des sous-commentaires et des enjolivements, fruits de leur imagination. De moins en moins d'action efficace, mais par contre plus de parlotes sans respect d'aucune règle. Leurs fausses imaginations sont ainsi démasquées. On est arrivé à un point où à notre époque on prend le soin de mettre par écrit les discours de philosophes, de les enseigner et les faire revivre après qu'ils étaient enterrés dans les tombes de la paresse, présentés cette fois comme des sciences de principe fondamentales, en falsifiant le récit traditionnel par le rationnel.

Face à ces gens de perdition, on trouve ici et là des tentatives isolées pour leur faire barrage, une initiative de quelques personnes de notre nation. Mais malheureusement, ils n'ont pas le souffle assez long pour formuler des réponses adéquates. Cela provoque un effet contraire, ceux qui suivent les nouveaux chemins infectés se voient monter davantage en puissance. Car les défenseurs de notre religion, malgré leur bonne volonté à défendre la voie juste, trébuchent dans les traînées du doute. Ils sont confus dans leur prolixité et leur diffusion malvenue.

En se remettant à Dieu, par Sa générosité, la suprématie de la religion islamique est assurée. C'est lui qui détruira les vanités, les imaginations et les divagations.

---

1 *Yastakiddūna* : en déployant un grand effort. *Al-Kad* : la fatigue et l'effort dans le travail et pour gagner sa vie. *Mukhtār al-Ṣaḥīḥ*, entrée *Kadada*, page 564.

2 Coran, sourate *Maryam*, n° 19, verset 59

Il nous est parvenu par l'honorable autorisation remontant jusqu'à Abī Ismā`īl al-Anṣārī qui a dit : « Nous avons été informé par Muhammad Ibn `Abd al-Raḥmān et Manṣūr Ibn Ismā`īl qui ont dit : ''Nous avons été informé par Zāhir Ibn Ahmad qui a dit : ''Nous avons été informé par Muhammad Ibn al-Musayyab qui a dit : ''Nous avons été informé par Muhammad Ibn Yazīd Ibn Ḥakīm al-Aslamī qui a dit : ''Nous avons été informé par Muhammad Ibn al-Mutawakkil, d'après `Abd al-Wahhāb, d'après Ma`mar, selon Qatāda, selon Ayyūb, selon Abī Qalāba, selon al-Ash`ath, selon Abī Asmā', selon Shaddād Ibn Aws, qui ont dit : ''Le Prophète de Dieu, que les bénédictions et le salut de Dieu soient sur lui, a dit : ''*Ce dont j'ai le plus peur pour ma nation est l'apparition des imams qui vous mèneraient à la perdition. Ils déposeront les armes face aux infidèles et plus jamais le glaive ne sera levé jusqu'au jour de la résurrection.''* »[1]

Mais Dieu portera secours à Sa religion par la foi des hommes élevés dans les retranchements[2] de la certitude. Par leurs actions, ils élimineront les balivernes des déviateurs du bon chemin. Les univers de Sa générosité sont sans limites. Il guide vers les lieux de rencontre et de controverses des personnes capables d'assumer la défense de la parole de Dieu et d'écraser la basse parole.

Par l'honorable autorisation remontant à Ibn Mādja qui a dit : « Nous avons été informé par Hishām Ibn `Ammār, qui a dit : ''Nous avons été informé par al-Djarrāḥ Ibn Malīḥ et aussi par Bakr Ibn Zar`a qui ont dit : ''Nous avons entendu `Utba al-Khawalānī qui avait prié avec le Prophète, que les bénédictions et le salut de Dieu soient sur lui, lors de la première *Qibla* en direction de Jérusalem puis lors de la seconde et définitive *Qibla*, vers la Mecque. Il a dit qu'il avait entendu

1 *Ḥadith* authentifié par al-Tirmidhī dans *al-Sunan*, chapitre *Mā Jā'a fi al-A'imma al-Mudalīn*, volume 4, n° 2229, page 504. Authentifié aussi par al-Imam Ahmad Ibn Ḥanbal dans *al-Musnad*, volume 5, page 278. Aussi authentifié par Ibn Mādja dans *al-Sunan*, chapitre *Le suivi des préceptes du Prophète, Introduction*, n° 3, volume 1, page 4.

2 *Aknāf* : pluriel de *Kanafa*, englober la chose. *Ṣaḥīḥ*, entrée *Kanafa*, page 680.

le Prophète de Dieu, que les bénédictions et le salut de Dieu soient sur lui, dire : ''*Dieu ne cesse de faire pousser sur la Terre de cette religion des plantes qui serviront à Sa propre adoration.''* »[1]

Dieu a accordé à Son Prophète un don particulier. Il a ouvert devant lui les portes du monde caché par l'intermédiaire de l'ange Gabriel, que le salut de Dieu soit sur lui. Il a révélé ce qu'il a révélé à son adorateur. Il a libéré sa langue par la sagesse adressée à des cœurs qui sont un terreau favorable et réceptif. Puis, Il a ouvert devant lui une autre manière pour lui faire parvenir la révélation en forme de souffle violent[2] à faire frémir. Avec l'ouverture de ces accès à la révélation, son cœur s'est ouvert à son tour au monde caché et il a acquis une multiplicité de formes utiles pour formuler son message.

Dieu, le Très-Haut, dit : « ***Appelle les Hommes dans le chemin de on Seigneur, par la sagesse et une belle exhortation ; discute avec eux de la meilleure manière.*** »[3]

Voici les deux portes d'accès à la révélation, la première est : « ***Et Il révéla à son serviteur ce qu'Il lui révéla*** »[4] et l'autre est le souffle violent à faire frémir. Ainsi, riche de ces deux modes de révélation, le Prophète a privilégié la prédication par la sagesse.

Quand le Prophète, que les bénédictions et le salut de Dieu soient sur lui, est revenu spirituellement de la situation de témoignage à celle de confirmation de son existence, *Rasm al-Wudjūd*, Gabriel, que le salut de Dieu soit sur lui, est apparu au début devant la limite extrême de l'existence, *Ḥad al-Wudjūd*, car il est l'intermédiaire entre Dieu et les Prophètes. Il est bicéphale : un visage tourné vers le monde de la Volonté divine et un autre vers le monde de la sagesse. C'est avec ce second

---

1 *Ḥadith* authentifié par Ibn Mādja dans *Sunan*, chapitre *Le suivi des préceptes du Prophète, Introduction*, n° 8, volume 1, page 5.

2 *Al-Nafath fī al-Raw`* : souffle violent, c'est l'une des formes de la révélation.

3 Coran, sourate *al-Naḥl*, n° 16, verset 125.

4 Coran, sourate *al-Nadjm*, n° 53, verset 10.

visage qu'il apparaît au Prophète de Dieu, que les bénédictions et le salut de Dieu soient sur lui. Il lui transmet la révélation instigatrice des lois et des rituels pour l'ensemble de l'humanité du monde de la sagesse.

Il lui a octroyé deux formes de paroles, la parole de la prédication et la parole de la controverse pour attendrir des âmes tentées par le refus et le rejet afin qu'elles puissent se laisser aller dans le sens de l'ordre de Dieu. Le mot *Da`wa* est un message qui englobe toutes ses méthodes de prédication.

Gabriel, que le salut de Dieu soit sur lui, a été envoyé à l'ensemble des Prophètes. Il a une fonction d'intermédiaire entre les deux mondes de la sagesse et de la volonté. Il est comme le sang généré par la nourriture, par la Volonté de Dieu, pour former la chair dans le corps et pour renforcer les os qui sont les bases de la forme humaine. Le sang ne peut arriver directement aux os du corps, car il est de nature tempérée. Pour cette tâche, Dieu a préparé les cartilages et les nerfs qui sont de nature à la fois tendre et dure afin de permettre à la nourriture d'arriver jusqu'au sang et pour que le sang arrive à la chair. Les cartilages et les nerfs sont donc les intermédiaires possédant des caractéristiques tendres et dures afin que les os prennent leur part de nutrition.

Voilà en résumé la Loi perpétuelle de Dieu.

De la même manière, Gabriel, le salut de Dieu soit sur lui, est l'intermédiaire entre les deux mondes, d'un côté, il est tourné vers le monde du rapprochement avec Dieu, *al-Qurb,* pour recevoir Ses ordres, et de l'autre, il est tourné vers le monde de la sagesse pour les transmettre aux Prophètes.

Dieu, Le Très-Haut, dit : « ***Si Nous avions fait de lui un ange, Nous lui aurions donné une apparence humaine ; Nous l'aurions vêtu comme se vêtissent les Hommes.*** »[1]

Parmi les exemples qui permettent d'aider à mieux concevoir la révélation initiée par Gabriel, que la salut de Dieu soit sur Lui, au

1 Coran, sourate *al-An`ām*, n° 4, verset 9.

Prophète de Dieu, que les bénédictions et le salut de Dieu soient sur lui, il se présente devant lui sous les aspects d'un homme inconnu et parfois connu comme le dénommé Diḥya al-Kalbī.

Il a été rapporté qu'Ibn `Abbās, qu'il soit agréé de Dieu, est entré chez le Prophète, que les bénédictions et le salut de Dieu soient sur lui, il a aperçu chez lui un homme et s'en est allé raconter cela à son père, al-`Abbās. Ce dernier a accouru chez le Prophète, que les bénédictions et le salut de Dieu soient sur lui, mais n'a retrouvé aucune trace de l'homme que son fils avait vu. Il interpela le Prophète, que les bénédictions et le salut de Dieu soient sur lui : « *Ô Prophète de Dieu, mon fils m'avait informé à l'instant de la présence d'un inconnu chez toi, pourquoi je ne le vois pas ici* ? »

Le Prophète, que les bénédictions et le salut de Dieu soient sur lui, répondit : « *C'était Gabriel, la paix soit sur lui* ».

Une autre tradition célèbre à propos de l'apparition de Gabriel, le salut de Dieu soit sur lui, sous l'aspect d'un homme interrogeant le Prophète, que les bénédictions et le salut de Dieu soient sur lui, sur les significations de l'Islam, de la croyance et de la bienfaisance.[1]

---

1 Le *ḥadith* dans son ensemble est : « Selon Abī Hurayra, qu'il soit agréé de Dieu : ''Un jour le Prophète, que les bénédictions et le salut de Dieu soient sur lui, était devant chez lui, un homme se présenta devant lui et lui demanda : ''C'est quoi la croyance ?" Le Prophète, que les bénédictions et le salut de Dieu soient sur lui, lui a répondu : ''*La croyance, c'est le fait de croire en Dieu, l'existence des anges, la vérité de retrouver Dieu, croire au message du Prophète et à la résurrection."* L'homme l'interrogea encore : ''C'est quoi l'Islam ?" Le Prophète, que les bénédictions et le salut de Dieu soient sur lui, lui répondit : *''L'Islam, c'est d'adorer Dieu sans lui associer d'autres divinités, faire la prière, donner la* Zakāt, *l'aumône légale, et jeuner pendant le mois de Ramadan."* L'homme ne resta pas là et demanda au Prophète, que les bénédictions et le salut de Dieu soient sur lui : ''C'est quoi la bienfaisance ?" Le Prophète, que les bénédictions et le salut de Dieu soient sur lui, lui répondit : *''C'est le fait d'adorer Dieu comme si tu le vois, et même si tu n'arrives pas à le voir, Lui, Il te voit."* Puis l'homme s'en alla comme il était arrivé. Le Prophète, que les bénédictions et le salut de Dieu soient sur lui, dit à son entourage : *''Ramenez-le-moi !"* Mais l'homme avait déjà disparu. Le Prophète, que les bénédictions et le salut de Dieu soient sur lui, dit alors : *''Cet homme est Gabriel. Il est apparu devant moi pour enseigner aux gens leur religion."* » *Ḥadith* authentifié par al-Bukhārī dans son *Ṣaḥīḥ, livre al-Imān*, chapitre 37, volume 1, page 18.

Prenez aussi l'exemple du perroquet. L'homme est capable de le dresser et de lui apprendre la parole des humains. On installe le perroquet devant un miroir et quand ce dernier voit le reflet de son image sur le miroir, il croit que c'est cette image qui lui parle d'une parole semblable à celle des humains.

Dieu a envoyé Gabriel, le salut de Dieu soit sur lui, sous l'aspect d'un homme qui a transmis la révélation que Dieu lui avait ordonné de transmettre et ainsi la parole de Dieu a été entendue.

Dieu, le Très-Haut, dit : « ***L'esprit fidèle est descendu avec lui sur ton cœur pour que tu sois au nombre des avertisseurs ; c'est une révélation en langue arabe claire.*** »[1]

Ainsi, le Prophète, que les bénédictions et le salut de Dieu soient sur lui, s'est emporté par le plaisir de la révélation, son cœur s'est empli de rayonnement[2] et a trouvé des personnes à la mesure de sa parole pour l'écouter.[3] Il a confié dans leurs cœurs des perles précieuses du secret dont il avait bénéficié.

De ce fait, les cœurs des personnes réceptives trouvent davantage un vif désir à écouter son énoncé contenant une parole noble et raffinée.

Le Prophète, que les bénédictions et le salut de Dieu soient sur lui, se voit lui aussi se rapprocher davantage de ces cœurs réceptifs et tout ouïe à son message mais aussi ceux qui le rejettent.[4]

Il nous est parvenu selon l'honorable autorisation d'après Ali Ibn `Asākir qui a dit : « Nous avons été informé par Abū Ali al-Hasan

---

1 Coran, sourate *al-Shu`arā'*, n° 26, versets 193-195.

2 *Buraḥā'uhū* : rayonnement. *Mukhtār al-Ṣaḥīḥ*, entrée *Baraḥa*, page 46.

3 *Yataqāḍa Qalbuhu* : son cœur est plein par la lumière de la révélation. Il apporte un bonheur aux personnes qui l'écoutent. Une source de bonne guidance et de droiture pour leurs cœurs. Le mot *Qayaḍa* apporte cette explication. On dit Dieu « *Qayaḍa* » une personne à une autre, c'est croisé sur son chemin une personne par l'aide de Dieu. Dieu « *Qayaḍa* » un compagnon : c'est lui faire rencontrer une personne sans le vouloir. *Lisān al-`Arab*, entrée *Qayaḍa*, volume 7, page 225.

4 Le Prophète, que les bénédictions et le salut de Dieu soient sur lui, dans sa vision, aperçoit les cœurs réceptifs mais aussi ceux qui rejettent et s'éloignent de son message.

Ibn Mahra al-Ḥaddād qui a dit : ''Nous avons été informé par al-Ḥāfiz Abū Na`īm Ahmad Ibn `Abd Allah al-Iṣfahānī qui a dit : ''Nous avons été informé par Abū Dja`far Ahmad Ibn Dja`far Ibn Ma`bad qui a dit : ''Nous avons été informé par Ahmad Ibn `Umar al-Bazzāz qui a dit : ''Nous avons été informé par Muhammad Ibn al-Muthnī qui a dit : ''Nous avons été informé par `Abd al-Wahāb Ibn `Abd al-Madjīd qui a dit : ''Nous avons été informé par `Abd al-Wahhāb Ibn Mudjāhid qui a dit : ''Nous avons entendu Mudjāhid transmettre un récit à Ibn `Umar : ''Un jour, le Prophète, que les bénédictions et le salut de Dieu soient sur lui, sortit de chez lui comme s'il serrait entre les mains des choses qu'il avait attrapées. Il avait les poignets fermés jusqu'au moment où il arriva à la hauteur de ses compagnons. Il ouvrit sa main droite et dit : *''Au nom de Dieu, le Clément, le Miséricordieux, ceci est un livre, œuvre du Clément, du Miséricordieux. Il contient les noms des gens du Paradis, les noms de leurs parents et de leurs tribus, tous, sans exception ni un de plus ni un de moins.''*

Puis il ouvrit sa main gauche et il dit : ''Au nom de Dieu, le Clément, le Miséricordieux, ceci est un livre, œuvre du Clément, du Miséricordieux. Il contient les noms des gens de l'Enfer, les noms de tous leurs parents et de leurs tribus, sans exception, ni un de plus ni un de moins.'' »[1]

Les gens du Paradis sont ses compagnons et les compagnons des autres Prophètes avant lui. Les gens de l'Enfer sont les personnes se trouvant hors du cercle de son message.

Les gens de cette nation, les fidèles à leurs promesses, ont su le secret du récit du Prophète, que les bénédictions et le salut de Dieu soient sur lui, quand ce dernier tenait fermés les poignets de ses deux mains en évoquant les gens du Paradis et ceux de l'Enfer.

---

1 *Ḥadith* authentifié par al-Imām Ahmad Ibn Ḥanbal dans *al-Musnad*, volume 2, page 167. Aussi dans *Sunan* d'al-Tirmidhī, volume 4, page 449. Et aussi dans *Tārīkh Baghdād* d'al-Khaṭīb al-Baghdādī, volume 11, page 110.

La distance est trop large entre cette science provenant des coffres fermés de l'existence universelle et une science accouchée d'une mauvaise pensée.

Bienheureux sont les adeptes de la *Sunna* et d'*al-Djamā`a*, l'avis collectif, ceux qui suivent, écoutent et obéissent, ceux qui se hâtent vers lui en suivant ses traces.

Il nous est parvenu par l'honorable autorisation selon Abī Ismā`īl `Abd Allah al-Anṣārī qui a dit : « Nous avons été informé par al-Ḥusayn Ibn Muhammad Ibn Ali qui a dit : ''Nous avons été informé par Muhammad Ibn `Abd Allah qui a dit : ''Nous avons été informé par Ahmad Ibn Bidjda qui a dit : ''Nous avons été informé par Sa`īd Ibn Mansūr qui a dit : ''Nous avons été informé par Khālid, d'après Ḥusayn, selon Murra al-Hamadhānī, qu'un jour, Abā Qurra al-Kidī apporta à Ibn Mas`ūd un livre, et lui dit : ''Nous avons lu ce livre en Syrie, *al-Shām,* et ça m'a plu''. Il s'agissait d'un des livres des chrétiens. Alors, `Abd Allah lui dit : ''Ceux qui étaient là avant nous ont péri en suivant à la lettre ce genre d'écriture et en abandonnant le Livre de Dieu''. Sur ces mots, il demanda qu'on lui apportât un récipient rempli d'eau ; il fit immerger ledit livre dans le liquide et le fit macérer en touillant avec sa main. Je vis apparaître sur la surface le noir de l'encre.

Notre Maître et Cheikh Shihāb al-Dīn[1] a dit : ''J'ai lavé, par l'aide de Dieu, le livre traduit d'Avicenne intitulé *al-Shifā'*, d'environ dix volumes. Je l'ai fait inspirer d'une tradition prophétique honorable et sanctifiée.'' ».[2]

Il nous est parvenu d'après une tradition orale selon certaines personnes : « Un choix des deux, ou bien le Coran et la *Sunna* et l'avis collectif, *al-Djamā`a*, ou bien le ceinturon des chrétiens, *al-Zunnār*,

---

1 La parole est celle du copiste du premier manuscrit, Il désigne notre auteur Shihāb al-Dīn al-Suhrawardī. Le copiste a pris l'habitude d'écrire de temps à autre cette phrase introductive : « Notre Maître et notre Cheikh Shihāb al-Dīn a dit… ». Nous avons par ailleurs utilisé ce manuscrit comme manuscrit principal pour notre édition critique.

2 *Al-Mutardjam* : qui a pour titre.

des juifs, *al-`Asalīyū* et la capitation, *al-Djizya*[1] (ou bien un laisser-aller généralisé qui mène à la capitation).[2]

Dieu, le Très-Haut, portera secours à ses adeptes et détruira ses ennemis. Le meilleur des liens les plus solides de la croyance est d'aimer pour Dieu et de détester pour Lui, de porter secours à ses adeptes et de s'éloigner de ses ennemis.

D'après `Abd Allah Ibn Mas`ūd, qu'il soit agréé de Dieu : « J'entrai chez le Prophète, que les bénédictions et le salut de Dieu soient sur lui, qui me dit : *''Ô toi Ibn Mas`ūd !''* et je répondis : ''À tes ordres, Prophète de Dieu.'' Il m'interpela ainsi trois fois de suite puis il dit : *''Sais-tu lequel des liens de la croyance est le plus solide ?''* Je répondis : ''Dieu et son Prophète savent cela mieux que moi.'' Alors, le Prophète, que les bénédictions et le salut de Dieu soient sur lui, répliqua : *''Le lien de la croyance le plus solide est l'allégeance à Dieu, l'amour pour Dieu et la détestation pour lui aussi.''* Puis, il m'interpela de nouveau trois fois et à chaque fois je répondai : ''À tes ordres Prophète de Dieu.'' *''Sais-tu qui sont les meilleurs des Hommes ?''*

Je répondis : ''Dieu et son Prophète le savent mieux que moi.'' Il poursuivit alors : ''Les meilleurs des Hommes sont ceux qui ont des actions bénéfiques à condition de mieux cerner les aléas de leur religion.'' Puis il m'interpela encore trois fois et me questionna : ''Sais-tu qui sont

---

1 Al-Suhrawardī s'inspire de l'action d'Ibn `Abbās pour se donner l'autorisation morale de faire pareil avec le livre d'Avicenne. Ibn `Abbās, par sa proximité avec le Prophète, que les bénédictions et le salut de Dieu soient sur lui, est considéré par notre auteur comme source d'inspiration et d'autorisation digne d'imitation.

2 Pour l'auteur, il n'y a pas de demi-mesure à propos de cette question. Ou bien, on est musulman authentique en suivant les préceptes du Coran, de la *Sunna* et la position du grand nombre des Ulémas sans se référer aux écrits philosophiques, ou bien, devenir un *Dhimmī*, comme les chrétiens qui portent le ceinturon, ou les juifs *Usalī* de la tribu de *Banī `Asal*. La *Djizya* est l'argent donné par les chrétiens et les juifs en terre d'Islam, en signe de capitulation et en guise de demande de protection du pouvoir central. *Lisān al-`Arab*, entrée *Zanara*, volume 3, page 330. Aussi, dans la même référence, entrée *`Asala*, volume 11, page 447 et entrée *Djazaya*, volume 14, page 146.

les Hommes les plus savants ?'' Je répondis : ''Dieu et son Prophète le savent mieux que moi.'' Il annonça : ''Les Hommes les plus savants parmi les autres sont ceux qui savent mieux ce qui est juste au moment de la discorde entre les gens et cela même si leurs bonnes actions sont manquantes.'' »[1]

---

1 *Al-Ṭabarī, al-Mu`djam al-Kabīr*, édition de Ḥamdī `Abd al-Madjīd al-Salafī, Wizārat al-Awqāf, Iraq, 1980. Volume 10, pp. 211-212. Al-Haythamī dans son livre *al-Zawā'id* dit : « Authentifié par al-Ṭabarī en se basant sur deux *Isnād* (rapporteurs). Parmi les hommes qui ont rapporté ce *ḥadith*, il y a des hommes figurant dans les *Ṣaḥīḥ*, mais d'autres, comme Bakīr Ibn Ma`rūf et la personne de confiance d'Ahmad ne sont pas connus.

DEUXIÈME CHAPITRE

SUR L'ORIGINE DES HÉRÉSIES ET DES ÉGAREMENTS, ET SUR LA MULTIPLICATION DES COURANTS DE PENSÉE ET DES ÉNONCÉS

Dieu, le Très-Haut, dit : « ***Dans un bon pays, les plantes poussent à profusion, avec la permission de son Seigneur – et dans un mauvais pays, elles ne sortent que clairsemées.*** »[1]

Le Cheikh, qu'il soit agréé de Dieu, dit : « L'origine et le commencement ont une influence certaine sur les âmes humaines. »[2] Dieu, quand il avait composé la figure d'Adam, avait pris une poignée de terre blanche, noire et rouge[3] et il a procédé à sa fermentation

1 Coran, sourate *al-A`rāf*, n° 7, verset 58.

2 Dans ce verset, Dieu donne l'exemple des bonnes et des mauvaises âmes en les comparants à la bonne et à la mauvaise terre. L'âme et la terre, toute deux réceptacles de semence et champ de production. Une bonne origine donne une production de bonne qualité, tandis qu'une mauvaise origine engendre une mauvaise production. Al-Suhrawardī accuse les philosophes d'appartenir à une mauvaise origine qui ne peut déboucher qu'en une mauvaise production intellectuelle. Voir commentaire du verset 58, al-A`rāf. Sayyid Qutb, *Fī Ḍilāl al-Qur'ān*, édition Dār al-Shurūq. Le Caire, volume 8, page 1300.

3 Cité par al-Tirmidhī et Abū Dāwūd dans leurs *Sunan* : « D'après le Prophète, que les bénédictions et le salut de Dieu soient sur lui, Dieu créa Adam d'une poignée, un échantillon de terre. Les fils d'Adam sont à l'image de cette terre. Il y a les rouges, les blancs et les noirs. Il y a le conciliant, le triste, le bon et le mauvais ». Al-Tirmidhī `Abd Allah considère ce *ḥadith* comme authentique et valable. *Tafsīr al-Qur'ān*, chapitre 2, volume 4, page 204. Aussi Abū Dāwūd, dans *al-Sunan*, chapitre *al-Qadar*, volume 5, page 66. Al-Bayhaqī cite le même *ḥadith* et rapporte en plus un attribut remontant à Sulaymān : « Dieu, le Très-Haut, a fait fermenter la terre origine de la composition matérielle d'Adam et cela pendant quarante jours et quarante nuits. » Al-Bayhaqī dit à ce propos que c'est un attribut célèbre et suit une chaîne de transmission valable. Sulaymān tient cette histoire d'après les gens du Livre et cela avant sa conversion à l'Islam. On remarque que le même attribut est désigné

pendant la durée de quarante jours. Il avait chargé l'ange Gabriel, que le salut de Dieu soit sur lui, de cette mission, mais la terre avait imploré Dieu de rejeter le prélèvement, et Gabriel est retourné auprès de Lui sans accomplir sa mission.

Dieu chargea alors l'ange Ezraïl de procéder au prélèvement. La terre implora de nouveau Dieu, mais Ezraïl répliqua à cette requête : « Je ne peux désobéir à Dieu », et il préleva la terre[1] pour la constitution d'Adam.

Auparavant, la terre, par certains endroits, était déjà foulée par Iblīs. D'autres parcelles sont restées vierges de tout piétinement de sa part. Une partie de la terre prélevée est composée par cette terre foulée par Iblīs. L'origine des Prophètes provient d'une partie de la terre non foulée ; la source de leur composition est une terre non corrompue et de bonne et précieuse nature[2].

De l'autre terre, celle qui était foulée par Iblīs, proviennent les chefs de file des hérésies, des égarements et des idées amenant à la perdition, et de nature corrompue et opiniâtre. À racine corrompue, une finalité corrompue également.

Ce n'est pas un hasard si le premier qui fait développer la racine de l'hérésie et du syllogisme est également celui qui a fait jaillir en lui l'eau trouble de la perdition, soit Iblīs lui-même.

Dans sa controverse avec les anges de Dieu, Iblīs s'est montré obstiné, n'obéissant qu'à sa propre logique, sans se soucier ni se référer au texte de lois pourtant existant. Il a refusé d'obéir à Dieu et de se prosterner devant Adam, comme cela lui a été ordonné. De cette obstination[3] sont nées les hérésies, les idées équivoques chez les descendants d'Adam,

---

dans un autre endroit du livre d'al-Bayhaqī comme faible. *Kitāb al-Asmā' wa al-Ṣifāt*, édition al-Markaz al-Islāmī li al-Kitāb, pages 327-328.

1 Ibid. al-Bayhaqī, pages 362.

2 *Al-Iḥmād* : la multiplication du *Ḥamd*, contraire de *Dham*. *Lisān al- `Arab*, entrée *Ḥamd*, volume 3, page 108.

3 *Fa Thawwara* : faire jaillir, faire sortir. *Lisān al- `Arab*, entrée *Thawara*, volume 4, pages 108-109.

ceux qui suivent leurs passions en usant des méthodes détournées. Ils ont pris pour cause ces idées douteuses et hérétiques.

Ainsi, il a été dit que dans la Torah, lors de sa controverse avec les anges, Iblīs leur avait tenu tête : « Je ne nie pas que Dieu est unique, Celui qui entend et qui sait tout, le Sage, Celui qui est obéi dans les cieux et sur la Terre. Sa sagesse a jailli sur la création et Sa volonté a émané sur toutes les choses inventées. Mais cela étant dit, un doute demeure en moi que je souhaite résoudre. »

- « De quoi s'agit-il ? » L'interrogeaient les anges.

- « Dieu, repris Iblīs, aussitôt avant ma création par Lui, savait que toute chose allait émaner de moi, ma question demeurait alors : pourquoi m'avait-Il créé ? En plus, pourquoi me demandait-Il de Lui être soumis et obéissant ? Quel est le secret, quand Il nous signifie de L'obéir tout en se montrant n'avoir pas besoin de cette révérence venant des fidèles et de la même manière, que la désobéissance ne peut en aucun cas L'atteindre ? Et quand Il m'a prescrit des obligations, je me suis soumis, j'ai obéi et j'ai obtempéré à l'annonce de Sa volonté. Je me suis rapproché de Lui par la dévotion en puisant toute mon énergie pour cela. Alors paradoxalement, pourquoi m'a-t-Il demandé de me prosterner pour Adam ? Et pourquoi, suite à mon refus, m'a-t-Il maudit et chassé du Paradis ? Je n'ai commis aucune parjure à ma connaissance, je n'ai fait que glorifier Sa Majesté. Comment pourrais-je me prosterner à un autre que Lui ? Dieu sait tout de moi, de mes actions présentes et futures, pourquoi m'a-t-Il autorisé une seconde fois à pénétrer au Paradis ? Là-bas, s'est déroulée toute mon histoire avec Adam, que j'ai trompé et détourné. Quel crime avais-je commis alors contre sa descendance pour que je constitue leur tourment, de les voir sans qu'ils puissent m'apercevoir,[1] de troubler leurs quiétudes et de les pousser à s'abreuvoir de la révolte contre Dieu ? »[2]

---

1 Coran, al-A`rāf, n° 5, verset 27 : « ***Lui et sa cohorte vous voient alors que vous ne les voyez pas.*** »

2 Al-Shihristānī cite cette histoire, sujet de doutes, dans la troisième introduction de son

Ce prétexte spécieux, œuvre d'Iblīs, est le comble des perditions, des ignorances et des idées fausses. Certaines de ses idées sont opaques et d'autres sont plus faciles à dénouer. L'idée la plus saugrenue puise ses racines[1] dans l'âme même d'Iblīs et par conséquent, c'est l'idée qu'on trouve chez les matérialistes et les philosophes. Il y a comme une filiation entre la nature de feu d'Iblīs et leur nature. De la nature argileuse comme la poterie, ils n'ont gardé que la nature de feu par le fait de la cuisson de la poterie dans les flammes. Cela même est le processus de la constitution de l'Homme[2]. En effet, c'est le processus de création à partir de boue malléable, *Ṣalṣ*āl, et d'argile fine, bref de terre et d'argile comme le dit Dieu, le Très-Haut, Lui-même : « ***D'argile, J'ai créé l'Homme*** »[3].

Les descendants d'Adam ont été marqués par ces composantes, essence de leur constitution, et de ce fait, ils partagent en commun ses effets. De la même manière que les fausses innovations et les idées menant à la perdition sont partagées entre les différents adeptes des sectes et usurpateurs à des niveaux variés.

---

livre *al-Milal wa al-Niḥal*. Il lui avait consacré un chapitre entier : première histoire douteuse dans l'histoire de l'humanité. Il avance que cette histoire est citée dans le commentaire des quatre Évangiles Mathieu, Marc, Luc et Jean. Elle figure aussi selon lui dans la Torah par bribes en forme de controverse entre Iblīs et les anges au sujet de l'ordre l'obligeant à se prosterner devant Adam et ensuite son refus d'obéir. *Al-Milal wa al-Niḥal*, édition de Amīr Ali et Abū Hasan, 2e édition, Dār al-Ma`rifa. Beyrouth, 1992, volume 1, page 23 et suivantes.

1 *Adhka* : faire jaillir le feu.

2 L'idée d'al-Suhrawardī peut se résumer ainsi : le point de concordance entre Iblīs et les philosophe est évidemment le feu. Iblīs est conçu à partir du feu, et l'Homme quant à lui, est engendré de terre ou de l'argile touchant le feu. Mais le verset coranique montre que l'Homme est créé de *Ṣalṣāl*, nature argileuse comme de la poterie. *Al-Ṣalṣāl* est une argile déjà dure avant l'effet du feu lors de la cuisson. Il est désigné *Ṣalṣāl* en fonction du bruit qui émane de lui, semblable à une poterie cuite. La comparaison donnée par notre auteur n'est pas pertinente à notre avis et cela en raison de la différence notable entre les deux matières le feu et l'argile. Al-Ṭabarī, commentaire du coran, sourate *al-Raḥmān*, n° 55, versets 14 et 15. « ***Il a créé l'Homme d'argile comme la poterie. Il a créé les djinns d'un feu pur*** », édition Dār al-Kutub al-`lmiyya. Beyrouth, volume 11, page 580.

3 Coran, sourate *Ṣād*, n° 38, verset 71.

Nous avons eu connaissance, en citant la noble autorité d'Abī al-Hasan Ali Ibn `Asākir qui a dit : « Nous avons été informé par Abū al-Waqt `Abd al-Awwal Ibn Īsā al-Sadjarī qui a dit : ''Nous avons été informé par al-Cheikh Abū Ismā`īl Ibn `Abd Allah Ibn Muhammad al-Anṣārī qui a dit : ''Nous avons été informé par Ahmad Ibn Muhammad Ibn Mansūr qui a dit : ''Nous avons été informé par Muhammad Ibn al-Ṣabbāḥ qui a dit : ''Nous avons été informé par Kuthayr Ibn Marwān al-Flaṣṭīnī selon `Abd Allah Ibn Yazīd al-Dimashqī qui a dit : ''Nous avons été informé par Abū al-Dardā' et Abū Umāma et Anas Ibn Mālik et Wāthila Ibn al'Asqa`, qu'ils soient tous agréés de Dieu, qui ont dit : ''Un jour, le Prophète, que les bénédictions et le salut de Dieu soient sur lui, avait fait irruption lors d'une réunion où nous étions en grande controverse sur une des questions touchant à la religion. Il s'est mis en grande colère jamais égalée, puis il nous a enjoint de la sorte : *''Oh ! Nation de Muhammad, ne flambez en rien vos âmes tel un feu enflammé. Est-ce que c'est moi qui vous ai ordonné cela ? Au contraire, je vous les ai bien interdits. Sachez que cette attitude a précipité des nations d'avant vous dans l'abîme. Abandonnez la querelle, car rien de bon n'en sortira. La querelle aiguise la hache de guerre entre les frères. Abandonnez la querelle, car rien ne peut garantir les méfaits de ses embrassements.*

Abandonnez la querelle, car elle mène au doute et accable l'action.

Abandonnez la querelle, car les croyants ne sont point des querelleurs.

Abandonnez la querelle, vous êtes ainsi en permanence dans le péché.

Abandonnez la querelle, car je n'intercéderai pas au querelleur le jour de la résurrection.

Abandonnez la querelle, car je suis le maître de trois stades au paradis, au centre, aux alentours,[1] *et dans la partie la plus haute. Celui qui s'abstient véritablement à la querelle aura le stade le plus haut.*

---

1 *Rabaḍuhā* : les jardins des alentours.

Abandonnez la querelle, c'est la première chose dont Dieu m'avait interdit après l'adoration des idoles et la consommation du vin.

Abandonnez la querelle, car Satan, désespéré de se faire adorer par les Hommes, s'est contenté de nous animer les uns contre les autres en forme de querelles au sujet de la religion.

Abandonnez la querelle, car les fils d'Israël se sont divisés en soixante et onze sectes, de même, les chrétiens se sont divisés en soixante-douze sectes, et de la même manière, ma nation va se diviser en soixante-treize sectes, toutes dans l'erreur sauf la majorité noire''.

Ils demandèrent alors au Prophète, que les bénédictions et le salut de Dieu soient sur lui : ''Oh ! Prophète de Dieu que signifie la majorité noire ?'' Le Prophète, que les bénédictions et le salut de Dieu soient sur lui, leur expliqua : *''Celui qui demeure fidèle à mes préceptes et ceux de mes compagnons, celui qui ne se querelle pas au sujet de la religion de Dieu, celui qui ne jette l'anathème à aucun membre de la communauté des croyants sans aucune faute grave commise.''* Puis, il continua sur la même lancée : *''L'Islam a débuté étranger, et il redeviendra étranger comme il a débuté, que les étrangers soient donc récompensés.''* Les compagnons interrogèrent alors : ''Mais qui sont-ils ces étrangers, ô Prophète de Dieu ?'' Le Prophète, que les bénédictions et le salut de Dieu soient sur lui, clarifia son idée en disant : *''Les étrangers, ce sont ceux qui corrigent ce que les gens altèrent, ceux qui ne s'embourbent pas dans des querelles touchant la religion de Dieu, ceux qui ne jetteront pas l'anathème sur les monothéistes sans une faute tangible.''* »[1]

---

1 Cité par al-Ṭabarī dans *al-Mu`djam al-Kabīr*, volume 8, pages 178-179. Al-Haythamī dans son *Mu`djam al-Zawā'id*, volume 1, page 156, considère que ce *ḥadith* se base essentiellement dans sa chaîne de transmission sur Ibn Marwān, qui est pour lui une source faible. Aussi dans le volume 7, page 259. Voir aussi Ismā`īl Ibn Muhammad al-`Adjlūnī dans *Kashf al-Khafā' wa Muzīl al-Ilbās*, édition Mu'assasat al-Risāla, Syrie, 3e édition, volume 1, page 501. Al-Tirmidhī dans ses *Sunan*, rapporte le *ḥadith* suivant : « Selon Abī Hurayra, qu'il soit agréé de Dieu, le Prophète, que les bénédictions et le salut de Dieu soient sur lui, est apparu lors d'une de nos disputes animées autour de la notion

Selon la noble autorité, selon Ibn al-`Awwām, nous avons été informé par Abū al-Waqt, par al-Anṣārī, par Ya`qūb, par Muhammad Ibn Ahmad Ibn al-Azharī al-Ḥasan Ibn Idrīs, par al-Ḥasan Ibn al-Ḍaḥḥāk, par Khalaf Ibn Khalīfa al-Asdja`ī, d'après Wā'il Ibn Dāwūd selon Bakīr selon Zayd Ibn Rufay ` qui ont dit : « Dieu avait envoyé Noé, que les bénédictions de Dieu soient sur lui, avec la Loi divine comme religion. Les gens demeuraient sur cette voie, jusqu'à son extinction par le fait de l'athéisme. Puis Dieu avait envoyé Moïse, que la paix soit sur lui, avec la Loi divine comme religion. Les gens demeuraient sur cette religion jusqu'à son extinction par le fait de l'athéisme. Puis Dieu avait envoyé Jésus, que la paix soit sur lui, avec la Loi divine comme religion. Les gens demeuraient sur cette religion jusqu'à son extinction par le fait de l'athéisme. » En conclusion, Zayd Ibn Rufay ` n'avait peur pour la religion que par le fait de l'athéisme.

Selon la noble autorité, al-Anṣārī nous a informé, selon al-Ḥasan Ibn Yaḥya, selon `Abd al-Raḥmān Ibn Ahmad, selon Sa`īd Ibn Muhammad, selon Yusuf Ibn Muhammad, selon `Abd al-Raḥmān Ibn Ma`an, selon Muhammad Ibn Isḥāq, d'après `Abd al-Wāḥid Ibn `Awf, d'après Ṣa`īd Ibn Ibrāhīm, selon son père, selon Abī al-Qāsim d'après Aïcha qu'elle soit agréée de Dieu : « Le Prophète de Dieu, que les bénédictions et le salut de Dieu soient sur lui, a

---

d'al-Qadar, la destinée. Il est entré dans une grande colère en disant : *''Est-ce que c'est moi qui vous ai ordonné cela ? Est-ce que pour cela que suis votre envoyé ? Sachez que cette attitude a précipité des nations d'avant vous dans l'abîme'' ». Sunan*, volume. 4, n° 2133, entrée *al-Qadar*. Une autre partie du *ḥadith* est authentifiée par Ibn Mādja dans ses *Sunan*, volume 2, *Kitāb al-Fitan*, page 1322, chapitre 17, n° 3992. Selon une version de `Awf Ibn Mālik : « *les juifs se sont divisés en soixante-et-onze sectes. Toutes subiront l'enfer sauf une secte qui sera sauvée au paradis. Les chrétiens de même se sont divisés en soixante-douze sectes, toute en enfer sauf une. Je jure par Dieu, celui qui dispose de mon âme, ma nation va se diviser pareillement en soixante-treize sectes, une seule sera sauvé au paradis.* » « Mais qui sont-ils, ô, Prophète de Islam ? », avait demandé les compagnons. *« C'est le groupe uni,* al-Djamā`a *»,* avait répondu le Prophète, que les bénédictions et le salut de Dieu soient sur lui. » Ce *ḥadith* a été cité selon les expressions de Ahmad Ibn Ḥanbal dans son *'Isnād*, volume 2, page 332, et volume 3, page 145.

dit : ‘*’Une chose nouvelle dans notre religion qui n’est pas d’elle est une chose rejetée’’* ».[1]

Selon la noble autorité d’après Abī al-Ḥasan Ali Ibn `Asākir , d’après Abū al Waqt `Abd al-Awwal, d’après Ismā`īl al-Anṣārī, d’après Ya`qūb, d’après al-`Abbās Ibn al-Faḍl, d’après Yaḥya Ibn Ahmad Ibn Ziyād, d’après Ahmad Ibn Ṣa`īd Ibn Ṣakhr, d’après Ahmad Ibn Sulaymān, d’après al-Hadjdjādj Ibn Muhammad, d’après Ibn Laḥī`a, selon al-Sakan Ahmad Ibn Abī Karīma, selon Layth, selon Mudjāhid, selon Ibn `Abbās, qu’ils soient agréés de Dieu, : « En l’an cent-trente-cinq de l’Hégire sortiront les diables des océans, que le Prophète Salomon, que les bénédictions de Dieu soient sur lui, avait enfermés dans les cheveux et les visages des humains. Ils parleront aux gens pour les mettre à l’épreuve. Méfiez-vous de ceux-là. »

Selon la noble chaîne de transmission remontant jusqu’à Abī Ya`qūb, qui a dit : « Nous avons été informé par al-Abbās, d’après Yaḥyā, d’après Ahmad Ibn Sa`īd, d’après Ahmad Ibn Sulaymān, d’après Muhammad Ibn Kathīr, d’après Layth, d’après Tāwūs, qui ont dit : ‘’les plus audacieux des diables sont enchaînés dans les îles des océans. À l’avènement de l’année cent-trente-trois de l’Hégire, ils seront libérés sous la forme de visages humains et portant leurs coiffures, ils disputeront les gens en usant du Coran.*’’* »

Selon la noble chaîne de transmission remontant aux Anṣār, d’après Ya`qūb, d’après al-`Abbās, d’après Yaḥya, d’après Ahmad Ibn Sa`īd, d’après Ahmad Ibn Sulaymān, d’après `Abd al-Madjīd Ibn `Abd al-`Azīz, d’après Sawwār, d’après Ibn Tāwūs, d’après son père, qui ont dit : « Lors de l’année cent et trente-trois de l’Hégire, apparaissent des diables venant des îles des océans, leurs allures ressembleront aux allures des savants. Ne cherchez le savoir qu’auprès de ceux que vous connaissez. »[2]

---

1 *Ḥadith* authentifié par Ahmad Ibn Ḥanbal, volume 6, pages 73 et 180.

2 *Ḥadith* authentifié par Muslim dans ses *Ṣaḥīḥ*, *Kitāb al-Djumu`a*, volume 1, page 592, aussi Ahmad dans *Isnād*, volume 4, page 126.

D'après al-Manṣūr Ibn al-Mu`tamir : « Aucune religion ne disparaît sans laisser la place libre aux *al-Mannāniyya*. J'ai demandé à *al-Hadjdjādj* : ''c'est quoi *al-Mannāniyya* ?'' Il a répondu : ''les athées.'' »

Selon la noble autorité, d'après Abī `Abd al-Razzāq Ibn al-Cheikh `Abd al-Qādir, qui a dit, d'après Abū Zar`a d'après sa propre chaîne de transmission remontant jusqu'à Ibn Mādja al-Qazwīnī, d'après Abū Bakr Muhammad Ibn al-`Alā', d'après `Abd Allah Ibn Idrīs, `Abdatu, Abū Mu`āwiya, `Abd Allah Ibn Numayr, et Muhammad Ibn Bishr , d'après Suwayd Ibn Sa`d, d'après Ali Ibn Mish`ar, d'après Mālik Ibn Anas, Dha`far Ibn Maysara et Shu`ayb Ibn Isḥāq, d'après Hishām Ibn `Urwa, d'après son père, d'après `Abd Allah Ibn `Amru Ibn al-`Āṣ, qu'ils soient agréés de Dieu : « Le Prophète de Dieu, que les bénédictions et le salut de Dieu soient sur lui, a dit que Dieu, le Très-Haut, a dit : *''Le savoir n'est pas soustrait normalement auprès des gens, mais le savoir est ôté quand il n'y a plus de savants, et en leur absence, les gens prennent comme chefs les ignorants parmi eux. Ces derniers répondent par des décisions juridiques qu'ils ignorent. Ceux-là ont dévié et ont mené les autres dans le même sens.''* »[1]

Selon la noble autorité remontant à Ibn Mādja : « Nous avons été informé par Suwayd Ibn Sa`īd et Ahmad Ibn Thābit al-Djuhdarī qui ont dit : ''D'après Djubayr Ibn Abd Allah qu'il soit agréé de Dieu : ''Quand le Prophète de l'Islam, que les bénédictions et le salut de Dieu soient sur lui, harangue la foule, ses yeux rougissent, sa voix s'élève et sa colère monte d'un cran, tel un apôtre de guerre. Il dit : *''Bien à vous le matin, bien à vous le soir. Je suis l'envoyé de Dieu pour vous. Mon message et l'annonce de l'Heure éternelle sont comme ces deux-là, en croisant l'index et le médius.''* Il dit ensuite : *''Le meilleur des préceptes est le Livre de Dieu, la meilleure des guidances*

1 `Ala' al-Dīn Ali Taqī al-Dīn al-Hindī, dans *Kanz al `Ummāl*, volume 16, page 45. Il l'a attribué à al-Daylamī dans *Kitāb Firdaws al-Akhbār* en citant *Kitāb al-Shihāb*. Autour de ce *ḥadith* il est rapporté par al-Hakīm al-Tirmidhī, al-Baghdādī, Ibn Munda, Ibn Qāni`, Ibn Shāhīn, Abū Nu`aym d'après `Aflān, client, *Mawlā*, du Prophète de Dieu. Sic. *Al-Manāwī* le considère comme *ḥadith* fiable. *Fayḍ al-Qadīr,* volume 1, pages 202-203.

est la guidance de Muhammad. La plus grave des choses est les mauvaises inventions, toute mauvaise invention est une hérésie et toute hérésie est un égarement.'' »[1]

Ali Ibn Abī Ṭālib, qu'il soit agréé de Dieu, a dit : « *Le Prophète de l'Islam, que les bénédictions et le salut de Dieu soient sur lui, a dit : ''Trois choses me font craindre le pire pour ma nation après ma mort, l'égarement après le savoir, courir derrière le pouvoir car les déviations sont sources de discorde et enfin le plaisir du ventre et du sexe.''* »[2]

Aussi, d'après Ali Ibn Abī Ṭālib, qu'il soit agréé de Dieu : « *le Prophète de l'Islam, que les bénédictions et le salut de Dieu soient sur lui, a dit : ''Je ne crains pour ma nation ni le croyant, ni le polythéiste. Le croyant est retenu par sa croyance en Dieu et le polythéiste par ses divinités, mais je crains les hypocrites à la langue bien pendue. Ils disent ce que vous souhaitez entendre et ils agissent selon ce que vous désavouez.''* »[3]

Le Cheikh dit : « Plus la discorde s'amplifie, la situation arrive à un point où Dieu le Très-Haut, la seule vérité, est nommé Essence, ou bien encore Cause. Il devient donc urgent de demander le concours des gens du Livre, en plus, bien évidemment, des autres courants des gens de l'Islam afin d'unir notre énergie, et d'unifier nos positions et nos paroles. ''***Ô gens du Livre. Venez à une parole commune entre vous et nous : nous n'adorons que Dieu***''[4], pour affronter les philosophes et les matérialistes. Luttons contre eux par la controverse mais aussi par l'épée et la lance. Les courants des gens de l'Islam opèrent à l'intérieur du cercle de l'Islam. Les gens du Livre

---

1 Cité par al-Ṭabarī dans *al-Mu`djam al-Ṣaghīr*, volume 2, page 93. Aussi al-Haythamī dans *Madjma` al-Zawā'id*, volume 1, page 187, juge ce *ḥadith* faible. Il est cité aussi par al-Ṭabarī dans *al-Awsaṭ* et dans *al-Ṣaghīr*, qui considère que le nom d'al-Ḥārith al-A`war, dans la chaîne d'authentification, le rend très faible.

2 Les philosophes désignent Dieu par la notion de l'essence, la première des causes ou Cause des causes.

3 *Nabruzu* : les affronter, montrer sa force. *Lisān al-`Arab*, volume 5, page 310.

4 Coran, sourate *Āl `Imrān* n° 3, verset 64.

reconnaissent comme nous l'existence du paradis, de l'enfer et des choses de la vie future.

Les religions des Prophètes sont d'accord dans l'ensemble, et surtout au sujet des mondes invisibles. Les gens du Livre n'ont dévié que quand ils ne reconnaissent pas la prophétie de Muhammad, que les bénédictions et le salut de Dieu soient sur lui, mais ils sont nos alliés contre les hérétiques ; nous devons les tuer, les éliminer et les déraciner.

Comme il a été dit : ''Quand l'homme sage se trouve devant deux maladies conjointes, il doit œuvrer à guérir la plus dangereuse des deux.'' »

Notre Cheikh Shihāb al-Dīn a dit : « Le plus grand danger dont nous craignons les conséquences néfastes peut venir d'une personne que nous croyons comme l'un des savants de l'Islam, ou un jurisconsulte de la religion, mais en réalité il professe aux gens des idées comme le matérialisme et le rejet de la résurrection et que Dieu n'englobe pas dans son savoir les petites particules.[1] Celui qui exalte de telles idées, nous devons l'éviter et prévenir sa dangerosité afin de ne pas faire subir aux gens ses idées néfastes et corrompre leur religion, et les enfermer dans un enfer perpétuel. »

Nous avons reçu par une noble autorité, d'après Abī al-Ḥasan Ali Ibn `Asākir, d'après Abī al-Waqt Abd al-Awwal, de Abī Ismā`īl al-Anṣārī, qui a dit : « Nous avons été informé par Abū Bakr Ibn `Ayyāsh, d'après al-A`mash, d'après `Umar Ibn Murra, d'après Abī al Bukhturī qui ont dit qu'Ali Ibn Abī Ṭālib, qu'il soit agréé de Dieu, a dit : ''*À la fin de notre temps, arriveront des gens parlant une langue inconnue des gens de l'Islam. Ils exhorteront les gens à suivre leur parole. Celui qui les rencontrera devra leur déclarer la guerre. Les combattre reviendra à s'acquérir une rétribution auprès de Dieu.* »[2]

---

1 L'auteur désigne les philosophes musulmans Avicenne et al-Farābī. Au sujet de ces trois questions, al-Ghazālī avait déclaré les philosophes renégats.

2 Cité par Ibn Ḥanbal dans *Isnād*, volume 1, page 81

D'après Sulaymān Ibn Yāsir, un homme nommé Ṣubaygh est arrivé en ville questionnant les uns et les autres autour des versets obscurs et ambigus du Coran. Le calife `Umar, qu'il soit agréé par Dieu, le fit convoquer et préparer pour son interrogatoire sur des branches de palmiers [1] :

— « Qui es-tu ? », interrogea `Umar.

— « Je suis `Abd Allah Ṣubaygh », s'esclaffa l'intéressé.

`Umar usa de ses branches de palmier et roua de coups le bonhomme ; alors l'homme s'adressa au calife en ses termes : « Arrête-toi là, commandeur des croyants, tu as chassé de ma tête les idées mauvaises. »

Abū `Uthmān al-Nahdī avait dit : « `Umar nous a écrit dans ces termes : ''Ne partagez jamais une assise avec le dénommé Ṣubaygh. Il est capable avec ses idées d'installer le doute et de disperser une centaine de personnes parmi vous.[2] Faites attention de ne pas vous réunir avec les athées adeptes du matérialisme du monde et la Cause des causes. S'asseoir avec eux est une maladie dont vous ne pouvez pas guérir. Le remède à leur fréquentation est impossible, que Dieu nettoie la terre de l'Islam de la présence de ces impies de basse condition.'' »

1 *`Arādjīn* : rameaux de palmier. La partie sèche qui reste accrochée au palmier après la récolte. *Mukhtār al-Ṣaḥīḥ*, entrée *`Ardjūn*, page 422.

2 Cité par al-Darāmī dans *Sunan*, volume 1, chapitre 19, page 51. Il cite par ailleurs une autre version « le calife `Umar, qu'il soit agréé de Dieu, avait écrit à Abū Mūsa al-Ash`arī : ''Dites aux musulmans de ne plus partager le cercle de cet individu.'' Mais face aux contestations de ce dernier, Abū Mūsa intercéda en sa faveur auprès de `Umar, en arguant que l'individu a montré une repentance sincère. Sur ces faits, `Umar revint sur sa décision. »

TROISIÈME CHAPITRE

SUR LA PRISE DE PARTI POUR LA RELIGION EN MONTRANT LA VOIE DES CROYANTS ET SUR LA RÉFUTATION DES ARGUMENTS DES VANITEUX

Dieu, le Très-Haut, dit « ***Ô vous les croyants, soyez des auxiliaires de Dieu. Comme au temps où Jésus, fils de Marie, dit aux apôtres : ''Qui seront mes auxiliaires dans la voie de Dieu.'' Les apôtres dirent : ''Nous sommes les auxiliaires de Dieu.''*** »[1]

Dieu a ordonné aux croyants de prendre fait et cause pour lui. Il a éveillé en eux la parfaite nature et a provoqué les conditions favorables aux bonnes œuvres pour défendre la religion.

Prendre fait et cause pour la religion s'opère par deux moyens : la parole et le fer de lance. Les gens d'expression sont capables de présenter des arguments et des démonstrations pour défendre la religion. Prendre fait et cause pour la religion pourrait se traduire par une action contre les gens aux intentions mauvaises, ceux-là mêmes qui ont suivi leur propre état d'âme, ceux qui ont abandonné les textes religieux en se réfugiant derrière les opinions et les comparaisons.

Prendre fait et cause pour la religion signifie aussi combattre ceux qui ont outrepassé les interdits de l'Islam, ceux qui suivent les idées fallacieuses et les chimères. Cela est une première étape dans le fait de défendre la religion au moment où la tendance est au laisser-aller général en matière de religion.

---

1 Coran, sourate *al-Ṣaff*, n° 61, verset 14.

Il va falloir rendre le fait de venir en aide à la religion une obligation légale afin de combattre les prétentieux impies.[1] Ainsi, parmi les gens de perdition, il y a ceux qui ont élu domicile et se sont installés parmi nous, mais ils ont déclaré à contre-courant et par pure opiniâtreté le rejet des obligations légales et les interdits. Ils font partie de l'un des divers cas suivants :

- Ceux qui appartiennent à une autre religion que l'Islam, comme les gens des deux Livres saints.[2]
- Les adorateurs du feu et des idoles, contre ceux-là, les armées de la nation et à leur tête les Rois de l'Islam se sont mobilisés pour les combattre par le fer de lance et par la pointe de l'épée dans les régions où ils se sont rebellés. Nos armées ont ainsi protégé[3] les frontières de l'Islam de toutes velléités d'insoumissions de la part des non-croyants, et cela tantôt par le combat et tantôt par la trêve.

Ces deux catégories de mécréants ne sont rien face à la plus grande catastrophe, la plus grande discorde de tous les temps. Elle est provoquée par des gens qui ont intériorisé la mécréance et sont apparus chez nous portant les habits de la nation, comme s'ils en faisaient partie. Ils se sont fondus avec les gens de l'Islam tout en professant les sciences philosophiques et l'athéisme. Ils ont même prétendu l'expertise dans ce domaine en attirant autour d'eux un certain nombre d'étudiants. Ils prétendent que ce dont ils parlent est la quintessence même de la science et de la sagesse. Par leur démagogie, ils ont corrompu et dérangé des âmes paisibles, de disposition naturelle.

Ces prétendus savants se servent de la religion comme prétexte et couverture pour arriver à leurs fins[4] car ils visent par leur action cette

1 *Al-Ikhlād* : racine *al-Khuld*, demeurer, persister sur quelque chose.

2 Les juifs et les chrétiens, la Torah et les évangiles.

3 *Ḥamaw* : les défenseurs protecteurs des frontières.

4 *Wa Istadjannū* : se cacher derrière l'Islam.

même religion par des flèches de dépravation.[1] Ils veulent l'attirer dans une pernicieuse embuscade.[2] Ces gens-là sont de la génération de Satan et de ses suppôts. Ils se sont associés à lui dans l'art de la dissimulation et de la corruption. Dieu, le Très-Haut, dit : « ***Lui et sa cohorte vous voient alors que vous ne les voyez pas.*** »[3]

En effet, leur science s'officine dans les mêmes lieux où les sciences religieuses sont enseignées. Ils se montrent arrogants dans les cercles intellectuels et les lieux de débats. Ils poussent le vice jusqu'à s'enorgueillir du fait de posséder une bribe de ces sciences devant les autres participants aux discussions.

Ils sont représentés par Avicenne et Abū Nṣar al-Farābī, tous deux disciples d'Aristote[4], à un point où ils rejetaient toute autre discipline philosophique.[5] Ils ont pris position pour Aristote contre Platon quand le premier a déclaré : « Platon est un ami, mais la vérité l'est autant. Donc l'amitié avec la vérité a la primauté sur l'amitié avec Platon lui-même. » Ils ont pris parti pour Aristote contre Platon au sujet du commencement

---

1 *Al-Wabāl* : la corruption. Origine de *Wabīl* qui signifie la lourdeur et la dureté. Dieu dit « ***Nous l'avons pris avec dureté*** ». *Lisān al-`Arab*, entrée *Wabala*, volume 11, page 720

2 *Al-Muḥāl* : obtenir par la ruse et l'intrigue. *Lisān al-`Arab*, entrée *Maḥala*, volume 11, page 618.

3 Coran, sourate *al-A`rāf*, n° 7, verset 27.

4 Al-Suhrawardī limite les philosophes influencés par Aristote à al-Farābī et Avicenne. Il reprend les mêmes thèses qu'al-Ghazālī. « Les philosophes musulmans les plus importants, ceux qui ont laissé une œuvre de traduction et d'analyse influencée par Aristote sont Avicenne et al-Farābī Abū Naṣr. Nous nous limitons dans notre livre à contredire ce que ces deux philosophes ont choisi et validé des thèses de leurs deux maîtres dans la perdition. (Platon et Aristote) ». *Tahāfut al-Falāsifa*, édition Sulaymān al-Dunyā, Dār al-Ma`ārif. Égypte, 6e édition, pp. 77-78.

5 *Al-Khanāṣir* : pluriel de *Khinṣar*, le petit doigt ou le médius. Al-Farābī et Avicenne ont été totalement influencés par Aristote de telle manière que, selon l'auteur, leurs doigts se sont croisés à force de prendre position pour le premier maître Aristote.

du monde.[1] Nos prétendus philosophes professent qu'Aristote[2] a bien saisi l'essence de la science et de la sagesse.[3] Il a extrait l'essentiel et a bien résumé son esprit. Ainsi, avec lui, ils pensent qu'ils ont atteint un niveau supérieur dans l'argumentation. Mais les philosophes ont fait semblant d'ignorer les assauts ignobles d'Aristote contre l'existence de l'Enfer, contre le sacré voilé insaisissable[4] malgré ses lumières éclatantes.[5] L'esprit même se retrouve devant un grand dilemme[6] sans pouvoir emprunter un seul chemin vers lui[7]. Aristote a osé, avec son impudence et son ignorance, aborder le sujet de la substance du Créateur. Il a douté de la vérité lumineuse des Prophètes et leur contact avec les Lumières divines, avec les nuées d'anges. Il a douté que Gabriel, le salut de Dieu soit sur lui, était leur messager, porteur de la révélation. Ce sont les Prophètes qui ont instauré les lois et ont défini le bien et le mal. Ils ont orienté les gens[8] selon une conduite droite et spirituelle. Ils ont à la fois annoncé la bonne nouvelle et ils ont prévenu des menaces de Dieu. Ils ont éclairé les âmes avec un soleil de savoir, là où ils ont mené leurs compagnons jusqu'aux limites du dévoilement et du contact direct avec Dieu. Un stade d'élévation, là où le sceau du savoir vient d'être rompu pour attendre le sublime et s'enquérir du parfait.

---

1 Aristote avance la thèse de l'éternité du monde, il a contredit, en cela, son maître Platon qui, lui, défend l'idée du commencement du monde. Al-Farābī et Avicenne ont pris position pour Aristote contre Platon. Ils ont démontré les impossibilités théoriques qui résultent de la thèse de Platon. Ils ont évoqué les problématiques du renouvellement de la Volonté de Dieu, Sa puissance, Son objectif, et Sa nature. Pour eux, le monde est une création de Dieu par les moyens de la générosité et la Sagesse divine.

2 L'auteur désigne Aristote.

3 *Istamkhaḍa* : faire baratter le lait. *Lisān al-`Arab*, volume 7, page 230. *Al-Witāb* : l'outre à lait. *Lisān al-`Arab*, volume 1, page 798.

4 *Taghāshat* : *al-Ghishā'*, la couverture qui ne laisse pas de place pour voir.

5 *Burūqihi* : pluriel de *Barq*, les éclaires dans le ciel. L'auteur donne ici une signification soufie. Le premier stade pour le disciple est l'apparition de la lumière éclatante qui le convie à pénétrer dans la présence rapprochée de Dieu. Al-Djurdjānī, *Kitāb al-Ta`rīfāt*, les définitions, page 47.

6 *Khirrīt* : provient de *Khirt*, le trou et l'orifice. L'intelligence minutieuse.

7 *Ṭuruq* : frapper la porte. La raison n'arrive pas à suivre le chemin du monde caché.

8 *Al-Ḍabu`* : le bras. Tenir le bras pour se donner la force.

Les philosophes ont les âmes déjà estampillées dans l'erreur : « ***Ils n'apprécient pas Dieu à sa juste mesure*** ».[1] Aristote, le dépravé, lui et ses disciples n'ont fait qu'escalader les échelles de pensées logiques, composées et simplifiées. Il a consacré toute son énergie pour arriver à cette allégation majeure qui est Dieu et la Cause des causes. Mais cet ignorant ne sait-il pas que ce qu'il nomme Cause des causes n'est en fait qu'une chose parmi les choses simples non composée[2] selon ses termes ?

C'est le premier gibier qui tombe dans les filets de la constitution du monde apparent. Il est lui-même une des créations de Dieu. S'arguer par la notion de la Cause des causes revient à s'arguer contre les idoles al-Lāt et Hubal.[3] Son raisonnement à ce stade est faible, et son jugement est limité. Il n'arrive pas à l'essence même de la magnificence. Il est perdu à travers les chemins les plus sombres.[4] Il est atteint des maux les plus inguérissables. Hélas, il n'est pas atteint par la grâce de la lumière émanant des sources lumineuses de l'éternité.

Il nous est parvenu selon l'honorable autorisation remontant jusqu'à Abī al-Ḥasan Ibn `Asākir al-Baṭā'iḥī qui a dit : « Nous avons été informé par Abū Ṭālib `Abd al-Qādir Ibn Muhammad Ibn Yusuf qui a dit : ''Nous avons été informé par Abū al-Qāsim `Abd al-`Azīz Ibn Ali al-'Azdjī qui a dit : ''Nous avons été informé par `Abd Allah Ibn Muhammad Ibn Sulaymān al-Daqqāq al-Makhramī qui a dit : ''Nous avons été informé par Dja`far Ibn Muhammad al-Firyānī qui a dit : ''Nous avons été informé par Abū Ayyūb Sulaymān Ibn `Abd al-Raḥmān al-Dimashqī qui a dit : ''Nous avons été informé par Ayyūb

---

1 Coran, sourate *al-An`ām*, n° 6, page 91.

2 *Al-Basāṭa* : simple. Les choses simples et non composées. La Cause des cause, cette théorie avancée par les philosophes est le résultat de la générosité et la sagesse de l'être de Dieu. La Cause des causes, selon l'auteur, n'est en définitive qu'une création parmi les autres créations de Dieu, même si les philosophes la considèrent comme chose simples ou élémentaire.

3 Croire à l'idée de la Cause des causes est une forme d'association des autres divinités avec Dieu, chose semblable à l'adoration des idoles préislamiques al-Lāt et Hubal.

4 *Khandas* : la nuit selon le copiste du manuscrit. Je (l'éditeur) n'ai pas trouvé ce mot dans les dictionnaires.

Ibn Suwayd qui a dit : ''Nous avons été informé par Abū Zar`a Yahya Ibn `Amru al-Shaybānī, selon `Abd Allah Ibn al-Daylamī, d'après `Abd Allah Ibn `Umar, qu'ils soient agréés de Dieu : ''Le Prophète de Dieu, que les bénédictions et le salut de Dieu soient sur lui, a dit : *''Dieu le Tout-Puissant a créé Ses créatures dans l'obscurité, puis Il les a émanées de Sa lumière. Chaque être touché par la Lumière divine de Dieu est sauf. Mais celui qui n'a pas été atteint par cette grâce lumière demeure dans la perdition totale.''* »[1]

Moi, je dis le calame de Dieu a cessé d'écrire. Dieu, le Très-Haut, a dit : « ***Celui à qui Dieu ne donne pas de lumière n'en a aucune.*** »[2]

Revenons à Aristote, à qui l'on a donné par ailleurs une trop grande importance pour ses faux raisonnements. De ses idées mêmes, on peut déceler les défauts de sa pensée. Par exemple, quand il dit que de l'Un n'est possible qu'un.[3] Hélas, nombreux sont les gens qui l'ont suivi dans cette idée jusqu'à la noyade dans un torrent redoutable. Mon étonnement vient du fait que des gens se réclamant savants musulmans inscrivent et prennent faits et causes pour ces idées dans leurs écrits et leurs déclarations. Il apparaît chez eux qu'ils se sont bien marqués par cette parole aristotélicienne, au point même de vibrer pour elle. Mais cela n'est possible que parce qu'ils ignorent Dieu le Créateur, le Puissant. Celui qui a créé chaque jour un événement et une invention

1 *Ḥadith* authentifié par al-Tirmidhī qui a dit « c'est un *ḥadith* authentique » *Sunan* d'al-Tirmidhī dans *Mawsū`at al-Sunna*, volume 5, page, 26. Le même *ḥadith* est authentifié par Ibn Ḥanbal, volume 2, page 176.

2 Coran, sourate *al-Nūr*, n° 24, verset 40.

3 Ce postulat philosophique a énormément influencé les philosophes musulmans, c'est l'idée du rapport de Dieu avec l'univers. Ils ont dit que de l'Un (Dieu) n'est possible qu'un (La première raison, l'être premier). Dieu ne produit pas les multiples directement, il est le début des choses. Par la sagesse de son être, la raison première apparaît par une sorte de Profusion divine. De là, apparaissent les dix raisons, dont la dixième est appelée la raison active (le Saint-Esprit en religion). Il relie le monde de l'Au-delà du monde ici-bas et de lui provient le multiple. Par cette idée, l'unicité de Dieu n'est pas remise en cause, car la multiplicité ne provient pas directement de Lui.

nouvelle. Parmi ses inventions, ils ont nommé la Cause des causes.[1] En effet, nombreuses sont les inventions dans l'univers attestant de Sa puissance. Dieu, d'après les philosophes, est le commencement des choses composées et non composées. Il est le début d'un univers parmi Ses univers. Il est la Cause de l'un qui est lui-même sa Cause première. Il est l'intermédiaire entre Lui et les autres choses non composées. Mais si l'on admet ce raisonnement, où se situe donc l'Un, l'Unique, le Préexistant ?

Dans les profondeurs de Sa puissance, des navires entiers remplis de ce postulat qui est la Cause des causes, ont coulé à pic (*sic*).

L'argumentation s'arrête sur ce seuil, pour ceux qui évoluent dans ce chemin, sauf pour les plus chanceux qui ont été touchés par la Lumière divine selon Sa volonté éternelle. Mais ceux qui demeurent dans l'idée qu'il ne peut y avoir de l'Un que l'un, ceux-là se sont enfermés eux-mêmes dans une caverne obscure sans issue lumineuse. Ils se plaisent ainsi dans de fausses idées, dans l'arrogance et dans la falsification. Ils empruntent la même voie que les *Madjūs*, zoroastrisme.[2] Ces derniers énoncent que le bien provient de Yazdan et que le mal émane d'Ahriman. Ils insistent sur l'attribution du mal à ce dernier, comme les philosophes qui s'acharnent sur la notion de la Cause première.

On peut rétorquer contre cette argumentation du *Madjūsī*, Zoroastre, si le mal provient d'un esprit corrompu, faut-il se rappeler la parole de Yazdan qui a dit : « Y a-t-il un seul homme capable dans Mon royaume ? » De cette même pensée est né Ahriman.

On peut avancer alors l'idée suivante : si le mal entier provient de Yazdan, car il est créé à partir de la propre pensée d'Ahriman, alors on

---

1 La Cause des causes désigne la raison première.

2 Al-Suhrawardī compare les philosophes aux *Madjūs*, quand ils avancent l'idée de l'Un engendre l'un. Le zoroastrisme se base sur l'idée de la dualité, Dieu du bien et Dieu du mal. Le Dieu du mal a été engendré par le Dieu du bien. La multiplicité du mal ne provient pas directement du Dieu du bien, mais c'est l'œuvre d'Ahriman, le Dieu du Mal.

peut croire à l'existence de l'un à partir de l'Un pour échapper à l'idée de la multiplication. Selon ce raisonnement, la source des choses non composées provient de l'âme universelle, puis de la raison, et enfin de la raison nous en arrivons aux corps célestes et aux éléments inclus dans la lune selon leurs prétentions. Les choses composées se sont décomposées dans l'univers à partir de la cause non multipliée.[1]

Les Grecs ont excellé dans cette science mais Dieu les a éloignés du bon chemin. Nous affirmons que cette science est bénéfique si elle s'arrête là où demeure sa limite,[2] si elle ne devient pas un obstacle entre eux et Dieu, et s'ils n'associent rien avec Lui[3], et surtout l'idée de la cause qui est le pur produit de leur pensée. Les Grecs ont fui l'idée de l'antériorité temporelle et lui ont opposé celle de l'antériorité de l'essence[4]. Voilà donc par la preuve le signe de l'étroitesse de leur pensée. La question qui se pose face à ce raisonnement est : où se situe, dans ce système de pensée, l'idée d'un Dieu unique, éternel, perpétuel et durable ? L'espace et le temps se sont anéantis dans Son éternité et dans Son existence perpétuelle. Tous les êtres, sans exception, dans les

1 Al-Suhrawardī évoque la théorie du *Fayḍ* chez les philosophes. L'apparition du multiple indirectement de l'Un.

2 Le texte d'al-Suhrawardī est flou. Il déclare que la philosophie est une science utile mais il ne cache pas ses critiques vis-à-vis des philosophes au sujet de leur théorie de l'engendrement de l'un en partant de l'Un. Dans un autre texte, l'auteur admet que les philosophes ont excellé dans l'astronomie à condition d'en rester là. Il dit : « on reconnaît que c'est une science de grande utilité si elle ne dépasse pas les limites admises. »

3 Al-Suhrawardī parle ici de la Cause, *'Illa*, que les philosophes nomment « la Raison première ». La Cause première qui engendre l'Un (Dieu). Il évoque ensuite le mot, *'Illa*, dans le sens de la maladie incurable des philosophes.

4 Les philosophes musulmans tentent d'échapper à l'idée de l'éternité absolue du monde avancée par Aristote. Ils préfèrent parler de l'éternité temporelle du Monde dans le sens où il ne se trouve pas dans son ensemble, dans sa forme, dans son mouvement et dans le temps dès la première apparition. Mais, il existe par essence. Il a besoin pour les éléments, d'une existence qui le fera exister. C'est là que réside la différence entre l'éternité du monde et l'éternité de Dieu, à travers le concept de *Wādjib al-Wudjūd*, le nécessaire existant par essence et dans le temps. Alors que le monde est éternel par l'éternité du temps et par l'existence par essence.

deux mondes matériel et caché, sont tel un grain de moutarde[1] tombé dans l'espace par Sa volonté et Sa puissance. Il fait apparaître mille choses et élimine mille autres par Sa simple volonté antérieure[2]. Cette même volonté englobe-t-elle l'ensemble des choses voulues par Lui sans que quelque chose apparaisse en Lui ?[3]

Si les arguments d'Aristote se sont effondrés comme jadis les arguments d'Iblīs, alors son raisonnement s'écroulera et disparaîtra aussi bien que son idée à propos de l'ancienneté du monde.

Les penseurs de notre nation qui professent la philosophie grecque affirment les impossibilités de faire passer certaines choses essentielles sur d'autres afin d'arriver à l'idée de la primauté des corps ; cette idée mène à l'impossibilité des corps non corrompus et sans finalité. L'ensemble peut l'entourer[4], s'il n'est pas un début devancé par le néant, mais par contre, il a une finalité menant au néant. Ces corps reviennent à Lui. Ils sont sourds, muets et aveugles. Ils n'ont ni savoir, ni volonté, ni puissance, ni ouïe, ni vue. Les philosophes sont sourds, muets et aveugles.

Dieu, le Très-Haut, le Créateur des deux mondes matériel et immatériel, celui à qui il advient les Noms divins et les attributs, est vivant, puissant, Il fait ce qu'Il veut faire, Il écoute et entend, rien ne peut Lui ressembler.

Si nous affirmons l'écroulement de l'idée de la Cause des causes et si nous insistons sur le fait qu'elle est une création parmi les créations de Dieu, et qu'elle est une chose non composée parmi les choses non composées, alors l'idée des âmes qui ne périssent pas s'effondre aussi

1 *Khardala* : une petite particule.

2 *Mawāsimihā* : les temps définis par Dieu pour son existence.

3 *Albā* : s'unir tous contre lui.

4 Al-Suhrawardī conteste l'idée des corps indéfinis, avancée par les philosophes. Ces derniers avancent l'idée que le monde se trouve par essence et que les corps ont un début. Donc, les corps sont créés, ils n'existaient pas avant. Par conséquence, si l'on admet que celui qui a un début est créé de rien, il faut admettre aussi qu'il a une fin et une disparition.

d'elle-même, et avec elle l'idée de sa filiation avec l'âme universelle, et aussi l'idée que chaque âme possède un savoir, une volonté et des signes propres à elle[1].

L'idée d'affilier les âmes à l'âme universelle ne tient plus car si l'origine et la source sont uniques, le résultat sera le même pour toutes les âmes. Au contraire, nous constatons qu'elles sont différentes en genre et en variété.

On sait que les âmes ont un Créateur puissant et doué de Volonté. Il les a créées en leur attribuant ou le bonheur ou l'infortune, la récompense ou la punition et cela selon la Volonté divine antérieure.

Il a été rapporté que votre Dieu avait créé les êtres et décidé de leur ligne de conduite, de leurs gains et de leurs destinées.

En conclusion, rattacher l'âme à une âme universelle, rattacher la particule à l'ensemble, rattacher les âmes dans leur processus d'évolution à une âme universelle est une pensée fallacieuse et de pure invention, une sorte de parole gonflée et sans aucun intérêt.

Toi, le philosophe, toujours souffrant et sans soutien, tu perds ton temps dans les mauvais raisonnements. Je te conseille de te déclarer athée[2], c'est mieux pour toi et pour les autres, c'est plus confortable. Ne t'avise plus à disputer les gens de sciences et de connaissances par tes fausses accusations, et tes imaginations fallacieuses.

---

1 Un *ḥadith* authentifié va dans le même sens, cité par al-Bukhārī dans *al-Ṣaḥīḥ* : « L'Homme demeure quarante jours dans le ventre de sa mère le temps de la fécondation, puis une coagulation de sang accrochée pendant aussi quarante jours puis un embryon durant le même laps de temps, puis, Dieu envoie un ange qui ordonnera quatre choses : la façon dont il va vivre, la manière et le temps de sa mort, puis enfin s'il sera heureux ou malheureux ». *Kitāb al-Qadar*, volume 7, page 210.

2 Al-Suhrawardī considère qu'Avicenne et les autre philosophes devraient se déclarer athées, dans le sens de croire en l'espace-temps indéterminé, sans créateur. Ils auraient été plus en harmonie avec leur propre pensée qui affirme l'idée de l'éternité du monde et la non corruption des corps. Selon eux, l'action de Dieu n'est pas réellement directe sur ses créatures et au sujet de la création ex nihilo du monde. Leur appartenance à l'Islam, selon al-Suhrawardī, est une fausse appartenance car ils ne cessent de le contredire et de se mettre en dehors de son système de pensée.

Sinon, avoue-toi vaincu et aligne-toi sur les idées suivantes : il y a un Créateur à ce monde, possédant des noms et des attributs.

Vivant par la vie qui est l'origine de l'existence.

Savant par le savoir qui démontre les choses créées.

Voulant par la volonté qui active l'action.

Puissant par la puissance qui confirme l'action.

Énonçant par une parole qui est à l'origine des révélations.

Écrivant par le crayon, calame, qui écrit sur les livres des anges et livres des Prophètes.

Entendant et observant par la vue et l'ouïe qui par eux se visualise et s'entend les choses perceptibles et transmises.

Les attributs de Dieu démontrent la perfection de l'œuvre de l'Artisan, le Glorieux.

Tu Le nommeras par le nom que Lui-même s'est choisi et tu Lui accorderas les attributs que Lui-même s'est attribués à Sa Majesté. Par ces noms et attributs, les Prophètes L'ont reconnu et identifié. Ne déclare jamais d'animosité, et ne contredis pas les Prophètes.

Tu subdivises la sagesse en deux volets, pratique et scientifique théorique. Tu t'attribues à toi-même, à tes disciples et à ta génération, la partie scientifique. Par contre, tu accables les Prophètes par le volet pratique. Tu ôtes de leur prophétie le côté scientifique. Cela même est un jugement affirmant ton ignorance des Prophètes. Le philosophe pense qu'il a réussi à atteindre, par le biais de sa pensée impure, la sagesse et la science. Il ignore que les Prophètes ont atteint par la pensée pratique la perfection et la sagesse. C'est même le contraire qui se produit, c'est la sagesse et la science qui viennent d'elles même vers eux.

« ***Dis, Mon Seigneur, accorde-moi plus de sagesse !*** ».[1]

---

1 Coran, sourate *Ṭaha*, n° 20, verset 114.

Les sciences se sont versées sans retenue dans leurs parfaites prédestinations à recevoir la révélation. Elles se sont ruées vers leurs stations majestueuses auprès de Dieu. Elles ont eu par chaque action une nouvelle science et pour chaque science une action particulière. L'action et le savoir se sont ralliés à la cause des Prophètes.

Les Prophètes ont atteint par les échelles de l'action et de la science le haut des sommets de la perfection, ils ont honoré les mondes cachés par la gloire. Dans les deux mondes, voilé et du témoignage, les Prophètes ont eu une parfaite connaissance des choses simples et composées.

Par contre, le savoir du philosophe est le résultat de son esprit impur. Car, il s'est entouré par des murs[1] de divagation sans fondement. Il mourra comme un ver à soie tissant son cocon, afin de s'enfermer dans son propre tissage.

La situation du philosophe est de mal en pis. Il demeure au plus bas de l'échelle des idées, en les poursuivants aveuglément.

Les ramifications des savoirs des Prophètes sont liées par des ruisseaux de leurs cœurs à la mer du savoir absolu. Une mer qui ne se dessèche point.

Dieu, le Très-Haut, dit : « ***Si tous les arbres de la Terre étaient des calames, et si la mer, et sept autres mers avec elle, leur fournissaient de l'encre, les paroles de Dieu ne l'épuiseraient pas. Dieu est puissant et sage.*** »[2]

---

1 *Sarādīq* : pluriel de *Sardaq*, un mur qui entoure le lieu, cité dans le coran à propos des gens de l'enfer : « Les murs les entourent », *Lisān al- `Arab*, entrée *Sardaqa*, volume 10, page 157.

2 Coran, sourate *Luqman*, n° 31, verset 27.

QUATRIÈME CHAPITRE

SUR L'AFFIRMATION DES BASES DE L'UNICITÉ ET LA DESTRUCTION DES FONDEMENTS DE LA PENSÉE GRECQUE

Dieu, le Très-Haut, dit : « ***Sache qu'en vérité, il n'y a de Dieu qu'Allah.*** »[1]

Il dit aussi : « ***Dieu témoigne et avec lui, les anges et ceux qui sont doués d'intelligence, il n'y a de Dieu que Lui.*** »[2]

Les philosophes ont consacré leur vie à l'étude de l'action et de la Volonté du Juste, du Glorieux dans les deux mondes temporel et caché. Ils se sont perdus dans des idées futiles, sans réussir à découvrir le Créateur de ces mondes, mais bien au contraire, la voie de leur pensée s'est rompue à la limite du monde matériel et temporel. Les philosophes alexandrins[3] n'ont pas réussi à saisir ni à comprendre le monde caché, *Ghayb*.

Ils se sont privés ainsi de boire à la source de vie. Celui qui boira de cette source ne mourra jamais. Leur nature est morte sans jamais arriver à atteindre le monde caché, le monde de la Royauté, *Malakūt*.

Ils continuent juste à stagner dans le monde temporel sans pouvoir le dépasser. Ils se sont mélangé les idées, et ils ont trébuché dans les méandres de leurs pensées.

Ils ont ignoré les Prophètes, que la paix soit sur eux, sans attendre le bonheur de suivre leur message. Ce sont les plus grands perdants.

---

1 Coran, sourate *Muhammad*, n° 47, verset 19.

2 Coran, sourate Āl 'Imrān, n° 3, verset 18.

3 *Iskandar* : l'auteur désigne sous cette appellation la philosophie grecque développée à Alexandrie entre le troisième siècle avant J.-C. et le troisième siècle après J.-C. Djamil Saliba, *Dictionnaire philosophique*, Dār al-Kutub al-Lubnānī, 1982, volume 1, page 80.

N'ont-ils pas la possibilité de tirer des enseignements de la parole de Dieu, le Très-Haut, quand il dit : « ***ceux qui croient au monde caché*** »[1] « ***les mystères des cieux et de la Terre appartiennent à Dieu*** »[2], et encore : « ***Le monde caché et le monde apparent*** »[3] ?

S'ils avaient posé la question évidente : qu'est-ce que le monde caché ?, ils auraient trouvé la réponse sans détour : un Dieu éternel, possédant des attributs perpétuels. Dieu possède le Royaume des cieux et de la Terre, le monde temporel et le monde caché avec ce qu'ils contiennent de corps et d'êtres célestes, d'étoiles, de choses simples et composées, et d'éléments.

Dieu possède les noms vertueux et les attributs les plus élevés.

Il nous est parvenu selon l'honorable autorisation d'après Abī Bakr `Abd al-Razzāq Ibn `Abd al-Qādir qui a dit : « Nous avons été informé par Abū Zar`a Tāhir Ibn Abī al Faḍl al-Maqdisī qui a dit : ''Nous avons été informé par Abū Manṣūr Muhammad Ibn al-Ḥasan Ibn Ahmad Ibn al-Ḥawtham al-Maqūmī al-Qazwīnī, par autorisation si le propos n'a pas été entendu directement, qui a dit : ''Nous avons été informé par Abū Ṭalḥa al-Qāsim Ibn Abī al-Mundhir al-Khatīb qui a dit : ''Nous avons été informé par Abū al-Ḥasan Ali Ibn Ibrāhīm Ibn Salma al-Qattān qui a dit : ''Nous avons été informé par Abū `Abd Allah Muhammad Ibn Yazīd Ibn Mādja qui a dit : ''Nous avons été informé par Hishām Ibn `Ammār qui a dit : ''Nous avons été informé par`Abd al-Malik Ibn Muhammad al-Ṣan`ānī qui a dit : ''Nous avons été informé par Abū al-Mundhir Zuhayr Ibn Muhammad al-Tamāmī qui a dit : ''Nous avons été informé par Mūsā Ibn `Uqba qui a dit : ''Nous avons été informé par `Abd al-Raḥmān al-A`radj d'après Abī Hurayra, qu'il soit agréé par Dieu, le Prophète de Dieu, que les bénédictions et le salut de Dieu soient sur lui, a dit : ''*Dieu possède quatre-vingt-dix-neuf noms, ou bien cent noms moins un, car Dieu est*

1 Coran, sourate *al-Baqara*, n° 2, verset 3.

2 Coran, sourate *al-Naḥl*, n° 16, verset 77.

3 Coran, sourate *al-Ḥashr*, n° 59, verset 22.

un, et Il aime les nombres impairs. Celui qui apprend ses noms par cœur aura le paradis comme récompense ''».[1]

Le Cheikh dit : « les versets coraniques démontrent l'unicité de Dieu et les traditions orales démontrent les Attributs éternels, car les noms confirment les attributs. » Parmi les attributs, il y a ceux qui se définissent à partir de l'indispensabilité de l'être comme la vie, la puissance, la volonté, le savoir, l'énoncé, l'ouïe et la vue. Il y aussi ceux qui se définissent à partir de la création et ils apparaissent avec elle. Leur existence est semblable à l'éternité de l'être[2]. Les âmes des Prophètes et celles de leurs compagnons, la paix soit sur eux, ont œuvré en premier lieu à la démonstration de l'être. Elles ont atteint un stade complet dans la connaissance de Dieu, se manifestant par la brillance de la lumière de la certitude.

---

1 *Ḥadith* authentifié par al-Bukhārī dans *al-Ṣaḥīḥ. Mawsū`at al-Sunna, Livre des six* Ṣaḥīḥ avec les commentaires, volume 3, chapitre 67, page 169.

2 Dans un texte précédent, al-Suhrawardī fait la distinction entre les attributs d'essence comme : la vie, la puissance, le savoir, la parole, l'ouïe et la vue, et les attributs d'action qui apparaissent et agissent sur les créations. Ils se montrent au moment de l'action et désignent la vie, la mort, le gain, le mal et le bien. Ils existent éternellement et perpétuellement, semblables à l'existence de Dieu. Al-Suhrawardī adopte la position des sunnites et des scolastiques musulmans et surtout al-Mātrīdī. Ce dernier ne distingue pas entre les attributs par essence et les attributs par action. Il dit : « Si l'on donne à Dieu des attributs, comme l'action ou le savoir par exemple, ces attributs sont obligatoirement perpétuels. Si l'on évoque ce qui se cache sous ces attributs comme les choses sujettes au savoir, à la volonté, à la puissance et à la constitution, il convient d'évoquer primordialement le temps correspondant au moment du déroulement de ses actions, afin de ne pas leur donner un caractère éternel. » *Al-Tawḥīd*, édition Fatḥ Allah Khalīf, Dār al-Djāmi`āt al-Miṣriyya, page 47. Les soufis les plus importants ont adopté aussi cette théorie. Exemple d'al-Kalābādhī qui dit : « La majorité des anciens et des grands soufis ont jugé illicite d'accorder à Dieu un attribut qui ne convient pas à Son être perpétuel. Il n'est pas un Créateur parce qu'il a créé les créatures, Il n'est pas *Bārī* parce qu'Il a fait exister la matière. Il n'est pas Formateur, *Muṣawwir*, parce qu'Il a formé les images. Dieu ne peut pas être considéré de la sorte sinon il serait imparfait dans son éternité et il serait assimilé aux créatures. Dieu est beaucoup plus Haut pour être considérer de la sorte ». *Al-Ta`rīf li Madhhab al-Ṭasawwuf*, édition critique de `Abd al-Ḥalīm Maḥmūd, édition `Īsā al-Ḥalabī. Le Caire, 1960, page 37.

La manifestation de l'âme, *Rūḥ*, les a adoptées par la raison et par la parole. La raison s'est lancée dans l'espace des créatures, dans les deux mondes caché et apparent.

Les savoirs ont pris le chemin[1] de la Table, *Lawḥ*, là où l'on trouve la raison qui se trouve déjà dans *al-Lawḥ* protégé par Dieu.

Notre[2] Cheikh Abū Nadjīb al-Suhrawardī[3] nous a enseigné en rapportant selon `Abd al-Djabbār al-Bayhaqī, d'après al-Wāḥidī, d'après Abī Isḥāq al-Tha`labī qui ont dit : « Nous avons été informé par Ibn Fandjawayh qui a dit : ''Nous avons été informé par Mukhlid Ibn Dja`far al-Bāqarḥī qui a dit : ''Nous avons été informé par al-Ḥasan Ibn `Alwiyya qui a dit : ''Nous avons été informé par Ismā`īl Ibn `Īsā qui a dit : ''Nous avons été informé par Isḥāq qui a dit : ''Nous avons été informé par Muqātil selon Djurayr, selon Mudjāhid, d'après Ibn `Abbās, qu'il soit agréé par Dieu, qui a dit : ''Au centre du *Lawḥ*, table, est inscrit ''Il n'y a de Dieu qu'Allah, et sa religion est l'Islam, et Muhammad est son sujet et son Prophète. Celui qui croit en Dieu, le Très-Haut et croit véridiquement dans sa promesse et a suivi son Prophète, Dieu le récompensera par le paradis.'' *al-Lawḥ* est fait de perles blanches. Sa longueur équivaut à la distance entre la Terre et le ciel. Tandis que sa largeur équivaut à la distance entre Est et Ouest. Ses bords sont faits de perles et d'hyacinthes. Sa première et sa dernière couverture sont faites d'hyacinthes rouges. Son calame est de lumière. Ses mots sont associés au Trône. Sa racine interdit l'accès à Satan, et se trouve sous la protection d'un ange nommé Mātīrūn. Dieu, le Très-Haut, dit : ***''C'est un Coran glorieux dans une Table hautement protégée.''***[4] Dieu procède dans chaque jour et chaque nuit en

1 *Tahayyazat* : aller dans le même sens avec délicatesse. *Lisān al-`Arab*, volume 9, page, 339.

2 L'auteur lui-même.

3 C'est l'oncle d'al-Suhrawardī, il est aussi son maître en matière de soufisme. Abū Nadjīb al-Suhrawardī (470 H./563 H.) Il n'a pour œuvre que *Ādāb al-Murīdīn*, un livre portant sur le soufisme.

4 Coran, sourate *al-Burūdj*, n° 85, verset 22.

trois-cent-soixante minutes à faire vivre et à faire mourir, Il honore et Il abaisse et Il fait ce qu'il veut'' ».[1]

Anas Ibn Mālik, qu'il soit agréé de Dieu, dans son interprétation du verset cité plus haut[2], dit que les versets mentionnés par Dieu, le Très-Haut, se trouvent inscrits sur le front de l'ange Isrāfīl, la paix soit sur lui. Il a été dit que la table protégée se trouve à la droite du Trône de Dieu.

Les philosophes sont interdits d'accès aux mondes cachés, à la croyance, à l'invisible. Ils demeurent dans les méandres de l'idée de la Cause des causes. Leurs pensées sont perturbées au sujet de la Cause première *al-Ma`lul al-Awwal*. Ils n'ont pas réussi à démontrer l'âme comme étant indépendante de la connaissance de Dieu, au contraire ils ont démontré l'âme universelle et la raison absolue.[3]

Ils se sont trompés sur le chemin logique de la connaissance sans atteindre la notion de l'âme comme chemin frayé[4] vers la connaissance de Dieu. Ils se sont murés[5] dans les choses créées par les mathématiques et la géométrie. De cette logique, ils sont arrivés à la définition des éléments puis des corps célestes puis des choses simples. Le chemin

---

1 Ibn Abū al-`Izz a cité ce *ḥadith* dans son *Sharḥ al-`Aqīda al Ṭaḥāwiyya*. Il l'avait aussi attribué à Ibn `Abbās. Muhammad Nāṣir al-Albānī l'a cité aussi selon la version d'al-Ṭabarī dans *al-Mu`djam al-Kabīr*, volume 3, page 165. Il a montré l'apparition dans la chaîne de transmission d'un certain Ziyād Ibn `Abd Allah dit al-Bakkā'ī d'après la version de Layth qui n'est que Ibn Abī Salīm. Selon al-Albānī, les deux personnages cités ne sont pas parfaitement fiables, donc ce *ḥadith* est faible. *Sharḥ `Aqīdat al-Taḥāwī*, al-Maktab al-Islāmī. Beyrouth 1391 H., page 263.

2 Al-Ṭabarī, *Tafsīr al-Ṭabarī*, verset 22, sourate *al-Burūdj*. Dār al-Kutub al-`Ilmiyya. Beyrouth, 1992, volume 12, page, 531.

3 *Al-Nafs al-Kullī* : l'âme universelle qui englobe toutes les planètes. Synonyme de l'âme du monde. La raison absolue, c'est la raison globale fixe et non changeante. Elle désigne Dieu dans la conception philosophique. Djamil Saliba, *Dictionnaire philosophique*, volume 2, pages 88 et 489.

4 *Al-Mahī`* : large. Une voie large. *Lisān al-`Arab*, entrée *Haya`a*, volume 8, page 378.

5 *Tasawwarat* : de *Sūr*, un mur. Comme le mur d'une ville. Les philosophes ont escaladé les murets de la recherche des choses créées par les mathématiques et la géométrie. *Lisān al-`Arab*, entrée *Sawara*, volume 4, page 388.

emprunté par leur raisonnement les a menés vers la démonstration de la Cause des causes en ignorant de la sorte que ce qu'ils démontraient n'est qu'une création parmi d'autres créations de Dieu.

Ils annoncent leur différence avec les matérialistes par la démonstration de la Cause des causes, mais en réalité ils demeurent dans la même logique qu'eux. Ils persistent dans cette idée. Ils ont emprunté le même chemin que les matérialistes, le chemin des rejetés, des éloignés de la miséricorde de Dieu. Ils n'arrivent pas à apercevoir le monde caché, un monde contenant le paradis et l'enfer. Dieu possède divers mondes, et parmi ces mondes se trouve le monde caché.

Les philosophes ont fait table rase[1] de ce monde, un grand absent dans leurs pensées. Cela confirme leur manque de sagesse et de science.

Ils ont philosophé en long et en large, ils ont tonné avec fracas et éclats, ils ont épuisé leur vie, ils ont dépensé leurs pensées, mais ils n'ont vu que le monde matériel, le monde temporel. Alors que les âmes des Prophètes parcourent[2] le monde caché et se manifestent à travers les noms et les attributs de Dieu, leurs cœurs s'éclairent avec la lumière de l'être.

À ce stade-là, la lumière du raisonnement s'incline devant l'aube du témoignage.[3] Les représentations des images et les croyances partent en éclats face au vent de la vérification. [4]

Dieu a dévoilé aux âmes des Prophètes la Majesté de l'Ordre divin. Il leur a révélé Sa grandeur et Sa perfection.

---

1 *Masaḥūh* : l'ont éliminé et l'ont fait disparaître.

2 *Djāsat* : revient de temps à autre. *Yadjūsu*, qui parcourt. *Lisān al- `Arab*, volume 6, page 42.

3 Al-Suhrawardī croit à la suprématie du sens spirituel sur la logique de la raison. Il compare le lever du soleil à la lumière d'une lampe.

4 *Al-Taṣwīr* et *Taṣdīq* : l'action d'imaginer et atteindre la vérité sont des réflexions intellectuelles qui permettent la démonstration et l'argumentation. Selon les logiciens, l'imagination, *Taṣwīr*, est une vision simple d'un sens unique. Par contre, atteindre la vérité, *Taṣdīq*, est une vision complexe entre deux sens séparés, mais qui ont une relation de jugement de l'un sur l'autre.

Ils ont observé les multiples Attributs éternels assidus de l'Être éternel. Chaque attribut reçoit l'action de la création qui ne se manifeste que quand arrive le moment de l'action dans l'univers, en s'appuyant sur la Volonté éternelle de Dieu.

Les philosophes n'ont pas perçu la multiplication des attributs liés à l'action. Leur pensée s'est limitée à l'étroitesse de l'idée de la cause qui démontre l'Un. Ils ont abandonné l'idée du nécessaire existant et que Dieu fait exister les impaires et les paires par Sa volonté, Sa détermination éternelle sans événement particulier.

La croyance des Prophètes ne s'est pas limitée à l'impasse de la Cause des causes. Ils ont exempté le Créateur et l'Inventeur de l'idée de la conséquence et de la cause.

Dieu est plus grand et plus haut que les allégations injustes. Il peut anéantir les mondes et en créer de nouveaux, les faire émerger puis les détruire une autre fois. Il renverse les choses voulues dans un contexte précis avec la Volonté éternelle, hors de l'espace et du temps et cela grâce à Son éclatante puissance éternelle. Les choses voulues et possibles ne seront que poussières dispersées par le fait de la brillance de la Volonté divine et de la Puissance éternelle.

La logique du philosophe nous fait croire que la création de la cause est due à la multiplication des orientations. Le postulat selon lequel il n'existe de l'Un qu'un, pour échapper ainsi à l'idée du multiple, trébuche gravement dans les méandres de la conduite du monde. Le philosophe affirme que le possible existant, *Mumkin al-Wudjūd*, possède deux éléments : l'existence par obligation et le possible existant par manifestation de la cause secondaire.[1] Le philosophe s'est limité, dans son esprit, à l'idée des choses permises, les choses possibles et les choses impossibles. Mais il y a tant de choses permises, possibles et

1 *Mumkin al-Wudjūd* : le possible existant ou le premier occasionné est le second existant. Il est l'intermédiaire entre l'Un premier (le nécessaire existant, *Wādjib al-Wudjūd)* et les créatures (le possible existant, *Mumkin al-Wudjūd*). Al-Suhrawardī le nomme le second existant.

impossibles enfermées dans les mondes dont l'esprit du philosophe ne possède pas les clés pour les ouvrir.

Si les philosophes n'ont pas la possibilité de comprendre les lois des choses cachées et les affaires de l'Au-delà, c'est parce qu'ils n'ont pas saisi le sens caché de la parole du Très-Haut :

« ***Après que Je l'aurais harmonieusement formé et que J'aurais insufflé en lui Mon Esprit.*** »[1]

Le chemin qui mène à la connaissance de l'âme ne peut être emprunté que selon l'ordre de Dieu. C'est le chemin balisé emprunté par les Prophètes, que la paix soit sur eux. Ils ont reçu la connaissance de Dieu, celui qui possède les noms et les attributs.

Les philosophes ont jugé que les deux univers des mondes caché et temporel avec ce qu'ils contiennent de corps célestes, d'univers, de sciences et de connaissances sont semblables dans leur dimension à un grain de moutarde en comparaison aux mondes qui entourent la connaissance de Dieu. Que le philosophe se drape d'un peu d'humilité avec son esprit et ses problématiques. Il a eu connaissance de certaines choses mais il a ignoré un des mondes de Dieu.

Notre Maître Abū Nadjīb al-Suhrawardī, nous a révélé d'après `Abd al-Djabbār al-Bayhaqī, d'après al-Wāḥidī, d'après Abī Isḥāq al-Tha`labī qui ont dit : « Nous avons été informé par Abū al-Qāsim al-Ḥasan Ibn Muhammad Ibn al-Ḥasan qui a dit : ''Nous avons été informé par Isḥāq Ibn Sa`īd Ibn al-Ḥasan Ibn Sufyān, selon son grand père, selon Abī Naṣr, selon Layth, selon Muqātil, selon Abī Mu`ādh al-Faḍl Ibn Khālid, selon Abī `Iṣmat Nuḥ Ibn Abī Miryam, selon Rabī` Ibn Anas, selon Shahr Ibn Ḥawshab, selon Abī Ibn Ka`b qui ont dit : ''Les savants sont les anges. Ils sont au nombre de dix-huit-mille anges, quatre-mille-cinq-cents parmi eux sont à l'Est, quatre-mille-cinq-cents autres sont à l'Ouest, quatre-mille-cinq-cents sont au Nord, tandis que les derniers quatre-mille-cinq-cents sont au sud de l'univers. Chaque ange dispose à

1 Coran, sourate *al-Ḥidjr*, n° 15, verset 29.

son service d'un nombre considérable de suppléants, il n'y a que Dieu, le Très-Haut, qui connaît leur nombre. Derrière eux se trouve une terre blanche comme du marbre, sa longitude est semblable au mouvement du soleil pendant quarante jours, sa latitude n'est connue que de Dieu. Cette terre est peuplée d'anges appelés les anges de l'esprit immortel. Leurs prières et leurs jubilations sont un chant qui tonne considérablement. Si la voix d'un seul ange est dévoilée sur Terre, ses habitants seront immédiatement anéantis tant cette voix est extraordinaire. »[1]

Il est d'une petitesse inégalable qu'une personne utilise son esprit limité pour des affirmations et des allégations dans le genre avancé par le philosophe. N'a-t-il pas compris que ce n'est qu'un monde parmi le grand univers de Dieu ? Derrière le monde étudié par lui, se cachent dix-huit-mille autres mondes qui échappent à son discernement. Dieu est plus majestueux devant l'incapacité des Hommes à saisir Son essence, Sa puissance et Sa sagesse.

Quel jugement limité de ta part, toi qui as pris cause pour l'unique raison, source de ta connaissance dans un laps de temps limité ! Quelles sont ces extravagances[2] dont tu fais étalage ?[3]

Tu as hiérarchisé les planètes à partir de la lune ! Tu as sorti les paroles de leur contexte ! Tu as confirmé l'existence d'une planète mais tu n'as jamais aperçu un ange ! Tu as approuvé le raisonnable mais tu as fui le savoir transmis ! Tu es semblable à un borgne qui chevauche le vaisseau de la honte !

Tu as délaissé les hautes positions pour des principes plus bas ![4]

As-tu aperçu par ta propre vue et confirmé par ton propre savoir ? As-tu acquis les richesses et as-tu atteint les univers ?

---

1 (L'éditeur) Je n'ai pas pu vérifier ce *ḥadith*.

2 *Al-Hawasāt* : pluriel de *Haws*, une forme de folie. *Lisān al-`Arab*, entrée *Hawasa*, volume 6, page 252.

3 *Al-Manāshīr* : pluriel de *Manshūr*, annoncer et publier par tous les moyens.

4 *Al-Mundjid* : *Ndja*, un lieu situé en hauteur. Contraire d'*al-Mighwar*, l'endroit à un niveau bas. *Lisān al-`Arab*, entrée *Ndjada*, volume 3, page 415.

Dieu a montré la Royauté à travers l'idée de l'apparent. Il a intériorisé le monde caché pour confirmer l'idée de l'intériorisation. Il a démontré le premier par Son éternité et la seconde par le perpétuel qui est en Lui.

Dieu est le Premier, le Dernier, l'Apparent et le Caché.

Si tu avais compris les deux mondes, tu aurais associé les corps célestes et la Royauté *Fulk/Mulk*. Tu aurais confirmé la raison et la transmission. La religion n'est qu'une raison apparente et la raison n'est en définitive qu'une religion intérieure[1]. Les corps célestes sont une Royauté apparente et la Royauté n'est qu'un corps céleste non apparent. Le corps est pour les planètes et l'âme est pour la Royauté.

Puis, tu dis que les corps célestes ont un choix et une action, alors que tu ignores que l'action et le choix sont du domaine de la Royauté. L'image des corps célestes est une image appartenant à la sagesse, alors que l'image de la Royauté appartient à l'univers de la puissance. L'action et les influences des planètes sont du pouvoir des anges à qui Dieu avait confié la charge.

Les planètes ne sont que des corps morts et elles ne possèdent pas de raison et ne savent rien discerner.

Si tu entends le tonnerre et que l'on te dit que c'est un ange qui amène les nuages par sa voix tel un troupeau, tu prétends, avec ton propre raisonnement, que ce phénomène est dû à l'entrechoc des corps entre eux, un simple effet de température. Oui, ce que tu as démontré est juste et personne ne peut le contester, mais tu as été privé d'un autre raisonnement qui consiste à dire que c'est un ange qui mène les nuages.

---

1 Dans son exposé sur le rapport entre la religion et la raison, al-Ghazālī dit : « La raison ne trouvera pas son chemin sans la religion. La religion ne s'éclaircira pas sans la raison. La raison est la fondation tandis que la religion est la construction au-dessus. Une fondation n'a aucune utilité sans construction et une construction ne tiendra pas sans fondation. La religion est une raison extérieure, et la raison est une loi intérieure. Ils sont ainsi liés et je dirai même unis. Pour preuve de leur union, Dieu dit : « lumière sur lumière ». Cela veut dire, la lumière de la raison et celle de la religion. *M`āridj al-Quds*. Le Caire, 1928, page 59.

Tu ne peux pas saisir ce genre d'argument car c'est une loi du monde caché. Mais tu es ancré[1] dans l'ignorance, incapable de te hisser à son niveau.[2] Tu ne peux saisir ce genre d'argumentation car c'est une loi du ressort du monde caché.

Je t'invite à mesurer sur cet exemple d'autres phénomènes. Par exemple, l'influence des lois supérieures et de l'Au-delà sur les tremblements et sur les grandes secousses terrestres.[3] L'éclipse de la lune et l'occultation du soleil sont des phénomènes que Dieu le Très-Haut a inventés pour faire réfléchir les Hommes. Par cela, Il veut montrer Sa puissance. La puissance démontre le Puissant.

Nous sommes d'accord avec toi sur la méthode géométrique qui explique que l'éclipse de la lune est le résultat évident que la Terre cache la lumière du soleil. Pareillement pour l'occultation du soleil lorsque la lune cache la lumière du soleil. Les gens croyants ne nient pas les démonstrations scientifiques, par contre les gens dont le raisonnement est figé, dépouillé de la lumière de la religion originelle, rejettent les lois du monde caché.

Il nous est parvenu par l'honorable autorisation, d'après `Ubayd Allah Ibn Ali Ibn Muhammad al-Farrā' qui a dit : « Nous avons été informé par al-Ḥāfiẓ Abū al-Faḍl Muhammad Ibn Nāṣir, et cela en assistance directe, qui a dit : ''Nous avons été informé par Abū al-Faḍl Ahmad Ibn Khayrūn al-Mu`addil qui a dit : ''Nous avons été informé par Abū Ali al-Ḥasan Ibn Ahmad Ibn Shādhān qui a dit : ''Nous avons été informé par Abū Bakr Muhammad Ibn `Abd Allah Ibn Ibrāhīm al-Shāfi`ī qui a dit : ''Nous avons été informé par Isḥāq Ibn Ibrāhīm al-Anmāṭī qui a dit : ''Nous avons été informé par Hishām Ibn `Ammār qui a dit : ''Nous avons été informé par al-Ḥasan Ibn Yaḥya al-Khushnī qui a dit : ''Nous avons été informé par Abū `Abd Allah Mawlā Banī

1 *Zamāna* : ancienne et incurable maladie.

2 *Bawādīh* : emplacement.

3 *Haddāt* : pluriel de *Hdda*, bruit violent. Bruit venant du ciel. *Lisān al- `Arab*, volume 3, page 432.

Umayya, selon Abī Ṣāliḥ selon Abī Hurayra, qu'il soit agréé de Dieu, qui a dit : ''le Prophète de Dieu, que les bénédictions et le salut de Dieu soient sur lui, a dit : ''*La première chose que Dieu créa fut le calame, puis Il créa le* Nūn *qui est l'encre. Il lui ordonna d'écrire. Le calame demanda à Dieu quoi écrire, et Dieu lui répondit : ''Écris ce qui est arrivé et ce qui va arriver jusqu'au jour de la résurrection.''*[1] *Cela est l'interprétation de la parole de Dieu dans le Coran quand Il dit : ''*Nūn ***par le calame et par ce qu'ils écrivent****''.*[2] *Par ces faits, le calame se tut à jamais jusqu'au jour de la résurrection. Puis Dieu créa la raison et dit : ''Par Ma considérable puissance, Je ferai en sorte de te doter chez ceux que J'aime et de t'enlever chez ceux que Je déteste.''* »[3]

Le Cheikh dit : « La raison est la preuve de l'existence de Dieu. Il l'accorde à ceux qu'il aime. Elle est en eux telle une lumière qui mène sur le bon chemin. Par contre, Il ôte la raison à ceux qu'il n'aime pas. Ils sont sans lumière de guidance pour démontrer la preuve de Dieu. [Pas de raison, pas de démonstration de preuve.] C'est de cela que dépendent la récompense et la punition.

Alors, toi fils de l'Islam, pourquoi tu ne suis pas le Prophète de Dieu ? Pourquoi ne prends-tu pas ses compagnons comme exemples et comme guides ? Ces derniers, par un raisonnement pesé et une pensée sensée, ont abordé la vie temporelle et l'Au-delà. Tu penses qu'ils ont choisi de suivre le Prophète par manque de raisonnement et de savoir ? Et toi avec l'ensemble de ta science et ta prétendue futilité, tu as préféré suivre Aristote et ses disciples malgré la faiblesse de leur raisonnement ?

---

1 *Ḥadith* authentifié par Abū Dāwūd dans *al-Sunan, Mawsū`at al-Sunna*, volume 5, *ḥadith* n° 4700, page 76.

2 Coran, sourate *al-Qalam*, n° 68, verset 1.

3 Ibn al-Djawzī a regroupé ce *ḥadith* avec un autre : « La première chose que Dieu créa fut le calame, puis Il créa le *Nūn* qui est l'encre. Il lui ordonna d'écrire. Le calame demanda à Dieu quoi écrire, et Dieu lui répondit : ''Écris ce qui est arrivé et ce qui va arriver jusqu'au jour de la résurrection. Puis Dieu créa la raison et dit : ''Par Ma considérable puissance, Je ferai en sorte de te doter chez ceux que J'aime et de t'enlever chez ceux que Je déteste ». *Kitāb al-Adhkiyā'*, Dār al-Kutub al-`Ilmiyya, première édition. Beyrouth, 1985, page 11.

Je pense que si tu avais tiré conclusion de ton existence même en utilisant les outils[1] qui se présentent à toi – celle de suivre le Prophète de Dieu –, tu aurais pu faire jaillir en toi les sources des sciences et tu aurais pu étendre en toi les lumières qui mènent vers le monde caché.

Tu aurais pu voir avec ton propre point de vue le paradis, l'enfer, le monde de la sanction et le monde de la décision finale. Tu aurais échappé aux tourmentes[2] au lieu de te mettre à toi-même volontairement la corde au cou par la bêtise de ton affirmation : l'Un engendre l'un.

Tu aurais vu dans chaque nom de Dieu une preuve qui démontre un attribut, secret de la cause et de ses conséquences. Tu aurais aperçu de nombreuses causes et de nombreuses conséquences. Tu te serais offert une robe d'honneur par ton adoption des noms et des attributs. Tu aurais vu dans chaque nom une double description de ta propre humanité. Les magnificences des noms et des attributs ainsi que la meilleure des forces et des perfections se seraient reflétées sur le miroir de ton existence. Tu aurais fait de la Morale divine tienne et comme il a été dit : ''Suivez la morale de Dieu.''[3]

Ô toi, le limité dans ta pensée, tu as ignoré le secret ''***Nous avons créé l'Homme pour l'éprouver, d'une goutte de sperme et de mélanges***.''[4] Dieu a regroupé dans le mélange *Amshādj*, la quintessence[5] des cieux et des terres. Il a créé l'Homme d'allure droite, dans sa partie supérieure se trouvent les secrets des cieux et dans sa partie inférieure

---

1 La réflexion, l'observation et la recherche autour du sujet de l'Homme, sa création et son existence, sont considérées comme d'immenses trésors et des perles précieuses enfouies dans le for intérieur de l'Homme. L'Homme doit les utiliser pour parvenir à la vérité. Cela ne peut être complet, sans le fait de suivre les préceptes du Prophète qui seront les outils et les instruments qui permettent de découvrir la connaissance de soi et la raison de sa propre existence.

2 *Khināq* : la corde qui étrangle, menant à la mort. *Lisān al-`Arab*, entrée *Khanaqa*, volume 10, page 92.

3 Cité par al-Manāwī dans son livre *al-Djāmi` al-Azhar fī Ḥadith Nabī al-Anwār*, volume 1, lettre Th.

4 Coran, sourate *al-Insān*, n° 76, verset 2.

5 *Nikhab* : la meilleure des choses.

les secrets des terres. L'Homme est un petit monde, et à l'inverse, le monde est un grand Homme. Toutes les forces du monde se trouvent inévitablement dans l'Homme.

Si tu avais regardé de plus près l'anatomie, tu aurais vu le lien qui relie les membres entre eux, comme une sorte d'union. Si tu regardes plus attentivement encore, tu pourras voir les racines des êtres et les échantillons des créations avec ses ramifications concentrées dans l'Homme. L'Homme avec les liens spirituels, avec la force naturelle et originelle contient la spiritualité universelle des cieux et des terres. Tu aurais aperçu les degrés des obéissances et des désobéissances à Dieu, partagées entre les différentes classes des terres et des cieux. Tu aurais su que la désobéissance est liée dans sa densité aux stades inférieurs de la Terre. Celui qui est dans ce cas ne pourra jamais s'élever avec son obéissance à Dieu qu'au premier niveau du ciel. Celui dont le niveau de désobéissance est allégé se trouve au niveau du sixième stade terrestre. Ses actions d'obéissance remontent, quant à elles, au deuxième ciel. Et ainsi de suite pour le reste des cas.

L'action d'obéissance remonte selon la faiblesse du niveau de désobéissance. Celui dont les désobéissances arrivent à un niveau faible c'est-à-dire au stade de la première couche de la terre, ses actions louables remontent au septième ciel. Celui qui campe auprès du pilier de la Protection divine comme les Prophètes qui ont campé auprès du pilier de l'Infaillibilité divine, *`Iṣma*, verra ses actions favorables remonter jusqu'à la situation de rapprochement de Dieu et sera comme dans les réserves de l'Acceptation divine.

Dieu, le Très-Haut, dit : ''***la parole excellente monte vers Lui et Il élève l'œuvre de bonne action***.''[1]

Ô toi, qui es restreint dans ta pensée, tu as subi les feux[2] de la perdition,[3] tu as évolué en terre d'Islam, mais tu as outrepassé la loi et

1 Coran, sourate *Fāṭir*, n° 35, verset 10.

2 *Ṣalyta* : *al-Ṣalā'*, griller avec le feu. *Lisān al-`Arab*, volume 14, page 467.

3 *Iḥtaqabta* : subir la perdition comme un fardeau. *Lisān al-`Arab*, volume 1, page 326.

les interdits. Le texte religieux s'applique bien dans ton cas : ''***Ne t'avons-Nous pas élevé chez Nous, lorsque tu étais enfant ? N'as-tu pas demeuré parmi Nous un moment de ta vie*** ?''[1]

Qu'as-tu fait en suivant aveuglément Avicenne ? Réveille-toi de ton enivrement auprès des philosophes ! Abandonne rapidement les fausses idées et pousse loin de toi les divagations et les paroles prétentieuses.[2] Prépare-toi à te protéger des brûlures du feu de Dieu. N'insiste pas en réaffirmant que le monde est éternel et que le mouvement des planètes l'est aussi. Qu'as-tu dit à propos des montagnes inébranlables, des océans bouillonnants, de la terre étendue et du ciel hautement élevé ; tantôt tu dis qu'ils ont pour origine l'eau, et tantôt tu affirmes que c'est bien du feu qu'ils tirent leur substance. Une troisième fois, tu ne démords pas en disant que c'est le résultat d'un mélange de choses variées composées à partir de l'entrechoc des corps célestes !

Pour suivre ton raisonnement, ton objectif est de prouver la primauté des corps définis par leurs commencements et par leurs finalités. Selon l'axiome, pour chaque début il y a inévitablement une finalité. Tu ne laisseras pas sans explication des corps sans définir leur finalité dans l'espace, et tu ne laisseras pas des événements sans les référer à un début dans le temps.

Je t'invite à lire la parole de Dieu :

''***Ce sera le jour où les Hommes seront semblables à des papillons dispersés et les montagnes à des flocons de laine cadrée.***''[3]

''***Le jour où nous plierons le ciel comme on plie un rouleau sur lequel on écrit.***''[4]

''***Lorsque le soleil sera décroché.***''[5]

''***Lorsque le ciel se rompra et que les étoiles seront dispersées.***''[6]

---

1 Coran, sourate *al-Shu`arā'*, n° 26, verset 18.

2 *Al-Hadhayān* : délire. *Al-Fushār* : parole prétentieuse.

3 Coran, sourate *al-Qāri`a*, n° 101, versets 4-5.

4 Coran, sourate *al-Anbiyā'*, n° 21, verset 104.

5 Coran, sourate *al-Takwīr*, n° 81, verset 1.

6 Coran, sourate *al-Infiṭār*, n° 82, verset 1.

La matière première, *al-Huyūlī*, des choses, la matière elle-même, la représentation, les sources, les origines, les choses simples et les choses composées sont toutes des créations de Dieu, le Très-haut, et leur finalité est inévitablement la mort. Toutes ces choses périront et s'abîmeront,[1] seul demeurera le Juste, Dieu le Très-Haut, l'Éternel, le Perpétuel.

Et une fois que s'établiront les demeures de la stabilité éternelle, *al-Qarār*, du châtiment et de l'enfer, ''on fera venir la mort sous la forme d'un beau bélier, on le fera sacrifier sur l'autel entre le paradis et l'enfer. L'appelant de la sublimité appellera : Ô les gens du Paradis, éternité, plus de mort maintenant ; Ô gens de l'enfer, éternité, plus de mort maintenant''.[2]

Pauvre de toi, ne tourne pas autour de la perdition. Il est temps de te rattraper. Pourquoi as-tu épuisé ta pensée et as-tu laissé vaquer sans encadrement ton cerceau à un point de non-retour dans l'effervescence du refus. Tu as tantôt une pensée heureuse et facile, et tantôt une pensée agressive et sans répit, sans te laisser aller vers la situation la plus claire et sans détour, vers la lumière indubitable, naturelle et originelle. »

Il nous est parvenu selon l'honorable autorisation selon `Abd al-Mun`im Ibn Kulayb qui a dit : « Nous avons été informé par Sā`id Ibn al-Sayyār al-Harawī qui a dit : ''Nous avons été informé par Abū `Amir al-Azadī qui a dit : ''Nous avons été informé par `Abd al-Djabbār Ibn Muhammad al-Djarrāḥī qui a dit : ''Nous avons été informé par Abū al-`Abbās Muhammad Ibn Ahmed al-Maḥbūbī qui a dit : ''Nous avons été informé par Abū `Īsā al-Tirmidhī qui a dit : ''Nous avons été informé par Muhammad Ibn Yaḥyā al-Qaṭī`ī qui a dit : ''Nous avons

1 *Bahamūt* : de *Mubham*, sombre et impossible à résoudre. *Lisān al-`Arab*, volume 12, page 56.

2 *Ḥadith* authentifié par al-Bukhārī, *Ṣaḥīḥ, Kitāb al-Tafsīr*, chapitre *Wa Andhirhum Yawma al-Ḥasra*. Édition Dār al-Kutub al-`Ilmiyya. Beyrouth, volume 15, page 286. Et dans *Muslim, Ṣaḥīḥ, Kitāb al-Djanna*, chapitre *al-Nār*. Édition Dār Ihyā' al-Kutub al-`Arabiyya, première édition, 1955, volume 4, page 2188.

été informé par `Abd al-`Azīz Ibn Rabī`a al-Bannānī qui a dit : ''Nous avons été informé par al-A`mash, selon Abī Ṣāliḥ, selon Abī Hurayra, qu'il soit agréé de Dieu, qui a dit : ''le Prophète de Dieu, que les bénédictions et le salut de Dieu soient sur lui, a dit : ''*Chaque nouveau-né est de nature originelle,* Fiṭra. *Ses parents, après sa naissance, lui inculquent le judaïsme, le christianisme, le mazdéisme ou le polythéisme.''* » Les compagnons demandèrent : ''Et s'il meurt avant cela ?'' Le Prophète répondit : *''Dieu sait le mieux ce que ses parents auraient fait de lui.''* »[1]

Le Cheikh a dit : « Si tes parents ne sont pas éloignés du chemin de la nature originelle, si tes maîtres et tes camarades, par chance, ne t'ont pas éloigné de ta nature, si par bonheur, tu as réussi à te débarrasser de ce que tu as pu entendre de manière à brouiller la détermination de ta nature, et si tu n'as pas manqué de prier ton Créateur, alors Il te fera bénéficier de ses réserves de Générosité éternelle, une lumière qui fera briller toute ton âme ».

Selon la tradition, le Prophète de Dieu, que les bénédictions et le salut de Dieu soient sur lui, a dit : « ''*Quand la lumière jaillit dans le cœur, celui-ci s'épanouit et s'élargit.''* Mais les compagnons l'interrogèrent sur le signe de cette situation. ''Ô Prophète de l'Islam, y a-t-il un signe à cela ?''. Il répondit : *''Oui, s'écarter de la demeure de l'orgueil et se rapprocher de la demeure de l'éternité''* ».[2]

« Nous te concédons, philosophe, que la Terre est un globe, d'ailleurs c'est la limite des frontières et des extrémités du monde temporel. Mais où en es-tu des sept terres qui n'ont de frontières que le monde caché et non apparent ? Les planètes sont l'ornementation du premier ciel. Chaque ciel est un cercle qui en englobe un autre tel un cercle tracé dans une terre vide. C'est ainsi, un ciel dans un autre jusqu'à la

---

1 *Ḥadith* authentifié par al-Bukhārī, *al-Ṣaḥīḥ*, commentaire al-Kirmānī. Beyrouth, 1981, volume 7, pages 133 et 134.

2 *Ḥadith* cité par al-Sayūṭī dans son livre *al-Durr al-Manthūr fī al-Tafsīr bi al-Ma'thūr*, Dār al-Ma`ārif, volume 3, page 44.

constitution des sept ciels des corps célestes et ce qu'ils contiennent d'éléments et de forces.

Les sept terres et les sept cieux ne sont qu'un cercle[1] autour de l'escabeau de Dieu, mais l'escabeau avec ce qu'il contient n'est qu'un cercle lui aussi autour du Trône de Dieu.

Tout le malheur est de laisser libre cours aux divagations, aux faiblesses des discernements dans le soin de comprendre Dieu. Malheureusement, peu de choses sortiraient. C'est vers Dieu que les choses retournent et retrouvent leurs destinées. »

1 Al-Ṭaḥāwī reproduit un certain nombre de *ḥadith* qui vont dans ce sens. Al-Suddī a dit : « les cieux et la Terre sont au centre de l'escabeau, *al-Kursī*, qui est entouré par le Trône. » Abū Dharr a dit : « J'ai entendu le Prophète, que les bénédictions et le salut de Dieu soient sur lui, dire *al-Kursī* par rapport au Trône est comme un cercle en fer jeté dans une terre aride ». *Sharḥ al-`Aqīda al-Ṭaḥāwiyya*, édition al-Maktab al-Islāmī, pages 279-280.

CINQUIÈME CHAPITRE

SUR LA CRÉATION, L'ORDRE DIVIN, LA MORALE ET LA NATURE ORIGINELLE

Dieu, le Très-Haut, dit : « ***La création et l'Ordre ne lui appartiennent-ils pas ? Béni soit Dieu, le Maître des mondes*** ».[1]

Une seule parole contient et regroupe plusieurs notions explicites. Elle aborde dans la même phrase, la création, le Créateur et l'univers. Elle est réellement la nature même[2] du *Wudjūd*, l'être, l'existant.

Les Prophètes ont compris et analysé ces notions. Ils possèdent une raison particulière, différente de la simple raison qui n'arrive à saisir que le fait de la création sans la notion de l'Ordre divin, et qui ne parvient pas à comprendre la morale, *Khuluq* sans la nature originelle, *Fiṭra.*

Les prisonniers de la raison[3] qui ne possèdent en rien la véritable raison que nous avons évoquée sont ceux qui prétendent la sagesse. Je veux dire les philosophes et les autres comme les manichéens, les mazdéens, et les sabéens. Ils ont associé la création et la morale sans prendre en compte l'Ordre divin et la nature originelle.

---

1 Coran, sourate *al-A`rāf*, n° 7, verset 54.

2 *Al-Djins* : le genre dans la logique est global. Il désigne de nombreuses choses, comme le mot animal qui englobe l'Homme, le cheval, le chameau, les oiseaux…
Al-Faṣl : la particule. Un terme global qui répond à la question : « Quelle est la chose qui se définit par elle-même ? ». Cette notion décortique et distingue les différents genres. L'Homme est un genre parlant à l'intérieur du genre animal. Le cheval est un animal non doué de parole.
Dans le texte d'al-Suhrawardī, la notion de *Wudjūd*, existant, est un terme global qui désigne de nombreuses choses différentes dans leur genre. Donc l'existant est un genre. Le verset coranique est si éloquent qu'il fait la distinction entre l'existence de Dieu, le Créateur, le Très-Haut et les autres créatures existantes.

3 *Al-Murtahinuna bi al-`Aql* : prisonniers de la raison. Faire valoir la raison sur la religion.

Le monde temporel contient la création et l'ordre mais la création est apparente alors que l'ordre est caché. C'est la même chose pour le monde caché, il contient la création et l'ordre qui est apparent tandis que la création est cachée. Il est possible d'expliquer la nature originelle et l'ordre par la volonté, aussi la création et la morale par la sagesse.

Les gens dotés d'un simple raisonnement limité ont compris du monde temporel le phénomène de la création sans la notion de l'Ordre divin et pareillement la morale sans la nature originelle. C'est le résultat final des recherches de la pensée philosophique. Les philosophes ont prétendu que c'est là la Cause des causes, comme les manichéens qui l'ont transformé en lumière et obscurité. Les philosophes arrivent par leur raisonnement à l'affirmation suivante : l'Artisan, le Très-Haut dans Sa Majesté est nommé l'essence, *Djawhar*.[1]

« ***Peu s'en faut que les cieux ne se fendent à cause de cette parole, que la terre ne s'entrouvre et que les montagnes ne s'écroulent*** ».[2]

Ils ont attribué un fils au Miséricordieux. Ils ont comparé la Cause première à l'enfant engendré. On n'aura jamais vu une telle ignorance qui dépasse toutes limites !

Comment peut-on attribuer cette notion au Créateur, le Supérieur, le Glorieux ?

---

1 Je pense qu'al-Suhrawardī et aussi al-Ghazālī chargent sans grande raison les philosophes musulmans. Cela revient à leur commentaire sur les notions philosophiques, quand ils nomment Dieu la raison. Selon eux, la raison, le corps premier, et la représentation, *Ṣūra*, sont une essence, *Djawhar*, première, puisque Dieu selon eux est raison. Je pense que cette explication de la part d'al-Ghazālī et al-Suhrawardī est inexacte.
Selon Avicenne : « Vous avez évité de nommer l'Un essence, mais d'un autre côté vous donnez un sens identique à l'Un sans le nommer. L'Un existe sans sujet. Cela même est la définition de l'essence que vous avez considérée comme genre du premier. Nous disons que cela n'est pas le sens exact de la notion de l'essence. Son sens est la chose dont le principe fondateur est fixe et son existence n'a pas de sujet comme un corps ou un souffle. La preuve en est que l'essence n'a jamais été un genre. Elle est désignée par la notion de l'existant qui ne nécessite pas un genre. »

2 Coran, sourate *Maryam*, n° 19, verset 90.

Si Dieu, le Très-Haut, veut éprouver ses créatures sans leur dévoiler ce qu'il y a de caché dans la Volonté divine, la Terre aurait tangué sans retenue[1], elle aurait même explosé, et le ciel serait tombé sur leurs têtes. Comment ont-ils osé une telle comparaison entre un fils engendré et Dieu, le Glorieux ? Mais Dieu ne fera que retarder sa punition et reportera la demeure de l'épreuve à la demeure de la justice punitive.

La notion de la Cause des causes se trouve en réalité limitée au niveau de la barricade[2] de l'Arrogance divine qui n'est en définitive que l'Ordre divin ; le Saint-Esprit[3] même est le résultat de cet Ordre divin, mais bien sûr les philosophes ont ignoré cela.

Une autre extrémité de la Cause des causes se trouve dans la création. Les philosophes ont avancé l'idée qu'à partir de la Cause première, l'une découle par l'intermédiaire d'une autre raison qui mène vers la multiplicité. Ce que les philosophes nomment Un, qui est le possible existant, *Mumkin al-Wudjūd,* nécessaire par l'obligation du nécessaire existant[4], n'est en définitive selon nous que la manifestation de l'âme universelle par la parole. Elle dévoile une partie du monde ésotérique à la raison et elle garde pour elle la plus grande partie cachée. Elle ne montre à la raison qu'une partie infime. La raison est la manifestation de ce dévoilement partiel.

---

1 *Mârat* : bouger et tourner rapidement. *Lisān al-`Arab*, entrée *Mawara*, volume 10, page 186.

2 *Srādīq* : Mur. *Lisān al-`Arab*, entrée *Sardaqa* volume 10, page 157.

3 *Al-Rūḥ al-Qudus* : le Saint-Esprit. C'est l'âme des âmes, l'âme de Dieu. Adam possède un peu de cette âme. Dieu dit : « ***J'ai soufflé en lui de Mon âme*** ». L'âme d'Adam est créée, par contre celle de Dieu n'est pas créée, une âme sanctifiée et purifiée des manquements universelles. `Abd al-Mun`im al-Ḥafnī, *Mu`djam al-Muṣtalaḥāt al-Ṣufiyya*, Dar al-Masīra. Beyrouth, première édition 1980, page 115.

4 Selon les philosophes musulmans, l'Un (raison) qui provient de Dieu l'Unique, *Wādjib al-Wudjūd*, est à la fois le possible existant d'un côté et le nécesaire existant de l'autre côté. Il est possible, dans le sens qu'il est non existant, et il le devient par la voie de l'émanation et le commencement. Il est nécessaire existant sans autrui et non pour son existence propre. C'est en définitive, *Wādjib al-Wudjūd*, le nécessaire existant pour lui-même qui l'a fait devenir, et de ce fait son existence est devenue nécessaire.

La seconde raison[1] entoure le monde temporel et dévoile une partie de la Royauté en la cernant par le mur des sens. Donc, c'est la manifestation de la première manifestation.

Regarde ce que les philosophes « ***appellent un lieu très éloigné*** »[2]. Ils ont compris la notion de la création et la morale sans l'ordre et sans la nature originelle. Mais la notion de l'ordre et de la nature originelle ne tombent pas facilement dans les filets des mauvaises idées noyées dans les mers de la création et de la morale. Ils ont ignoré Dieu, le Magnifique, dans Sa Majesté, celui à qui reviennent les noms et les attributs. Il a créé la représentation, la matière première et la Cause des causes. Il a créé toute chose dans Sa Majesté. Nous pourrons dire qu'ils ont abordé la sagesse sans la volonté, mais la sagesse n'est qu'un voile

1 Al-Suhrawardī conteste l'idée des philosophes sur la raison première, mais il confirme l'idée d'une raison qui a une place première, qui est la langue de l'âme et son porte-parole. C'est la définition de la raison, *Muqbil*, qui vient. Un verset coranique confirme le même concept. Dieu a dit à la raison vient et elle est venue, puis Il a dit à la raison de partir et elle est partie. La raison qui vient est une raison qui possède deux caractéristiques : la première appelée la raison première. Elle est aidée par la lumière de la religion. Elle est le porte-parole de l'âme. La seconde raison est celle qui ne s'illumine pas par la lumière de la religion. Elle n'a pour bagage que les sciences de la Royauté apparente. Dans son livre *`Awārif al-Ma'ārif*, al-Suhrawardī analyse abondamment cette question. Nous rapportons un petit extrait : « La raison, porte-parole de l'âme, est une seule et unique raison. Elle se met debout et elle se dresse, épaulée par l'observation spirituelle. Elle se met à fonctionner correctement, et à rétablir les choses à leur place. La religion est énoncée par le biais du Prophète, l'envoyé de Dieu. Son âme est la plus proche de la Présence divine. Le dévoilement de sa vision spirituelle est par rapport à l'âme comme la fonction du cœur. Cela grâce à la puissance de Dieu et Ses signes et par la haute perfection de Sa raison épaulée par la vision. La vision entoure les sciences que la raison arrive à saisir et les autres sciences qu'elle n'arrive pas à saisir. Elle puise sa force dans les paroles inépuisables de Dieu. La raison est un simple traducteur. La vision lui apporte la moitié de son contenu, comme le cœur qui apporte à la langue quelque chose en lui et qui garde pour lui le reste. Celui qui se limite uniquement à la raison sans la lumière de la religion ne peut saisir que les sciences des êtres dans le monde de la gouvernance temporelle qui est la partie apparente. Celui qui illumine sa raison par la lumière de la religion sera soutenu par la vision et ainsi il accède au *Malakūt*, la Royauté divine. » Ibid. pp. 414, Maktabat al-Qāhira, 1973.

2 Coran, sourate *Fuṣṣilat*, verset 44.

couvrant[1] la face de la volonté, telle une mariée, protégée du regard des personnes qui n'y sont pas autorisées.[2] Elle est accessible uniquement aux personnes prouvant leur lien de parenté avec elle et comme preuve la lumière de la nature originelle, *Fiṭra*. Cette dernière est l'héritage du Saint-Esprit. La raison se trouve alors dégradée au fond, au même niveau que les planètes, et même à ce stade-ci, la raison n'a saisi des planètes que la création et non l'ordre.

Alors, le philosophe accorde à la raison la possibilité de choisir et par la même occasion il accorde la même chose aux étoiles. Il a perdu de vue que les corps célestes des planètes et des astres sont mortels. Derrière les corps célestes c'est la vie éternelle entière et ce sont les anges qui ont la charge de ces corps et planètes. Car ce sont eux en réalité qui décident et qui gèrent leur mouvement jusqu'à leur destination finale.

Les philosophes ont abordé ensuite la question des éléments. Certaines personnes de leur camp ont argué que les éléments sont les Causes premières, *Ma`lūl*. Ils ont montré que les éléments ont une nature d'action. Mais c'est sur ce point plus précisément qu'ils se trompent, car ils ont abordé la création et ils sont passés à côté de l'Ordre divin. Les éléments aussi ont des anges chargés d'eux. Ce sont les corps spirituels des éléments et ce sont eux qui décident des questions des natures.

Devant cette argumentation claire, les fondations de la maison des philosophes, des manichéens, des mazdéens et des athées s'écroulent pierre après pierre.

Voici le drapeau de la vraie démonstration qui se hisse haut, alors le drapeau des imaginations, des fausses croyances, des limites et des

1 *Sidjâf Musabbal* : voile couvrant. Al-Suhrawardī compare la Volonté et la Puissance de Dieu à une mariée voilée par un voile de sagesse accessible aux personnes qui y sont autorisée.

2 *Al-Maḥram* : personne autorisée. Selon al-Suhrawardī, la Puissance divine ne peut être dévoilée que par la lumière de la religion et par la nature originelle.

démonstrations philosophiques est en berne au plus bas. Ils se sont noyés dans les concepts simples et complexes.

Le *Qadar*, la destinée, permet de comprendre le monde temporel uniquement, car on ne peut en aucun cas refuser de reconnaître les questions démontrées par la géométrie, les mathématiques et les sciences naturelles.

Mais une fois que les philosophes sont sortis de leur cercle et de leurs limites dans le cadre de ces sciences-là, et ils ont tenté d'atteindre des choses qui ne sont pas de leur ressort, leur mode de pensée s'est trouvé stoppé par la bride qu'eux-mêmes se sont imposée. Ils méritent qu'on leur dise « ceci n'est pas votre nid, continuez votre route, il n'y a rien à voir ».[1]

Quand ils ont osé traiter des sujets touchant à la métaphysique, *al-Ilāhiyyāt*, (littéralement les divinités), la feuille de vigne est tombée d'un coup, ils sont apparus nus, seuls avec leurs confusions et leurs désaccords.[2] « ***Tu penses qu'ils sont unis, mais ils sont très dispersés en réalité.*** »[3]

Par contre, les sources où puisent les Prophètes sont uniformes. Elles sont comme un mur bien construit, pierre après pierre. Ils s'expriment dans des langues différentes, mais leurs sources vont vers une mer unique, vers un cœur lié et uni à d'autres cœurs. Les sources découlent d'un océan entourant les deux mondes : caché et temporel.

On distingue différentes sources de législations selon ce que la Sagesse divine a décidé pour les besoins et la vie pratique des nations à travers les lieux et les époques.

---

1 Proverbe pour la personne qui aborde un sujet sans avoir la capacité de le manier. *Lisān al-`Arab*, entrée *Daradja*, volume 2, page 267. Sur ce point, al-Suhrawardī pense que les philosophes ne devraient pas aborder les questions métaphysiques.

2 Al-Ghazālī considère dans *al-Munqidh mina al-Ḍalāl*, pp. 349-362, que les sciences des philosophes sont en majorité valables, sauf pour les questions métaphysiques, dont ils n'ont pas vu juste. Il dit : « Au sujet de la métaphysiques, les philosophes ont commis d'immenses erreurs. Ils ne sont pas parvenus à apporter les preuves qu'eux-mêmes ont instauré dans la logique. Ils sont par ce fait très divergents. »

3 Coran, sourate *al-Ḥashr*, verset 14.

Si leurs avis sont différents sur les questions secondaires, l'essentiel reste le même, unique pour tous. Et je vous le dis : « quel mal y a-t-il ? »

Notre Cheikh a dit : « Un jour, un savant s'est confié à moi. Il a eu un moment de doute et de perturbation au point de lui gâcher la vie. Mais Dieu observe de haut la lutte de cet Homme pour une pensée claire. » Il a poursuivi sa confidence : « J'ai fait un rêve et j'ai entendu pour de vrai ces vers de poésie :

''Dans l'ignorance, ils sont noyés en prétendant

Que la prophétie arrive chaque cent an.

Mais, combien sont les siècles durant

Il n'y a ni *Tāha*, ni *Yāsīn*, ni Coran

La vérité est la parole des Prophètes

Ils sont les envoyés par la juste lumière

Une parole bien faite.'' »

« Je me suis réveillé, a-t-il poursuivi, le cœur comblé de croyance et de certitude, et mes doutes se sont dissipés à jamais. »

Les miroirs des cœurs des Prophètes sont taillés dans la lumière de la nature originelle et veillés par une armée d'anges. Elle ôte de sa surface la poussière[1] de l'image apparente pour laisser refléter l'image des mondes cachés : du paradis, de l'enfer, de la voie droite, *Ṣirāṭ,* et du bassin, *al-Ḥawḍ*, et en général de toute information sur les stades de l'Au-delà.

Par contre, les miroirs des cœurs des philosophes sont couverts par les excédents[2] de l'image apparente, sous l'emprise de Satan et de son souffle.[3]

---

1 *Qutām* : poussière.

2 *Qadhā* : saleté dans l'œil, dans la nourriture. *Lisān al-`Arab*, entrée *Qadhaya*, volume 15, page 174.

3 *Al-Taswīl* : tenter. « ***Satan les a tentés et leur a dicté ses ordres*** », Coran, sourate *Muhammad*, verset 25. *Lisān al-`Arab*, entrée *Sawala*, volume 11, page 350.

De ce fait, la surface des miroirs ne cesse de rétrécir en une simple ligne, puis un simple point, puis le point disparaît dans l'infini. Ils se retrouvent les mains vides[1], marchant à reculons.

La parole savante ésotérique[2] s'adresse à eux pour dire : « Toi le chasseur des daims[3], tu as manqué le troupeau[4] entier ; il ne te reste désormais que les regrets. »

Quand les philosophes ont manqué d'arriver à l'univers de la connaissance de l'Éternel, *al-Qidam*, ils ont fabriqué pour l'éternité du monde des châteaux et des murailles. Ils ont aussi fabriqué des images par pure tricherie et pur mensonge, et ils ont fait de la Cause des causes quelque chose d'inconnu et d'ignoré.

Il nous est parvenu selon l'honorable autorisation d'après Abī `Abd al-Razzāq Ibn al-Cheikh `Adb al-Qādir al-Djālī qui a dit : ''Nous avons été informé par Abū Muhammad Salmān Ibn Mas`ūd al-Shaḥḥām qui a dit : ''Nous avons été informé par Abū al-Ḥasan al-Mubārak Ibn `Abd al-Djabbār al-Ṣayrafī qui a dit : ''Nous avons été informé par Abū Ali al-Ḥasan Ibn Ahmad Ibn Ibrāhīm Ibn Shādhān qui a dit : ''Nous avons été informé par Abū Muhammad Dja`far Ibn Muhammad Ibn Nuṣayr al-Khaḍī qui a dit : ''Nous avons été informé par al-Ḥarith Ibn Abī 'Usāma qui a dit : ''Nous avons été informé par Dawūd Ibn al-Miḥbar qui a dit : ''Nous avons été informé par Sālaḥ al-Marī' qui a dit, selon al-Ḥasan Ibn Abī al-Ḥasan en remontant le *ḥadith* jusqu'à lui : ''Quand Dieu créa la raison, il lui dit *''Viens''* et elle est venue. Il

---

1 *Yadun Ṣifr* : revenir les mains vides. *Quhqurā* : revenir en arrière. *Lisān al-`Arab*, entrée *Qahqara*, volume 5, page 121.

2 *Al-Ghayab al-`Ilmī* : les questions ésotériques, cachées au sujet de l'Homme et qui ne sont connues que par Dieu. On les nomme aussi questions ésotériques existentielles (exemple : le monde du *Malakūt*, Royauté divine). À l'opposé de ce concept se trouve la question ésotérique du néant. Elle est contenue dans la prédestiné de l'Homme (exemple : les mondes que nous ne connaissons pas et que Dieu seul connaît. Ils sont inexistants pour nous. *Mu`djam Muṣtalaḥât al-Ṣūfiyya*, pp. 197-198.

3 *Al-Zabiyyāt* : femelle de la gazelle.

4 *Al-Sirb* : troupeau.

lui dit *''Va''* et elle s'en est allée. Puis il lui dit *''Je n'ai jamais créé une créature que j'aime plus que toi, ni qui soit plus généreuse que toi car par toi on me reconnaît et on m'honore. Enfin par toi je prends et je donne''* ».[1]

Nous avons la certitude que l'esprit vient et s'en va. Il vient vers le monde de l'ordre donné et de la nature originelle pour les Prophètes, que les bénédictions et le salut de Dieu soient sur eux. Et il s'en va vers le monde de la création et de la morale pour les gens limités au monde temporel, de la sagesse et de la Royauté.

La raison est la preuve ésotérique de Dieu, tout comme le Coran. Elle induit en erreur nombreuses personnes et mène aussi sur le bon chemin de nombreuses autres.

À la raison revient le rôle de veiller sur les obligations légales dans la demeure de l'épreuve.

L'Homme, par la preuve de la raison, affronte les obligations et les interdits. De ce postulat découlent la récompense et la punition, et par conséquent le paradis et l'enfer. Ceci est confirmé par la tradition orale. Un état de perfection absolue, le devenir des uns au paradis et des autres en enfer[2] n'est pas le résultat de l'obéissance des obéissants ni la désobéissance des apostats, mais le fait de la générosité et de la justice de Dieu.

---

1 *Ḥadith* authentifié par al-Ḥāfiẓ al-`Irāqī dans al-Iḥyā', volume 12, page 143. « *Ḥadith* rapporté par al-Ṭabarī, dans son livre *al-Awsaṭ*, selon le *ḥadith* d'Abū 'Amāma et Abī Nu`aym d'après le *ḥadith* de Aïcha, des chaînes de transmissions qui sont faibles. »

2 Al-Suhrawardī paraphrase un *ḥadith* du Prophète, que les bénédictions et le salut de Dieu soient sur lui : « Dieu a créé Adam, puis Il a créé les autres Hommes à partir du dos d'Adam. Il a dit ensuite ''ceux-là sont au paradis et ceux-là sont en enfer, sans que Je sois questionné''. Un compagnon interrogea le Prophète, que les bénédictions et le salut de Dieu soient sur lui : ''Mais que va-t-on faire ?'' Le Prophète, que les bénédictions et le salut de Dieu soient sur lui, a répondu : *''Il faut croire dans la destinée.'' Al-Ṭabaqāt al-Kubrā*, Ibn Sa`d, Dār Ṣādir. Beyrouth, volume 1, page 30. Aussi dans *Tahdhīb Tārīkh Dimashq al-Kabīr,* Ibn `Asākir, al-Dār al-Masīra, 1979, volume 5, page 292. Aussi dans *Itḥāf al-Sāda al-Muttqīn*, al-Zabīdī. Beyrouth, volume 9, page 207 et volume 10, page 521.

« ***Nul ne L'interroge sur ce qu'Il fait, mais les Hommes seront interrogés.*** »[1]

Nous avons validé et dévoilé le secret de la nature originelle, de la morale, de l'ordre et de la création. Nous n'avons plus besoin d'évaluer un autre cercle derrière la raison, cela est chose faite en raison de la confirmation et la détermination de la raison naturelle, *`Aql Fiṭrī*, des Prophètes, que personne ne peut partager avec eux.

Les philosophes ne dépassent pas le stade de la raison comportementale.

La raison est le tronc commun entre les deux groupes, mais la définition diffère pour chacun.

Si le genre de la raison les associe, ses catégories les séparent. On peut apercevoir cela dans l'apparition des secrets de l'obligation et la subtilité entre les deux groupes.

Dieu a créé l'Homme et son esprit en plusieurs étapes, une goutte de sperme puis une coagulation de sang jusqu'à l'étape de la constitution finale.

« ***Nous avons constitué ainsi une autre création, béni soit Dieu, le meilleur des créateurs.*** »[2]

Cette constitution est due à un souffle supérieur, créateur de l'âme humaine. Je veux dire une âme supérieure dont les traces sont palpables au début de la naissance avec la brillance de la lumière de la raison. Et non l'âme[3] qui possède des éléments bien définis selon l'équilibre de la nature du sang dans le cœur. Cette théorie est bien connue en médecine. Ce phénomène concerne tous les animaux, mais l'âme humaine se

1 Coran, sourate *al-Anbiyā'*, n° 21, verset 23.

2 Coran, sourate *al-Mu'minūn*, n° 23, verset 14.

3 Chez al-Suhrawardī, l'âme se divise en deux parties : une âme spirituelle, résultat du Souffle divin dans le corps de l'Homme ; et une âme animale, créée par Dieu pour permettre la vie du corps et ses mouvements. La première est la particularité spécifique de l'Homme. La deuxième, l'Homme la partage avec les autres animaux.

distingue des autres âmes animales. Dieu l'avait privilégiée en l'abreuvant de l'âme supérieure. Ce qui donne à l'âme humaine une caractéristique supplémentaire, différente de l'âme animale. L'âme humaine devient ainsi un souffle, *Nafas*, qui est la source des déviations, des perturbations, de la tentation de suivre des chemins déviés et les infractions que le savoir rejette.

Dieu, le Très-Haut, dit : « ***Par l'âme (souffle), comme Il l'a modelée, en lui inspirant son libertinage et sa piété.*** »[1]

Dans les deux inspirations différentes, l'âme se définit comme tantôt conspiratrice, tantôt autocritique et enfin rassurante.

Elle a un aspect féminin dû à la nature de sa composition. Elle provient de la terre qui a une caractéristique naturelle de lourdeur et de stagnation.

Nous déduisons cela du dit de Dieu le Très-Haut : « ***Si Nous l'avions voulu, Nous l'aurions élevée grâce aux signes, mais il s'est attaché à la Terre. Il a suivi ses passions.*** »[2]

La terre est de nature plus féminine, l'eau est de nature plus masculine, le feu est de nature plus masculine et l'air est de nature plus féminine.

Cette féminité de l'âme est liée à la féminité de la terre. L'âme supérieure est de nature masculine. Cette masculinité et féminité de l'âme supérieure et de l'âme humaine se trouvent dans l'univers de l'ordre. Ce phénomène est semblable à la part de féminité et de masculinité qu'Adam et Ève se partagent dans le monde de la création.

On aperçoit cet amalgame entre Adam et Ève dans leur descendance dans le monde de la création. Il en est de même dans le monde de l'ordre, pour l'âme universelle et pour l'âme humaine à l'intérieur du cœur humain.

---

1 Coran, sourate *al-Shams*, n° 91, verset 7.

2 Coran, sourate *al-A`rāf*, verset 176.

En effet, le cœur humain possède une double face. La face de l'âme universelle est semblable à l'image du père, par contre, l'âme humaine est semblable à l'image maternelle.

Le Prophète de Dieu, que les bénédictions et le salut de Dieu soient sur lui, indique cette subdivision des cœurs, il dit : « *Les cœurs sont au nombre de quatre :*

Un cœur neutre, avec à l'intérieur une lampe brillante. C'est le cœur des croyants.

Un cœur noir, renversé. C'est le cœur des impies.

Un cœur lié à son enveloppe extérieure. C'est le cœur des hypocrites.

Enfin, un cœur balisé par la croyance et l'hypocrisie à la fois. La croyance qui est en lui est comme une plante arrosée par une eau douce et potable. L'hypocrisie qui est en lui est comme un abcès alimenté par le pus et la pourriture.

Le cœur bascule entre les deux sources d'alimentation qui lui attribuent son caractère. »[1]

Le cœur renversé a une affinité envers la mère qui est l'âme ordinatrice du mal. Il y a des cœurs attirés par le père parfait qui est l'âme universelle.

La raison gouverne le cœur droit comme un bon père éduquant un fils obéissant.

La bonne épouse est l'âme sans son côté instigateur, mais plutôt son côté paisible.

1 *Ḥadith* authentifié par Ahmad Ibn Ḥanbal dans *al-Musnad*, volume, 3, page, 17. « Les cœurs sont au nombre de quatre : un cœur neutre, avec à l'intérieur une lampe brillante. Un cœur lié à son enveloppe extérieure. Un cœur renversé. Un cœur refermé. Le cœur neutre c'est le cœur du croyant, sa lampe est brillante et lumineuse. Le cœur lié à son enveloppe est le cœur de l'impie. Le cœur reversé est le cœur de l'hypocrite. Il a connu la vérité puis il l'a niée. Enfin, le cœur refermé et balisé par la croyance et l'hypocrisie à la fois. La croyance qui est en lui est comme une plante arrosée par une eau douce et potable. L'hypocrisie qui est en lui est comme un abcès alimenté par le pus et le sang. Le cœur bascule entre les deux sources d'alimentation qui lui attribuent son caractère. »

Le fils obéissant c'est le cœur droit qui illumine et rayonne.

La raison gouverne l'âme instigatrice du mal comme l'Homme qui gouverne une mauvaise épouse et un enfant de mauvaise graine.[1]

Il est primordial de basculer des deux côtés. Ils sont tous les deux liés. Et selon le niveau d'attirance, se dessine le niveau du bonheur ou du malheur.

Ce savoir que nous rapportons provient de l'héritage des Prophètes et de l'héritage particulier de notre Prophète Muhammad, que les bénédictions et le salut de Dieu soient sur lui.

Il est parvenu aux savants de la nation par une bonne chaîne de transmission du *ḥadith,* et selon l'honorable autorisation selon `Abd al-Maghīth Ibn Zuhayr qui a dit : « Nous avons été informé par Abū al-Waqt al-Sadjarī qui a dit : ''Nous avons été informé par `Abd al-Raḥmān Ibn Muhammad al-Muḍaffar al-Dāwudī qui a dit : ''Nous avons été informé par Abū Muhammad `Abd Allah Ibn Ahmad Ibn Ḥamawayh al-Ḥamawī qui a dit : ''Nous avons été informé par Abū `Imrān `Īsā Ibn `Umar al-Samarqandī qui a dit : ''Nous avons été informé par al-Darāmī qui a dit : ''Nous avons été informé par Naṣr Ibn Ali, qui a dit : ''Nous avons été informé par `Abd Allah Ibn Dāwūd Ibn `Āsim selon Radjā' Ibn Ḥaywa, selon Dāwūd Ibn Djamīl, selon Kathīr Ibn Qays qui ont dit : ''Je me suis assis dans la mosquée de Damas en compagnie d'Abī al-Dardā', un homme arriva vers nous et dit en s'adressant à Abī al-Dardā' : ''Je suis venu de la ville du Prophète, que les bénédictions et le salut de Dieu soient sur lui, la Médine, pour vous voir. Je souhaite que vous me confirmiez un *ḥadith* que vous avez rapporté du Prophète lui-même.'' Abū al-Dardā' demanda alors à l'inconnu : ''Vous n'êtes pas venu me voir pour un commerce, ni pour

---

1 Le rapport entre le cœur et l'âme est comme le rapport entre le père, le fils et la mère : le père est l'âme, la mère le souffle, le fils le cœur. Al-Suhrawardī redit le même texte dans son livre *`Awārif al-Ma`ārif,* qu'il a abondamment commenté dans un chapitre intitulé *La reconnaissance de l'Homme de sa propre âme et les dévoilements soufis sur ce sujet,* Ibid., page 400.

une autre raison matérielle ?'' Il dit ''Non'' et Abū al-Dardā', qu'il soit agréé de Dieu, continua : ''J'ai entendu le Prophète de Dieu, que les bénédictions et le salut de Dieu soient sur lui, dire : ''*Celui qui empreinte un chemin dont l'unique raison est la quête d'un savoir, Dieu lui fait suivre un chemin le menant directement au Paradis.*

Les anges déploient leurs ailes en signe de satisfaction pour le demandeur de savoir. Les cieux, la Terre et même les poissons dans l'eau prieront et jubileront pour lui.

La suprématie du savant sur l'adorateur est équivalente à la suprématie de la lune sur l'ensemble des autres astres en mouvement.

Les savants sont les héritiers directs des Prophètes. Les Prophètes n'ont laissé pour héritage ni un dinar ni un dirham, ils ont transmis comme héritage le savoir. Celui qui puise dans sa source aura une chance considérable.'' »[1]

Notre Cheikh, le Cheikh de l'Islam a dit : « La raison incomplète des philosophes n'a ni une part ni une chance dans cela. Dieu, le Très-Haut, a dit : « ***Leur yeux étaient voilés devant Mon rappel et ils ne pouvaient entendre***. »[2]

De Dieu, le Très-Haut, le Créateur et l'Ordonnateur, émane la prospérité et la gêne ; la bienfaisance et la malfaisance ; le bonheur et le malheur.

Un partage juste de la part d'un Sage Puissant et connaissant au mieux Ses créatures.

Il les rend heureuses comme Il veut ; Il est puissant et plein de grâce.

1 *Ḥadith* authentifié par al-Tirmidhī dans *al-Sunan*, chapitre *La valeur supérieure de la jurisprudence vis-à-vis de la pratique rituelle*, *Kitāb al- `Ilm*, volume 5, pp. 48-49. *Ḥadith* authentifié par Abū Dāwūd dans *Sunan*, chapitre *L'encouragement à demander le savoir*, *Kitāb al- `Ilm*, pp. 56-58. Aussi dans *Musnad* d'Ibn Ḥanbal, volume 3, pp. 239-240.

2 Coran, sourate *al-Kahf*, n° 18, verset 101.

SIXIÈME CHAPITRE

SUR LA BIENFAISANCE ET LA JUSTICE ET SUR LA CONCORDANCE ENTRE LA RAISON ET LA TRADITION

Le Cheikh, qu'il soit agréé de Dieu, a dit : « Dieu a débuté sa parole sainte par la sourate *al-Fātiḥa*, qui contient les notions de la reconnaissance et la prière. Dans la partie prière, il a indiqué la part de la bienfaisance et celle de la justice par l'instauration des deux voies.

Au début de la sourate *al-Baqara*, la vache, il y a quatre versets indiquant la générosité. Il figure dans les versets suivants la notion de la générosité puis les suivantes contiennent la notion de la Justice. »

Nombreux sont les versets coraniques qui contiennent les deux notions associées de la générosité et de la justice.

Dieu dit : « ***Ils deviendront comme des frères sur des lits de repos, se faisant vis-à-vis*** »,[1] jusqu'à : « ***Informe mes serviteurs que c'est Moi le Pardonneur, le Miséricordieux*** ».[2]

Puis il cite, à propos de la justice : « ***Mon châtiment est le plus douloureux.*** »[3]

Il dit encore : « ***Elle a sept portes : devant chaque porte se tiendra un groupe parmi eux.*** »[4]

L'Enfer possède donc sept portes semblables aux sept membres du corps humain : L'œil, l'oreille, la langue, le ventre, le sexe, les mains

---

1 Coran, sourate, *al-Ḥidjr*, n° 15, verset 47.

2 Coran, sourate, *al-Ḥidjr*, n° 15, verset 49.

3 Coran, sourate, *al-Ḥidjr*, n° 15, verset 50.

4 Coran, sourate, *al-Ḥidjr*, n° 15, verset 44.

et les pieds. Les sept membres sont la racine des mauvaises actions et cela correspond aux sept portes de l'Enfer. Les sept membres sont aussi la source des bonnes actions et s'ajoute, en plus à cela, la bonne intention du croyant qui sera récompensée. C'est une action intérieure du cœur, ce qui rajoute une porte supplémentaire au Paradis. Donc les portes du Paradis sont au nombre de huit.

Le secret de Dieu sera ainsi dévoilé quand il dit : « ***Ma Miséricorde devance ma colère.*** »[1]

Les mauvaises intentions ne seront pas sujettes au reproche de la part de Dieu.

Le Prophète, que les bénédictions et le salut de Dieu soient sur lui, dit : « *Dieu ne tient pas compte des mauvaises intentions intérieures provenant des gens de ma nation.* »[2]

D'abord, la Bienfaisance divine revient en premier lieu aux Prophètes et à leurs compagnons. Ceux dont les âmes ont vécu la proximité avec l'âme de la certitude. Ceux qui ont croisé la lumière de la révélation, la parole bien concise et bien détaillée. Ceux qui ont suivi la conversation et l'Énoncée divine.

Le Prophète, que les bénédictions et le salut de Dieu soient sur lui, dit : « *Chez les gens de ma nation, il y a des théologiens éloquents et des transmetteurs du* ḥadith *; `Umar, mon compagnons, est parmi eux.* »[3]

---

1 *Ḥadith* authentifié par al-Bukhārī, *Ṣaḥīḥ, Kitāb al-Tawḥīd*, chapitre 55, volume 8, page 216. Muslim, *Ṣaḥīḥ, Kitāb al-Tawba*, chapitre 4, volume 3, pp. 2107-2108. Voir Abū Bakr `Abd Allah Ibn al-Zubayr, *Kitāb Musnad al-Ḥamīdī*, Dār al-Kutub al-'Ilmiyya, Beyrouth, volume 2, page 478. Aussi al-Ḍaḥḥāk Ibn Mukhlid al-Shaybānī, *Kitāb al-Sunna*, al-Maktab al-Islāmī. Beyrouth, 2e édition, 1985, volume 1, page 270.

2 *Ḥadith* authentifié par al-Bukhārī, *Ṣaḥīḥ, Kitāb al-`Atq*, chapitre 6, volume 3, page 119. Aussi par Muslim, *Ṣaḥīḥ, Kitāb al-Īmān*, chapitre 58, volume 1, page 116.

3 Muslim a cité ce *ḥadith* dans les termes suivants : « Il y avait dans les autres nations avant la vôtre des théologiens éloquents, des transmetteurs, s'il y a dans ma nation un comme eux, ça serait `Umar Ibn al-Khaṭṭāb. » *Ṣaḥīḥ*, Muslim avec le commentaire d'al-Nawawī, édition Dār al-Fikr. Beyrouth, 2e édition, 1972, volume 15, page 116.

Parmi eux, il y a ceux qui veillent la nuit dans la prière et le recueillement ; ils s'adressent à Dieu par la descendance de leurs actions pour lui, et par la sincérité de leurs prières en son honneur.

Dieu les entendra et leur montrera les signes des réponses[1], à un point tel où leur état de sommeil équivaudra à leur état d'éveil et cela sera dû à la force de leurs actions et la pureté de leur intérieur.

Ils sont éloquents dans l'état d'éveil comme au moment de leur sommeil. Au sommeil, ils se coupent radicalement de toutes demandes intérieures sensitives. Au réveil, ils éteignent en eux le rayonnement des sens.

Ils arrivent à ce stade de perfection par la force de la prière dans leurs cœurs. Par le fait de ne plus évoquer soi-même mais uniquement l'Être divin. Ils accèdent aux dévoilements des connaissances pendant l'état d'éveil et aussi pendant le sommeil. Cela se résume en plusieurs modes :

L'imagination, les appels par des ondes, les appels intérieurs des cœurs.

Il n'est pas vain de signaler au passage que ces voies resteront interdites aux philosophes.

La justesse de l'état de veille et la même que celle du sommeil.

Dieu, le Très-Haut, a dit en rappelant la parole Abraham, son intime compagnon, s'adressant à son fils : « ***Je vois dans mon rêve que je suis en train de t'égorger.*** »[2]

Son rêve a la même prémonition qu'une révélation lors de l'état d'éveil.

Tu trouveras de multiples arguments et preuves à cela, tu verras même par ton propre sens et à l'œil nu son dévoilement intérieur.

---

1 *Yushākila* : ressemblant.

2 Coran, sourate *al-Ṣāffāt*, n° 38, verset 102.

Cet état n'est pas le simple rêve qui s'alterne avec l'état d'éveil par le biais de la force imaginative située à l'avant du cerveau. Dans ce cas, ce sont de simples rêves confus sans importance. Ces gens-là, avec ce qu'ils acquièrent de la destinée et des signes extraordinaires, renforcent leur certitude et leur lien avec Dieu.

Par contre, ceux qui s'attribuent les voies multiples de la pensée, chaque fois qu'ils amplifient leur connaissance, ils s'éloignent davantage de Dieu[1] et ôtent de leurs cœurs non seulement la gêne envers Dieu mais aussi la peur et la croyance en lui.

Dieu dit : « ***Celui qui craint Dieu par le monde voilé, et vient vers Nous avec un cœur repentant.*** »[2]

Les autres n'ont plus aucun lieu où se réfugier. La demeure du bonheur est à mille lieues d'eux.

La confirmation de la générosité et de la justice de Dieu, c'est le mot de la fin, c'est la source où s'abreuvent les gens de bonne observance et de cœurs réfléchis.

Rejeter la Justice divine, est une maladie incurable, une maladie qui atteint les gens voués à leurs simples désirs et aux mauvaises intentions, ou bien encore une maladie qui tue, identique à celle dont les philosophes sont atteints et aux restes des moribonds.

Les gens suivent leur désir de la même manière que les adeptes des idées extrêmes sur la question de l'obligation et de la destinée et la négation des attributs de Dieu, tel les assimilateurs, les sunnites et les chiites.

Les désirs les font dérivés de la voie droite. Ils s'enfoncent ainsi dans le gouffre de l'empressement et de la négligence.

Tu arriveras à découvrir ce que nous venons d'exposer dans le contexte de cette bonne parole, et cela par la bonne gouvernance, la

---

1 *Yanzahū* : s'éloigne, *Nazaha* : l'éloignement. *Lisān al-`Arab*, entrée *Nazaha*, volume 2, page 614.

2 Coran, sourate *Qāf*, n° 50, verset 33.

bonne pensée et la pureté qui permet de mieux saisir les bonnes idées et bien sûr avec l'incontournable guidance de Dieu.

Sache que Dieu, le Très-Haut, quand il voulut créer Adam et le préparer à la Califat sur Terre, il ordonna aux anges de se prosterner pour lui. Pour sa constitution, il a extrait l'essentiel des cieux et de la Terre par la loi de la sagesse car il est exempt[1] et plein d'opulence loin de Lui de suivre les causes.

Mais, la reconnaissance des intermédiaires lors de la constitution d'Adam fait partie aussi de la Sagesse divine. Dieu s'adressa aux cieux et à la Terre au début de la création : « ***''Venez tous deux, bon gré, mal gré.'' Tous deux dirent: ''Nous venons obéissants.''*** »[2]

Dieu, dans Ses paroles, les chargea d'une lourde responsabilité et leur confia un secret tellement important que les cieux et la Terre s'excusèrent et refusèrent de l'assumer.

Dieu dit : « ***Nous avions proposé la charge de la constance aux cieux, à la Terre et aux montagnes. Ceux-ci ont refusé de l'assumer ; ils en ont été effrayés.*** »[3]

À la suite de ce refus de la responsabilité, de la constance, *Amāna*, Dieu prit une poigné de terre pour créer l'Homme et désormais c'est à lui qu'incombe la charge et la responsabilité.

La terre constituante de l'Homme contient les germes de la constance et le secret est fermenté lors de la composition pendant quarante jours.

Dieu s'adressa ensuite au germe, *Dharra*, lors de l'extraction de ce dernier de l'épine dorsale d'Adam. Il y eut aussi l'histoire du dos d'Adam[4] qui fut essuyé par les anges selon certains et par Dieu lui-même

---

1 *Mudjāwala* : faire le tour de la question.

2 Coran, sourate *Fuṣṣilat*, n° 41, verset 11.

3 Coran, sourate *al-Aḥzāb*, n° 33, verset 72.

4 L'auteur fait allusion au verset coranique dans sourate al-A`rāf, n° 7, verset 172 : « ***Quand ton seigneur tira une descendance des reins des fils d'Adam, Il les fit témoigner contre eux-mêmes : ''Ne suis-Je pas votre Seigneur ?'' Ils dirent : ''Oui, nous en témoignons.''*** »

selon d'autres. Le verbe « essuyer » dans ce contexte pourrait être direct ou indirect.

Les germes coulèrent à travers les orifices du corps d'Adam, semblables à la sueur qui coulait de son corps. À chaque adamien un germe lui correspondant. Puis les germes furent ramenés de nouveau sur le dos d'Adam. Cela jusqu'à ce qu'ils apparaissent finalement lors de l'avènement du monde de la sagesse, en prenant des silhouettes comme formes et des âmes comme but et destinée.

Dieu leur adressa la parole « ***''Ne suis-Je pas votre Dieu ?'' Ils répondirent : ''Oui, nous en témoignons !''*** »[1]

La réponse des uns était un choix volontaire, mais la réponse des autres était une contrainte due à la Puissance éternelle extraordinaire.

La réponse selon un choix volontaire et avec obéissance était la réponse des gens de bienfaisance, tandis que la réponse forcée et par obligation était celle des gens justes.

Dieu, dans Sa volonté, quand Il veut une chose, Il lui dit « ***Sois*** », et elle est.

La raison de la fermentation du germe pendant quarante matinées est que l'Homme s'empare du concept et se prépare à occuper les deux demeures et la représentation de Dieu sur Terre. Chaque jour correspond à un stade équivalent dans le monde voilé et caché. Se voiler de quarante voiles dans la présence rapprochée de Dieu et l'occupation de l'univers entier.

S'il n'y avait pas ces voiles, la Terre ne serait jamais habitée tandis que les âmes et les souffles seraient restés éternellement assidus devant les seuils du Glorieux, de l'Éternel.

Si Dieu veut rendre un de Ses sujets heureux, Il le hisse au stade du sommet de la fidélité, Il lui offre sa part de bienfaisance et lui inspire

---

1 Coran, sourate *al-A`rāf*, n° 7, verset 172.

de se consacrer entièrement à la prière durant quarante matinées[1] afin d'ôter un voile chaque matin.

Avec la fin des quarante jours et le lever des quarante voiles, l'Homme reçoit les sciences et les savoirs en profusion, il choisit parmi les lieux de rapprochement une demeure future et un but ultime.

Nous avons été informé par notre Cheikh Abū Nadjīb al-Suhrawardī qui a dit : « Nous avons été informé par Abū Manṣūr Muhammad Ibn `Abd al-Malak Ibn Khayrūn qui a dit : ''Nous avons été informé par Abū Muhammad Yaḥyā Ibn Muhammad Ibn Sā`id qui a dit : ''Nous avons été informé par al-Ḥusayn Ibn al-Ḥasan al-Murwazī qui a dit : ''Nous avons été informé par `Abd Allah Ibn al-Mubārak qui a dit : ''Nous avons été informé par Abū Mu`āwiya al-Ḍarīr qui a dit : ''Nous avons été informé par Ḥadjdjādj Ibn Makhūl qui a dit : ''Le Prophète, que les bénédictions et le salut de Dieu soient sur lui, a dit : ''*Celui qui consacre quarante jours entiers à l'adoration de Dieu, les sources de la sagesse jailliront de son cœur à travers sa langue.''* »[2]

Dieu, quand Il a habillé l'Homme par la robe de l'honneur et l'a élu pour Le représenter sur Terre, Il lui a laissé le choix de la rétribution, de la possession par la Volonté éternelle et la Sagesse divine.

Cela est indiqué dans les dits du Prophète : « *Dieu a créé Adam à son image.* »[3] L'image possède un sens et le sens exprime une image.

---

1 La notion de quarante jours et quarante nuits chez les soufis, *Arba`īniyya* : le soufi rentre en retraite pendant cette durée où il s'éloigne des gens et suit une stricte observance en s'abstenant de la nourriture et de la boisson et en se consacrant entièrement à la prière. `Abd al-Mun`im al-Ḥafanī dit : « C'est une forme d'exercice spirituel chez les soufis. Ils s'isolent des gens, et observent le minimum de sommeil et de nourriture en se consacrant totalement à la prière ». *Mu`djam Muṣṭalaḥāt al-Ṣūfiyya*, page 15.

2 *Ḥadith* cité par al-Albānī dans *Silsilat al-Aḥadīth al-Ḍa`īfa wa al-Mawḍū`a*. L'auteur le juge *ḥadith* faible. Volume 1, page 55, 3e édition, al-Maktab al-Islāmī. Beyrouth, 1398 H.

3 *Ḥadith* authentifié par Muslim dans son *Ṣaḥīḥ, Le livre du paradis et l'évocation de ses gens et ses richesses*, chapitre 11, volume 3, page 2183. Muhammad Fu'ād Abd al-Baqī a écrit : « Le pronom dans « image » renvoi à Adam. Dieu l'a créé à son image, il a donc la même image sur Terre et il ne changera pas d'image quand il mourra. Il ne changera pas d'image comme ses descendants. » Cela à notre avis est l'explication

L'image a le sens d'imiter Dieu, le Glorieux, le Très-Haut, par la rétribution et la possession. Ce qui est visé ici est d'arriver à mieux comprendre cette parole. Nous croyons aux attributs de Dieu selon leur définition littérale sans interprétation ni négation.[1] À ce niveau, la

---

correcte de la phrase « Dieu l'a créé à son image ». Al-Suhrawardī n'a pas compris cette explication, il a préféré une signification plus courante qui consiste à dire que Dieu a créé l'Homme à son image à lui. Cette interprétation nous plonge devant des complications d'ordre théologique qui même al-Suhrawardī a refusé d'admettre. Cette idée de l'image, nous la trouvons dans l'ancien testament, dans la Genèse 1, page 4. Dieu dit : « Faisons l'Homme à Notre image et à Notre ressemblance [...] Dieu créa l'Homme à Son image. Il le créa à l'image de Dieu, Il créa l'homme et la femme. »

1 On remarque, d'après ce texte, qu'al-Suhrawardī est influencé par le courant salafiste. Il comprend les attributs d'après un sens littéral et sans interprétation. Il rejette aussi la position des *Mu`tazilītes* qui appliquent une négation pour certains des attributs. La position d'al-Suhrawardī est la même position qu'al-Ash`arī. Ce dernier proclame dans son livre *al- 'Ibāna `An Uṣūl al-Diyāna*, La clarification des bases fondamentales de la religion, que Dieu a deux mains, des yeux et un visage, mais cela sans les définir. Voir page 22, édition critique de Fawqiyya Ḥusayn, Dār al-Anṣār. Égypte, 1977.

Al-Ash`arī confirme que Dieu possède une main et laisse l'interprétation de ces notions à Dieu. Mais dans son livre *al-Luma`*, il revient sur sa position et confirme la position des *Mu`tazilites* dans l'interprétation de la main de Dieu par la puissance, *Qudra*. Ibn Taymiyya, Cheikh de l'Islam, est le meilleur représentant du courant salafiste. Il considère que : « La position des « salafs » et des savants musulmans en matière d'attributs de Dieu est de confirmer ce que Dieu a confirmé lui-même ses propres attributs. Ils n'ont pas cherché à savoir comment, ni n'ont cédé à une représentation, ni ne sont allés à une fausse interprétation, ni n'ont évoqué des négations ». Fatāwī Ibn Taymiyya, livre *I`tiqād al-Salaf*, Dogmes de Salafs, volume 1, page 3. Cette même position est reprise par al-Suhrawardī, quand il dit dans un de ses livres : « Ne t'éloignes pas de Dieu par la recherche de la similitude alors qu'Il est proche de toi. Ne le fuis pas par la négation des attributs, alors qu'il s'est rapproché de toi. »

Al-Suhrawardī tente une réconciliation entre la position des *Ash`arītes* et celle des Ḥanbalītes. Il dit : « Sache, toi mon frère le hanbalite, que ton autre frère *al-Ash`arīte* n'a pratiqué l'interprétation au sujet des attributs que dans un but de recherche de la vérité. Il voulait à tout prix éviter les pièges de la similitude, *Tashbīh*, et de la représentation, *Tamthīl*, au sujet des attributs de Dieu. Et toi, frère *Ash`arīte*, sache que l'insistance et l'exagération de sa part, n'est que le résultat de sa peur excessive de la négation et du rejet des attributs de Dieu. Je vous demande, à vous deux, de vous réconcilier et d'accorder ensemble vos positions respectives en affirmant : ni similitude, ni rejet et ni négation non plus. »

(*A`lām al-Hudā wa `Aqīdat Arbāb al-Tuqā*, manuscrit conservé, Dār al-Kutub al-Qaṭariyya, n° 214, pp. 25-27.

Sagesse divine a voulu que l'Homme soit doté de force opposée. Il est empreint de la force colérique, pour pousser loin les dangers, et il est doté de la force du désir pour s'attirer les bienfaits, afin de se préparer à la rétribution et à la possession. Ceci est un Don divin offert par Dieu. L'Homme n'aurait pas eu son habit de prodigiosité et de perfection sans cet aspect-là.

À Dieu revient la perfection perpétuelle incomparable à toute autre perfection. La perfection est le résultat de l'attribut de la générosité, de la beauté, de la puissance imposée et de la clémence.

Sa clémence dépasse toute clémence. Sa puissance dépasse toute autre puissance. Un exemple de cette exceptionnelle puissance est la création, à l'intention de l'Homme, la mauvaise action pour le punir ensuite si ce dernier en abuse.

Un exemple de Sa clémence, la création de la bonne action pour récompenser l'Homme s'il œuvre dans ce sens.

Dieu dit : « ***Celui qui fait un beau prêt à Dieu, Dieu le lui rendra avec abondance.*** »[1]

Dieu possède l'argent et ceux qui possèdent l'argent. Dieu a fait à l'Homme de nombreuses donations et lui a promis une bonne récompense. Mais face à ce raisonnement, les vapeurs de l'opposition ne s'empêchent de bouillonner, et les vagues des mers des idées de s'agiter.

Voilà l'état d'esprit de ceux qui adoptent les positions du *Qadar*, destinée – détermination. Voilà, de l'autre côté, les cous qui s'allongent par avidité d'esprit pour fermer à jamais la porte de l'action, *Fi`l*, de l'Homme. Cela même est la position des obligationnistes et des fatalistes. Il faut dire au fataliste, calme le feu de tes préjugés qui sont en toi ! L'action de l'Homme est une chose constante en lui et sa recherche du gain aussi. Cela est un point positif en ta faveur.

---

1 Coran, sourate *al-Ḥadīd*, n° 57, verset 11.

On dit au *Qadarī*, le déterministe, calme tes ardeurs, toi le *Qadarī*. La notion de l'action de l'Homme est absente dans ton raisonnement, et l'action est associée à la notion de la création, *Khalq*.[1]

Vous deux, faites un effort de comprendre le secret de ce que Dieu, le Très-Haut, a dit : « ***Et lorsque tu lançais, ce n'est pas toi qui lançais : mais c'est Allah qui lançait.*** »[2]

Il dit aussi : « ***Vous ne le voudrez que si Dieu le veut.*** »[3]

Le cœur commande les membres extérieurs, comme la raison commande les sens. Aucun membre ne connaît une action sans la volonté du cœur. En effet, sans cette volonté, les membres seraient inanimés et sans mouvements. Le cœur n'a pas de volonté propre à lui, même son essence ne nécessite obligatoirement pas une volonté. Il n'est en définitive qu'un morceau de chair de forme conique ! Il se situe dans la partie gauche dans le creux de la poitrine.

Dieu a créé en lui la volonté et le savoir, comme Il a déposé dans l'œil voyant une lumière qui se projette et entoure les choses à voir. La distance qui est si proche entre ton membre et ton cœur et la même distance qui se situe entre ton cœur et Dieu, le Très-Haut.

Le Cheikh de l'Islam et le grand Imam Shihāb al-Dīn a dit : « Je vous donne un exemple, pour mieux expliciter cette idée, une fable contenant le sens de ce que nous pouvons donner aux choses inanimées

---

1 Al-Suhrawardī s'accorde avec la profession de foi des *Ash`arītes* qui est l'action de Dieu par création, alors que l'action de l'Homme est par acquisition. Il rejette l'idée des *Djabriyya* qui accordent l'action par création à Dieu et refusent à l'Homme toute action. L'Homme est semblable à une plume projetée par le vent. Il rejette d'un autre côté, la position des *Qadariyya*, quand ces derniers affirment que l'action de l'Homme est par création et que Dieu n'a pas d'emprise sur elle. Al-Suhrawardī, quant à lui, pense que l'action est création de Dieu et elle est acquise pour l'Homme. Il est en accord avec la position *Ash`arīte*. Al-Suhrawardī se base sur le même verset coranique pour étayer son propos.

2 Coran, sourate *al-Anfāl*, n° 8, verset 17.

3 Coran, sourate *al-Insān*, n° 76, verset 30.

et sans parole. On a demandé au papier[1] : ''Pourquoi ta face est noircie de la sorte et ta blancheur est altérée par ce noir ?'' Il a répondu : ''Demandez plutôt cela à l'encre. Il a fait irruption sur moi et a transformé mon aspect et ma parure.''[2] On demanda alors à l'encre : ''Pourquoi as-tu fait ça ?'' L'encre répondit : ''J'étais là tranquillement au fond de l'encrier. Je ne sors jamais de ce fond creux, et soudain, un roseau appelé crayon surgit et me fit remonter[3]. S'il n'était pas descendu jusqu'à moi, je ne serais jamais remonté à la surface.'' On se retourna vers le crayon : ''Pourquoi as-tu fait cela ?'' Il se défendit : ''J'étais un simple roseau planté dans un lieu tranquille. Je ne bougeais pas et je ne vaquais à rien. Mais soudain, la main oppressive de l'Homme s'est emparée de moi, m'a arraché et m'a éloigné de mon pays et de ma demeure. Vient le tour de la main pour être in†érrogée : ''Pourquoi as-tu fait ça ?'' La main rétorqua aussi prestement : ''Mais pourquoi m'interrogez-vous, pourquoi me tourmentez-vous de pareilles questions ? Demandez plutôt à la volonté qui s'élance du cœur, c'est elle qui m'ordonne mon action.'' On demanda finalement au cœur : ''À quoi rime cette action ? Et pourquoi cette obstination de ta part ?'' Il répondit : ''Je ne suis qu'un simple morceau de chair dans le corps de cet homme, semblable par ailleurs au reste de son corps. Demandez donc au Créateur, pourquoi m'a-t-il conféré une raison et un savoir qui ont produit ces outils et cette forme ?'' ».

La Cheikh ajoute : « Si l'intelligence interne de l'Homme s'élargit, et qu'il ne se limite pas à sa raison, s'il ne se laisse pas enfermer dans l'étroitesse de sa décision, dans l'imitation de son professeur et de son maître, et aussi influencé par les gens de sa ville et du quartier et de ses compagnons et ses fidèles de route, et s'il lave le visage de la nature originelle des griffures du comportement acquis, *Khilqa*, qui n'a fait que le conduire dans des voies de confusion et d'égarement sans

---

1 *Al-Kāghidh* : papier blanc. Un mot qui provient du persan selon Ibn Manẓūr. *Lisān al-`Arab*, volume 3, page 380.

2 *Ḥilyatī* : aspect et forme. *Lisān al-`Arab*, entrée *Ḥalā*, volume 14, page 196.

3 *Raqānī* : *Ruqā*, remonter. *Lisān al-`Arab*, entrée *Raqā*, volume 14, page 332.

issue, s'il attribue ses actions uniquement à Dieu, s'il met son destin à la seule décision et jugement de Dieu, certainement dans ses conditions-là, la blancheur de l'unicité apparaîtra dans une parfaite ornementation et la face de sa nature originelle serait nettoyée de la noirceur de l'imagination et des préjugés. »

Il nous est parvenu un *ḥadith* du Prophète qui va certainement défaire le nœud de cette problématique et résoudre ce mal affligeant. Ce *ḥadith* nous est parvenu selon l'honorable autorisation, selon Abī al-Ḥasan Ali Ibn Abī `Asākir qui a dit : « Nous avons été informé par Abū Zar`a Ṭāhir Ibn Abī al-Faḍl al-Maqdisī qui a dit : ''Nous avons été informé par Abū Manṣūr Muhammad Ibn al-Ḥusayn Ibn Ahmad Ibn Ibrāhīm al-Qazwīnī, par une autorisation, qui a dit : ''Nous avons été informé par Abū Ṭalḥa al-`Umar Ibn Abī al-Mundhir al-Khaṭīb qui a dit : ''Nous avons été informé par Abū al-Ḥasan Ali Ibn Ali Ibn Ibrāhīm Ibn Salama al-Qaṭṭān qui a dit : ''Nous avons été informé par Abū `Abd Allah Muhammad Ibn Yazīd Ibn Mādja qui a dit : ''Nous avons été informé par Ali Ibn Muhammad qui a dit : ''Nous avons été informé par Isḥāq Ibn Sulaymān qui a dit : ''Nous avons entendu Abā Sinān transmettre selon Wahb Ibn Khālid al-Ḥimṣī et Ibn al-Daylamī qui ont dit : ''Mon esprit s'est trouvé confus au sujet du *Qadar*, la destinée, à un point où j'ai eu peur pour ma religion et ma vie entière. J'ai couru voir Abī Ka`b et je me suis confié à lui dans ses termes : ''Abī al-Mundhir, mon esprit s'est trouvé meurtri par le problème du *Qadar* ; j'avoue que j'ai peur pour ma religion et mes affaires. Peux-tu me venir en aide et me parler de cette question en espérant que Dieu m'apportera bénéfice et apaisement ?''

Il m'a répondu : ''Si Dieu, le Glorieux, voulait punir les habitants de Ses cieux et de Sa terre, Il les punirait sans qu'Il soit injuste envers eux. Et s'Il voulait avoir pitié d'eux, Sa clémence serait plus bénéfique pour eux que leurs propres actions. Si tu avais l'équivalent en or de la montagne de 'Uḥud et que tu voulais le dépenser pour l'unique cause de Dieu, Il n'accepterait pas ton offrande si tu ne croyais pas à la destinée dans ses moindres détails. En sachant que ce qui t'atteint ne peut pas ne pas t'atteindre et ce que tu n'as pas subi, ne te serai jamais arrivé. Si tu meurs en croyant autrement, tu iras en enfer. Si tu veux une confirmation de ce que j'avance, tu peux t'adresser à mon frère `Abd Allah Ibn Mas`ūd, il te dira la même chose que moi.''

En écoutant ses conseils, je m'adressai à Ibn Mas`ūd et je lui demandai son avis sur la question. Il me répondit exactement la même chose que Ubay Ibn Ka`b et me conseilla d'aller voir aussi Ḥudayfa et de lui demander d'y répondre.

Prestement, j'allai voir Ḥudayfa et je lui formulai ma requête. Sans surprise, il répondit de même et me pressa d'aller voir Zayd Ibn Thābit. Sans attendre, je vis Zayd et je l'interrogeai sur sa position au sujet du *Qadar*. Ce dernier répondit : «''Nous avons entendu le Prophète, que les bénédictions et le salut de Dieu soient sur lui, dire : *''Si Dieu voulait punir les habitants de Ses cieux et de Sa terre, Il les punirait sans qu'Il soit injuste envers eux. Et s'Il voulait avoir pitié d'eux, Sa clémence serait plus bénéfique pour eux que leurs propres actions. Si tu avais l'équivalent en or de la montagne de 'Uḥud et que tu voulais le dépenser pour l'unique cause de Dieu, Il n'accepterait pas ton offrande si tu ne croiyais pas à la destinée dans ses moindres détails. En sachant que ce qui t'atteint ne peut pas ne pas t'atteindre et ce que tu n'as pas subi, ne te serai jamais arrivé. Si tu meurs en croyant autrement, tu iras en enfer.''* »[1]

Le Cheikh dit : « Sache que la volonté est une volonté du cœur, un élément caché dans le monde voilé, et que l'action est la prérogative du monde temporel et du témoignage.

Certainement, tu connais suffisamment le monde temporel mais tu ignores le monde caché. Tu vas rater l'honneur de la croyance en un monde voilé et tu tomberas inéluctablement dans une erreur fatale. »[2]

---

1 *Ḥadith* authentifié par Ibn Mādja dans *Sunan*, *Introduction*, chapitre 11, volume 1, page 30. Aussi par Abū Dāwūd dans *Sunan*, *Kitāb al-Sunna*, volume 5, n° 4698, page 74.

2 *Khuṭṭa* : lieu, endroit.

Les philosophes, les ignorants du monde caché, seront perdus à jamais. La non croyance en un monde caché les a menés à nier les mondes de l'Au-delà et par conséquence la mission des Prophètes qui en découle. Cela est le résultat de leur enfermement autour de l'unique raison. Une raison non touchée par la lumière de la religion. Par contre, la raison qui apporte secours et autorité, est celle qui dépasse le pilier de la gouvernance pour s'élever au stade de la Royauté divine. Une Royauté qui transperce les couches fines du monde voilé. Alors que la raison figée[1] se dirige vers les sentiers sinueux des choses sensibles.

Elle avance dans les méandres de la gouvernance temporelle. Elle n'a pour lanterne que les idées sombres des sciences géométriques. Elle use sans retenue des opinions et des comparaisons, tantôt elle vire à droite vers les mathématiques et tantôt elle tourne à gauche vers les sciences naturelles. Pis encore, quand elle pénètre les sciences métaphysiques, elle s'enroule dans des clôtures épineuses de la jalousie. Elle est emportée par les vagues d'une mer de doute. Le mieux qu'elle puisse engender de son effort et de la quintessence de son esprit est inévitablement l'athéisme. Ainsi, elle s'est entourée par la ceinture[2] de la honte de sa logique[3]. Elle a acheté avec cela la flatterie de quelques ignorants, en leur insinuant qu'elle est la plus intelligente de tous, une savante honorable et sage. Mais hélas, ce n'est que futilité caractérisée dont on ne peut échapper que par l'Attraction magnétique divine et la primauté de la perpétuité. Dieu est le plus Bienfaisant, le Bienveillant.

1 *`Aql al-Djāmid* : figé, inanimé. La raison qui n'est pas illuminée par la lumière de la religion. Une raison qui arrive à saisir les questions des choses créées, comme la physique, la géométrie et les mathématiques. La raison s'arc-boute sur ses connaissances et n'arrive pas à les dépasser pour atteindre le monde de l'Ordre divin et les questions métaphysiques.

2 *Zunnār* : ceinture portée par le *Dhimmī* (assujetti à la *Dhimma*). *Lisān al-`Arab*, entrée *Zinnār*, volume 3, page 330.

3 *Manṭiqihī* : ceinture pour tenir le vêtement. *Lisān al-`Arab*, entrée *Naṭaqa*, volume 10, page 352.

SEPTIÈME CHAPITRE

SUR L'ACCOMPLISSEMENT DE LA PROMESSE ET L'INFIDÉLITÉ DE CEUX QUI RENIENT LA RÉSURRECTION

La Cheikh, qu'il soit agréé de Dieu, dit que notre Imam et Maître à qui l'on doit obéissance dans l'ensemble du territoire, Abū al-`Abbās Ahmad al-Nāṣir li Dīn Allah, commandeur des croyants, nous a dit : « Nous avons été informé par `Abd al-Razzāq Ibn al-Cheikh `Abd al Qādir al-Djīlī, selon Abū al-Waqt `Abd al-Awwal al-Sadjārī, selon `Abd al-Raḥmān Ibn Ḥamawayh al-Ḥamawī, selon Muhammad Ibn Yusuf al-Farbarī, selon Muhammad Ibn Ismā`īl al-Bukhārī, selon `Umar Ibn Ḥafs, selon al-A`mash, selon Zayd Ibn Wahb, selon `Abd Allah, qu'il soit agréé de Dieu, qui ont rapporté ce qui suit : ''Le Prophète de Dieu, que les bénédictions et le salut de Dieu soient sur lui, qui est le très véridique, le fidèle à ses promesses a dit : *''Voici une personne parmi vous, son image était constituée ainsi dans le ventre de sa mère à l'état liquide, durant quarante jours, puis sous forme de caillot de sang pour une période identique, puis une flasque de chair mal formée pour les quarante jours d'après. Puis, en troisième lieu, Dieu envoya à son chevet un ange avec quatre mots d'ordre définis le concernant : son action, la durée de sa vie, son gain et enfin son bonheur ou son malheur. Alors l'âme est insufflée en lui. Ainsi, un homme parmi vous peut faire de mauvaises actions jusqu'à ce qu'il n'y ait qu'une coudée entre lui et l'enfer, puis ce qui a été écrit pour lui décide de son comportement et il commence à faire de bonnes actions, caractéristiques des gens paradis, et il accède ainsi au paradis. Et de même un homme parmi vous peut faire de bonnes actions jusqu'à ce qu'il n'y ait qu'une coudée entre lui et paradis, et alors ce qui a été écrit pour lui décide de son comportement, et il commence à faire de mauvaises actions qui le font basculer en enfer.''* »[1]

Le Cheikh a dit : « Les philosophes refusent obstinément de reconnaître l'âme comme elle est décrite dans le *ḥadith* cité plus haut. Cela vient en confirmation du verset : ***''Après que Je l'aurais bien formé et J'aurais insufflé en lui de Mon esprit, jetez-vous devant lui prosternés .''***[2] ***''Et ils t'interrogent au sujet de l'âme, dis : ''L'âme relève de l'Ordre de mon Seigneur.''*** »[3]

En contradiction avec la tradition, les philosophes ont insisté sur l'idée de l'âme universelle, position que je présenterais plus tard, si Dieu le veut, avec la finalité de leur pensée et les limites manifestes des philosophes à saisir l'essence de l'âme spirituelle.[4]

L'âme animale, celle que la science médicale pourra expliquer, est une âme existante en fonction de l'équilibre établi à travers le mélange du sang dans le cœur. Je désigne par le cœur la masse de chair logeant dans la poitrine du côté gauche et qui se ramifie par les multiples vaisseaux. Cette âme inclut tout le genre animal. Une âme dont les sens jaillissent d'elle. Entre l'âme animale et l'âme spirituelle, il demeure un lien manifeste, celui de la résurrection des corps et la certitude de l'accomplissement de la Promesse divine.

Sache que l'âme animale prend racine dans la terre, et associe en cela tout le genre animal. À ce propos, il a été dit : « Les animaux subissent aussi la résurrection. Ils seront guidés et classés par catégories : les bêtes sans cornes et celles avec cornes. Ils seront désignés ainsi : ''*Soyez poussière ! Et ils devinrent poussière* !''[5] À

---

1 Tradition authentifiée par al-Bukhārī dans *Ṣaḥīḥ*, *Kitāb Bad' al-Khalq*, chapitre 6, page 78. Authentifiée aussi par Muslim dans *Ṣaḥīḥ*, *Kitāb al-Qadar*, chapitre 1, volume 3, page 2036.

2 Coran, sourate *al-Ḥidjr*, n° 15, verset 29.

3 Coran, sourate *al-Isrā'*, n° 17, verset 85.

4 *Sha'w al-Rūḥ* : la finalité de l'âme.

5 *Ḥadith* établi par Ahmad Ibn Ḥanbal dans les termes suivants : « Le Prophète de Dieu, que les bénédictions et le salut de Dieu soient sur lui, a dit : le jour de la résurrection,

ce moment, l'incrédule dira : ***''Si seulement je pouvais être poussière''*** ».[1] Il tente ainsi de fuir le châtiment infernal. Mais l'exception est faite pour l'âme animale qui existe aussi chez l'Homme, car cette âme partagée se distingue par la variété de la terre constituante de l'Homme. Elle a été, ainsi qu'il a été dit, pétrifiée pendant quarante matinées : « *Il a fermenté par ses propres mains l'argile d'Adam durant quarante matins.* »[2]

Par ce processus de fermentation, l'âme animale s'apprête à être émergée par l'âme supérieure. L'âme devient alors hautement distinguée des autres âmes animales. Cette finalité lui donne l'habilité à la prospérité dans les deux mondes ici-bas et dans l'Au-delà. L'Homme atteint ainsi l'honneur de représenter Dieu sur Terre. Dieu dit : « ***Je vais établir un représentant sur Terre.*** »[3] L'Homme, par cette qualification exceptionnelle, jouira de la récompense finale et subira aussi le châtiment prévu selon ses œuvres. Il jouira de la récompense par l'ascension due à l'accroissement spirituel, à la renonciation et à la perfectibilité des bonnes œuvres.

Dieu dit : « ***Par une âme, comme Il l'a bien modelée, en lui inspirant son libertinage et sa piété : heureux celui qui la purifie.*** »[4]

Il est primordial que le registre de ses œuvres soit situé très haut. « ***Non, le livre des purs est dans la place la plus haute,*** \`Illiyīn. »[5]

Il subira le châtiment selon la négligence de la guidance de son âme. Il subira ainsi la Douleur éternelle. Le registre de ses œuvres sera

---

les bêtes sans cornes demandent réparations à celles avec cornes. » *Sunan* d'al-Imām Ahmad, volume 1, page 72. Al-Haythamī a confirmé dans son *Madjma\` al-Zawā'id* que le *ḥadith* est cité par Ahmad et sa chaîne de transmission est authentique. Voir volume 10, pages 352, édition Dār al-Kitāb al-\`Arabī. Beyrouth, 3e édition 1982.

1 Coran, sourate *al-Naba'*, n° 78, verset 40.

2 Ibid., al-Tirmidhī dans *Sunan*, chapitre *Commentaire* du Coran, n° 2, volume 4, page 204. Aussi *Sunan* d'Abī Dāwūd, *Kitāb al-Sunna*, chapitre *La destinée*, volume 5, page 67.

3 Coran, sourate *al-Baqara*, n° 2, verset 30.

4 Coran, sourate *al-Shams*, n° 91, verset 7-8.

5 Coran, sourate *al-Muṭaffifīn*, n° 83, verset 18.

au plus bas. Dieu dit : « ***Non, le livre des libertins est le*** Sidjdjīn***, au plus bas de l'enfer.*** »[1]

L'Homme ne cesse de chuter dans un précipice de choses viles, menant sans aucun détour à la pire des souffrances. Cela s'explique en partie par sa nature terrestre. Et la terre a tendance à se déposer au fond par nature. Dans ce même sens, Dieu dit : « ***Si Nous l'avions voulu, Nous l'aurions élevé grâce à ces signes, mais il s'est attaché à la terre. Il a suivi ses passions.*** »[2]

Les éléments des formes sont transformés en poussière, sans possibilité de retour à l'état de boue sèche ou par défaut à l'état d'une terre favorable aux plantations. Cette nouvelle prédestination, à savoir le retour à l'état originel élémentaire, n'est pas disposé à se délier de l'âme animale incarnée en eux.[3]

Cette présente problématique a été résolue et a donné satisfaction aux âmes troublées par l'évocation du récit du Prophète Abraham, que les bénéditions et le salut de Dieu soient sur lui. Ce dernier a fait l'expérience du cadavre d'un âne jeté au large de la côte. Il était partagé entre les animaux terrestres et les poissons. Ainsi, les poissons prennent leur part de cette chair lors de la marée haute. Ils ont pu manger ce festin qui ne cesse de se décomposer dans l'eau. Et au moment de la basse marée, c'est au tour des vautours de trouver dans ce cadavre une nourriture facile. Un cadavre qui continue de se décomposer sur les rivages. Ensuite, vient le tour des rapaces de se rassasier convenablement. Et voilà une partie du corps qui s'envole dans l'air. Quand Abraham a fait ce constat expérimental par observation, il était étonné et n'a pas résisté à interroger Dieu : « Mon Dieu, montre-moi comment tu rends

---

1 Coran, sourate *al-Muṭaffifīn*, n° 83, verset 7.

2 Coran, sourate *al-A`rāf*, n° 7, verset 176.

3 *Al-Istiqṣā`āt* : état originel des éléments. Un concept tenu par la philosophie grecque qui désigne l'origine et les quatre éléments à savoir l'eau, la terre, l'air et le feu. Les éléments originels sont la base des choses composées comme les animaux, les végétaux et les minéraux. al-Djurdjānī, *Kitāb al-Ta`rīfāt*, Livre des Définitions. Beyrouth, Maktabat Lubnān, Beyrouth, page 24.

la vie aux morts. »[1] Dieu lui a alors révélé : « ***Prends quatre oiseaux, coupe-les en morceaux et place ensuite les parties sur des monts séparés puis appelle-les. Ils accourront vers toi en toute hâte.*** »[2]

Dans le même genre d'idée, nous citons le récit du Prophète *`Uzayr*, que la paix soit sur lui. Il a observé les os de son âne se décomposer et plus tard, il les a vus se reformer de nouveau en prenant la forme originale du corps de l'âne. Puis, Dieu a couvert les os de chair et a tendu la peau sur l'ensemble, sous le regard ébahi du Prophète réveillé finalement par le braiment de son âne. L'âne braie pour te faire réfléchir, toi qui rejettes et mets en doute la résurrection des corps. Mais es-tu capable d'entendre cela ?

« ***Si Nous le voulions, Nous leur enverrions quelques adversités à cause de leurs*** *péchés.* ***scellerions leurs cœurs, et ils n'entendraient plus rien.*** »[3]

« ***Eux ne voient rien. Sourds, muets, aveugles. Ils ne reviendront jamais vers Dieu.*** »[4]

« ***Le jour où chaque âme viendra plaider sa propre cause*** ».[5]

À ce moment, quand les tentes de la Puissance divine se dresseront, et l'appel du chargé de la résurrection se fera grandement entendre, quand la Volonté divine se saisira des composantes des créations, quand seront déployées les choses cachées des fautes commises[6] pour le jugement, quand enfin Dieu se manifestera pour une parole finale et définitive, quand les registres se déploieront en préparation du jugement final, quand le soleil ardant sera au plus près des têtes des créatures, les

1 Coran, sourate *al-Baqara*, n° 2, verset 260.

2 Coran, sourate *al-Baqara*, n° 2, verset 260.

3 Coran, sourate *al-A`rāf*, 7, verset 100 : « ***Ou bien n'a-t-il pas montré à ceux qui héritent la terre après ses premiers occupants. Si Nous le voulions, Nous leur enverrions quelques adversités à cause de leurs péchés. Nous mettrions un sceau sur leurs cœurs et ils n'entendraient plus rien.*** »

4 Coran, sourate al-*Baqara*, n° 2, verset 18.

5 Coran, sourate *al-Naḥl*, n° 16, verset 111.

6 *Ṭawāmīr* : les choses cachées des fautes commises.

corps nageront dans la sueur, des pieds jusqu'au bout des oreilles, quand les étendards du saisissement seront levés : « ***Quand ton Dieu viendra, ainsi viendront les anges en rangs alignés, rang par rang. Ce jour-là, on amènera la géhenne. Ce jour-là, l'Homme se souviendra, mais à quoi lui servira de se souvenir.*** »[1]

Des créatures liées par soixante-dix milles brides. Quand les piliers du paradis se montrent avec leurs promises, leurs châteaux, leurs jeunes hommes, leurs coupes et leurs richesses on fait amener l'âme et on lui dit : « Tu es la récompense et le châtiment. L'âme répondit : « Mon Dieu, j'étais un nourrisson dans le berceau du monde caché. Je me nourrissais des substances spirituelles. Je ne me suis pas aventurée dans le monde de l'être et de la corruption. Je n'étais pas source de crimes, ni responsable dans la gestion de la vie des animaux et des bêtes. Le crime, s'il y en a un, est commis par le corps, cette substance composée de parties poussiéreuses. La terre est sa propre nature. Lui, le corps, chevauche ainsi facilement les dangers, et porte les lourdes charges du péché. S'il y a un fauteur, c'est lui qui mérite le châtiment. » Sur ces propos, on s'adressa au corps : « Que dis-tu pour ta défense ? »

Le corps, affligé, se défendit comme il put : « Mon Dieu, dit-il, j'étais inanimé, semblable aux pierres et à la boue sèche. Je n'avais ni mouvement ni action propre à moi. J'aurais pu rester dans cet état pour l'éternité sans produire le moindre mouvement, ni affronter inutilement des combats menant inéluctablement à la perdition fatale. »

Suite à cette controverse entre l'âme et le corps, Dieu trancha par sa majestueuse parole : *« Votre situation à vous deux, l'âme et le corps, est semblable à l'aveugle qui pénètra un verger orné d'arbres fruitiers, mais son infirmité l'empêchait de voir les fruits et de les cueillir. La providence fit que dans ce même verger se trouvait un cul-de-jatte[2]. Lui, au contraire, il observait les fruits mais ne pouvait dans aucune mesure les atteindre. Réflexion faite, ce dernier proposa à l'aveugle le*

1 Coran, sourate *al-Fadjr*, n° 89, verset 22-23.

2 *Zamin* : cul-de-jatte.

marché suivant : ''Mon ami, porte-moi pour que puisse te guider[1] *vers les fruits. Nous mangerons, fruit de notre association, tous les deux.'' Ceci dit, l'aveugle s'exécuta et porta sur ses épaules le cul-de-jatte et ils mangèrent ensemble les fruits récoltés. Comme les enseignements de cette fable, vous deux, l'âme et le corps, êtes liés éternellement dans la quête du gain et dans les actions bonnes ou mauvaises. Vous êtes indissociables dans les turbulences des différentes situations de la vie. Le résultat est de deux choses l'une, soit récompense soit châtiment. »*

Dieu dit : « ***Ce jour, chaque âme vient plaider sa propre cause*** ».[2]

Nous avons produit là une science ignorée et qui échappe aux philosophes, qui ne peut être mesurée par l'unité des idées, ni peser par la balance de la stupidité et la vanité. La finalité de leurs idées conçues se borne à l'imitation de la pensée de leur chef de file Aristote, leur guide néfaste vers l'enfer.

Pour justifier l'idée de l'âme universelle, les philosophes avancent le concept de la troisième cause, en contradiction notoire avec un autre groupe de philosophes. Il en résulte, selon eux, que les choses composées sont le résultat des choses simplifiées. Que les âmes sont diffusées dans le corps comme les petits ruisseaux viennent se jeter dans la mer. Enfin, par sa mort finale, la particule s'unit avec le global, l'universel.

Que dire de cette idée avancée, à part qu'elle est parfaitement farfelue, et ignore totalement que chaque âme dans chaque corps qui lui est alloué, bénéficie d'une indépendance et cela en tout décernement, action, volonté et décisions préméditées. Entre les âmes, il y a des différences visibles. Chaque âme est liée fermement aux éléments qui forment le réceptacle, sans se mêler à une autre âme. Son lien avec le Souffle divin est à jamais consistant. Rien ne vient altérer ce fonctionnement et cette ingénieuse organisation. On ne peut lui marquer aucune cessation. Si les choses agissantes s'unissent, il va de soi que le résultat ne pourrait être qu'unifié.

---

1 *U'addīka* : je te guide.

2 Coran, sourate *al-Naḥl*, n° 16, verset 111.

Que dirons-nous, si le résultat est multiple tandis que les agissants sont Un ?

De deux choses l'une, les résultats sont-ils unifiés aux corps, ou bien font-ils partie de l'universel, du global ? Si cela provient de l'universel, alors comment justifions-nous ces variantes et ces différences, tandis que l'origine est Un ?

Les philosophes grecs ont influencé négativement les philosophes musulmans. Ces derniers se sont laissé induire en erreur intellectuelle ; l'idée défendue par les philosophes au sujet de la certitude de la récompense et du châtiment spirituel les a basculés dans les profondeurs de l'erreur et le rejet systématique de la résurrection des corps matériels, du châtiment physique et finalement la récompense matérielle promise.

Ils se sont réunis, tous ensemble, dans l'incertitude et la lâcheté. Ils se sont associés dans la perdition et la damnation. Ils n'ont fait que récolter une Colère divine provenant de Dieu lui-même, résultat fatal de leur mise en doute de la parole des Prophètes et de leur croyance aveugle, et sans condition dans la parole des philosophes.

Ils se sont abreuvés dans les sources arides.[1] Ils portent ainsi de lourds péchés en cédant le gouvernail des idées aux mains des philosophes et en se réfugiant dans l'enceinte de leur pensée. Ils ont aperçu dans les sciences arithmétiques et géométriques une unique matière de démonstration. Mais ils se sont leurrés dans l'aspect démonstratif de ces sciences. Ils se sont laissé prendre en suivant les philosophes sur les questions métaphysiques qui ne sont au contraire pas démonstratives.[2] Là est un signe de leur naïveté : persister dans le suivi aveugle sans même se poser de questions ni songer à se défaire de ces pièges. Ils se sont rendu compte de la teneur de cette pensée perturbée menant à l'idée de l'éternité du monde et sa manifestation première dans la Cause première. Certains avancent même l'hypothèse de l'élément comme Cause première, d'autres suggèrent la raison. En plus, ils se sont disputés

---

1 *Mashāri`* : sources. *Al- Bawār* : perdition.

2 Voir al-Ghazālī dans *al-Munqidh Mina al-Ḍalāl*, pages 353-354.

sur le commencement du monde : pour certains, c'est l'eau, pour d'autres, c'est l'air et pour un dernier groupe, c'est le feu.

Cette multiplication dans la pensée est un signe avant-coureur de leurs vaines finalités, de leur incapacité à faire la moindre démonstration valable.

Face à ces philosophes, et guère mieux, voici un groupe de penseurs qui se sont chargés de s'opposer à leurs œuvres écrites par des argumentations boiteuses qui se perdaient elles-mêmes dans les traînées du doute. Je dirais même que dans ces contre-arguments, on inspire des odeurs nauséabondes qui ont du mal à dissimuler le fond peu fréquentable de leurs croyances.

Nous disposons de nombreux récits sur le début de la création du monde selon les révélations du Prophète et en concordance avec le récit de la Torah. Ce récit figure dans le premier Livre. Dieu a créé une essence qu'il a regardé avec la magnificence due à sa majesté. Son regard a fait fondre les extrémités en les transformant en liquide. De l'eau surgira une vapeur semblable à une fumée. De cette fumée, Dieu a créé les cieux. Sur l'eau est apparue une écume comme celle des océans. De cette écume, Dieu a créé la Terre et puis a installé les montagnes.[1] Voilà tout le récit de la Torah, relaté ensuite par le Prophète : « *La première chose que Dieu créa sur la Terre fut l'emplacement de la Kaaba. Elle était telle une motte de beurre blanc. La Terre se déforma ensuite et s'étendit.* »[2]

---

1 Dans la Torah, il est écrit au sujet de la création du monde : « Dieu dit : ''Que la lumière soit !'' Et la lumière fut. Dieu vit que la lumière était bonne ; et Dieu sépara la lumière d'avec les ténèbres. Dieu appela la lumière ''jour'', et il appela les ténèbres ''nuit''. Ainsi, il y eut un soir, et il y eut un matin : ce fut le premier jour. Dieu dit : ''Qu'il y ait une étendue entre les eaux, et qu'elle sépare les eaux d'avec les eaux.'' Et Dieu fit l'étendue, et il sépara les eaux qui sont au-dessous de l'étendue d'avec les eaux qui sont au-dessus de l'étendue. Et cela fut ainsi. Dieu appela l'étendue ''ciel''. » Pentateuque - Genèse 1.

2 Tradition citée par al-Sayūṭī avec plusieurs variantes. Authentifiée par Ibn Ḥidjr, Ibn al-Mundhir, al-Ṭabarānī, al-Bayhaqī dans *al-Shu`ab*. D'après Ibn `Amar : « Dieu a créé le temple avant la création de la Terre de plus de deux mille ans. Son Trône était sous ses pieds comme une *Ḥachafa*, une forme recroquevillée, puis elle s'est étendue et s'est formée. » Voir *al-Durr al-Manthūr fī al-Tafsīr bi al-Ma`thūr*, Dār al-Kutub al-`Ilmiyya.

Ceci est la vraie parole, le reste de leurs paroles est vide et sans vérité. L'exemple de l'imitation des philosophes grecs par les philosophes musulmans au sujet des métaphysiques sans fondement démonstratif et l'extrapolation de ce sujet sur leurs autres thèses, basées sur la géométrie, une science à la différence de la métaphysique, est démonstratif et applique les outils de la raison.

Leur cas est semblable à la personne qui s'attribue les services d'un guide pour le guider vers l'emplacement de quelques monuments archéologiques. Ce dernier l'amène finalement dans un lieu désert, un lieu de perdition, sans aucune connaissance des lieux. Il n'a comme bagage de guide ni preuves matérielles ni méthodes d'orientation, ni chemin tracé à suivre. Il a eu une confiance aveugle dans son guide, attiré au début de l'expédition par les quelques instructions ici et là. Son guide lui a joué un tour en l'abandonnant dans un lieu perdu, sans issue ni secours. Ses lamentations et sa demande d'aide se heurtent à un mur de silence. Il est déjà trop tard pour faire marche arrière.

Les Prophètes nous ont informés de la résurrection, de la promesse, de ce que Dieu a préparé dans le monde final pour ses créatures. Leur esprit est en parfaite filiation avec l'océan du savoir qui entoure le monde du témoignage et le monde caché.

Par contre, l'esprit des philosophes est un ruisseau souvent sans courant d'eau. Il tente d'escalader les échelles des choses composées, aussi les choses simples et les astres, mais il retombe souvent et revient à la case départ, loin en arrière, privé des mondes des choses cachées, sans connaître Dieu. Il ne connaîtra que la limite des créatures comme juge vivant, limité dans son univers sans vérités, sans englober les principes et sans saisir les actions.[1] Dieu, dans sa

---

Beyrouth, première édition, 1990, page 93. Voir aussi Abū al-Walīd Muhammad Ibn `Abd Allah al-Azraq, *Akhbār Makka*, Dār al-Andalus, pp. 31-32.

1 Les principes et les actions sont les introductions qui ne demandent pas de démonstrations ni de preuves. Elles sont claires dans leur vérité pour celui qui croit. Al-Djurdjānī écrit au sujet des introductions : « Elles n'ont pas besoin de démonstrations. Alors que les problématiques nécessitent une démonstration définitive. » *al-Ta`rīfāt*, page 27.

Parole éternelle, a confirmé par la preuve tranchante la résurrection des corps.

Dieu dit : « ***Ceux qui craignent leur Dieu seront conduits par groupes au paradis*** »[1] ; « ***Les incrédules seront conduits en groupes vers l'enfer*** »[2] ; « ***Lorsque la Terre sera secouée par son tremblement, lorsque la Terre rejettera ses fardeaux.*** »[3]

Les charges lourdes que la Terre rejette ne sont-elles les corps des créatures ? Nier cette vérité, ne revient-il pas à rejeter le Coran et à s'enfoncer dans l'océan de l'infidélité et de l'athéisme ?

Il nous est parvenu par l'honorable transmission selon Abī al-Ḥasan Ali Ibn `Asākir, selon Abī Ali al-Ḥasan Ibn Mahra al-Ḥaddād, selon al-Ḥāfiẓ Abī Na`īm al-Iṣfahānī, selon `Abd Allah Ibn Muhammad, selon Muhammad Ibn Sahl, selon Salma Ibn Shayba, selon Ibrāhīm Ibn Ḥakīm Ibn Ibbān qui a dit : « Notre père nous a dit : ''Nous étions assis avec `Ikrima, pas loin des habitations de Yazdād. `Ikrima avait aussi installé ses tentes auprès de Yazdād, vers le sahel au bord de la mer. Ils évoquèrent les personnes qui se noient dans le large.''

`Ikrima dit : ''Je rends hommage à Dieu. Les cadavres des noyés sont mangés par les poissons. Il ne reste d'eux que les os qui seront finalement rejetés par la mer sur la plage. Au bout d'un certain temps, les os commence à se réduire et à s'effriter.[4] Les caravanes passent par

---

Al-Suhrawardī ne déroge pas à cette explication et donne la même définition. Il évoque dans *`Awārif al-Ma`ārif* un ensemble de concepts soufis synonymes et qui désignent les introductions des situations. Parmi ces concepts, on trouve la notion des *bawādī*, notions premières, signifiant les principes. Il écrit : « Parmi ces concepts, il y a les cheminements, les notions premières, la première, la réalité, celle qui donne la première étincelle, les débutants, les brillants, les indications préliminaires. Des concepts qui désignent le commencement d'une situation et ses prolégomènes. Je conseille de les apprendre avec leurs significations. », cité page 479.

1 Coran, sourate *al-Zumur*, n° 39, verset 73.

2 Coran, sourate *al-Zumur*, n° 39, verset 71.

3 Coran, sourate *al-Zalzala*, n° 99, verset 1-2.

4 *Djāmil* : quelque chose de mou comme de la graisse animale. *Lisān al-`Arab*, entrée *Djamala*, volume 11, page 127.

le coin et les chameaux mangent une partie des os. Chemin faisant, les chameaux rejettent leurs déchets et voilà que les hommes élisent domicile pas loin de là. Ils se servent des crottes de chameaux pour allumer du feu. Et puis, une fois le feu éteint, le vent se soulève et disperse la cendre sur la terre. Quand le Souffle éternel arrive : ‘‘***Ils sont debout avec un regard ébahi***[1].’’

Ils seront sortis pour le jour final, ainsi que les morts de leurs tombes. »

Le Cheikh a dit : « les Prophètes ont perçu les choses de l'Au-delà et cela par le biais du raisonnement original, à travers l'Âme éternelle comme la Résurrection, la Dispersion, le Jugement, la Voie, *al-Ṣirāt*, la Balance, l'Intercession, le Bassin, *al-Ḥawḍ*, le Paradis, l'Enfer. »

Les philosophes n'aperçoivent le monde du témoignage que par des esprits de création non éclairés par la lumière originelle. Ici même apparaît la différence entre la raison originelle et la raison créée. Nous n'avons nul besoin d'insister encore sur le fait que les Prophètes ont perçu la vérité par un esprit plus élevé que celui de la sphère de la raison.[2]

Il va de soi que nous sommes dans l'incapacité de démontrer physiquement cette étape qui se situe au-delà de la raison. Mais les signes de cette raison prophétique se manifestent dans leurs propres connaissances supérieures du monde caché et du monde du témoignage. La raison des philosophes, quant à elle, se limite à ce dernier monde terrestre. Les Prophètes ont la suprématie sur la raison philosophique. Une raison, nous l'avons indiqué, est d'une autre nature éclairée par la lumière de la révélation vers la voie de la vérité. Elle est à l'opposé de la raison statique dénudée de cette lumière qui nous guide. Nous avons traité ce sujet dans plusieurs autres chapitres. Nous avons abordé les catégories de la raison et son fonctionnement dans son va-et-vient permanent.

Que Dieu nous guide par Sa volonté sur les voies de guidances et applique Sa justice à ceux qui ont choisi la voie de la contestation.

---

1 Coran, sourate *al-Zumur*, n° 39, verset 67.

2 *Ṭūr* : la limite des choses. *Lisān al- `Arab*, entrée *Ṭūr*, volume 4, page 508.

HUITIÈME CHAPITRE

SUR LES DEUX NAISSANCES ET LA POSITION DES HOMMES VÉRIDIQUES ET DES VANITEUX

Le Cheikh, le guide des guides, avait écrit que nul ne pénètre le Royaume du ciel sans avoir vécu une double naissance. En vérité, la naissance est double. Nous avons la naissance par nature, basée sur les quatre éléments, selon la règle établie par Dieu au sujet de ses créatures, et une autre naissance plus véritable et symbolique.

La naissance par nature est générée par les quatre éléments, à savoir la chaleur, la fraîcheur, l'humidité et la sécheresse. Dans chacun de ces éléments se manifestent respectivement la bile jaune, la bile noire, le sang et la pituite, et chacun trouve sa place dans différents membres du corps. L'anatomie a démontré cet aspect du corps humain avec abondance. La source de ces éléments est liée aux choses primordiales et aussi aux choses qui en sont déduites.

Par contre, la naissance symbolique, à notre sens, se base aussi sur quatre éléments mais qui sont différents. Sans leur réunion, cette naissance ne peut avoir lieu.

Le premier de ces éléments est de croire au message des Prophètes et de leur accorder une confiance à toute épreuve, croire en l'existence des anges et en ce que Dieu nous a révélé sur la vérité du paradis, de l'enfer et de la résurrection.

Voici la base essentielle des trois autres éléments qui suivent.

Les philosophes et les athées ont renié cet élément primordial à toute naissance, mais ceci est normal venant d'eux, car c'est comme s'ils n'avaient jamais vu la lumière du jour. Ils demeurent dans les méandres de l'inexistence.[1] Ils ne sont jamais apparus dans l'existence véridique, ni n'ont inspiré la brise matinale d'une vie composée de vérité et du témoignage. Leur destinée est cadavérique, enfouie quelques pieds sous terre.

Selon l'honorable autorisation, selon Abī al-Ḥasan Ibn `Asākir, selon Abī Zar`a d'après Ibn Mādja, selon Ali Ibn Maymūn al-Ruqī, selon Sa`id Ibn Sālim, selon al-A`mash, selon Ibrāhīm, selon `Alqama, selon `Abd Allah, qu'il soit agréé de Dieu, qui a dit : « Le Prophète de Dieu, que les bénédictions et le salut de Dieu soient sur lui, a dit : ''*Nul ne rentrera au Paradis s'il demeure dans son cœur ne serait-ce que l'équivalent d'un tout petit grain de moutarde d'orgueil. Nul ne croupira en Enfer, s'il demeure dans son cœur ne serait-ce que l'équivalent d'un tout petit grain de moutarde de croyance.''* »[2]

`Abd Allah Ibn `Abbās, qu'il soit agréé de Dieu, a dit : « Une délégation du groupe `Abd Qays se rendit chez le Prophète de Dieu, que les bénédictions et le salut de Dieu soient sur lui. Il leur ordonna de croire en Dieu, le Glorieux, le Majestueux, puis il leur dit : *''Saviez-vous que signifie la croyance ?''* Ils répondirent : ''Dieu et son Prophète en savent davantage.'' Alors, le Prophète, que les bénédictions et le salut de Dieu soient sur lui, reprit la parole et dit : *''La croyance c'est de témoigner qu'il n'y a de Dieu qu'Allah et que Muhammad est son Prophète. La croyance, c'est aussi la pratique constante de la prière, c'est donner l'aumône légale, jeûner durant le mois du Ramadan et faire un don du cinquième de chaque gain que vous percevez.''* »[3]

Le second élément constituant de la naissance symbolique est le repentir sincère, qui se résume globalement par la quête du savoir et se

---

1 *Mashā'im* : pl. de *Mashīma.* L'enveloppe du fœtus.

2 *Ḥadith* authentifié par Muslim dans *Ṣaḥīḥ, Kitāb al-Imān*, chapitre 1, page 93. Aussi Abū Dāwūd dans *Sunan*, *Kitāb al-libās*, chapitre 26, volume 4, page 351. Aussi al-Tirmidhī, dans *Sunan, Kitāb al-Birr wa al-Ṣila*, chapitre 61, volume 4, page 361, en évaluant ce *ḥadith* comme bon et authentique.

3 *Ḥadith* authentifié dans *Ṣaḥīḥ* d'al-Bukhārī, volume 1, chapitre 40, page 19, *Kitāb al-Imān*.

décrit en détail par l'empêchement des membres du corps de commettre les interdits et les actions détestables proclamées légalement et que la science religieuse n'approuve pas.

L'Homme doit passer sa journée, du matin au soir, sans que l'ange, chargé de notifier ses actions et positionné sur son épaule gauche, n'écrive un seul mot. Cela même est la repentance sincère.

Dieu dit : « ***Ô vous les croyants, revenez à Dieu avec un repentir sincère.*** » [1]

Il dit aussi : « ***Ô vous les croyants, revenez tous à Dieu. Peut-être seriez-vous heureux ?*** »[2]

Une repentance conditionnée par l'Amour de Dieu.

Dieu dit : « ***Dieu aime ceux qui reviennent sans cesse vers Lui ; Il aime ceux qui se purifient.*** » [3]

Selon l'honorable autorisation de transmission remontant à Ibn Mādja, selon Abū Bakr Ibn Abī Shayba, selon Shabāba, selon Warqā, selon Abī al-Zanād, selon al-A`radj, selon Abī Hurayra, qu'il soit agréé de Dieu, d'après le Prophète, que les bénédictions et le salut de Dieu soient sur lui : « *Dieu est plus soulagé par le repentir de l'un de vous qu'un chamelier qui retrouve sa monture après de pénibles recherches.* »[4]

Le repentir pour de nouvelles bonnes attitudes est comme la terre, favorable à une nouvelle bonne plantation. Celui qui n'a pas de terre, ne peut pas planter. Celui qui ne se repentit pas a une existence vaine.

Mais, les philosophes sont à mille lieues de cette science et de cette action.

---

1 Coran, sourate *al-Taḥrīm*, n° 67, verset 8.

2 Coran, sourate *al-Nūr*, n° 24, verset 31.

3 Coran, sourate *al-Baqara*, n° 2, verset 222.

4 *Ḥadith* authentifié par al-Bukhārī dans *Ṣaḥīḥ, Kitāb al-Da`wa*, chapitre 3, volume 7, page 146. Aussi cité par Muslim, dans *Ṣaḥīḥ, Kitāb al-Tawba*, chapitre 1, volume 3, page 2102.

Le troisième élément est la renonciation aux plaisirs de la vie, au pouvoir et à l'argent. Il s'agit aussi d'enfermer son âme pour la retenir loin des tentations.

Selon l'honorable autorisation de transmission remontant à Ibn Mādja, selon Hishām Ibn `Ammār, selon Ḥakīm Ibn Hāshim, selon Yaḥya Ibn Sa`īd, selon Abī Farwa, selon Abī Khallād, qui avait une bonne compagnie autour de lui et qui a dit : « Le Prophète de Dieu, que les bénédictions et le salut de Dieu soient sur lui, a dit : ''*Si vous voyez un individu qui a renoncé aux plaisirs de la vie et qui ne parle pas pour ne rien dire, rapprochez-vous de lui, sa parole n'est que sagesse.*'' »[1]

Le quatrième et dernier élément, base de la nouvelle naissance, est la persévérance dans l'action pour Dieu. Une persévérance continuelle dans le rapprochement vers Dieu. Un rapport à la fois externe et interne, par le cœur et par la forme. Cela est possible à condition d'entraver les actions des membres du corps[2] et de veiller à la remise en question permanente et enfin d'avoir conscience que Dieu observe les actions cachées et apparentes. C'est l'essence même du geste de l'invocation de Dieu. Sa vraie nature est liée par la réminiscence de l'être. Par cet élément la bonne action demeure permanente, car par l'authentification de l'action, vous repoussez loin les tentations de la désobéissance et les suggestions de la curiosité malsaine. Vous arrivez au point de vous débarrasser définitivement de la voix intérieure de l'âme et l'imagination qu'alimente la substance intellectuelle.

Si le for intérieur, intellectuel et physique, se purifie par la gymnastique de la science, le miroir du cœur devient de plus en plus parfait, permettant de refléter la lumière majestueuse et la Beauté éternelle. Il se gravera alors sur sa surface les ornementations

---

1 Authentifié par Ibn Mādja avec un commentaire de Muhammad Fu'ād `Abd al-Bāqī, Dār Iḥyā' al-Kutub al-`Arabiyya, volume 2, *Kitāb al-Zuhd,* page 1373.

2 *Al-Djawāniḥ* : les membres du corps humain proches du cœur. Dans ce contexte il s'agit des actions du cœur. *Lisān al-`Arab,* entrée *Djanaḥa*, volume 3, page 429.

composantes des mondes plus vastes encore. Enfin, demeure l'Âme divine en veille sur les étendues de la manifestation et la vision de Dieu.

Il dit : « Je ne peux croire à un Dieu sans pouvoir l'apercevoir. » Cette phrase est interdite aux philosophes et aux athées. Elle est protégée sous la garde de Dieu, le Très-Haut, et par les êtres supérieurs dans les cieux.

Quand se vérifie la naissance symbolique, l'individu pénètre à ce moment-là le Royaume magnifique des cieux. Ainsi vole si haut l'oiseau du dessein humain, loin du nid de la physique et de la création, vers le summum de l'état originel.

Dieu dit : « ***Ainsi, avons-Nous montré à Abraham le Royaume des cieux et de la Terre, pour qu'il soit au nombre de ceux qui croient fermement.*** »[1]

À ce moment-là, jaillissent de la pierre infrangible[2] de l'existence les élixirs des sciences et enfin la Vie éternelle. Cette nouvelle naissance, nous montre que la raison humaine est trop faible, incapable d'avancer et de se mouvoir qu'avec lenteur et peine. Ses ressources sont faibles. Il n'apparaît dans son *Lawḥ*, table, qu'une science parcimonieuse. Cela est dû à sa propre structure qui est limitée dans le temps et dans l'espace. Ses liens avec les autres créatures sont aussi limités et réduits. Comment pourrait-elle prétendre dans ce cas, alors que sa position de faiblesse est telle, saisir l'Ordre éternel, un ordre perpétuel indéfinissable ni dans le temps ni dans l'espace ? Car le temps et l'espace ont des positions limitées[3] par la Volonté de Dieu, par les êtres supérieurs, par des notions et par des connaissances. Dieu a doté les gens de l'esprit par des méthodes multiples, où chacun use de la sienne jusqu'à la limite des choses écrites. Ainsi, les gens de l'esprit sont préoccupés et comblés par la connaissance qui s'offre à eux. Mais les portes qui se trouvent derrière cette limite,

1 Coran, sourate *al-An`ām*, n° 6, verset 75.

2 *Ṣammā'* : pierre solide indivisible et dure. *Lisān al-`Arab*, entrée *Samama*, volume 12, page 344.

3 *Aḥyāz Hashathā* : des endroits emplis.

sont interdites d'accès, ne pouvant plus aller de l'avant, ils stagnent. Seuls les Prophètes ont la suprématie dans le fonctionnement de leur raison. Ils sont capables de saisir les choses au-delà des êtres du monde du témoignage. Ils ont une vision marquée par la science infuse qui s'alimente dans l'océan de la Science divine. Cette science englobe leur pensée et la pureté de leur sensibilité dépasse leur connaissance.

Les âmes glorieuses et leurs cœurs purs et purifiés sont submergés par la brillance de la Royauté et par la Beauté éternelle. Les océans de leurs âmes sont animés par des vagues de rapprochement et de majesté. Comment pouvaient-ils dans cette merveilleuse situation ne pas avoir Dieu pour vision ?

Puis, Dieu, par Sa volonté éternelle, a instauré pour le monde de la Royauté et du témoignage une part limitée dans le temps et dans l'espace. Une période bien définie, qui délimite le monde du témoignage. Et quand cette période arrive à son terme, apparaissent les étendards du Pouvoir divin, surgissent les premières manifestations éblouissantes de l'éternel et se rangent les tapis de la sagesse étendus durant la période écrite. Après cela, se montrent les prémisses de l'éternité et de l'infini. Rien ne peut les mesurer ni les délimiter. Enfin, l'éternité épouse l'infini dans un mouvement perpétuel, un mouvement parfait sans limites ni fin. Le temps prescrit délimitant le monde du témoignage et de la Royauté n'est qu'une chose limitée, entrecoupée en comparaison à l'éternité et à l'infini. Ce dernier ne peut être mesuré ni comparé à un autre temps.

Ô vous, qui prétendez être la sagesse et la connaissance du monde de la Royauté et du témoignage, regardez bien dans les formalisations et les justifications, regardez les unités et les choses composées qui sont délimitées par des argumentations et des définitions. Par perte de temps, ils ont usé de tout leur possible à observer et à analyser par le biais de leur raison, les planètes, les astres, les éléments, les matières et l'ensemble des éléments simples et composés. Leurs sciences ne contiennent que peu de choses par rapport à l'étendue de la connaissance. Ils sont préoccupés par ces considérations intellectuelles, sans pouvoir aborder la marche véridique avec les pas de la supplication et de la demande d'un savoir dont l'accès n'est pas possible sans quête, en vue de connaître sa propre définition.

Les roses faciles à cueillir les ont empêchés de s'abreuver d'un océan immense : une seule gorgée de cette eau ne laisse plus de place à une pensée préoccupante, ni une raison submergée. Le résultat de votre raisonnement au sujet de toutes vos sciences n'est qu'une simple branche de l'arbre d'origine. Votre connaissance, que vous nommez la Cause des causes, n'est en définitive que ce que Dieu avait préconisé dans le commencement de la création du monde. Puis, par la suite, Il l'a classé par catégories. Ce que vous avez compris comme la raison première et la raison secondaire, l'âme, les corps célestes, les astres, les choses composées et les éléments, je vous le dis, les vagues de cette mer les ont submergés. Ils disaient que chaque cycle des corps célestes était suivi par un autre cycle et ainsi de suite, jusqu'à l'infini. Ils se sont noyés sans possibilité de se dégager de cette noyade infernale.

Comment pouvaient-ils posséder les moyens de saisir les limites de l'éternel et de l'infini ?

Ô vous qui prétendiez la sagesse, vos connaissances ne dépassaient que vos propres personnes, preuves de ses limites, et vos arguments se retourneront contre vous. Une pensée qui se veut parfaite, le résultat d'un entendement et d'une justification, contient, pêle-mêle en réalité, des notions comme la Cause des causes, les éléments simples et complexes.

La raison des Prophètes et celle de leurs compagnons, les apôtres qui ont accédé au même niveau de compréhension que les Prophètes eux-mêmes, déclare que votre discernement est obscurci et n'arrive pas à comprendre l'infini et l'éternité. Vous n'avez pas non plus la possibilité de mesurer le temps et l'espace. Votre compréhension est barrée et emprisonnée. Vous êtes dépourvus de moyens intellectuels pour comprendre l'éternité du temps et l'infinité de l'espace. Il est ainsi le sort de votre pensée, selon les limites des définitions et selon ce que vous avez attribué à la notion de la Cause des causes. Elle ne peut être ni prise en compte, ni en considération. Il n'y a ni trouvaille, ni réponse valable, ni avancée dans le temps et dans l'esprit. Il n'y a rien à lire de valable dans cette pensée. Vous induisez en erreur celui qui vous lit. Une adhésion falsifiée et fausse à vos idées. Celui qui suit votre raisonnement est forcément semblable à vous, familier avec la lecture des ouvrages des philosophes grecs, remplis d'inutilités, et aussi avec la lecture des écrits des philosophes musulmans. Ces derniers se sont livrés à de longues dissertations, ils errent comme celui qui marche le long des champs, sans but ni découvertes. Tout cela n'est que vide et inutilité.

En conclusion, les Secrets divins ne peuvent s'ouvrir sans les clefs de la prophétie.

« ***Il ne connaît pas parfaitement le mystère, mais Dieu ne montre à personne le secret de son mystère sauf à celui qu'Il agrée comme Prophète. Il le fait accompagner de gardiens placés devant et derrière lui, afin de savoir si les Prophètes transmettent les messages de leur Seigneur. Sa science s'étend à tout ce qui les concerne. Il fait le compte exact de toute chose.*** »[1]

Selon Sufyān Ibn `Uyayna, selon Ibn Djarīḥ, selon `Aṭā', et selon Abī Hurayra, qu'il soit agréé de Dieu, qui ont dit : « Le Prophète de Dieu, que les bénédictions et le salut de Dieu soient sur lui, a dit : *''La science est comme une perle cachée, nul ne peut la saisir sauf les savants connaissant Dieu. Quand ils en parlent, personne ne peut les contester, sauf ceux qui contestent Dieu lui-même.''* »[2] Les contestateurs de Dieu sont les philosophes et les athées. Ils ont fait de l'ignorance une science, et du vide une existence qu'ils nomment la Cause des causes.

---

1 Coran, sourate *al-Djinn*, n° 72, versets 26, 27, 28.

2 *Ahal al-Ghurra* : ceux qui contestent Dieu. Dieu dit : « ***Ne vous laissez pas aller à la contestation de Dieu*** », sourate *Fāṭir*, verset 5. *Ḥadith* cité par al-Ḥāfiẓ al-`Irāqī sur les marges du livre *Iḥyā' `Ulūm al-Dīn* d'al-Ghazālī, en disant que c'est un *ḥadith* cité par Abū `Abd al-Raḥmān al-Sulamī dans son livre *Les quarante* ḥadiths *de* taṣawwūf, selon Abū Hurayra, mais sa chaîne de transmission est faible, volume 1, pages 35. Cité aussi par al-Albānī dans *Silsilat al-Aḥādīth al-Ḍa`īfa* disant que c'est un *ḥadith* très faible, volume 2, page 262.

NEUVIÈME CHAPITRE

SUR LE SOPHISME DES PHILOSOPHES ET LA GUIDANCE VERS LES CHEMINS DES PROPHÈTES

Le Cheikh a dit : « Les philosophes sont dans l'erreur et leur quête est vaine. Ils ne sont pas parvenus à extraire la lumière originelle de l'obscurité des ombres des créations. Ils n'ont pas réussi non plus à dépasser les cycles des créations pour atteindre la lumière originelle. La parole de Dieu, le Très-Haut, s'applique à leur situation : ''***Ne suis-Je pas votre Dieu*** ?''[1]

Ils sont telle une particule dans l'espace de la Volonté divine, acculés à répondre à la question de Dieu : ''***Oui, nous en témoignerons !***'' »[2]

Selon l'honorable autorisation, selon Abū al-Ḥasan Ali Ibn `Asākir, selon Abū Ṭālib `Abd al-Qādir Muhammad Ibn Yusuf, selon Abū al-Qāsim `Abd al-`Azīz Ibn Ali al-Azdjī, selon `Ubayd Allah Ibn Muhammad Ibn Sulaymān al-Daqqāq al-Makhramī, selon Dja`far Ibn Muhammad al-Firyānī, selon Abū Ayyūb Sulaymān Ibn `Abd al-Raḥmān al-Dimashqī, selon 'Ayyūb Ibn Suyād, selon Abū Yahya Ibn `Umar al-Shaybānī, selon `Abd Allah Ibn al-Daylamī selon `Abd Allah Ibn `Umar, qu'il soit agréé de Dieu, qui ont dit : « Le Prophète de Dieu, que les bénédictions et le salut de Dieu soient sur lui, a dit : ''*Dieu a créé les êtres dans l'obscurité, puis Il les a émanés de Sa lumière. Celui qui est touché par la grâce de cette lumière sera guidé sur la bonne voie. Par contre, celui qui n'est pas touché par cette lumière, se perdra et s'écartera de la bonne voie. Je vous le dis, le calame arrête d'écrire à la limite de l'existant.*'' »[3]

---

1 Coran, sourate *al-A`rāf*, n° 7, verset 172.

2 Coran, sourate *al-A`rāf*, n° 7, verset 172.

3 *Ḥadith* authentifié auparavant par al-Tirmidhī en le qualifiant de bon. *Sunan* d'al-Tirmidhī, volume 5, pages 26. Aussi authentifié par Ahmad Ibn Ḥanbal dans *Musnad*, volume 2, page 176.

Le Cheikh a dit : « La justice éternelle et l'Oppression divine ont fait sombrer les philosophes et les athées dans l'obscurité de la création. Ils n'ont pas reçu l'afflux de la lumière bénéfique provenant de la générosité perpétuelle. Ils sont livrés à leur propre raisonnement limité car la raison est l'argumentation de Dieu, celui qui donne la bonne et la mauvaise guidance. Le raisonnement philosophique ne peut arriver, au mieux, qu'à l'auto argumentation basée sur la logique, les mathématiques et la physique. Une pensée tournant en rond, menant aux hypothèses des éléments, puis la lune, puis les autres planètes et les astres. En résumé, une pensée essoufflée, incapable d'avancer.

Les philosophes ont inventé un existant d'*al- `Adam*, l'ex-nihilo. Ils ont fait de l'ignorance une science. Ils ont fabriqué des idées imaginaires auxquelles ils ont cru. Ils ont perdu toute connaissance de Dieu, leur Créateur et la connaissance de l'âme supérieure, spirituelle et majestueuse.

Par ailleurs, cette âme a fait l'objet de différentes controverses chez les croyants. Certains prétendent qu'elle est éternelle, le résultat d'un Ordre divin. Dieu dit : « ***Ils t'interrogent au sujet de l'âme, dis : ''L'âme relève de l'Ordre de mon Seigneur.''*** »[1]. D'autres soutiennent l'éternité de l'ordre lui-même et par déduction l'âme aussi. Un troisième groupe avance qu'elle est créée. Il a été rapporté que Dieu a créé les âmes mille ans avant la création des corps.[2] Nous pensons que cette dernière hypothèse est la plus juste et la plus véridique.

Dieu dit : « ***Pour chacun, il y a une destination vers laquelle il se dirige.*** »[3]

---

1 Coran, sourate *al-Isrā'*, n° 17, verset 85.

2 Cité par Ibn al-Djawzī dans son livre *al-Mawḍū`āt, les* ḥadiths *apocryphes* : « Le Prophète de Dieu, que les bénédictions et le salut de Dieu soient sur lui, a dit : *''Dieu a créé les âmes mille ans avant les corps, puis il les a rangées au-dessous de son Trône, puis il leur a ordonné d'obéir à ses ordres. La première âme qui le salua est l'âme du Prophète Noé''* ». Ibn al-Djawzī qualifie ce *ḥadith* d'apocryphe. Al-Azadī déclare que dans la chaîne de transmission du *ḥadith* figure l'individu `Abd Allah Ibn Ayyūb qui est, selon lui, un falsificateur des *ḥadiths*, ainsi que son père, dont il ne faut jamais rapporter des *ḥadiths*. Voir volume 1, page, 401, édition Dār al-Fikr. Beyrouth, 1983.

3 Coran, sourate *al-Baqara*, n° 2, verset 148.

Si les philosophes avaient attribué la notion de la suprématie, *al- `Illiya*, au sujet de l'âme supérieure, ils auraient saisi la notion de l'éternité. Cela aurait permis de conclure que Dieu en a fait le commencement nécessaire à la création du monde du témoignage. Celui qui affirme, au contraire, l'idée de la création de l'âme, ne peut en aucun cas nier que cette création est la chose la plus proche de Dieu. Il est préférable d'ajouter l'attribut de la suprématie à l'âme car nous pensons que le sujet de l'âme a une très grande importance. Mais le sujet est si vaste qu'il serait impossible de l'aborder entièrement dans cet ouvrage.

Le Commandeur des croyants, Ali Ibn Abī Ṭālib, qu'il soit agréé de Dieu, a dit : « *L'âme est un ange parmi d'autres. Il a soixante-dix mille langues. Chaque langue maîtrise soixante-dix mille langages variés, tous se consacrent à l'évocation unique de Dieu. À chaque évocation, Dieu crée de nouveau un ange et cela jusqu'au jour de la résurrection.* »[1]

Il est donc approprié d'attribuer la notion de la suprématie à l'âme qui est le commencement et l'ouverture de la porte de la Royauté.

`Abd Allah Ibn `Abbās a dit : « L'âme est une création de Dieu. Elle est à l'image d'Adam. Chaque ange qui descend du ciel apporte avec lui une âme. »[2]

Les paroles des compagnons du Prophète sont des lumières provenant de la source du message prophétique. Des paroles saines et fortes, ancrées dans les cœurs et protégées par la lumière de la croyance. Mudjāhid a dit : « Les âmes sont à l'image des descendants d'Adam. Elles possèdent des mains, des pieds, et elles se nourrissent comme les Hommes. Elles ne sont pas des anges. »

---

1 Cité par al-Sayūṭī et authentifié par Ibn Djarīr, par Ibn Mundhir, par Ibn Abī Ḥātim et Ibn al-Anbārī dans son livre *al-Addād*, aussi par Abū al-Cheikh dans son livre *al-`Aḍama et* al-Bayhaqī dans *al-Asmā' wa al-Ṣifāt* d'après Ali Ibn Abī Ṭālib, qu'il soit agréé de Dieu, en commentaire du verset « ***Ils t'interrogent au sujet de l'âme*** » jusqu'à la fin de la citation. Voir aussi *al-Durr al-Manthūr fī al-Tafsīr bi al-Ma'thūr*. Beyrouth, 1990, volume 4, page 361.

2 Sayūṭī dans *al-Durr al Manthūr*, volume 3, page 361.

Abū Ṣāliḥ a dit : « Les âmes sont à l'image des Hommes, mais elles ne sont pas des Hommes. »

Sa`īd Ibn Djubayr a dit : « Dieu n'a jamais créé quelque chose qui soit plus majestueux que l'âme, à part évidemment Son propre Trône. L'âme est capable d'avaler les cieux et les sept terres. Son image est à l'image des anges. Sa face est la même que celle des Hommes. L'âme sera le jour de la résurrection à droite du Trône en compagnie des anges, alignés en rangés droites. Et c'est l'âme qui intercédera pour le salut des monothéistes. S'il n'y a pas un voile de lumière entre l'âme et les anges, les créatures du ciel seraient brûlées par la puissance de sa lumière. »[1]

Le Cheikh a dit : « Les paroles des gens de véritable croyance et ascétisme parmi les disciples, ne peuvent provenir que des compagnons du Prophète. Ils ne prononcent que des paroles de vérité. Ils étaient les plus proches de la révélation.

Quant aux philosophes, ils demeurent aveugles, perdus dans leur pensée futile.

Ou sont-ils de cette lecture des mondes lointains jaillissants de lumière et guidant vers le bon chemin ? Le philosophe devrait attribuer la notion de la suprématie *`Illiya* et renoncer à l'idée de la Cause des causes semblable aux croyances anciennes des déesses arabes, al-Lāt et al-`Uzzā.

Les étendues de leur pensée ne sont qu'une illusion, loin des terres natales de la vérité. ''***Celui qui est assoiffé croit voir de l'eau, mais quand il s'en approche, il ne trouvera que l'illusion.***''[2] À travers leurs prétentions, ils n'aboutissent qu'à une situation de non volonté, d'impossibilité d'entendre, de voir et de s'exprimer. S'ils

1 Voir ses citations chez al-Bayhaqī dans son livre *al-Asmā' wa al-Ṣifāt*, pp. 366-367. Aussi al-Sayūṭī dans *al-Durr al-Manthūr*, volume 6, page 506, en commentaire du verset : « ***le jour où l'âme se présentera avec les anges en rangs bien alignés.*** » Coran, sourate *al-Nabā'*, n° 78, verset 78.

2 Coran, sourate *al-Nūr*, n° 24, verset 39.

n'arrivent pas à définir l'âme, ils devraient y ajouter la notion de la suprématie. Peut-être avec cela, pourraient-ils revenir et retrouver la raison ? »

La réponse nous est parvenue selon la tradition dont nous allons citer la chaîne d'authentification.[1] Le Prophète, que les bénédictions et le salut de Dieu soient sur lui, a dit : « *La première chose que Dieu créa fut la raison. Il lui ordonna de se présenter devant lui et elle se présenta. Il lui ordonna de repartir et elle repartit. Il lui demanda de s'asseoir et elle s'assit. Il lui dit de parler et elle parla. Il lui signifia de se taire et elle se tut. Puis, Dieu dit : ''Par Ma majesté, par Mon imminence, par Ma grandeur, par Ma suprématie, par Mon autorité incontestable et par Mon pouvoir, Je n'ai point créé de créature qui Me soit plus aimable que toi et qui Me soit plus généreuse car c'est par toi que Je suis connu et par toi que Je suis adoré, par toi que Je prends et par toi que Je donne. Par toi Je reproche et c'est toi qui auras la récompense et subiras le châtiment. Je t'ai douée par la qualité la plus bénéfique, par la persévérance.* »

Cette création précieuse de Dieu, ne doit-elle pas être qualifiée de suprême ?

Les philosophes ont fait de la raison une conséquence et non une Cause première, comme elle devrait être qualifiée.

Il a été dit : « La première chose que Dieu créa fut le calame, puis le *Nūn* qui est l'encre. Il ordonna au calame d'écrire. ''Mais, mon Dieu, que dois-je écrire ?'', demanda le calame. Dieu dit : *''Écris ce qui a déjà existé et ce qui va exister après, jusqu'au jour de la résurrection.''* » [2] Cela explique le verset coranique : « ***Nūn, par le calame et par ce qu'ils écrivent.*** »[3]

---

1 Al-Suhrawardī a donné toute la chaîne de transmission dans un autre endroit du livre. Il a cité à plusieurs reprises cette même tradition authentifiée par al-Ḥāfiẓ al-'Irāqī dans *al-'Iḥyā'*, volume 1, page, 142.

2 Ibid. Ibn al-Djawzī, *Kitāb al-Adhkiyā'*, page 11.

3 Coran, sourate *al-Qalam*, n° 68, verset 1.

Les philosophes, au lieu de regarder dans la face du miroir, ils ont regardé dans son revers. Mais c'est dans la face du miroir que se reflètent les choses telles qu'elles sont réellement. C'est pour cette raison qu'ils ont expliqué l'idée par le concept de l'élément. Mais hélas, leurs explications demeurent à jamais vaines. Ils ne cessent de corrompre les mots et de les dévier de leur sens.

On a raconté au Prophète, que les bénédictions et le salut de Dieu soient sur lui, l'histoire d'un individu très versé en sciences religieuses et très pratiquant, qui interrogea ses compagnons sur l'état de sa raison puisque celle-ci démontre les niveaux de la croyance et de l'ascétisme.

Le Prophète, que les bénédictions et le salut de Dieu soient sur lui, dit : « *Ne soyez guère impressionnés par l'Islam d'un individu avant de savoir le nœud de sa raison.* »[1]

Il s'est rapporté selon `Umar Ibn al-Zubayr d'après Aïcha, qu'elle soit agréée de Dieu, qui a dit : « Je demandai au Prophète, que les bénédictions et le salut de Dieu soient sur lui, par quelle qualité se distinguaient les Hommes. Il répondit que c'est par la raison dans cette vie et dans la vie future. Je demandai encore : ''Mais n'est-t-il pas vrai que les gens seront récompensés selon leurs actions ?'' *''Ô Aïcha,* m'avait-il répondu*, il n'y a que la raison qui agisse dans la crainte et l'obéissance de Dieu. Leurs actions sont en fonction du niveau de leur raison. Ainsi, c'est selon leurs actions qu'ils seront récompensés.''* »[2]

Le Prophète, que les bénédictions et le salut de Dieu soient sur lui, a dit : « *Une personne se dirige vers la mosquée pour prier. Sa prière*

1 Al-Ḥārith Ibn Abī Usāma, *Bughyat al-Bāḥith `an Zawā'id Musnad al-Ḥadīth*, volume 2, page 805, *ḥadith* n° 23.

2 Ibn Abī Dja`far Muhammad Ḥammād al-`Uqaylī dans *Kitāb al-Ḍu`afā' al-Kibār*. Édition `Abd al-Mutā`Amīn Qal`adjī, Dār al-Kutub al-'Ilmiyya. Beyrouth, première édition 1984, volume 1, page 103. Al-`Uqaylī juge la chaîne de transmission de ce *ḥadith* peu fiable.

ne vaut même pas l'aile d'un moustique. Mais en voilà une autre qui rentre également à la mosquée pour la prière. Sa prière pèse l'équivalant de la montagne de 'Uḥud, si elle possède une raison plus élevée et supérieure à son frère. »[1]

Le Cheikh a dit : « La raison des philosophes n'est nullement sur la bonne voie. Ils se sont contentés de l'idée d'une connaissance divisée entre innée, nécessaire et acquise. Ils ont utilisé ces concepts pour expliquer le monde sensible, le monde du témoignage. Ils n'ont ainsi de raison que son revers, lorsque Dieu ordonna à la raison de s'en aller. Alors que la part des Prophètes est de l'avancement de la raison, quand Dieu lui ordonna de venir obéissante vers Lui. Par conséquent, ce sont les Prophètes qui en profitent victorieusement par la persévérance sur la voie droite de la connaissance. Ils ont eu un aperçu vaste des questions posées par les sages et le développement de leurs raisonnements. Ils ne se sont pas coupés du particulièrement petit au profit du particulièrement global, comme le cas des philosophes. En effet, le global réunit les âmes célestes, les cœurs purs et purifiés. Tandis que le particulièrement petit, l'élémentaire, part dans tous les sens dans les ruisseaux des idées. Voici, une source tellement faible comme le courant d'eau à faible débit.[2]

Quant aux Prophètes, ils viennent vers Dieu avec une certitude pure, possédant un don, des cœurs pleins d'amour pour Lui. Leurs âmes humaines qui partagent, par ailleurs, les mêmes caractéristiques que les autres âmes, sont néanmoins des âmes chargées d'une parole diffusée par l'âme parlante. Elles possèdent une grande imagination formant sa propre nature, ce qu'on peut appeler l'existence

---

1 Al-Zabādī dans *Itḥāf al-Sāda al-Muttaqīn*, volume 8, page 490. Aussi, Sulaymān Ibn Ahmad Ibn Ayyūb dans *al-Mu`djam al-Kabīr*, volume 4, page 149. Il cite le *ḥadith* dans ces termes : « Voici deux hommes qui se rendent à la mosquée pour accomplir la prière. L'un s'en va, et sa prière est meilleure que l'autre, Il avait une raison plus profonde. Alors, que pour l'autre personne, sa prière ne vaut pas le poids d'un atome. »

2 *Al-Awshāl* : pluriel de *Washal*, l'eau qui coule doucement à travers les rochers. *Lisān al-`Arab*, entrée *Washal*, volume 11, page 725.

intellectuelle. Elles se présentent à Dieu avec les éclaircissements des voix audibles venant de la parole intérieure de l'âme. Ces sources d'inspiration, grâce à leur sublimation par la lumière grandiose, deviennent sciences initiatiques de provenance divine. À chaque fois que leurs cœurs se chargent d'une science initiatique, ils se projettent en avant vers la source de cette initiation, vers l'Initiateur éternel, vers l'initiation substantielle dont ils se remplissent les cœurs. Dieu les a récompensés suite à cette fuite de l'initiation vers l'Initiateur, en faisant en sorte que leurs paroles deviennent une action en soi, épousant les situations bénéfiques. Il va de soi qu'ils seront récompensés par Dieu suite à leur fuite du bonheur immédiat vers le Bienfaiteur lui-même, *al-Mun`im*, comme si le bonheur ne devrait pas les en détourner. Dieu a récompensé leur abandon de l'imagination, base de l'existence spirituelle, par l'accès aux choses cachées. Les vérités se dévoileront à eux grâce à leur imagination. Cela est palpable dans les rêves prémonitoires.

Il est rapporté d'après le Prophète de Dieu, que les bénédictions et le salut de Dieu soient sur lui, selon l'honorable autorisation, selon Abī al-Ḥasan Ali Ibn `Asākir, selon Abī Ali al-Ḥasan Ibn Muhra al-Ḥaddād, selon Abī Na`īm al-Aṣfahānī, selon Muhammad al-Mathnī, selon `Abd al-Wahāb Ibn `Abd al-Madjīd, selon `Abd al-Wahāb Ibn Mudjāhid, qui a dit : « Nous avons entendu Mudjāhid qui rapportait le témoignage d'Ibn `Umar, qu'il soit agréé de Dieu, en disant : ''Un jour, le Prophète, que les bénédictions et le salut de Dieu soient sur lui, sortit de chez lui comme s'il serrait entre ses mains des choses qu'il avait attrapées. Il avait les poignets fermés jusqu'au moment où il arriva à la hauteur de ses compagnons. Il ouvrit sa main droite et dit : *''Au nom de Dieu, le Clément, le Miséricordieux, ceci est un livre, œuvre du Clément, du Miséricordieux. Il contient les noms des gens du Paradis, les noms de leurs parents et de leurs tribus, tous, sans exception ni un de plus ni un de moins.''* Puis il ouvrit sa main gauche et il dit : *''Au nom de Dieu, le Clément, le Miséricordieux, ceci est un livre, œuvre du Clément, du Miséricordieux. Il contient les noms des gens de l'Enfer, les noms de tous leurs parents et de leurs tribus, sans exception, ni un de plus ni un de moins.'' »*[1]

Pour revenir aux philosophes, si ces derniers avaient laissé libre cours à leurs fausses intuitions de manière à s'emparer totalement de leurs cerveaux, une fumée épaisse se serait emparée d'eux. Ils seraient projetés dans les vallées de la négation, dans les lieux de perdition. Ceci est la destinée des gens qui ont laissé leurs intuitions guider leurs actions, comme s'ils avaient échafaudés leurs fondations sur le bord d'un précipice qui s'est écroulé avec eux dans le feu ardant de la géhenne.

Mais Dieu, le Très-Haut, par sa bienveillance, a offert aux Prophètes une part de science pénétrant leurs cœurs. Une science touchant directement l'âme. En premier lieu, elle touche l'âme animale, comme nous l'avons indiqué plus haut dans un précédent chapitre. Puis, dans un second temps, elle touche l'âme supérieure, une âme spirituelle venant de l'ordre de Dieu. Mais, l'illumination du cœur avec la lumière provenant de cette dernière est grandiose, car le cœur ne peut à lui seul se charger de cette science. Mais si elle pénètre l'âme en question cela provoquerait une sorte de séparation entre l'âme supérieure et les Sciences éternelles et inépuisables. Les mers se videraient de leurs eaux sans que ces sciences s'épuisent. Une partie de ces sciences sont gravées dans *al-Lawḥ*, la table protégée, se séparant de l'ensemble. Alors, la séparation devient obligatoire. Et le cœur se transforme en réceptacle existentiel dont les sciences et les savoirs élisent domicile. Mais si le cœur était resté caché par le rayonnement de l'âme, il n'aurait pas pu devenir réceptacle qui contient une science aussi profonde. Les sciences des Prophètes sont de même nature, des dons cachés ésotériques.

Si le cœur n'est pas séparé de l'âme supérieure en se dirigeant vers le souffle afin de devenir un réceptacle et contenir la science, il serait

---

1 *Ḥadith* déjà cité, authentifié par Ahmad Ibn Ḥanbal dans le *Musnad*, volume 2, page 127. Aussi par al-Tirmidhī dans *Sunan*, volume 4, page 449.

par son attirance et son amour pour Dieu par l'entremise de l'âme, obnubilé et préoccupé par la quête de cette science.

L'âme supérieure a le plus de chance pour se rapprocher de Dieu et la raison n'est que l'affirmation et la représentation de cette âme. Car, quand Dieu s'adressa à la raison dans la tradition que nous avons préalablement citée : « *La première chose que Dieu créa fut la raison...* », il désignait par cela la raison comme porte-parole de l'âme. Cet organe de parole est identique à la langue du discours. C'est sur ce point exactement, que les philosophes ont perdu pied dans leur tentative de définir la raison. Leurs idées demeurent de courte vue et très limitées. Ils ont imaginé la raison tantôt conséquence première, tantôt cause, mais la conséquence et la cause ne sont en définitive que des créatures de Dieu. Et pis encore, leur pensée arrive à son extrême limite, en désignant la raison comme Cause première. Voici donc sans issue les chemins qui mènent à leur pensée. Ils ne cessent de revenir de leur pérégrination conceptuelle pour se perdre davantage en avançant l'idée de la seconde raison, qui existe par le fait de la première raison selon leurs prétentions. Pour résumer, ils distinguent ainsi deux faces dans la raison première : une face appelée *Imkān*, possible, et une autre face *Wudjūb*, l'obligation de l'être. Mais, que savent-ils de la notion de l'obligation de l'être, sans avoir les moyens d'y parvenir ?

La raison, l'organe d'expression de l'âme, se met en mouvement vers les mondes cachés, alors qu'inversement, la seconde raison prend en main leurs idées, et avance dans les champs des créatures. D'abord, elle arrive vers l'âme globale. Ensuite, elle atteint les corps célestes et puis s'approche des planètes. Tandis que dans les deux étapes suivantes, elle va vers les éléments puis enfin les choses composées. Ainsi, se termine le parcours de leurs idées errantes dans le vaste champ du monde de témoignage, de la majesté et de la sagesse. Ces idées futiles, les ont empêchés d'avoir l'essence de la Volonté divine voilée par la sagesse et le monde ésotérique. Les choses mystérieuses de la terre et du ciel naviguent dans les étendues de la Volonté éternelle : « ***Les mystères des cieux et de la Terre appartiennent à Dieu.*** »[1]

Les Prophètes ont fait la traversée par la raison première vers les mondes des mystères. Ils demeurent de la sorte, au plus proche des stations du rapprochement. Leurs âmes sont assidues à se hisser toujours plus haut, vers la majesté et la Beauté éternelle. Les voici persévérants dans la connaissance des questions de l'Au-delà, du paradis, de l'enfer, du bassin et de l'intercession auprès de Dieu. À chaque fois, que les Prophètes s'enrichissent par la lecture des feuilles de la destinée, rapprochement vers Dieu l'Éternel, les philosophes se voient noyer dans les méandres de leurs idées. Un abîme sans fond, une connaissance et une pensée à mille lieues de Dieu.

Deux routes se séparent et divergent définitivement :

À Najd, vous demeurez aspirés,

Pour moi, le Sham est mon unique destinée.

Qui pourrait unir ces deux chemins séparés ?[2]

Les mondes des témoignages, avec ce qu'ils contiennent, sont en permanence source de réflexion pour les Prophètes. Ces derniers ont cerné ces mondes-là dans leur ensemble et aussi dans le moindre détail. Une connaissance qui se reflète sur la surface du miroir de leurs cœurs, surgissant d'un seul banc. Ils s'élèvent par leur pensée, sans se perdre dans les détails et sans grands efforts déployés. Au contraire, ils éprouvent un plaisir inouï et un bonheur sans égal dans cet effort-là. Ils témoignent à travers la création, le Créateur lui-même. Ils se promènent dans les vergers de la volonté et de la sagesse en les attribuant au Sage, le Tout Puissant. Rien ne vient altérer leur vision. Au diapason de cela, les philosophes ont le cerveau garni des futilités du monde.

---

1 Coran, sourate *al-Naḥl*, n° 16, verset 77.

2 *Lā Yalta'imān* : ne peuvent pas se réunir.

Dieu, le Juste dans Sa grande gloire a montré par l'intermédiaire de la seconde raison le cernement des particules des choses existantes et du monde du témoignage. Ainsi, les Hommes ont pu comprendre la composition du vaste univers contenant astres et planètes. Mais si cette œuvre nous parvient par l'intermédiaire des Prophètes, cela n'est qu'un don de Dieu et une partie infime de la connaissance. Par contre, si cet ordre des choses n'est pas le résultat de l'intercession des Prophètes, en sachant au passage que toute chose est une démonstration de Dieu, alors les Hommes se refermeront dans le cercle de l'incapacité du saisissement. Même les sciences détestables, comme la magie, les sorts et les garrottages, sont tributaires de Dieu, c'est Lui qui les permet. Dieu seul induit en erreur qui Il veut, afin que la science soit témoin à charge contre celui qui la pratique. Dieu guide sur le bon chemin qui Il veut pour qu'il témoigne de sa gratitude envers Lui.

« Il existe dans toute chose un signe ; *que Dieu est Un.* »[1]

Les grands signes témoignant de Sa Majesté sont :

Le soleil que Dieu a créé. Il a fait de lui, selon Sa volonté, la source des choses inanimées, des choses animées et des animaux. Par rapport à la Terre, il est plus grand d'environs cent-soixante-six fois et un quart et un huitième. Les plus grands des astres fixes sont au nombre de quinze, chacun mesure quatre-vingt-quatorze fois et demi plus que la Terre.

Saturne mesure quatre-vingt-dix-neuf fois et demi plus que la Terre.

Jupiter mesure quatre-vingt-deux-fois et demi et un quart plus que la Terre.

Et ainsi de suite pour le reste des planètes fixes, chacune est plus petite que l'autre selon leur rang. À savoir que les plus petits des astres ne mesurent que seize fois plus que la Terre.

---

1 Vers d'Abū al-`Atāhiya dans son recueil de poésie, page 122. Ibn Khillikān dans *Wafiyyāt al-A`yān* attribue ce vers à Abī Nawwās, volume 7, page 130. Al-Ṭūsī le rapporte aussi mais dans des termes différents : « *Toute chose témoigne qu'il est Un.* »

Mars mesure une fois et demi plus que la Terre.

La lune est l'astre le plus petit de tous, et plus petit que la Terre aussi. Elle ne représente qu'un trente-neuvième et un quart de la surface de la Terre.

Vénus aussi ne représente que le quarante-quatrième de la surface de la Terre.

Quant à Mercure, elle ne représente que le cent-trente-deuxième de la superficie de la Terre.

Nous avons les dimensions des planètes par rapport à la Terre. Quant aux distances des planètes par rapport au centre de la Terre, elles se présentent comme suit :

L'astre le plus proche est la lune. Plus loin de la lune se trouve Mercure. On peut donner ainsi, pour chaque planète, la distance qui la sépare de la suivante. De la même manière, la Terre peut être mesurée par rapport au cercle des signes du zodiaque.

Nous venons d'exposer un pilier du Royaume de Dieu, dont la raison demeure perplexe. Il s'agit seulement de l'un des mondes que Dieu a créés. Mais la raison des philosophes reste prisonnière de ce petit monde sans ascension possible vers d'autres niveaux du savoir.

Nous leur concédons les disciplines des planètes, de l'astronomie contenant le mouvement des astres, leurs influences, les éclipses, les comparaisons, l'opposition, la mesure des quarts et des tiers, mais lorsqu'il s'agit de l'influence de ces planètes sur les êtres vivants, les cœurs des philosophes se comblent par la négation et le dédain. L'ordre des choses revient au Créateur des astres et non aux astres même. C'est l'une des prérogatives des anges chargés de leurs mouvements. Les planètes et les astres sont en mouvement tel des navires gouvernés par les anges.

N'associe pas les astres à Dieu, car l'association à Dieu est chose néfaste.

Il nous est parvenu par l'honorable autorisation selon Abī Zar`a, d'après l'*Isnād*, l'authentification d'Ibn Mādja, selon Abū Bakr, selon Yahya Ibn Sa`īd, selon `Abd Allah Ibn al-Akhnas, selon al-Walīd Ibn `Abd Allah, selon Yusuf Ibn Māhik, selon Ibn `Abbās, qu'il soit agréé de Dieu, qui a dit que le Prophète de Dieu, que les bénédictions et le salut de Dieu soit sur lui, a dit : « *Celui qui acquiert une connaissance des astres acquiert une cellule de magie qui ne cesse de s'enfler en permanence.* »[1]

1 *Ḥadith* authentifié par Ibn Ḥanbal, dans *Musnad*, volume 1, page 227. Aussi dans *Sunan* d'Ibn Dāwūd, *Kitāb al-Ṭibb*, chapitre 22, volume 4, page 226, et dans *Sunan* d'Ibn Mādja, *Kitāb al-Adab*, chapitre 28, volume 2, page 1227.

DIXIÈME CHAPITRE

SUR LES CRÉATIONS GRANDIOSES DE DIEU DANS LE MONDE CACHÉ

Le Cheikh de l'Islam Shihāb al-Milla wa al-Dīn a dit : « Sache que celui qui n'a pas de fin n'a ni contours, ni limites. En partant de ce postulat, l'**éternel** est perpétuel et par conséquent le perpétuel, sans fin, est éternel. L'idée et les imaginations ne peuvent plus s'exprimer et les raisons demeurent muettes, dans l'impossibilité de saisir toutes les nuances de cet état des choses. Celui qui s'aventure et tente de comprendre les choses cachées par Dieu en se basant uniquement sur son imagination et sa simple raison, sans demander ni aide, ni avertissement, ni compréhension provenant de Dieu, celui-là est totalement dans l'erreur, loin des lois de la raison, et sa démarche n'est que vaines obstinations. »

Dieu avait dévoilé ses mondes cachés aux Prophètes et quelques rares autres personnes. Les sciences révélées par les Prophètes et ces quelques privilégiés ne sont pas aisément accessibles. Elles sont hautement gardées là où sont cachés les secrets de la science antérieure, une science demeurant dans les zones invisibles, sans apparaître dans l'espace de l'existant. Elle ne fait pas partie des ramifications des autres sciences qui corroborent cette demeure éphémère et de courte durée.

Regardez ! Voici la raison fardée de lumière de Guidance éternelle, qui nous montre ces sciences dans leur ensemble sans s'attarder sur les détails. Car les sciences dans leur globalité sont saisissables par le rayonnement de la lumière du témoignage. Tandis que les détails de ces sciences échappent à l'effort de la raison. Le réceptacle de l'existant est trop petit pour les contenir. Mais pour l'éternel de l'éternité, pour le perpétuel de la perpétuité, cela est plus insignifiant qu'un grain de moutarde en comparaison à l'ensemble de ces mondes.

Il est curieux de voir comment celui qui prétend raisonner pourrait oser diffuser ses connaissances limitées et même d'en composer des recueils ! Il s'imagine une éloquence, un énoncé, une définition, une démonstration par des exemples, en y croyant fermement. Il n'éprouve ni honte ni gêne à cela. Il n'a peur de personne et il ne montre aucun respect. Il se gargarise par ce qu'il déclare sans prendre la peine de se cacher. Il ose même s'aventurer dans les champs du secret.

À quoi rime cette audace, cette hardiesse, cette imprudence sans gêne. Foutaises, cela se nomme rébellion et sottises.

Dans ce chapitre, je rapporterai les traditions des Prophètes et les dits de notre Prophète Muhammad, que les bénédictions et le salut de Dieu soient sur lui, qui est la source des sciences et la racine des vérités inscrites et authentifiées dans les registres des cœurs de la nation. Ce dont il nous a informés est peu de chose en comparaison à l'immensité des connaissances. Ainsi, la connaissance du parfaitement peu permettrait d'atteindre et de démontrer l'immensément grand.

Nous avons été informé par le Cheikh Abū al-Mun`im Ḥudhayfa Ibn Sa`d al-Wazzān, selon al-`Adl Abū al-Faḍl Ahmad Ibn al-Ḥasan Ibn al-Ḥasan Ibn Khayrūn en lecture selon Abū Ali al-Ḥasan Ibn Ahmad Ibn Ibrāhīm Ibn Shādhān, Ibn Abū Ali Īsā Ibn Muhammad Ibn Ahmad Ibn `Umar al-Tūmārī, selon Abū al-Ḥasan Muhammad Ibn Ahmad al-`Abdī en lecture d'après lui, selon Abī Idrīs Ibn Sinān, selon mon grand-père maternel, Wahb Ibn Munbih al-Yamānī, selon Ka`b qui a dit : « Autour du Trône se postent soixante-dix mille rangs d'anges. Ils sont alignés les uns derrière les autres en mouvement circulaire permanent autour du Trône et en permutation continuelle, les uns avancent et les autres leur cèdent la place en reculant. Au moment où ils se croisent, les uns chantent en chœur : « Allah » et les autres d'y répondre : « *Akbar* », le Plus Grand. Derrière ces rangs d'anges se trouvent encore soixante-dix mille autres rangs. Ils sont debout, les mains portées à leur cou. Quand ils entendent les *tahlil* des uns et les *takbīr* des autres, ils lèvent leur voix à leur tour et disent : ''À Toi toute la prière, et envers Toi, nous louons Ta générosité. Tu es Allah, il n'y a d'autre Dieu que Toi. Tu es Allah Akbar, Dieu est le Plus Grand. Toutes les créations sont Ton œuvre et elles Te sont redevables.'' Après ces derniers rangs d'anges, cent mille autres rangs d'anges arrivent. Les anges posent leur main droite et leur main gauche autour de leur gorge. Ils sont couverts de la tête aux pieds de pelages, de laines, de duvets, et de plumes. Et chose extraordinaire, même pas un pelage, pas une laine, ni un duvet, une plume, un os, une articulation, un nerf, une peau, une chair, et enfin une âme, qui ne chantent pas les louanges de Dieu le Majestueux, dans Sa grandeur, et dans Sa bienfaisance ; une évocation et une louange propre à chaque élément. Entre les ailes de chaque ange, il y a l'équivalent de trois-cents ans de marche à pied. Entre le lobe de son oreille et son cou, la distance de quatre-cents ans. La distance entre les deux épaules est de cinq-cents ans et il en va de même entre les deux poitrines. Aussi faut-il calculer cent-cinquante ans entre le pied et le talon. Trois-cents ans entre la cuisse et les côtes. Cent ans entre chaque côte. Cent ans entre les mains et les poignets et trois-cent ans entre ces derniers et les coudes. Chaque ange est capable, par une main, de saisir d'un seul tenant toutes les montagnes de la Terre, si Dieu lui en donne l'ordre. »[1]

Le Cheikh a dit : « Selon Wahb qui a dit : ''Chacun des anges porteurs du Trône mesure l'équivalent de deux cent dix-sept mille ans. Quand ils se mettent à marcher, la distance entre un pied posé et celui qui suit est de sept-mille ans. Ils possèdent un nombre incalculable de visages et d'yeux. Dieu seul peut les compter. Le poids du Trône est tel, qu'ils tombent sur les genoux, tant le Trône est immensément grand

1 Tradition rapportée par al-Imām al-Baghūrī dans son commentaire du Coran *Ma`ālim al-Tanzīl*, volume 7, pages 139-140, commentaire verset 7, sourate *Ghāfir*, édition Dār Ṭība, 1995. Rapportée aussi par al-Zamakhsharī dans *al-Kashshāf*, volume 4, pages 15, édition Dār al-Kitāb al-`Arabī, 1986. Beyrouth. De même, des extraits de cette tradition sont authentifiés par al-Bayhaqī selon Djābir Ibn `Abd Allah al-Ansārī et selon Ibn al-`Abbās dans *Kitāb al-Asmā' wa al-Ṣifāt*, pages 398-399.

et majestueux. Et comme un souffle, ils disent ''toute la volonté et la puissance reviennent à Dieu''. Et d'un seul ban, ils se mettent à nouveau debout, droits sur leurs pieds. Chaque pied posé transperce les différentes couches de la Terre, l'équivalent de cinq-cents ans à vol d'oiseau. Ils louent Dieu, le glorifient, évoquent Sa Majesté et Le prient sans relâche. Ils disent : ''Il n'y a de Dieu qu'Allah, le possesseur du Trône, le Majestueux et le Très-Haut, en suppliant Dieu de pardonner tous les croyants et les croyantes.'' »[1]

Ô toi, l'étourdi, avec ta pitoyable marchandise, fais le vide dans ta tête et ouvre tes sens à cette tradition, tu verras les signes de la Majesté de Dieu. L'Homme ordinaire, quand il entend les distances décrites ci-haut entre les planètes dans ce monde du témoignage, son raisonnement est incapable d'y croire et il trouve impossible la distance entre le soleil et la Terre. Tu es comme ce dernier, ta raison limitée ne fait que rejeter l'énoncé de cette authentique tradition. Au contraire, les raisons des Prophètes ont pris en considération l'ensemble des connaissances abordées par cette tradition. Identique au raisonnement des simples, tu refuses de croire à la distance grandiose à parcourir quand les anges posent leurs pieds qui transpercent la Terre jusqu'à sa dernière sphère. Tu te leurres toi-même en pensant que la Terre sphérique est un point déterminé seulement dans l'ensemble des sphères célestes. Ne sais-tu pas que derrière la Terre se trouvent d'autres terres dans le monde des choses cachées ? Oui, sache que quelque part dans ces sphères, loin derrière, subsiste l'enfer ! On est loin, à mille lieues, de ce que tu penses comme découverte finale et définitive en appliquant ta géométrie.

Selon la tradition remontant à Abī Ishāq al-Tha`ālibī, selon Ibn Findjawayh, selon Mukhlid Ibn Dj`afar Ibn al-Ḥasan Ibn `Alwiyya, selon Ismā`īl Ibn Īsā, selon Ishāq Ibn Bishr, selon Ibn Djarīr, selon

1 Al-Sayūtī a rapporté ce *ḥadith* dans des termes proches dans son livre *al-Durr al-Manthūr*, volume 7, pages 274-275, éditions Dār al-Fikr. Voir aussi *al-Alwasī*, chapitre 24, volume 7, pages 4645, le commentaire du verset 7, sourate *Ghāfir*, n° 40.

`Ikrima et Muqātil, selon Ibn `Abbās, qu'il soit agréé de Dieu, qui a dit : « Le Prophète de Dieu, que les bénédictions et le salut de Dieu soient sur lui, demanda à l'ange Gabriel, le salut de Dieu soit sur lui : *''Je désire te voir dans ta véritable image qui est dans le ciel !''* Gabriel rétorqua : ''Mais tu ne pourras pas résister à ma vue dans ma vraie nature.'' Mais le Prophète, que les bénédictions et le salut de Dieu soient sur lui, insista de nouveau : *''Si, je le pourrai.''* Sur cet échange, Gabriel céda à la demande du Prophète, que les bénédictions et le salut de Dieu soient sur lui, et lui demanda dans quel endroit il souhaitait l'apercevoir, et le Prophète, que les bénédictions et le salut de Dieu soient sur lui, suggéra le lieu-dit al-Abtha. ''Ça sera un espace trop petit pour moi'', contesta Gabriel. *''Alors à Munā''*, proposa le Prophète. ''Non, s'opposa de nouveau Gabriel, ce lieu ne pourra pas me contenir.'' Finalement et en dernier recours, et Gabriel se mirent d'accord pour la montagne de `Arafa et tous deux se donnèrent rendez-vous au pied de la montagne sacrée. Sur ces faits, le Prophète se mit immédiatement en route vers la montagne. À peine arrivé, Gabriel qui descendit de `Arafa, autour de lui un bruit d'un autre monde, tonnerres et bruissements. L'ange Gabriel remplit par sa présence l'immensité de l'espace entre Est et Ouest. Sa tête figura dans le ciel et ses pieds se posèrent dans les profondeurs de la Terre. Et comme Gabriel l'avait prévu, le Prophète, s'écroula sur place, s'évanouit. Gabriel, par affection pour le Prophète, se retransforma et prit l'aspect d'une forme adamique identique au Prophète lui-même, en le serrant très fort contre lui : ''Ô Muhammad, n'aies pas peur de moi. Qu'aurais-tu fait si tu avais vu l'ange Isrāfīl ? Sa tête est en-dessous du Trône et ses pieds prennent appui dans les profondeurs de la septième terre, portant le Trône sur ses épaules. Mais malgré son immensité fantastique et son rôle, il lui arrive, par peur de Dieu, de s'auto-réduire au point de ressembler à un petit oiseau par sa taille afin que seule la grandeur de Dieu demeure'' ».[1]

---

1 Commentaire de la *Sunna* d'al-Baghawī, édition al-Maktab al-Islāmī, volume 1, page 215. Une autre version est signalée dans *Musnad* Ishāq Ibn Rāhawayh, volume 2, page 491, n° 1076, selon une chaîne de transmission remontant à Aïcha qui a dit : « Le Prophète

Une autre fois, quand le Prophète, que les bénédictions et le salut de Dieu soient sur lui, demanda à Gabriel de le voir dans l'embouchure du monde du témoignage, son être supérieur et protégé se limita et ne put guère l'apercevoir. Le Prophète, que les bénédictions et le salut de Dieu soient sur lui, fut cantonné dans la limite de sa propre image. Mais quand le nouveau-né de sa propre nature originelle se libéra de cet état d'enfermement, et quand ainsi son être se purifia par l'ascension au septième ciel[1], il abandonna alors dans chacune des sept étapes une partie de son être[2] et se drapa dans son nouvel habit fait de lumière

---

de Dieu, que les bénédictions et le salut de Dieu soient sur lui, dit à Gabriel *: ''Je désire te voir dans ta véritable image.*" Gabriel s'assura du réel désir de prophète, que les bénédictions et le salut de Dieu soient sur lui, et ils se donnèrent rendez-vous dans le lieu-dit Baqī` al-Gharqad à la nuit tombante. À leur rencontre, Gabriel déploya une de ses ailes en bouchant l'horizon du ciel, au point que le Prophète, que les bénédictions et le salut de Dieu soient sur lui, ne put rien apercevoir du ciel **». Ce** *Ḥadith* est cité dans une autre version dans *Musnad* `Abd al-Ḥamīd, page 439, n° 1519, en jugeant sa chaîne de transmission faible. Selon lui, il est douteux que le Prophète, que les bénédictions et le salut de Dieu soient sur lui, ait vu la véritable image de l'ange Gabriel sans raison.

1 *Rāwaqa* : *rāqa*, se purifier par le fait de l'ascension. Abū Bakr al-Rāzī, *Mukhtār al-Ṣaḥīḥ*, édition Dār al-Ma`ārif. Égypte, entrée *Rawaqa*, page 264.

2 La notion de la séparation du Prophète, que les bénédictions et le salut de Dieu soient sur lui, de son corps lors de l'ascension et une notion soufie par excellence, une notion réelle et non suggestive ou symbolique, considérée par les initiés comme l'un des exemples de l'élévation de saints vers une station initiatique plus élevée. Ibn `Arabī avait lui aussi abordé avec amplitude la notion de l'ascension des saints qu'il assimile à l'ascension du Prophète, que les bénédictions et le salut de Dieu soient sur lui. Ainsi, dans son ascension spirituelle, le saint initié se libère de son corps qu'il abandonne, ne laissant à sa place que les quatre éléments originels : la terre, l'eau, l'air et le feu. Ibn `Arabī nomme cette ascension « l'ascension analytique par étapes ». Tandis que la séparation des éléments composant le corps physique, est désignée par Ibn `Arabī par « la mort ». Une mort obligatoire et primordiale, pour passer d'un état à un autre. Un chemin difficile et plein de souffrance, car il suppose que cette mort accompagne le saint dans sa traversée des différents mondes. Une fois son voyage initiatique terminé, le saint récupère les éléments physiques après son retour, l'un après l'autre, selon l'ordre de l'abondant des éléments au préalable. Le saint aperçoit le processus de dépouillement et l'abondant de son corps. Notre auteur, dans son texte, ne fait qu'évoquer les grands traits de cette notion détaillée par Ibn `Arabī dans nombreux passages de son livre *Al-Futūhāt al-Makkiya*, volume 3, page 354, édition Dār al-Kutub. Égypte, 1329 H. Aussi dans *Risālat al-Anwār*, *Rasā'il*

originelle. Il voyagea alors avec un seul bagage, sa nature originelle. Sur ces faits, et à cette étape, Gabriel prit congé, mais le Prophète, que les bénédictions et le salut de Dieu soient sur lui, l'interpela : ***« Mon frère Gabriel, est-ce à cette station que le compagnon abandonne son compagnon de route ? »*** « À chacun de nous une station connue d'avance », a répondu l'ange Gabriel au reproche du Prophète, que les bénédictions et le salut de Dieu soient sur lui, et il ajouta : « Si je m'approche, ne serait-ce que d'une phalange, je me brûlerai ».[1] Cela confirme que notre Prophète, que les bénédictions et le salut de Dieu soient sur lui, possède une part plus avancée que Gabriel dans le monde du rapprochement de Dieu. En effet, l'ange Gabriel est limité et il s'amenuise dans ce dernier monde caché, comme le Prophète, que les bénédictions et le salut de Dieu soient sur lui, est limité et amenuisé dans notre monde ici-bas. Cette science n'est rien d'autre qu'une science des idées.

Selon une citation remontant à al-Tha`labī, selon Ibn Fandjawayh, selon `Abd Allah Ibn Muhammad Ibn Shī, selon Ibn al-Masnūhī, selon `Abd Allah Ibn al-Zubayr, selon son père, selon sa grand-mère Asmā' Bint Abū Bakr, qu'ils soient agréés de Dieu, qui a dit : « J'ai entendu le Prophète de Dieu, que les bénédictions et le salut de Dieu soient sur lui, évoquer *Sidrat al-Muntahā*, le jujubier de la limite : ' *'Le voyageur pourrait marcher plus de cent ans, protégé par l'ombre de ses branches. Si un homme montant une jeune chamelle* [2] *envisage de faire la*

Ibn `Arabī*, volume 1, page 13 et suivantes, édition Hyderabad, 1361 H. Aussi Michel Chodkiewicz, *Le sceau des saints. Prophétie et sainteté dans la doctrine d'Ibn `Arabī, traduction Ahmad al-Ṭayyib, Dār al-Qubba al-Zarqā'. Marrakech, 1999.

1 Tradition citée par al-Bayhaqī selon Ibn Shafīq qui a dit : « J'ai entendu un *ḥadith* que l'ange Gabriel avait dit : ''Entre nous, les anges et le Trône, existent soixante voiles, si je m'approchais de l'un d'eux, je brulerais.'' » D'après al-Bayhaqī, ce *ḥadith* est rapporté par Ibn Shafīq selon Zarāra, selon Ibn Abī al-Wāfī selon le Prophète, que les bénédictions et le salut de Dieu soient sur lui, mais le Trône n'est pas cité par lui. Aussi sur le même *ḥadith*, voir Mudjāhid Ibn Djabr (un commentateur éminent du Coran), qui pense que le voile cité est un voile entre les anges et les autres créatures d'un côté et le Trône de l'autre côté. *Al-Asma' wa al-Ṣifāt*, page 403.

2 *Haqqa* : jeune chamelle.

circumambulation autour de son tronc,[1] *il serait devenu très avancé en âge avant d'atteindre son point de départ.*''[2] Cet arbre n'est que l'arbre nommé Ṭūbā, fortune, cité dans le Coran dans sourate *al-Ra`d.* »[3]

Selon le *ḥadith* transmis par Abī Ishāq, selon Ibn Fandjawayh, selon Mukhlid Ibn Dja`far, selon al-Ḥasan Ibn `Alawiyya, selon Ismā`īl Ibn Īsā, selon Isḥāq, selon Muqātil, selon Djarīr, selon Mudjāhid, selon Ibn `Abbās : « Il est écrit dans une place préopinante dans *al Lawḥ,* table, il n'y a de Dieu qu'Allah et Muhammad est Son sujet et Son messager. Celui qui croit en Dieu et en Sa promesse, et suit à la lettre les préceptes dictés par son Prophète, que les bénédictions et le salut de Dieu soient sur lui, aura le Paradis comme demeure finale. » Il a dit aussi : « *al-Lawḥ*, la table, est fait de perles blanches. Sa longueur équivaut à la distance entre la Terre et le ciel. Tandis que sa largeur équivaut à la distance entre Est et Ouest. Ses bords sont faits de perles et d'hyacinthes. Sa première et sa dernière couverture sont faites d'hyacinthes rouges. Son calame est de lumière. Ses mots sont associés au Trône. Sa base se trouve dans le giron d'un ange nommé Matrīwūn. *Al-Lawḥ* est protégé en permanence des intrusions des diables. Dieu dit : ''***Dans une table bien gardée***''.[4] Dieu dispose dans cette table, chaque nuit et chaque jour, de cent-soixante seconde pour donner la vie, ainsi que la mort. Il glorifie, mais Il abaisse également qui Il veut. Il fait ce qu'il veut, Lui. »[5]

---

1 *Finan* : le tronc de l'arbre.

2 *Ḥadith* authentifié par al-Tirmidhī, en le qualifiant de bon et isolé, chapitre 9, volume 4, page 69, n° 2541. Aussi dans *Mustadrak al-Ṣaḥīḥay*n d'al-Ḥākim, volume 2, page 469, en le qualifiant par *ḥadith* authentique selon les critères de Muslim. Aussi chez al-Sayūtī dans son recueil *al-Durr al-Manthūr*, volume 6, page 125, Dār al Ma`rifa.

3 Coran, sourate *al-Ra`d*, n° 13, verset 29 : « ***Ceux qui auront cru et accompli des œuvres pies, à ceux-là,* Ṭūbā, *fortune et beau lieu de retour*** ».

4 Coran, sourate *al-Burūdj*, n° 85, verset 22.

5 *Ḥadith* cité auparavant. Aussi chez Ibn Abī al-`Izz, dans *Sharḥ al-`Aqīda al-Ṭaḥāwiyya*, une version abrégée attribuée à `Abd Allah Ibn `Abbās. Al-Suhrawardī donne aussi la même attribution. Aussi chez Muhammad Nāṣir al-Albānī d'après la version d'al-Ṭabarānī dans *al-Mu`djam al-Kabīr*, volume 3, page 165. Le *ḥadith* est jugé comme faible.

Les philosophes n'ont pas saisi ce que les Prophètes ont compris, comme s'ils regardaient dans le revers du miroir où réside seulement le monde du témoignage, alors que sur la face du miroir se reflète l'ensemble du monde caché. Les philosophes n'ont rien compris, rien saisi du sens de ce monde. Au contraire, ils ont fait dévier la parole de sa voie naturelle. Ils ont interprété le message des Prophètes uniquement par la limite de leur raisonnement. Ils ont tenté d'expliquer ce monde caché par leurs propres expressions et leurs propres concepts, fruits de leur pensée limitée. Ils ont prétendu au sujet de la table protégée que c'est le premier créateur, l'élément qui contient les choses existantes et les causalités. Pour eux, de chaque image existant au monde, se produit une réplique de l'élément premier. L'origine et la finalité de cette image proviennent de ce même élément. Chaque chose existante dans le monde rationnel et dans le monde sensible dispose d'une image identique au sein de l'élément. Ce qu'ils ont exprimé et compris par leur propre et unique pensée, n'est en définitive que l'ombre des formes des connaissances des Prophètes. Car les Prophètes ont la certitude visible de la vérité contenue dans la table protégée, comme le paradis, l'enfer, le bonheur et la souffrance éternelle. Ces éléments se sont matérialisés pour eux dans la réalité et par l'image. Ils figurent, sans ombrage, dans les messages révélés et dans les anciens Livres saints dévoilés par les Prophètes.

D'autre part, les pensées des athées et des philosophes ne sont que l'ombre des révélations prophétiques. Hélas, ils n'ont fait que reproduire fadement ce que leur pensée limitée a exprimé. Ils ont perdu pied dans les méandres des sciences et des pensées. Ils ont érigé un barrage entre eux et l'aboutissement inéluctable à connaître le Créateur et à démontrer Son existence à travers Ses créations. Un barrage qui les empêche d'atteindre la vérité la plus majestueuse qui est Dieu, et par conséquent de saisir le sens de Son ordre et de Ses créations que la raison humaine ne pourrait à elle seule et en aucun cas contenir. Au sujet du Trône, *al-Kursī*, la faculté de discernement part en éclat.

Dieu, le Très-Haut, dit : « ***Son Trône contient les cieux et la Terre*** ».[1]

Il était dit que chaque pied du Trône mesure l'équivalent de la largeur des sept cieux et des sept terres réunis. Il est dans les bras du Trône. Les quatre anges qui le portent possèdent quatre faces. Leurs pieds prennent appui sur un gros caillou se trouvant au fond de la septième terre, loin d'environ cinq-cents ans de marche à pied. Un ange a le visage à l'image d'Adam, le père de l'humanité. Il demande continuellement à Dieu le gain matériel quotidien et les averses bienfaitrices en faveur des humains. Le deuxième a un visage à l'image du taureau, le seigneur des équidés. Il demande constamment, en leur faveur et année après année, la nourriture et le pâturage. Le troisième a un visage de lion, seigneur des fauves. Il sollicite, en leur faveur, d'une manière régulière chaque année, une chasse abondante. Et enfin, le dernier ange au visage du seigneur des oiseaux, l'aigle, demande pour eux des proies faciles.[2]

Selon une autre tradition remontant à al-Tha`labī, selon al-Ḥasan Ibn Sufyān Ibn Āmir, selon Ibrāhīm Ibn Hishām Ibn Yaḥya al-Ghassānī, selon son père, selon son grand-père, selon Abī Idrīs al-Ghawlānī, selon Abī Dharr, qu'il soit agréé de Dieu, qui a dit : « J'ai demandé au Prophète de Dieu, que les bénédictions et le salut de Dieu soient sur lui : ''Quel est le verset le plus important que tu as reçu de Dieu ?'' *''Le verset* al-Kursī, *le Trône''*, avait répondu le Prophète, que les bénédictions et le salut de Dieu soient sur lui, et de poursuivre : *''Ô Abū Dharr, sais-tu que les sept cieux en comparaison avec le verset* al-Kursī, *ne sont qu'un cercle vide jeté sur une terre aride et sans production. Sais-tu que la suprématie de la Royauté sur le Trône est comme la primauté de la terre aride sur le cercle vide ?''* »[3]

Selon certaines traditions, entre les anges porteurs du Trône et les anges porteurs de la Royauté se dressent soixante-dix voiles d'ombres

---

1 Coran, sourate *al-Baqara*, n° 2, verset 255.

2 Authentifié et abrégé par al-Bayhaqī dans son livre *al-Asmā' wa al-Ṣifāt*, page 403.

3 Ibid. page 405.

et soixante-dix voiles composées de lumière. L'épaisseur de chaque voile est équivalente à la marche de cinq-cents ans. Sans cette disposition et sans cette distance, les porteurs du Trône seraient brûlés uniquement par la brillance de la lumière émanant des porteurs de la Royauté.

Selon une autre tradition, la distance qui sépare une terre d'une autre terre est d'environ cinquante mille ans d'après notre mode de calcul en jours, mois et années. Il n'y a ainsi entre les cieux et les terres ni nuit, ni jour, ni soleil, ni lune, ni étoiles, mais un voilage de lumière jaillissante contenant l'ensemble. Un voile sans pareil voile, un rayonnement sans pareil rayonnement, tel celui de la lumière qui jaillit du soleil. Cette lumière est comme une planète faite d'hyacinthes brillantes en plein jour.[1]

---

1 Authentifié par al-Bayhaqī en d'autres termes, dans *al-Asma' wa al-Ṣifāt*, page 400. Aussi chez al-Tirmidhī dans *Sunan*. Voir *Kitāb al-Tafsīr*, volume 5, pp. 403-404, édition Muṣṭafā al-Ḥalabī, par Ibrāḥīm `Atwa : « Abī Hurayra, qu'il soit agréé de Dieu, a dit : ''Le Prophète, que les bénédictions et le salut de Dieu soient sur lui, était avec ses compagnons, et voilà qu'un nuage fit son apparition dans le ciel. *''Savez-vous de quoi il retourne ?"* interrogea le Prophète, que les bénédictions et le salut de Dieu soient sur lui. Les compagnons dirent : ''Dieu et son messager sont les plus savants !" et le Prophète de continuer : *« Ceci est* al-`Inān, *le domptable, ce sont les recoins de la Terre que Dieu apporte vers des gens qui ni le remercient, ni le considèrent. Et savez-vous ce qu'il y a encore au-dessus de vous ?"* Les compagnons se remirent de nouveau à Dieu et à son Prophète. *''C'est* al-Rafī`, répondit le Prophète, que les bénédictions et le salut de Dieu soient sur lui, *le plus élevé, un toit protégé des vagues suffisantes."* Puis le Prophète, que les bénédictions et le salut de Dieu soient sur lui, posa la question suivante : *''Connaissez-vous la distance qui vous sépare de ce ciel ?"* ''Dieu et son Prophète sont les plus savants !" se hasardèrent les compagnons. Le Prophète reprit : *''L'équivalent de cinq-cents ans de marche. Et savez-vous ce qu'il y a au-dessus ?"* Les compagnons se remirent de nouveau à leur Prophète. La réponse du messager de Dieu fut : *''Au-dessus de ce ciel, deux autres cieux dont cinq-cents ans de marches les séparent."* Ainsi le Prophète, que les bénédictions et le salut de Dieu soient sur lui, compta sept cieux. La distance entre deux cieux est équivalente à celle qui sépare le ciel de la Terre. Puis le Prophète, que les bénédictions et le salut de Dieu soient sur lui, les interrogea de nouveau sur ce qu'il y a au-dessous d'eux, et d'y répondre que c'est une autre terre et qu'elle est séparée de la première par une distance de cinq-cents ans de marche. Et ainsi de suite, le Prophète, que les bénédictions et le salut de Dieu soient sur lui, compta sept terres successives. » Au sujet de ce *ḥadith*, al-Tirmidhī le considère *Gharīb,* isolé.

L'étendue du temps et du lieu réside dans l'idée qu'il n'y a ni nuit ni jour. C'est là que les imaginations des philosophes tombent en désuétude, à savoir la primauté du temps et de l'être en ce qui concerne la cause et le conséquent. Cette argumentation sur le temps est caduque lorsqu'elle est évaluée en termes de temps.

Il a été rapporté que l'épaisseur du ciel est l'équivalent de mille ans de marche, et entre un ciel et un autre six-mille ans, donc quarante-deux-mille ans plus huit-mille ans font cinquante-mille ans.[1] Ainsi, la distance du monde des astres est mesurée par les miles et les demi-mètres. Alors que l'autre monde se mesure par les années, les mois, les jours, les heures, et les minutes. C'est à ce niveau que réside la différence entre le monde du témoignage et le monde caché, ésotérique. La grandeur de Dieu ne peut être mesurée ni par la raison humaine, ni par la démonstration et l'observation. Les traditions portant sur la grandeur de l'ordre de Dieu et la grandeur de Ses créations comme le la Royauté, le Trône, les cieux, la Terre, le paradis, les enfers et les anges sont très nombreuses et il est difficile de les citer tous dans cet écrit. Nous ne faisons que rapporter peu d'éléments par rapport à l'ensemble des choses.

Néanmoins, une honorable tradition résume à elle seule notre propos, dont voici les termes : selon Abī al-Ḥasan Ali Ibn `Asākir, selon Abī Ali al-Ḥasan Ibn Mahra al-Ḥaddād, selon Abī Na`īm al-Iṣfahānī, selon Muhammad Ibn Ali Ibn Ḥabīsh, selon Ahmad Ibn Yaḥya al-Ḥalwānī, selon `Abd al-Malik Ibn `Abd al-`Azīz al-Nisā'ī, selon Ḥammād Ibn Salma, selon Ibn Sinān, selon Wahb : « Dieu dispose de dix-huit-mille mondes, notre monde ici-bas en fait partie. La civilisation et le déclin sont comme une tente dressée en plein désert. »[2]

1 Authentifié par Ibn Ḥanbal, dans *Musnad*, édition Ahmad Muhammad Shākir, volume 3, page 202, n° 1770.

2 Al-Hāfiẓ Ibn Na`īm al-Aṣfahānī, dans *Ḥilyat al-Awliyā'*, volume 4, page 70, édition al-Sa`āda. Égypte, 1974.

Ô toi, le vaniteux du peu de savoir que tu prétends posséder. Tu es restreint dans l'idée d'un monde lui-même étroit et limité en comparaison aux multiples mondes que Dieu a créés. Chose insignifiante d'un monde plus grandiose.

Les soleils de la Destinée divine sont de vastes rayonnements, mais toi, tu ressembles à la chauve-souris. L'oiseau de ton raisonnement n'a ni pieds, ni cris, ni plumes. Tu voles avec les ailes d'une opinion sans fondements dans l'espace du monde sensible, limité dans l'univers des astres. Tu as dévié du chemin et tu n'arrives pas à saisir la destinée inépuisable, naviguant autour des tentes dressées par la Gloire éternelle. Tu te limites dans un moule étroit, formé par ton imagination, ta fausse opinion, ta folie et ton dérangement mental. Les piliers des choses sensibles, que toi-même avais mesuré par tes propres outils, t'enferment et t'étouffent.

Ô, vous hommes vous déclarant de la communauté de l'Islam. Vous les précédents et les suivants et pour ne citer qu'eux : Ya`qūb al-Kindī, Ḥunayn Ibn Isḥāq, Yaḥya al-Naḥwī, Abī al-Faradj al-Mufassir, Abī Sulaymān al-Sadjrī, Abū Sulaymān Muhammad Ibn Ma`shar al-Maqdisī, Abī Bakr Thābit Ibn Qurra al-Ḥarrānī, Abī Tammām Yusuf Ibn Muhammad al-Nīsābūrī et d'autres encore comme al-Farābī et Avicenne.

Vous tous, vous avez abandonné les sciences des Prophètes, celles qui font le bonheur des âmes supérieures, spirituelles et prophétiques liées aux océans des Sciences éternelles inépuisables.

« ***Si tous les arbres de la Terre étaient des calames et si la mer et sept autres mers avec elle leur fournissaient de l'encre, la parole de Dieu ne les épuiserait pas. Dieu est Puissant et Sage.*** »[1]

Selon la tradition remontant à Abī Ishāq al-Tha`ālibī, selon Abū al-Qāsim al-Ḥasan Ibn Muhammad Ibn al-Ḥasan, selon Ishāq Ibn Sa`d Ibn al-Ḥusayn Ibn Sufyān, selon son grand-père, selon Naṣr, selon

1 Coran, sourate *Luqmān*, n° 31, verset 27.

Layth, selon Muqātil, selon Abī Mu`ādh, al-Faḍl Ibn Khālid, selon Abī `Iṣma Nūḥ Ibn Abī Maryam, selon Rabī`, selon Anas, selon Shahr Ibn Ḥawbash, selon Abī Ka`b qui a dit : « *Al- `Ālimūn*, les savants, sont les anges. Ils sont au nombre de dix-huit-mille, et se répartissent comme suit : quatre-mille-cinq-cents sont positionnés à l'Ouest, quatre-mille-cinq-cents sont à l'Est, quatre-mille-cinq-cents occupent la troisième direction de l'univers et enfin quatre-mille-cinq-cents sont dans la quatrième partie du monde. Chaque ange dispose d'un nombre incalculable d'ailes. Il n'y a que Dieu qui sait leur nombre. Derrière eux, se localise une terre blanche comme du marbre, le soleil en fait le tour en quarante jours, personne n'a idée de sa superficie. Elle est occupée par des anges appelés *al-Rawhāniyyūn*, les spirituels. Leurs incantations et leurs prières sont des chants de colombes ; si les gens de la Terre arrivent à en entendre la voix de l'un d'eux, ils seraient tous anéantis, tant elle est impressionnante. Ceux-là sont les savants, les porteurs du Trône ».[1]

Selon l'honorable tradition, selon Abī al-Ḥasan Ibn `Asākir, selon Abī Ali al-Ḥasan Ibn Muhra al-Ḥaddād, selon Abī Ni`āym al-Iṣfahānī, selon Sulaymān Ibn Ahmad, selon Muhammad Ibn `Abd Allah Ibn `Adas al-Masrī, selon Wahb Allah Ibn Rawq Abū Hurayra, selon Bishr Ibn Bikr, selon Al-Awzā`ī, selon `Atā', selon `Abd Allah Ibn `Abbās, qu'il soit agréé de Dieu, qui a dit : « Nous avons entendu le Prophète de Dieu, que les bénédictions et le salut de Dieu soient sur lui, dire : ''*Il y a parmi les anges un, si Dieu lui avait ordonné d'avaler les sept cieux et la terre, il n'en aurait fait qu'une seule bouchée. Sa prière est : gloire à toi mon Dieu, partout où Tu es !*''».[2]

Il fut rapporté que Moïse, que la paix de Dieu soit sur lui, dit dans sa prière : « *Dieu, Tu t'es adressé aux cieux et à la Terre par ta parole :* ***''Venez à Moi de votre gré.''***[3] *Mais, s'ils avaient désobéi, qu'aurais-Tu*

1 *Ḥadith* non répertorié.

2 al-Ṭabarānī, *al-Mu`djam al-Kabīr*, édition critique de Ḥamdī `Abd al-Madjīd al-Salafī, Maktabat Ibn-Taymiyya, volume 11, page 195.

3 Coran, sourate *Fuṣṣilat*, n° 41 verset 11.

fait, mon Dieu ? » La sentence de Dieu fut la suivante : « ***J'aurais envoyé une de mes bêtes pour les avaler entièrement !*** » Et Moïse de demander encore **:** « *Mon Dieu, dans quel horizon la bête se trouve-t-elle ?* » « ***Dans un de mes pâturages*** », avait répondu Dieu à Moise qui demanda de nouveau : « *Mais mon Dieu, où se trouve ce pâturage ?* » La réponse finale de Dieu fut **:** « ***Moise, c'est dans Ma connaissance la plus obscure qu'elle se trouve.*** »[1]

Après cette Parole divine, reste-t-il pour la raison le moindre champ d'application ? Reste-t-il, enfin, la moindre parole pour définir la Destinée divine ? Ne reste-t-il pas que l'incapacité, l'abandon, un aveu sans appel de la limite de la démonstration ? Il ne reste, humblement pour nous que croire dans le *Ghayb*, le monde caché, et de nous débarrasser pour toujours des oripeaux du doute et de la méfiance, car Sa puissance ne peut être ni mesurée, ni cernée. C'est à Lui que reviennent les remerciements et les louanges de satisfaction pour le don de croyance, la générosité et la richesse qu'Il nous a octroyés. La force humaine est incapable de cerner ne serait-ce qu'une partie infime de l'immensité et la grandeur de Son ordre dans le monde caché.

Selon la tradition, soixante-dix-mille anges accomplissent en permanence le rituel de faire le tour de la maison prospère de Dieu jusqu'au jour de la résurrection.[2]

Selon aussi une autre tradition, chaque goutte de pluie qui tombe du ciel est accompagnée de trois anges. Un ange la protège pour qu'elle ne

---

1 *Ḥadith* non répertorié.

2 Al-Ṭabarānī, dans *al-Mu`djam al-Kabīr*, volume 11, page 417, n° 12185, selon Ibn `Abbās : « Le Prophète, que les bénédictions et le salut de Dieu soient sur lui, a dit : *''La maison prospère de Dieu se trouve dans un ciel appelé* al-Sarāḥ. *Elle est dans le même positionnement que la maison proscrite de Dieu. Si la maison prospère tombe du ciel, elle tombera sur cette dernière. Chaque jour, soixante-dix-mille anges, qui ne l'ont jamais aperçue auparavent, pénètrent dans son sein. Cette maison a la même importance que celle se trouvant à la Mecque.''* » Cité aussi par Ibn Kathīr dans son livre *al-Bidāya wa al-Nihāya*, volume 1, page 41, chapitre : *La création des anges*, dans une version d'après Ali, qu'il soit agréé de Dieu : « *Soixante-dix-mille anges effectuent tous les jours leurs prières sans y retourner après.* »

se mélange pas avec les autres gouttes. Un deuxième l'accompagne sur Terre à l'endroit quelle doit atteindre. Quant au troisième ange, enfin, il veille à ce qu'elle soit un aliment pour les plantes qui sont sa destination finale.[1]

Selon une tradition, chaque jour, l'ange Gabriel plonge dans une source en-dessous du Trône. Et après chaque baignade, il secoue les gouttes d'eau accrochées à lui, de chaque goutte tombée, un ange est créé.[2]

Si tu crois fermement en cela et si tu as eu amplement connaissance de la grandeur des créations émanant de Dieu, sache alors que le rayonnement visionnaire des Prophètes est le prolongement des âmes sanctifiées à jamais jusqu'à l'éternité. Ainsi, la Perfection éternelle émane-t-elle perpétuellement de leurs âmes. Une éternité englobant ce qui est et ce qui sera. C'est grâce à Dieu que les Prophètes demeurent inébranlables, sinon, ils s'écrouleraient et s'effondreraient inconscients comme Moïse devant la manifestation de Dieu sur la montagne sacrée. Dieu, dans Sa grandeur, a réduit à néant la montagne dans la vision de Moïse qui tomba foudroyé.

En partant de ce postulat, la vision des Prophètes ne peut se lire que dans la grandiose perfection. Ils ne peuvent ainsi voir d'existant entre l'éternel et le perpétuel que leur propre être basé sur l'unique vérité. Ils ne peuvent cerner les existants car leurs cœurs sont dvés par la lumière du témoignage :

« Où que Tu sois !

Nos montures nous ramènent vers Toi ;

Car la Terre est seule,

Et l'Un est Toi. »

---

1 Cité par Ibn Kathīr dans *al-Bidāya wa al-Nihāya*, volume 1, page 46, chapitre : *Les anges et leur description*, dans les termes suivants : « Pas une seule goutte ne tombe du ciel sans qu'un ange l'accompagne et veille sur sa destinée finale sur Terre. »

2 *Ḥadith* non répertorié.

Quand ils reviennent de la volonté du témoignage vers l'autorisation des desseins de leurs êtres, là seulement, ils aborderont le monde caché par leurs êtres lumineux et spirituels. Ils prendront parfaitement connaissance du paradis, de l'enfer, des règles et des préceptes de la vie ultérieure. Dans ce cas, les choses de l'Au-delà rempliront leur vision à un point que le jaillissement de cette vision ne laissera plus de place pour une lecture du monde du témoignage. Mais, si Dieu veut les ramener à l'état de l'existence physique et corporel, il donne au demeurant du monde du témoignage, les gens de bonne croyance, la possibilité de se réjouir par la générosité de la présence des Prophètes parmi eux, en vue de permettre aux messagers de Dieu d'accomplir leurs missions qui consistent à prêcher pour Lui. Ainsi, le monde du témoignage se reflètera dans le miroir de leurs visions. Ils saisiront les choses dans leur ensemble, et non en détail.

Ô vous, les philosophes et les athées, gens de mauvais augure du monde du témoignage, vous avez sans doute ignoré que les éléments du monde du témoignage sont basés et gérés par les anges décideurs et chargés de leur gestion comme les planètes, les astres, les éléments simples ainsi que les éléments composés. Sachez que les gens du monde supérieur n'existeraient pas, si ce n'était pas eux qui formaient l'élément fondateur et l'essence du monde du témoignage, ce monde aurait éclaté depuis belle lurette, et se serait réduit en particules insignifiantes.

Vous, avec notre raison minime et incomplète, sachez que les desseins du monde du témoignage, tels les astres, les planètes, les terres plates, les éléments simples et composés que vous désignez par votre savoir par la Cause des causes – une déchèterie mentale sans plus – sont en définitive des éléments qui dépendent du monde caché.

En résumé, la définition et le dévoilement que j'ai tenté de donner n'est qu'un modeste appel d'un humble parmi les humbles appartenant à la nation de Muhammad, que j'ai l'honneur de montrer dans ce livre afin qu'il serve de conseil, et qu'il permette aux endormis de se réveiller du sommeil que les philosophes leur ont imposé. Ceci est un argument venant de Dieu dans l'espoir d'être récompensé par Lui, un simple conseil sur le chemin menant à Dieu.

Le Prophète de Dieu, que les bénédictions et le salut de Dieu soient sur lui, a dit : « *La religion est un conseil.* » On lui demanda : « Un conseil oui, mais pour qui ? » La réponse du Prophète, que les bénédictions et le salut de Dieu soient sur lui, fut : ***« Un conseil pour connaître*** *Dieu et son Prophète, et un conseil pour les guides et aussi l'ensemble des musulmans.* »[1]

1 Authentifié par al-Bukhārī dans *al-Ṣaḥīḥ, livre de la croyance*, chapitre 42, volume 1, page 20. Aussi authentifié par Muslim dans *al-Ṣaḥīḥ, Kitāb al-Imān*, chapitre 23, *ḥadith* n° 92, volume 1, page 43.

ONZIÈME CHAPITRE

SUR LES RÉCITS VÉRIDIQUES AU SUJET DES PROPHÈTES ET LEURS LOYAUX COMPAGNONS

Le Cheikh, qu'il soit agréé de Dieu, dit : « Le Don divin et la Générosité éternelle raccourcirent la longue route des Prophètes. Ils rapprochèrent d'eux ce qui est lointain. Ils ouvrirent leurs cœurs visionnaires et nantirent les lumières de leur clairvoyance de provisions puisées aux sources de la générosité. Ils tournèrent ainsi rapidement les pages de toutes les créatures et en saisirent le détail en des temps réduits et parvinrent, grâce à leur antique et sincère adoration de Dieu, à la source des principales sciences dont les l'origine lumineuse et abondanteflots abondants[1] se perdaient et s'assombrissaient dans les ruses des âmes parcellaires des philosophes et des athéistes.

Les esprits de ceux-ci voulurent ensuite acquérir une part de science mais l'antique et éternelle Puissance, nantie des réserves infinies de la majesté et de la coercition, rallongea leur parcours et les dirigea sur les basses voies des sciences mathématiques et naturelles. Parmi eux, certains s'arrêtèrent en route et se satisfirent de ce qu'ils en acquirent. Quelqu'un, toutefois, ne vit point s'éteindre la flamme de sa volonté par la fadeur de la nature et poussa ses soins vers les sciences géométriques et vers la science astronomique, il en affronta les flots et en embrassa du regard les détails et la configuration. Il s'éleva par les ascenseurs des éléments complexes des résultats des éléments naturels jusqu'à l'élément premier, selon leurs dires, en passant par les planètes et les étoiles, et les plus habiles d'entre eux purent établir l'élément premier. Il prétendit que les images des créatures y sont inscrites ; certains lui donnèrent

1 *Awshāl*, pluriel de *Washal* : eau abondante, flot. *Lisān al- `Arab*,entrée *Washala*, volume 11, page 725.

raison et d'autres tort. Leurs hésitations et les contradictions de leurs opinions montrent de toute évidence à celui qui est doué de jugement l'instabilité de leurs fondations, les errements de leurs divagations et l'inanité de leur étalon. Tous, sans exception, aboutirent toutefois à un néant qu'ils représentèrent comme une essence et à un inconnu dont ils firent une substance, et ils proclamèrent que c'était là la finalité de la pensée et la provision des secrets, et leur marche s'interrompit là :

''Elle posa son bâton, s'accommoda d'exil,

Comme au retour le voyageur jubile.''

Ils rebroussèrent chemin, revinrent sur leur pas, et la lanterne de leur regard nocturne ne s'éteignit point à la lumière du jour.[1] Les belles connaissances leur furent celées et nul parmi eux ne fut à même de les aborder. Dieu, le Très-Haut, par Sa volonté souveraine, ouvrit les huis des coffres de ses dons, libéra les parures des rapprochements et défit les coffrets des définitions et des nominations.

Il para Adam, le père des Hommes, de la tunique des connaissances et ***''Il apprit à Adam le nom de tous les êtres''***.[2] Il fut enveloppé par la main de la générosité dans les langes des sciences alors que les anges du ciel jetaient sur lui un regard ravi. Les sciences se vinifièrent ainsi en lui en même temps que les relents de la désobéissance et de l'amnésie. Les effets de ce cuvage se perpétuèrent dans les semences et les matrices prenant des formes différentes, selon leur réponse à l'appel de ''***Ne suis-Je pas votre Seigneur ?***''[3]

La réponse de certains d'entre eux fut forcée, comme celle des philosophes et des athéistes, l'écho répondant par force à l'appel[4]. Celle

1 *Al-Sarā* : marcher de nuit, le sens dans ce contexte est que leur regard éveillé dans la nuit ne leur permit de rien distinguer.

2 Coran, sourate *al-Baqara*, n° 1, verset 31.

3 Coran, sourate *al-A'rāf*, n° 7, verset 172.

4 La progéniture d'Adam a répondu à l'unisson à l'appel du Juste, le Très-Haut et le Béni, reconnaissant ainsi Sa divinité et Son essence de Créateur. Même les obstinés et les ingrats parmi eux ont répété avec leurs congénères « Si », admettant ainsi être les serviteurs de Dieu, même s'ils firent forcés et contraints de le faire.

de certains autres fut le signe d'un choix convaincu, ainsi fut celle des Prophètes et de leurs disciples. Les différences dans les germes et les embryons commandèrent la droiture et la torsion quand les êtres apparurent du monde de l'Au-delà et de la puissance au monde des sens et de la sagesse, et que chacun prit son chemin. Certains prirent la voie longue et y évoluèrent comme nous l'avons décrit. D'autres prirent le chemin le plus court par les soins du Guide miséricordieux ; ceux-là sont les Prophètes.

Ainsi, Dieu couvrit Abraham, *al-Khalīl*, l'ami de Dieu, du don de l'amitié et il fut gratifié du rang de proximité, ayant l'air de dire :

''Vous avez envahi les sentes de mon être ;

Pour ce, fut dit « ami » qui de l'âme fut maître.

Et avec une langue émue et passionnée, de dire aussi :

Puisse Dieu préserver un cœur,

Dont vous occupez les replis ;

Et qui mieux y demeurerait,

Voisin de mon âme ravie !'' »

Il est bien connu le récit où Abraham est jeté dans le feu et comment l'ange Gabriel vint à lui et lui dit, alors qu'il se tenait entre espace et air : « Veux-tu quelque chose ? » Il lui répondit alors : *« Non, pas de vous, assurément ! »* Il lui dit alors : « Demande à ton Dieu qu'Il te préserve des flammes ardentes. » Il lui répondit : *« Il me suffit amplement qu'Il sache ce que j'endure ! »*[1].

Ô philosophe ! Ô athéiste ! Les narines[2] de ta vérité avaient-elles été effleurées de senteurs[3] telles celles de ce conte ? As-tu seulement de loin entrevu de ce site vénérable les ruines et les traces ?

---

1 Al-Ṭabarī dans *Tafsīr*, interprétation du verset 69, Coran, sourate *al-Anbiyā'*, n° 21 : ***« Ô feu ! Sois, pour Abraham, fraîcheur et paix ! »***, volume 9, page 44.

2 *Mishām* : pluriel de *Misham*, narines, nez. *Lisān al-`Arab*, entrée *Shamama*, volume 12, page 326.

3 *Nisma : senteurs, parfum, bonne odeur. Lisān al-`Arab*, entrée *Nasama*, volume 12, page 573.

Il para ensuite Moïse, que les bénédictions de Dieu soient sur lui, des parures de la conversation et il dit : « ***Dieu a réellement parlé à Moïse.*** »[1] Il vida dans le récipient de son être les eaux de ses promesses et de ses engagements, quand les souffles de l'affection, dans l'univers de son cœur, se déchaînèrent par ce qui y fut inscrit et qu'il faillit ne point pouvoir se reprendre et en revenir et dit : « ***Montre-toi à moi pour que Je te voie !*** »[2] Cette question et cette requête concernaient-elles la Cause première ? Que se perde[3] sans délai la Cause des causes dans les errements de l'ignorance !

Il para ensuite Jésus, *`Isā*, que les bénédictions de Dieu soient sur lui, de la parure de l'essence spirituelle, et il détruisit par son biais ce barrage d'Alexandre, que sont l'usage et la nature, en le faisant naître sans père et en constituant Ève, que la paix de Dieu soit sur elle, sans mère, et en concevant Adam, que les bénédictions de Dieu soient sur lui, sans père ni mère, frappant ainsi d'inanité les étalons des esprits chétifs et faisant du fruit de leurs opinions et de leurs idées des signes d'ignorance et de mensonge.

Ce qui est surprenant, ô philosophe et autre athéiste, c'est que ta vésicule biliaire n'éclate point en voyant se briser la mesure des évaluations et se démentir les lois du raisonnement et de la preuve et en constatant tes errements, ta perdition et ta privation des bienfaits de la foi. Sur quoi t'appuierais-tu, alors que la révélation et l'élucidation ont annulé le totem de la règle et de la preuve ?

Les nobles parures susceptibles d'assurer les finalités et les souhaits ne cessèrent en effet d'enjoliver les pontifes et les moines en tout temps jusqu'à ce que le front de l'armée de la foi se montrât, venu d'au-delà des montagnes de Faran, se pavanant dans les places de Hedjaz, vêtu

---

1 Coran, sourate *al-Nisā'*, n° 4, verset 164.

2 Coran, sourate *al-A`rāf*, n° 7, verset 143.

3 *Hāsa* : ruiner et détruire et aussi disperser et séparer, c'est dans ce deuxième sens qu'il est utilisé dans notre texte, voir *al-Mu`djam al-Waṣ*īt, entrée *Hāsat*, 2e édition, volume 1, page 206.

des tuniques[1] pures des merveilles. La lune en fut craquelée, la pierre le salua avec déférence, le chameau lui parla et l'eau du puits s'adoucit de sa salive et surgit entre ses doigts. Les armées des anges lui répondirent de vive voix et les lumières de la révélation se diffusèrent dans les cœurs des compagnons et des disciples, leur faisant rejeter leur asservissement aux usages et aux natures, leur prodiguant les sceaux de la conviction et faisant de chacun d'eux un plant de la religion.

Ainsi Abū Bakr, qu'il soit agréé de Dieu, dit au Prophète, que les bénédictions et le salut de Dieu soient sur lui, au lendemain de la nuit de l'Ascension : « Par celui qui t'a fait messager de vérité, tu n'as rien vu de tes propres yeux que je n'eusse vu par les yeux de mon cœur »,[2] et que ne sais-je si le Prophète de Dieu, que les bénédictions et le salut de Dieu soient sur lui, fut élevé dans les strates des cieux ou bien si les arceaux de son cœur s'élargirent et s'ouvrirent pour que les cieux s'y réfugient.

L'avis des justes parmi les tenants du Livre et de la *Sunna* est que son corps fut élevé et prit le caractère de son cœur, car en lui l'esprit domine la matière. Cet état des choses est proche du sens des dires :

« Pesantes sont les vides fioles ;

Quand de bon vin elles sont emplies,

S'allègent et se séparent du sol.

Ainsi les corps appesantis,

Par l'âme supportée s'envolent. »

Le Cheikh de l'Islam, qu'il soit agréé de Dieu, a dit : « Le vin[3] de l'âme irrigua le sang d'Abū Bakr, qu'il soit agréé de Dieu, et sa peau, alors son âme s'éleva et, irrité par son excès de passion et de légèreté,

1 *Qashīb* : tunique pure, habit neuf et propre.

2 Note de l'éditeur : Je n'ai pas pu vérifier cette tradition.

3 *Rāḥ* : vin. Un des noms du vin ou de toute boisson euphorisante.

il ôta[1] la tunique des nuages et des rouilles[2] jusqu'à ce qu'il eût habité le lieu prohibé de la proximité, ''***à moins de deux arcs de distance***'' ».

En effet, comme le Prophète de Dieu, que les bénédictions et le salut de Dieu soient sur lui, a des ascensions de corps, ses disciples ont des ascensions spirituelles du cœur. Le Commandeur des croyants ne dit-il pas : « *Demandez-moi des routes du ciel, je les connais mieux que celles de la Terre ?* »[3] Ne sait-il pas, ce disant, que son cœur est désormais devenu céleste ? Ces routes qu'il indique, le sais-tu, sont celles de la pénitence, du renoncement, de la volonté de confier son sort aux mains de Dieu, de la satisfaction sincère, de l'acceptation du destin et de la préservation des cœurs de tout chagrin. Ce sont les voies du ciel que l'Homme ne cesse d'arpenter d'un pied sincère jusqu'à ce que son cœur devienne céleste, préservé des tentations démoniaques, protégé par les lumières de la conviction.

Dieu, le Très-Haut, dit : « ***Nous avons décoré le ciel le plus proche d'un ornement d'***étoiles afin de le protéger contre tout démon rebelle. »[4]

Contemple l'attitude d'Abū Bakr, qu'il soit agréé de Dieu, quand il assiste à la réunion des hommes, le jour de la mort du Prophète de Dieu, que les bénédictions et le salut de Dieu soient sur lui, et qu'il dit : « Que celui qui adore Muhammad sache que Muhammad est aujourd'hui mort, et que celui qui adore le Dieu de Muhammad sache que Dieu est vivant et ne meurt point. »[5]

L'édifice de l'Islam était sur le point de s'écrouler, il en dressa la poutre de la main de la sérénité et de la sagesse et il le protégea de

---

1 *Naḍā* : ôter, enlever un vêtement. *Lisān al- `Arab*, entrée *Nadhā*, volume 15, page 329.

2 *Ghayn* et *Rayn* : nuages et rouilles. *Lisān al- `Arab*, entrée *Ghayn*, volume 13, page 316, entrée *Rayn*, volume 13, page 192.

3 Dans *Nahdj al-Balāgha*, cette citation est légèrement différente : « *Ô hommes, interrogez-moi avant de me perdre, j'ai certainement plus ample connaissance des voies du ciel que de celles de la Terre !* », page 280, chapitre de *la foi et de la nécessité de l'Hégire à Médine*, page 189. Édition Ṣubḥī al-Ṣāliḥ, Dar al-Kitāb al-Lubnānī. Beyrouth, 3e édition 1983.

4 Coran, sourate *al-**Ṣāffāt***, n° 37, versets 6 et 7.

5 Cité par al-Bukhārī dans son *Ṣaḥīḥ, Kitāb Faḥā'il al-Ṣaḥāba*, volume 4, page 194.

l'invasion des traîtrises. Admire de même `Umar, qu'il soit agréé de Dieu, son adresse et sa gestion des choses de la religion et de la vie par bon conseil, raison assurée, perspicacité pénétrante et vision sincère. Dieu le gratifia du miracle alors qu'il était sur le *minbar*, tribune de la mosquée, quand al-Nu`mān Ibn Muqrin était commandant des armées à Nahawand, et que Sāriya portait le drapeau de l'armée et qu'il appelait : « *Ô ! Sāriya, la montagne* »[1]. Son bon conseil est-il donc moindre que celui de Socrate, l'imposteur,[2] qui se morfond dans les tréfonds de son ignorance ?

Puis arrive `Uthmān, que Dieu soit satisfait de lui, couvert du manteau[3] de la sagesse au point que les anges du Miséricordieux en étaient intimidés. Il lisait l'intégralité du Coran en une seule prosternation. On sait des mots du Commandeur des croyants qui, s'ils étaient entendus par les sages de la Grèce, ceux-ci tomberaient à genoux, la face couverte[4] de poussière. Ce sont les paroles inspirées de la lanterne prophétique, de pures valeurs morales, du renoncement sincère qui le caractérisaient depuis son jeune âge.

Le Prophète, que les bénédictions et le salut de Dieu soient sur lui, a dit : « *Il n'y a de brave qu'Ali* »[5]. Ali, que la bénédiction de Dieu soit sur lui, a dit : « *Si la couverture, celle des mystères de l'Au-delà, était tirée, je n'aurais point davantage de conviction.* »[6] Penses-tu qu'il ait

---

1 L'histoire de `Umar Ibn al-Khaṭṭāb, qu'il soit agréé de Dieu, alors qu'il haranguait les gens et dit au milieu de son prêche : « Ô Sāriya, la montagne », alors que Sāriya était avec l'armée sur les portes de Nahawand. Il entendit l'appel de `Umar, que Dieu soit satisfait de lui, et se dirigea vers la montagne et eut raison de l'ennemi. Voir Ibn al-Athīr, *Usd al-Ghāba fī Tamyīz al-Ṣaḥāba*, livre du *`Ayn* et du *Mīm*, volume 4, page 154. Cité par al-Bayhaqī dans *Dalā'il*, par al-Lālakā'ī dans son *Sharḥ al-Sunan*, par al-Zayn al-Fa`ūlī dans ses *Fawā'id* et par Ibn al-A`rābī dans *Karāmāt al-Awliyā'*.

2 *Al-Khibb* : imposteur, celui qui est dans l'ignorance et s'y cache.

3 *Ḥubwa* : manteau, couverture, *Lisān al-`Arab*, entrée *Ḥabā*, volume 14, page 162.

4 *Mu`affarīn* : couvert, visages sont salis de poussière au cours de leur prosternation.

5 Mollā Ali al-Qārī, *al-Asrār al-Marfū`a fī al-Akhbār al-Mawḍū`a*, texte établi par Abū Hādjir Muhammad al-Sa`īd Zaghlūl, Dar al-Kutub al-`Ilmiyya. Beyrouth, page 256, *ḥadith* n° 1060.

6 Ibid., Mollā Ali al-Qārī, *ḥadith* n° 794.

cherché à atteindre par sa conviction la Cause des causes ! Certes non, mais sont égaux pour lui Al-*Lāt*, Hubal et votre Cause première !

Les rayons de son entendement se sont étendus pour atteindre la proximité de celui qui ne connaît point l'erreur et il s'est abreuvé des sources de la certitude jusqu'à ce que sa soif en soit étanchée. Alors, prisonniers des décharges de la Cause des causes, adorant les orbites stériles[1] des planètes tournantes et des étoiles éteintes, vous n'êtes que des brins de paille dans la matrice du monde sensible et visible, dont vous n'êtes point encore sortis moralement. Si l'on disait au brin que, derrière le conduit étroit et sombre où il se trouve, il y a un monde avec une terre, un ciel, un soleil, une lune, des montagnes et des mers, pourrait-il concevoir ou bien imaginer cela ? Certes non, car vous êtes de ceux « ***dont les yeux étaient voilés devant Mon rappel, et qui ne pouvaient entendre*** ».[2] Vous n'êtes donc que des brins de paille et quand souffleront les tempêtes de la mort naturelle et que vous apparaîtrez de l'aire du monde matériel, l'on vous dira : « ***Nous avons ôté ton voile, ta vue est perçante aujourd'hui.*** »[3]

La voie des Prophètes a donc été raccourcie et leurs chemins les ont conduits aux cieux de *`Illiyīn* ; celle des philosophes et des athéistes a été rallongée et les a conduits aux vallées infernales de *Sidjdjīn*. Et pour illustrer que la voie des Prophètes a été si courte et aisée et que celle des philosophes si ardue, voici une anecdote : on raconte qu'un roi construisit un immense palais qu'il chercha à décorer par des gravures et des images. Il convia pour cela les grands maîtres dans l'art de la décoration, venus de Chine et d'Inde. Il tendit ensuite entre les deux groupes un rideau qui les sépara les uns des autres. Les artisans venus de Chine commencèrent à mélanger les teintes et à installer les modèles des gravures et ils fournirent de grands efforts à graver et à peindre. Les artisans venus d'Inde, quant à eux, se mirent à polir leur

---

1 *Sarīs* : stérile, ne peut avoir d'enfant. *Lisān al-`Arab*, entrée *Sarasa*, volume 6, page 106.

2 Coran, sourate *al-Kahf*, n° 18, verset 101.

3 Coran, sourate *Qāf*, n° 50, verset 22.

pan de mur à un tel point que tout ce qui l'avoisinait s'y reflétait. Quand ensuite on enleva le voile, le roi trouva que ce qui fut gravé et peint par les gens de Chine s'est reflété dans le mur poli par les artisans d'Inde, de sorte qu'il y présentait meilleure prestance et grande élégance.

Que cet exemple t'édifie sur les Prophètes et leurs disciples qui ont une part abondante d'Amour divin. Ils évoquent Dieu avec passion, se délectent de son adoration et trouvent grand plaisir en l'invoquant. Ils ont eu des séjours dans les ardeurs de la passion et une attirance envers les rangs de la rencontre. Ils ont des mutations dans les aspects suite aux prosternations et aux agenouillements, et quand ils s'assoient, et quand ils se lèvent. Ils connaissent les ascensions dans les étages célestes. Ils ont disposé cela dans les prières et ils bénissent le Dieu des mondes dans les saluts de fin de prière, *Taḥiyyāt*.

Alors où est ta part, ô enseveli par ta raison petite et impure et par tes illusions et ta folie. Ceux-là ont joint leurs prières à celles des anges. Ils adorent Dieu qu'ils ressentent et voient au point de dire : « Je ne prie point un Dieu que je ne vois pas ». Il est rapporté du Prophète de Dieu, que les bénédictiobns et le salut de Dieu soient sur lui, dans les récits qu'il a dits : « *Le fidèle, par sa prosternation, purifie la terre sous son front sur sept strates.* »[1]

Le Cheikh, que Dieu ait pitié de son âme, dit : « Il y a sur la voie des Prophètes, qu'ils soient bénis, des sciences mystérieuses que jamais les esprits des philosophes n'ont effleurées et que l'oiseau de la raison des athéistes n'a point atteintes. Ô tenant de la cause et de la preuve, ta preuve peut-elle surpasser la vision et la révélation ? Il est surprenant de voir les premiers philosophes ainsi que ceux de notre époque, ces musulmans trébuchant dans les pans du doute, demeurant [2] dans les replis du secret et se dissimulant derrière l'Islam, ces faiseurs d'ouvrages, de les voir tous d'accord sur la Cause des causes, y

1 Al-Haythamī, *Madjma` al-Zawā'id*. Dar al-Kitāb al-`Arabī, volume 2, page 7.

2 *Al-Mustaḥlisīn* : constants, ne quittent les lieux. *Lisān al-`Arab*, entrée *Ḥalasa*, volume 6, page 55.

accordant une grande importance, en faisant une idole qu'ils affichent ou bien qu'ils cèlent, tous unis pour affirmer qu'il ne peut procéder de l'Un que l'un.

Ce principe est en effet la base de tout athéisme et de toute hérésie, et cette prétention feinte à en maîtriser l'obscurité[1] est d'une énormité absolue. Si tu affirmes que le satellite lunaire s'éclaire de la lumière du soleil et qu'en même temps tu vois les éléments pluriels éclairés par sa lumière, attribues-tu cette pluralité à la lune ou bien au soleil ? Donc la pluralité procède de la cause que vous pensez étrangère à la pluralité : « ***Quels mauvais exemples donnent les gens qui traitent Nos signes de mensonges ! Ils se font tort à eux-mêmes.*** »[2]

Ô toi qui as ôté le collier de l'Islam de ton cou, tu as ignoré ce que les récits ont rapporté concernant l'Antique éternel, qu'Il soit Loué et Très-Haut, d'hésitation, d'ahurissement, de rire et des attitudes semblables, comme le Très-Haut en informe : « ***Il crée chaque jour quelque chose de nouveau.*** »[3] Combien d'unités peut créer l'Antique éternel et combien d'individus peut inventer l'Impénétrable généreux.

De Dieu procède la création et tu te tiens aux côtés de celui qui détient la nécessité. Combien d'individus s'incrustent donc sur les tables du monde visible et dans celui des cieux, générés par Celui qui donne les images, le Généreux ! Déchire donc la charte de ta raison et de ton entendement ; la Puissance éternelle ne se conçoit point par le syllogisme et on ne peut pas en recenser les apparitions avec l'âge.

Les sages d'antan n'ont point prévenu contre l'argumentation logique du *Kalām* parce qu'ils remettaient en cause les bases qui attestent de la véracité de la révélation. Ils n'ont point fermé la porte de l'examen et de la démonstration qui est l'une des deux voies pour prouver l'unicité de Dieu, mais ils ont prévenu contre l'argumentation de peur qu'elle ne mène à la remise en question excessive des idées, ce

---

1 *Lubsatuhu* : confusion. *Lisān al-`Arab*, entrée *Labasa*, volume 6, page 204.

2 Coran, sourate *al-A`rāf*, n° 7, verset 177.

3 Coran, sourate *al-Raḥmān* n° 55, verset 29.

qui mènerait à son tour à la science du *Kalām*, celle-ci menant à la science philosophique.

Et vous, compagnons des philosophes dont les intentions des précurseurs étaient bonnes, quand vous avez vu que les mathématiques permettent la preuve, et que la géométrie permet la preuve, avez voulu étendre ce champ à la connaissance des choses divines et vous vous êtes perdus en route. Votre exemple en cela est comparable à celui qui prit un guide en zone urbaine pour le mener de maison en maison, au milieu des bruits et des habitants rassurants, puis, quand vint le temps de voyager dans les ruines et les déserts[1], habités de mirages, il en fit encore son guide. Il rata alors le chemin et fut parmi les pires perdants en ses actes : « ***Ceux dont l'effort se perd dans la vie de ce monde alors qu'ils pensent avoir bien agi.*** »[2]

---

1 *Tanāif* : désert, terre aride et inhabitée. *Lisān al- `Arab*, entrée *Tanafa*, volume 9, page 18.

2 Coran, sourate *al-Kahf*, n° 18, verset 104.

DOUZIÈME CHAPITRE

SUR LA QUESTION DE LA VISION MENANT À LA CONVICTION, DISSIPANT L'INCERTITUDE ET L'HÉSITATION

Le Cheikh, qu'il soit agréé de Dieu, avec son honorable permission, a rapporté, d'après Shahda Bint Ahmad Ibn al-Faradj Ibn`Umar al'Abrī, al-Kātiba qui a dit : « Nous avons été informé par Abū al-Ma`ālī Thābit Ibn Bandār Ibn Ibrāhīm al-Daynawrī qui a dit : ''Nous avons été informé par Abū Tāhir Muhammad Ibn Ali Ibn Yūsuf qui a dit : ''Nous avons été informé par Abū Ali Mukhallad Ibn Dja`far Ibn Mukhallad al-Bāqirḥī qui a dit : ''Nous avons été informé par Abū Muhammad `Abd Allah Ibn Muhammad Ibn Nādjiya qui a dit : ''Nous avons été informé par Ahmad Ibn Muhammad Ibn Sa`d qui a dit : ''Nous avons été informé par Qāsim Ibn Ḥakīm al-Anṣāri qui a dit : ''Nous avons été informé par `Ubayd Allah Ibn al-Walīd al-Wāṣifī, d'après Muhammad Ibn Sūqa, d'après al-Ḥārith, d'après Ali Ibn Abī Ṭālib, que la bénédiction de Dieu soit sur lui, qui a dit : *''Le Prophète de Dieu, que les bénédictions et le salut de Dieu soient sur lui, a dit un jour :* ''Celui qui se languit du paradis se presse de faire le bien, celui qui craint l'enfer se détourne[1] de la luxure et celui qui déprécie la vie ici-bas, fait peu de cas de ses malheurs.*''* »[2]

Le Cheikh, qu'il soit agréé de Dieu, dit : « Rien ne mène autant à la vision saine menant à la droiture que le renoncement aux biens de la vie ici-bas. » En effet ce qui appelle au renoncement est un instinct

1 *Laha* : se détourner, ne plus s'occuper des plaisirs terrestres et s'occuper plutôt de ce qui éloigne l'Homme de l'enfer.

2 Muhammad Ibn Ahmad Ibn `Uthman, *Tartīb al-Mawḍ`āt li Ibn al-Djawzī*, commenté par Kamāl Basyūnī Zaghlūl, Dar al-Kutub al-`Ilmiyya. Beyrouth, *ḥadith* n° 1009.

accompli qui a vu le bien et l'a suivi, qui a reconnu le mal en tant que tel et s'en est prémuni. Celui qui est en ces dispositions est maître des rênes de son cœur qu'il conduit sur le chemin de la droiture. La probité ne le lâche qu'au seuil de l'usage sain et de la voie droite. « ***Ceux qui disent notre Seigneur est Dieu ! Et qui persévèrent dans la rectitude.***[1] » Une fois qu'ils ont été gratifiés du don de la rectitude aussi bien en leur apparence qu'en leur for intérieur et qu'« ***ils ont été dirigés vers la Parole excellente, ils ont été dirigés dans le chemin de Celui qui est digne de louanges.*** » [2]

En effet, la distorsion en matière de religion conduit à celle de la clairvoyance. Cette distorsion du regard amène le désordre des opinions chez les fervents disciples, et ce, à cause de leur renonciation au chemin de la droiture. La première forme de cette renonciation est la négligence de l'acquisition des sciences. La deuxième en est l'inclination pour les biens terrestres, l'argent et le pouvoir. La troisième en est le fait de suivre son inclination pour les titres, les rangs, et le pouvoir, et de rechercher l'estime et l'admiration des gens. Parmi ceux qui recherchent le rang élevé auprès des gens, il y a ceux qui veulent surpasser en rang leurs congénères ; ainsi, chez les savants, cette passion se manifeste-t-elle dans la concurrence avec leurs pairs.

Chez les religieux qui vivent dans l'abstinence et le renoncement, elle se manifeste dans leur inclination à recevoir les gens et à leur accorder grand intérêt, ce qui ne les préserve guère de quelque artifice par lequel ils cherchent à leur plaire, chose qui conduit à l'hypocrisie. Toutes ces catégories conduisent à la distorsion de la perspective. La raison de la plupart des gens est en effet étrangère à cette quête qui consiste à isoler les sources de la science des impuretés de la passion. Ils furent, pour cela, punis par la corruption de leurs croyances. C'est de là que vient la dispersion des opinions de la communauté, *Umma*. Ils ont commencé à multiplier les discours et ont mis dans les pages

---

1 Coran, sourate de *Fuṣṣilat*, n° 41, verset 30.

2 Coran, sourate du *Ḥadj*, n° 22, verset 24.

des ouvrages de quoi soulever les suspicions et introduire le doute dans les cœurs.

La science, en effet, ne consiste pas à multiplier les discours. La multiplication des discours est le fruit des idées intelligentes que génère une longue étude. La source étant trouble, elle produit dans les cœurs des observateurs et dans les pages et les livres un trouble qui finit par accumuler la rouille dans les cœurs ; la lumière de la foi en a été ternie et les demeures de la certitude en ont été détruites. Cela a conduit à ce que l'on a trouvé de douceur[1] aux sciences des idées et à ce que l'on a tendu l'oreille[2] pour entendre ce qui mène aux pires péchés. Puis, les âmes impures, avec leurs idées tendant à l'apostasie, ont accédé aux sciences philosophiques – après que leurs idées s'y sont fermentées pour aboutir, alors qu'ils sont sous la protection de la communauté, à la négation de la connaissance des choses particulières de la part de Dieu. Cela a constitué l'entrée à l'abjecte ignorance de l'œuvre de l'antique Créateur, que soient élevés Son nom et Sa sainteté. On a pensé en secret à nier à Dieu, le Très-Haut, Ses qualités, en croyant qu'elles sont nuisibles à Sa stricte unicité. Ils Lui ont alors attribué le statut de l'Être nécessaire, de Cause et de conséquence, et Lui ont dénié celui de Créateur à cause de leur ignorance.

Il est le Créateur, qu'il soit béni et Très-Haut, il est le multiplicateur par la multiplication des éléments, des créatures et de tout ce qui existe et à Dieu ne plaise que cela puisse égratigner Son unicité. Il crée par milliers et détruit par milliers et Il juge des causes et décide des destins et aucune circonstance ne remet en cause Son unicité. Mais leurs approximations corrompues concernant la négation de la multiplicité découlant de ce qu'ils ont prétendu unique sont une illusion erronée, une fantaisie sans effet et un jugement vain. La multiplicité est l'effet de volontés successives et manifestes qui sont conduites à leurs termes

---

1 *Istiḥlā'* : trouver de la douceur.

2 *Istimlā'* : trouver du plaisir à quelque chose. *Lisān al-`Arab*, entrée *Malā*, volume 15, page 590.

et dont les ensembles et les détails sont réunis par la Volonté antique et éternelle.

Aucun événement impromptu ne tournoie[1] autour de leur aire et aucun pied intrus et malfaisant ne peut fouler leur sainteté. L'ignorance de celui qui veut nier à Dieu la connaissance des éléments particuliers atteste qu'il n'a point connu le Créateur, l'Inventeur, le Dieu des univers et le Souverain du jour du jugement. Son regard s'est arrêté plutôt sur ce qu'il a appelé la Cause première ; celle-ci n'a pas de qualités et ne génère point la multiplicité. C'est ce qu'ils désignent dans leur jargon corrompu par ex nihilo, *Huyūlī*, et toute leur terminologie est viciée. La Cause première est donc à l'image de ce qu'ils ont prétendu du premier causé, la raison première, qui est la raison de l'existence du second causé, de la deuxième raison et de l'âme, la première âme. Cette Cause première est donc semblable au coton dont on fait les habits : turbans, chemises, nattes et couvertures, c'est-à-dire source et origine.

Alors donc, philosophe et autres gens dont le discours est similaire au tien, nous savons que tu as maîtrisé un métier, que tu en as appris et fixé les règles, que tu en as accordé les éléments simples et complexes sur le modèle hylémorphique. Tu t'es distingué dans cette science comme l'orfèvre s'est distingué en orfèvrerie, le menuisier en menuiserie, le tailleur en couture, tous les types de couturiers[2] chacun dans sa discipline, le brodeur[3] dans ces habits brodés sur l'envers desquels il relie des fils de telle sorte que, quand il les fait bouger, il fait apparaître des dessins et des images sur la face de l'ouvrage.

Ton esprit ô philosophe, imaginant la Cause des causes, les éléments complexes et simples, fait apparaître sur la face de ton cœur les images de

1 *Yaḥūlu* : tournoyer, faire le tour de quelque chose, *Lisān al-`Arab*, entrée *Ḥawala*, volume 11, page 187.

2 *Al-Siqlāṭī* : couturier, un tailleur qui fabrique des *Siqlatūn*. *Lisān al-`Arab*, entrée *Saqlaṭana*, volume 14, page 211. Marge de la copie n° 1 du manuscrit, *al-Siqlātūn* : une contrée romaine associée à ce vêtement.

3 *Khaṭṭā'ī* : brodeur, tailleur.

l'antiquité du monde et les gravures des orbites éternelles et l'établissement de faits sans début dans le temps et des corps sans fin dans l'espace. Et tout cela n'est que mensonge, fausseté, erreur et outrecuidance.

Les images des totems de tes mensonges sont sur la fabrique de ton âge perdu et bientôt seront noyés les couturiers, *al-Saqlaṭ*ūn, de tes comptes et les brodeurs, *al-khaṭṭ*ā'ī, de ta géométrie et tu te retrouveras dans la cellule du prisonnier, avec ceux qui ont quitté la vie avec la soif des ignorances et qui n'ont jamais bu la moindre gorgée de l'océan des certitudes. Et je vous donne un exemple de la connaissance que Dieu a des éléments particuliers : prenant une poignée de moutarde et la mettant dans un récipient de dimension réduite, ces particules se condensent du fait de l'étroitesse du récipient et de la faiblesse du rayon partant de ton œil et saisissant les éléments individuels visibles. Mais si tu la fais sortir de l'étroit récipient et que tu l'étales sur une surface plane, ces éléments se défont et le rayon de ton entendement chargé de la vision et l'impression des détails dans le rayon de ton globe oculaire s'élargissent ; tu peux alors en distinguer les éléments individuels.

Ainsi, Dieu, le Très-Haut, a-t-il fait sortir les contenus des êtres par la Puissance éternelle des entités globales et les éléments particuliers qui sont et qui seront, et les a étalés sur un plan attenant par ses deux bouts à l'éternité, le bout étant pour l'objet fini et non pour celui à qui on aboutit, et il leur a joint la Science éternelle de ce qui est et de ce qui sera. Et laisse de côté l'argument qui consiste à dire que c'est là une manière d'instituer le néant comme une chose existante, cette question n'est point de ce que tu peux évaluer par ton esprit imparfait alors que la lumière du soleil s'étend sur la surface de la Terre et ne se dissimule de ses rayons que celui qui veut se cacher derrière un voile et qui, dès qu'il le quitte, en est rejoint. Tous les êtres, entités globales et éléments partiels, sont, en effet, sur la surface de l'univers. Les éléments qui apparaissent derrière le voile du néant sont touchés par le rayon lumineux, non que le rayon ne change d'état, mais à cause de ce qui est sorti de derrière le voile. Les éléments sont sortis de derrière le voile du néant, par la puissance antique, à la lumière de la Science éternelle : « ***Ne connaît-Il pas ce qu'Il a créé, Lui qui est le Subtil et qui est parfaitement informé ?*** »[1]

Et puis, ô infatué de la Cause première, ta fierté a-t-elle dépassé celle qui te vient du soleil dont Dieu a fait par son antique loi une raison pour la formation des minéraux, des végétaux et des animaux, et aussi pour que les yeux contemplent les minéraux dans les métaux et les différents types de diamants. Comme ces effets sont imputables au soleil qui en est le vecteur, alors qu'il est une créature de Dieu et qu'il ne génère rien sans Sa volonté, ainsi en est-il des entités simples et complexes qui découlent de la raison, de l'âme et de la raison qui organise la trajectoire de la lune et des éléments, si l'on en croit ce que tu prétends qu'elle dépend de la raison.

Toutes ces influences sont donc imputables à celle-là qui est une créature de Dieu, qui ne génère pas réellement et ne crée pas vraiment. Où es-tu donc de Dieu, l'Antique, le Créateur du soleil, de la lune, des étoiles et des orbites, Créateur des raisons que tu dénombres et de la Cause première ? ! Tu te tiens aux côtés de la Cause première comme on se tient aux côtés d'al-Lāt et de Hubal, et ton adoration de ces mirages tient de l'adoration du soleil. Alors, musulman élevé dans l'Islam, langé dans l'instinct islamique et drapé de la foi saine et droite, garde-toi de la fréquentation des philosophes et des athéistes et de la lecture de leurs ouvrages. En effet, « *l'enfant naît selon l'instinct et ce sont ses parents qui en font un juif, un chrétien ou bien un adepte du mazdéisme* ».[2]Ainsi, l'Homme est-il à l'image de ceux qu'il fréquente :

« Ne sollicite point l'Homme mais son compagnon,

Aiguillonné est l'Homme toujours par son parangon. »

---

1 Coran, sourate *al-Mulk*, n° 67, verset 14.

Le texte d'al-Suhrawardī risque d'être mal interprété, nous en avons donné une lecture conforme aux tendances qui sont les siennes. Voir notre deuxième étude : *Le Savoir divin des particules*, dans ce même ouvrage.

2 *Al-Ṣaḥīḥ* d'al-Bukhārī, commenté par al-Kirmānī. Beyrouth, 1981, volume 5, pp. 133-134

Les âmes humaines sont influençables d'instinct. Elles peuvent être attirées à un niveau général, tel que l'attirance des êtres humains les uns vers les autres. Elles peuvent être attirées par des aspects plus spécifiques : il en est ainsi de l'attirance des Hommes d'une même communauté de foi les uns pour les autres. En fréquentant les gens nantis de la vraie foi et en étant attiré par eux, tu l'es aux deux niveaux, et en fréquentant ceux qui sont dans la croyance corrompue tu es également attiré vers eux aux deux niveaux. Ton attirance vers eux au premier titre t'est pardonnée, mais pas celle au second puisque tu copies les mensonges de leur outrecuidance et les inventions de leur fausseté. Si tu fais plus attention, tu découvres que la corruption des croyances est, pour ceux qui les embrassent, une punition pour eux de ce que leur admiration pour leurs maîtres et leur bonne foi les mène à l'hérésie par imitation et ils ignorent les promesses et les menaces de Dieu et se transforment en démons endurcis.

Et si l'être humain prenait une facette de chaque compagnon qu'il fréquente, de chaque ami, de chaque maître et de chaque enseignant, et s'adressait par sincère prière à Celui qui prodigue les formes du bonheur, Celui-ci le fortifierait dans la lumière de son instinct, éloignerait de lui tout ce qui peut égratigner sa première inclination, lui accorderait la saine faculté de distinction qui mène à la conviction et le libérerait du doute et de la suspicion. Il n'est pas si extraordinaire de voir les gens douter et tergiverser quant aux signes, au destin et aux miracles extraordinaires : les Hommes bornés et frustés des campagnes, gens des contrées poussiéreuses, à qui mieux mieux, s'empressent de nier les miracles. Mais est extraordinaire l'état de celui qui croit aux éléments de l'Au-delà qui ne sont point inscrits dans ses sens et qu'il ne peut saisir que par une force accomplie qui lui est donnée par l'Aide divine.

'Ubay Ibn Khalaf prit un jour un vieil os qu'il réduisit en miettes entre ses doigts et dit : « Muhammad prétend-il que cela peut revivre ? » Plusieurs ignorants s'empressèrent, par leurs raisons débiles, d'emboîter le pas à cet hérétique dans ce qu'il dit.[1] Cela n'est point prodigieux. Il est par contre prodigieux qu'on atteste des choses invisibles, des merveilles extraordinaires et du jour du jugement dernier, et qu'on y croie et qu'on le sache vraiment. Sache que les abêtis sont nombreux et que les gens de la foi se distinguent des imbus de leurs sciences, qui ont fait de l'orgueil leur moyen, leur horizon et leur champ d'études durant toute leur vie. Ceux-ci n'ont atteint, en guise de foi, que le sensible, et ont renoncé à combattre l'ignorance des âmes qui est cause et principe de tout échec et de toute stagnation et qui remonte à la nature terrienne qui ne cesse de s'enfoncer dans l'abîme de l'ignorance.

Dieu a gratifié les gens de foi de la purification des âmes et de leur assainissement dès leur origine par la lumière de la Providence éternelle jusqu'à ce qu'elles aient cru aux choses de l'Au-delà et se soient purgées des tares d'ici-bas. Les autres ont été rejoints par les armées des misères, ils ont été attirés par les inepties nées de la fantaisie des incrédules et ont usé de leur enthousiasme à apprendre leur fausseté et leur orgueil. Eux et leurs mentors sont deux parties qui se tiennent dans les désordres et se démentent l'une l'autre, chacune contre l'autre, un témoin dans l'incrédulité.

1 Voir cette tradition, al-Sayūṭī, *al-Durr al-Manthūr*, volume 5, pp. 269 -270, interprétation du verset : « ***Oublieux de Sa propre création, Il nous lance ce proverbe.*** » Coran, sourate *Yāsīn*, n° 36, verset 78.

TREIZIÈME CHAPITRE

SUR L'ABROGATION DES FANTAISIES DE CELUI DONT L'ILLUSION EST ENCLINE AUX FAUSSES REPRÉSENTATIONS ET AUX ABERRANTES INTERPRÉTATIONS

Le Cheikh, qu'il soit agréé de Dieu, a dit : « Ne peut voguer sur la mer du glorieux Coran, merveilleux par ses miracles et ses prodiges, que celui à qui Dieu a révélé Ses secrets cachés dans le monde matériel terrestre et visible, *al-Mulk,* et dans celui céleste des astres, des anges et des âmes, *al-Malakūt.* »

Le Livre révélé a informé des félicités du paradis et de ce que Dieu y a préparé « ***qu'aucun œil n'a jamais vu, qu'aucune oreille n'a jamais ouï et qui n'a traversé le cœur de nul humain.*** »[1] Le plus Honorable des énonciateurs a dit : « ***Nul ne sait ce que Je leur réserve en fait de joie comme récompense de leurs actions*** ».[2]

Les gens du paradis ont, ici-bas, des rangs dans l'adoration de Dieu, certains au premier rang et ceux-là font partie du cercle des plus proches, d'autres dans un rang médian : ceux-là sont les fidèles, d'autres enfin dans un rang inférieur aux deux autres, ceux-là sont constitués du commun des croyants.

Dieu, le Très-Haut, dit : « ***Oui, les purs vivront dans les délices ; étendus sur des lits d'apparat, ils regarderont autour d'eux. Tu verras sur leurs visages l'***éclat de la félicité. On leur donnera à boire un vin

1 Cité par al-Bukhārī, *Ṣaḥīḥ, Kitāb bad' al-khalq*, chapitre 8, volume 4, page 86.

2 Coran, sourate *al-Sadjda*, n° 32, verset 18.

rare, cacheté par un cachet de musc, ceux qui en désirent peuvent le convoiter. »[1]

Il leur a attribué la tendresse de la félicité et son éclat, et les a gratifiés d'une part complète de ce bonheur effectif, d'un breuvage pur et de ce qu'ils auront en guise de précieux dons conformes à leurs vœux. Puis il informe que leur breuvage n'est à même de les faire accéder à la félicité que mêlé à une part de l'eau de *Tasnim*[2] dont s'abreuvent les proches et qui est une récompense pour eux, due au rang d'adoration qu'ils ont atteint et parce qu'ils se délectent de l'adoration de Dieu dans leurs prières.

La récompense des proches, dont le breuvage se mêle à celui des fidèles, est la vision de l'Adoré lors de leurs différents modes, alors qu'ils sont debout, assis, prosternés et agenouillés. Alors, quand l'adorateur fidèle est touché par les souffles de la vision dans les prosternations et autres modes, c'est cela le mélange de *Tasnīm* dont s'abreuvent les proches du début à la fin de leurs prières.

Le Livre révélé a informé de la variation des dignités des gens du paradis en leur breuvage ; cela est cité dans la sourate *al-Insān* « ***Ne s'est-il pas écoulé*** »[3] où le Très-Haut dit : « ***Les Hommes purs boiront à une coupe dont le mélange sera de camphre. Les serviteurs de Dieu boiront à des sources que Nous ferons jaillir en abondance.*** »[4]

Il leur a attribué le jaillissement pour établir le profit auquel ils ont droit ; puis, il les a gratifiés d'un rang supérieur en disant : « ***On fera circuler parmi eux des vaisseaux d'argent et des coupes de cristal, de cristal d'argent, dont le contenu a été savamment dosé. Ils boiront***

---

1 Coran, sourate al-*Muṭaffifīn*, n° 83, versets 22-26.

2 Allusion aux paroles de Dieu : « ***mélangé d'eau de* Tasnīm** », Coran, sourate *al-Muṭaffifīn*, n° 83, verset 27. *Al-Tasnīm* est une source dont est mêlé le breuvage pour les fidèles cités dans le verset.

3 Coran, sourate *al-Insān*, n° 76, verset 1 : « ***Ne s'est-il pas écoulé pour l'Homme un laps de temps durant lequel il n'était pas quelque chose dont on fasse mention ?*** »

4 Coran, sourate *al-Insān*, n° 76, versets 5-6.

une coupe dont le mélange sera de gingembre. »[1] Il les a exemptés d'effort et il les a gratifiés du service des « chérubins » qui leur servent à boire. Puis il les a encore fait monter en grade en supprimant les intermédiaires et il a dit : « ***Leur seigneur les abreuvera d'une boisson très pure.*** » [2] Il leur parvient un appel du vivant qui point ne meurt, au vivant qui ne meurt, pour qu'il conçoive la différence des conditions et des grades.

D'après l'honorable autorisation, et d'après `Abd al-Razzāq Ibn `Abd al-Qādir, d'après Abī Zar`a, à Ibn Mādja al-Qazwīnī qui a dit : « Nous avons été informé par Suyawd Ibn Sa`īd qui a dit : ''Nous avons été informé par Ḥafs Ibn Maysara, d'après Zayd Ibn Aslam, d'après `Aṭā' Ibn Yasār, qui a dit que Mu`ādh Ibn Djabal, qu'il soit agréé de Dieu, a dit : ''Nous avons entendu le Prophète de Dieu, que les bénédictions et le salut de Dieu soient sur lui, dire : *''Le paradis est fait de cent degrés, chacun d'entre eux embrassant une distance telle que celle se trouvant entre ciel et Terre ; le plus haut rang en est le* Firdaws*, le rang moyen en est aussi le* Firdaws *et le Trône est sur le* Firdaws *; alors en implorant Dieu, demandez le* Firdaws*.''* »[3]

Le Cheikh, qu'il soit agréé de Dieu, dit : « Les esprits restent émerveillés devant les espaces infinis de ces proportions et les entendements sont éclairés par la contemplation de ce qui s'est réfléchi dans les miroirs des admonitions. Les cœurs pleins de foi et nourris de conviction, qui se meuvent jusqu'à rencontrer d'effectives visions, chaque fois que de tels souffles les effleurent, manquent de peu de prendre leur vol d'attendrissement et de désir et sont sur le point de traverser la distance de l'existence humaine pour plus de proximité. »

Le Livre révélé nous en informe dans de nombreux versets tels que celui où le Très-Haut dit : « ***Ils pénétreront dans les jardins d'***Éden où

1 Coran, sourate *al-Insān*, n° 76, versets de 15-17.

2 Coran, sourate *al-Insān*, n° 76, verset 21.

3 Cité par al-Tirmidhī, *Sunna*, chapitre 4, *Le livre de la description du paradis*, *ḥadith* n° 2530, volume 4, page 675.

ils seront parés de bracelets en or et ***de perles, où leurs vêtements seront en soie.*** »[1] Ainsi que dans ses paroles : « ***Les jardins d'***Éden dont les portes leur seront ouvertes. »[2] Et dans ses paroles : « ***Ils seront accoudés sur des coussins verts et sur de beaux tapis***. »[3] Et aussi : « ***Il y aura là des fleuves dont l'eau est incorruptible, des fleuves de lait au goût inaltérable, des fleuves de vin, délices pour ceux qui en boivent, des fleuves de miel purifié.*** »[4] Et de même : « ***Il y aura là une source vive et là aussi des lits de repos surélevés, des coupes posées, des coussins alignés, des tapis étalés.*** »[5]

Les océans des pensées font mouvoir leurs vagues et se heurtent à la recherche de la connaissance des secrets, entre les négateurs qui ne reconnaissent nulle existence à cela et qui sont aveugles à toutes choses de l'Au-delà et ceux qui prétendent que cela n'est que métaphore en vue de rapprocher le sens des esprits débiles et impuissants à saisir les vérités et d'attirer les âmes enclines aux désirs qu'elles convoitent.[6] Imaginer que cela est de l'ordre de la métaphore et n'est qu'hérésie, athéisme et adjonction d'obscurité et de feinte au verbe antique.

D'autres sont enclins à dire que la félicité n'est que spirituelle, par la jouissance des cœurs des gratifications et des dons dont ils se parent et que ce n'est point une chose du corps.[7] Toutes ces tendances sont corrompues ; la vérité évidente est que ce dont le Coran informe est tel

---

1 Coran, sourate *Fāṭir*, n° 35, verset 23.

2 Coran, sourate *Ṣād*, n° 38, verset 50.

3 Coran, sourate *al-Raḥmān*, n° 55, verset 76.

4 Coran, sourate *Muhammad*, n° 47, verset 15.

5 Coran, sourate *al-Ghāshiya*, n° 88, versets de 12 à 16.

6 Al-Suhrawardī fait allusion à l'opinion d'Avicenne qui pense que les législations ne sont pas une preuve de la résurrection des corps. Il dit : « elles sont introduites pour s'adresser aux gens dans leur langue et selon ce qu'ils peuvent concevoir, et pour rapprocher les choses de leur entendement par la comparaison et l'analogie ». *Al-Uḍḥuwiyya fī al-Mī`ād*, page 103, édition critique Ḥasan `Āṣī, al-Mu'ssasat al-Djāmi`iyya li al-Dirāsāt. Beyrouth, 2e édition 1987.

7 Al-Suhrawardī fait également allusion à l'opinion d'Avicenne et d'autres philosophes qui pensent que seule l'âme est concernée par la résurrection, le jugement, la félicité et la Vie éternelle. Voir source précédente, page 104.

qu'il l'a décrit, matérialisé et empreint dans les formes de la création, tel qu'il en est un exemple dans l'espace réduit du monde visible. La plupart de ceux qui prennent cette voie sont de ceux qui puisent [1] dans les mers saumâtres des philosophes qui examinent les choses d'un regard borgne. Ainsi, ils ont bien établi les orbites et les trajectoires sans en inférer les pouvoirs ; ils n'ont point saisi que le mouvement des planètes n'est en rien un mouvement naturel ni volontaire mais que c'est la puissance en charge qui les fait tourner et qui leur offre leurs caractéristiques et leurs réactions.

C'est là la loi des astres auxquels ils ont ajouté les influences et qu'ils ont appelés motivations. Les motivations sont les puissances et non les astres et les orbites. Ils ont ainsi examiné par l'œil borgne et ont établi la félicité spirituelle en niant celle corporelle. Ils ignorent que Dieu a prodigué aux âmes et aux cœurs une félicité spirituelle résidant dans les chances de proximité et dans la possibilité de contempler Dieu dans Sa générosité, et qu'Il a conçu une félicité corporelle pour les êtres qui ont participé avec les âmes dans la pure adoration : aux unes et aux autres selon ce qui leur convient. Ainsi, ils ont regardé d'un œil borgne et ont nié l'association des âmes aux corps dans la Félicité éternelle.

Ibn Mādja a dit, après l'honorable autorisation : « Nous avons été informé par Hishām Ibn `Ammār qui a dit : ''Nous avons été informé par `Abd al-Ḥamīd Ibn Ḥa'īb qui a dit : ''Nous avons été informé par `Abd al-Raḥmān Ibn `Amru al-Awzā`ī qui a dit : ''Nous avons été informé par Ḥassān Ibn `Uṭayya qui a dit : ''Nous avons été informé par Sa`īd Ibn al-Musayyab disant qu'il a rencontré Abū Hurayra, qu'il soit agréé de Dieu, qui lui a dit : ''Demande à Dieu, le Très-Haut, qu'Il te me fasse rencontrer au rassemblement du paradis !'' Sa`īd s'exclama alors : ''Y trouve-t-on un rassemblement ? !'' Abū Hurayra répondit : ''Assurément ! Le Prophète de Dieu, que la bénédiction et le salut de

1 *Mumtāḥūn* : pluriel de *Mātiḥ*, ceux qui puisent l'eau du fond du puits. *Lisān al-`Arab*, entrée *Mataḥa*, volume 2, page 588.

Dieu soient sur lui, m'en informa en disant : *''Les gens du paradis, s'ils y entrent, y accèdent grâce à leurs œuvres. Ils seront appelés au jour équivalent au vendredi des jours de la Terre et feront visite à Dieu, le Très-Haut et Majestueux, qui leur montrera Son trône et apparaîtra à eux dans l'un des vergers du paradis. Des tribunes de lumière et des tribunes de perles, des tribunes de rubis et des tribunes de topaze, des tribunes d'or et d'autres d'argent leur seront dressées. Les moins nantis, et il n'y a point parmi eux qui soit vil, se tiendront sur des dunes de musc et de camphre, et ils ne penseront point que ceux installés sur les chaises aient eu meilleur siège.''*

Abū Hurayra, qu'il soit agréé de Dieu, dit ensuite : ''Je demandai alors au Prophète de Dieu, que les bénédictions et le salut de Dieu soient sur lui : ''Ô Prophète de Dieu ! Verrons-nous notre Dieu ?'' Il me répondit : *''Assurément ! Disputez-vous quant à la vision du soleil ? Et de la lune lors des nuits éclairées ?''* Nous répondîmes que non et il continua en disant : *''Ainsi, ne disputerez-vous point quant à la vision de votre Dieu, Haut et Majestueux, et il ne restera personne dans cette assemblée sans que Dieu ne se présentât à lui, au point qu'Il dira à l'homme parmi vous :* ***''Ne te rappelles-tu point, untel, telle ou telle chose que tu as faite ?''*** *lui rappelant certaines de ses trahisons sur Terre. Celui-ci parmi vous dira alors : ''Ô Mon Dieu ! Ne m'avez-Vous point pardonné ?'' Et Il lui répondra :* ***''Certainement, c'est grâce à l'étendue de Ma rémission que tu as atteint le rang où tu es.''***

Et tandis qu'ils sont ainsi, une nuée les enveloppera et il pleuvra sur eux d'essences merveilleuses dont jamais ils n'ont senti de semblable. Puis il leur dira : ***''Allez vaquer à ce que Je vous ai imparti comme honneurs et prenez-en ce que vous désirez.''*** *Il continua en disant : ''Alors nous arrivons à une assemblée entourée par les anges, dont les yeux n'ont jamais vu de semblable, dont les oreilles n'ont jamais entendu parler et dont l'idée n'est jamais passée par les esprits et les cœurs.''* Il poursuivit en disant : *''Alors il nous gratifie de tout ce que nous désirons ; rien ne s'y vend et rien ne s'y achète, et les gens du paradis s'y rencontrent.''*

Le Prophète de Dieu, que les bénédictions et le salut de Dieu soient sur lui, ajouta : *''L'Homme dont le rang est élevé y rencontre celui dont le rang lui est inférieur – et nul parmi eux n'est vil ni bas – alors celui-ci reste admiratif devant l'habit merveilleux qu'il porte et il n'est pas arrivé au bout de sa conversation que déjà il s'avère porter un plus bel habit encore que celui qu'il admirait. En effet, nul n'y doit se sentir triste et déçu.'' ''Puis,* continua-t-il, *nous rentrons chez nous et nos épouses nous reçoivent et disent :* ''Bienvenu, tu es revenu à nous plus beau encore et plus parfumé qu'au moment où tu nous as quittés !'' *Alors nous répondons : ''Nous avons été aujourd'hui auprès de notre Dieu omnipotent, Honorable soit-il et Majestueux, il est donc naturel que nous en retournions comme nous en sommes retournés !''* »[1]

Celui qui est restreint dans les limites de sa raison dit : « Comment pourrions-nous voir notre Dieu alors que la vision exige par exemple une direction, un rayon qui jaillit de la pupille qui entoure la chose visible et une impression sur les éléments de vision dans le rayon de la pupille ? Cela n'exige-t-il pas que la distance soit moyenne, car une proximité trop forte ou bien un éloignement trop fort empêchent de voir ? » Il ne sait pas, le pauvre, qu'avec sa petite raison, il est sans secours et que seul l'habit de la sagesse permet de voir la Puissance, et qu'un œil habitué à l'obscurité ne peut guère voir les lumières. Ce jour-là, la vision sera faite de discernement, la capacité prendra la forme de la sagesse et l'air et l'espace se configureront autrement que d'habitude.

Ce sont ces récits qui ont informé des états des paradis conformément aux paroles explicites du Coran. Elles sont l'hécatombe des ignorants armés d'illusions et de fantaisies, maintenus dans l'ivresse d'une science de petite envergure qui leur a été disposée du monde visible, une science qui estime le jour et la nuit à vingt-quatre heures, le mois à trente jours et l'année selon le nombre de jours qui lui est imparti.

1 Al-Ḥāfiẓ Abī Bakr `Amru al-Ḍaḥḥak al-Shaybānī –*Kitāb al-Sunna*, al-Maktab al-Islāmī, chapitre 127, *ḥadith* n° 585, pages 258, 259, 260. Al-Albānī dit en citant ce *ḥadith* qu'il est incertain pour crédibilité faible par Hishām et `Abd al-Ḥamīd.

Elle n'accède point à : « ***Un seul jour pour Dieu, est en vérité comme mille ans d'après votre manière de compter*** »[1], ni ne conçoit une vie éternelle sans fin. Celui qui s'adosse à la raison ne s'imagine point que la vie éternelle procède de la grandeur de Dieu et que celui qui y demeure y possède un séjour idoine à cette éternité.

Les volumes de félicité risquent de ne point suffire aux volumes du temps mais ne sont jamais coupées des provisions de Dieu : elles puisent dans les mers de générosité les objets des délices, s'approvisionnent dans les coffres de la vie éternelle et cousent les habits sempiternels. Comment les raisons pourraient-elles concevoir ces vérités dont les lèvres discrètes ne se sont jamais ouvertes qu'au miroir des cœurs des Prophètes, que les bénédictions de Dieu soient sur eux ?

La distinction de ces aspects et ces états est l'une des tâches les plus importantes que nos soins puissent aborder et elle est un pilier de la foi et une base de l'Islam. Celui qui se replit sur les tromperies des interprétations et les considère comme une manière de représentation figurée et illusoire est en train d'abattre brique après brique l'édifice de la foi. Il s'est noyé dans ces mers de nombreux Hommes qui appartiennent à l'Islam. Cela est à mettre sur le compte de l'incrédulité et des doutes qui s'insèrent dans les êtres et c'est une punition pour ceux qui s'adonnent à la lecture des livres des philosophes dont les croyances sont contiguës à celles des athéistes. Ils prétendent que l'univers est antique et que la Cause première est éternelle. Qu'ils ne soient point loués de ce dont ils ont séduit les raisons débiles, tel que de prétendre que des êtres sont éternels par les soins d'une félicité uniquement spirituelle, fruit de leur invention. S'ils avaient été bénis dans leurs efforts et avaient entrevu les fanions de la vérité, s'ils avaient observé par l'œil de l'éternité, s'ils s'étaient défaits du monde visible et avaient marché sur les nattes de l'Au-delà, ils n'auraient pas jugé

1 Coran, sourate *al-Ḥadj*, n° 22, verset 47 : « ***Un seul jour pour Dieu est en vérité comme mille ans suivant votre manière de compter.*** »

excessive la félicité du paradis par rapport à ce que les justes ont obtenu de vie éternelle. Observe la mentalité des villageois, des gens rudes de la campagne et des gens couverts de poussières et de poils : si tu leur parles de ce dont ta science t'a nanti en astronomie, ne les vois-tu pas nier ce que tu dis, se rire de ton opinion et de ta science ?

Tu es, Ô philosophant en matière de sciences de l'Au-delà, ce rude paysan et ce bédouin borné ! Je ne dis pas que saisir les choses de l'Au-delà se fait par une faculté qui dépasse la raison. Quel besoin avons-nous de remettre en question l'inviolable raison et d'établir des choses que ne contiennent point de remparts ? ! Mais nous disons qu'il y a raison et raison : une raison qui guide l'enfant fidèle qui est le cœur, obéissant au père, qui est le Saint-Esprit, c'est la raison des Prophètes et de leurs loyaux disciples ; et une raison qui gère le cœur dégénéré qui est l'enfant ingrat, qui penche vers la mère torse et imparfaite, qui est l'âme animale sexuée qu'on appelle l'être selon ce que l'on a déjà précisé dans un autre chapitre. Cette raison suit la mère torse qui déchoit et stagne conformément à sa nature terrienne et que la raison suit dans sa chute, se perdant ainsi dans le monde matériel sensible.

La raison des Prophètes, quant à elle, s'élève vers le Sublime Bienveillant qui leur tend les nattes du monde de l'Au-delà et qui leur accorde pour séjour à leur arrivée « ***les jardins d'***Éden dont les portes leur seront ouvertes »[1]. Alors, leurs yeux se laissent aller à la contemplation des espaces étendus du monde invisible alors qu'ils sont encore ici-bas, puis, leur regard prend de l'ampleur pour atteindre les places de l'Isthme où ils se retrouvent dans le bien-être, les Prophètes étant vivants dans leurs tombes où ils s'adonnent à la prière, comme cela a été dit et rapporté. Puis, ils sont conduits dans les lieux de l'apocalypse avant d'être menés à leurs séjours au paradis.

Sache que l'existence comporte des degrés et des rangs et que pour ta constitution il existe des saisons et tu n'as vu jusqu'ici

---

1 Coran, sourate de *Ṣād*, n° 38, verset 50.

qu'une existence et qu'une seule constitution. Quand tu seras dans l'Isthme, tu observeras ta vie antérieure sur Terre comme dans un rêve : « *Les gens sont endormis, quand ils meurent, ils se réveillent !* »[1], comme cela a été dit et rapporté. Puis, dans ta constitution dans l'Isthme, tu as devant toi un temps et un univers que tu contemples et grâce auxquels tu réalises que « la tombe est soit un verger du paradis, soit un des trous des enfers »[2]. Puis une nouvelle constitution t'est donnée dans les places de l'apocalypse et du jugement dernier, le jour de la résurrection, quand les éléments épars de ton corps sont réunis, que l'édifice de ton Corps éternel est conçu dans le Séjour éternel et que l'âme qui est la maîtresse de cet édifice s'y dépose. Alors, dans cette existence et dans cet univers, tu verras « ***des fleuves dont l'eau est incorruptible, des fleuves de lait au goût inaltérable, des fleuves de vin, délices pour ceux qui en boivent, des fleuves de miel purifié*** »[3] et tu verras ton âme installée sur « ***des coussins verts et sur de beaux tapis*** »[4].

Ensuite, j'attire ton attention et te dis : n'imagines-tu point que tu puisses dormir et voir en rêve une rivière de miel et autres merveilles que j'ai décrites de la félicité du paradis ? Dans ton rêve, ne restes-tu pas à contempler ces choses une, deux ou plusieurs heures ? Pourquoi alors nies-tu que cet état que tu vois en rêve par tes sens puisse se réaliser dans le paradis et ses délices, et que cela puisse être une existence qui t'est formée et destinée ? Celui qui est à même de créer une existence en un temps mesuré est capable de la même création en un temps sans bornes.

---

1 Cette citation est généralement attribuée à Ali Ibn Abī Ṭālib, qu'il soit agréé de Dieu. Voir al-`Adjlūnī, *Kashf al-Khafā' wa Muzūl al-Ilbās*, Mu'ssasat al-Risāla, volume 2, page 414, *ḥadith* n° 2795. Voir également Muhammad Nāṣir al-Albanī, *Silsilat al-Aḥādīth al-Ḍa`īfa wa al-Mawḍū`a*, Maktabat al-Ma`ārif, Riadh, volume 1, page 219, *ḥadith* n° 102.

2 Cité par al-Tirmidhī, *Sunna : Kitāb Ṣifat al-Qyama*, chapitre 26, volume 4, page 640, *ḥadith* n° 2460.

3 Coran, sourate *Muhammad*, n° 47, verset 15.

4 Coran, sourate *al-Raḥmān*, 55, verset 76.

Dieu, le Très-Haut, dit : « ***Parmi ses signes : votre sommeil la nuit et le jour*** »[1]. Le sommeil qui vide les éléments des vérités dans des récipients exemplaires est un élément de l'Au-delà, c'est pour cela qu'il a été dit : « Le bon rêve est une partie des quarante-six parties qui constituent la prophétie. »[2] Ce sont les portes des félicités que j'ai ouvertes à toi si tu examines les choses au moyen d'une raison appuyée par l'Aide divine, ce sont des signes de conviction que j'ai rapprochés de toi pour que tu croies au Coran sans hésiter dans les sentiers de l'iniquité et pour que tu établisses et reconnaisses ce dont Dieu nous a informé des délices du paradis et des souffrances de l'enfer et ses feux.

Il est rapporté du Prophète de Dieu, que les bénédictions et le salut de Dieu soient sur lui, qu'il tendit la main dans le *Miḥrāb* puis il la ferma, on lui demanda alors « Ô Prophète de Dieu, tu as tendu la main dans le *Miḥrāb* et tu l'as ensuite fermée ? » Il répondit : *« Oui, il me fut proposé une grappe du raisin du paradis ! »* On lui dit alors : « L'as-tu prise ? » Il répondit : *« Hélas, l'univers entier ne pourrait en contenir un seul grain ! »*[3]

Selon son honorable autorisation, Ibn Sa`d a dit un jour : « Nous avons été informé par Bakkār Ibn `Abd Allah Ibn `Ubayda al-Zīdī, d'après son oncle Mūsa Ibn `Ubayda, d'après Ismā`īl Ibn Umayya qui a dit : ''Al-`Abbās et son fils `Abd Allah, qu'ils soient agréés de Dieu, sont entrés chez le Prophète de Dieu, que les bénédictions et le salut de Dieu soient sur lui, quand ensuite ils en sortirent, le fils demanda : ''Ô père, avez-vous vu l'homme qui était avec le Prophète ? Le père lui répondit : ''Je n'ai vu personne !'' Ils revinrent alors chez le Prophète, que les bénédictions et le salut de Dieu soient sur lui, et al-`Abbās lui demanda : ''Par mon père et ma mère, ô mon neveu, mon fils me dit

1 Coran, sourate *al-Rūm*, 30, verset 23.

2 Cité par al-Bukhārī, *Ṣaḥīḥ, Kitāb al-Ta`bīr*, chapitre 4, page 69. Cité également par Ahmed Ibn Ḥanbal, *Musnad*, volume 2, page 369.

3 Cité en des termes différents par al-Bukhārī, *Ṣaḥīḥ, Kitāb al-Adhān*, chapitre 91, volume 1, page 182. Cité également par Muslim, *Ṣaḥīḥ, Kitāb Ṣalāt al-Kusūf*, chapitre 17, volume 1, page 626. Cité aussi par al-Nasā'ī, *Sunan, Kitāb Ṣalāt al-Kusūf*, chapitre 17, *ḥadith* n° 1491, volume 3, page 147.

qu'il a vu en votre présence un homme !'' Le Prophète, que les bénédictions et le salut de Dieu soient sur lui, répondit en s'adressant au fils : ''*Et tu l'as vu ?*'' Il répondit que oui. Alors le Prophète, que les bénédictions et le salut de Dieu soient sur lui, dit : ''*C'était Gabriel !*''[1] Le fils en perdit plus tard la vue. »

Les anges visitaient le Prophète, que les bénédictions et le salut de Dieu soient sur lui, en prenant une forme humaine. Il en a été déduit que Gabriel, que la paix soit sur lui, apparaissait sous une forme qui convient à l'étroitesse des étendues du monde sensible. Le Prophète, que les bénédictions et le salut de Dieu soient sur lui, entendait les paroles de son Dieu et en étanchait sa soif, il profitait de leur tendresse et de leur douceur puis il en informait ses compagnons et les leur récitait. Et eux, par les rangs de la conviction où ils séjournaient, étaient dans l'état de celui qui écoutait réciter Dieu. Gabriel est en effet le dépositaire loyal de la révélation et Muhammad, le Prophète de Dieu, que les bénédictions et le salut de Dieu soient sur lui, est le dépositaire fidèle du message et de l'appel à Dieu : « ***Muhammad est le Prophète de Dieu, ses compagnons sont violents envers les impies, bons et compatissants entre eux*** » jusqu'à « ***la parabole qui les concerne dans l'***Évangile : ils sont semblables au grain qui fait sortir sa pousse ».[2]

Les compagnons du Prophète, que les bénédictions et le salut de Dieu soient sur lui, sont comme les branches qui entourent la plante. La bénédiction de la révélation touche au tronc et aux branches, et les compagnons du Prophète, que les bénédictions et le salut de Dieu soient sur lui, lorsqu'ils lisaient le Coran sans qu'on vît sur eux la solennité due, disaient : « Voici la récitation, mais où est la bénédiction de la révélation ? » Dieu, le Très-Haut, adjoindra à leur troupe ceux qui suivront leur exemple dans la foi et la conviction, par la merveille de Sa générosité et de Son don.

---

1 Cité par Ibn Kuthayr en des termes différents. *Al-Bidāya wa al-Nihāya*, Maktabat al-Ma`ārif. Beyrouth, 3e édition 1984, volume 8, page 298.

2 Coran, sourate *al-Fatḥ*, n° 48, verset 29.

QUATORZIÈME CHAPITRE

SUR LES MYSTÈRES DES DONS DE VÉRITÉ RÉTRIBUÉS AUX COMPAGNONS DU PROPHÈTE, QUE LES BÉNÉDICTIONS ET LE SALUT DE DIEU SOIENT SUR LUI, EN TÉMOIGNAGE DE LEUR SAGESSE ET DE LA JUSTESSE DE LEUR JUGEMENT

Dieu, le Très-Haut, fait dans le Coran l'éloge de son Prophète, que les bénédictions et le salut de Dieu soient sur lui, et de ses compagnons, éloge dont on peut inférer qu'étaient profonds les liens tressés entre leurs cœurs, que le Prophète de Dieu, que les bénédictions et le salut de Dieu soient sur lui, a attiré, par honorable aimantation, les cœurs de ses adeptes des diverses contrées et que les volontés les plus vertueuses ont conflué vers lui par ces liens spirituels, cette sympathie des cœurs et cette haute pureté d'inclination. Ils sont venus à lui, Salmān de Perse, Bilāl d'Éthiopie et Ṣuhayb des Romains quand, du sublime minaret de son vigoureux message et de sa prophétie, s'éleva son appel fécondé par sa parole irisée des teintes de la révélation. Ainsi, la droiture et la lumière de la certitude s'enracinèrent-elles dans leurs cœurs et il les écarta ensuite par son saint éveil prophétique du sommeil de la négligence et de la distraction quant à leurs paroles et leurs actes, pour que leurs cœurs restent vifs[1] et puissent détecter les voies par lesquelles s'insinuent l'ennemi et les affections de l'âme encline au mal. Les âmes, en effet, drapées dans les voiles de la dissimulation, sont sujettes à l'ivresse des convoitises inavouables. Par cette vigilance prophétique

1 *Mudhkāt* : *Dhakā'*, vive intelligence, *Lisān al-`Arab*, entrée *Dhakā*, volume 14, pp. 287–289.

se pérennise donc en eux l'attention à ce qui est caché aux tréfonds de leurs âmes et il leur a été demandé compte de ce qu'ils ont accompli à la lumière du jour.

Il nous est parvenu par honorable autorisation, par `Abd al-Maghīth Ibn Zuhayr al-Ḥarbī qui a dit : « Nous avons été informé par Hibat Allah Ibn Muhammad Ibn al-Ḥaṣīn qui a dit : ''Nous avons été informé par Ahmed Ibn Dja`far Ibn Ḥamdān Ibn Mālik al-Qaṭī`ī qui a dit : ''Nous avons été informé par `Abd Allah Ibn Ahmed qui a dit : ''Mon père a dit : ''Nous avons été informé par Abd al-Raḥmān Ibn Mahdī qui a dit : ''Nous avons été informé par Ḥammād Ibn Zayd qui a dit : ''`Āṣim Ibn Abī al-Nudjūd, d'après Abī Wā'il, d'après `Abd Allah Ibn Mas`ūd, a dit : ''Le Prophète, que les bénédictions et le salut de Dieu soient sur lui, traça une ligne droite et nous dit : *''Ceci est la voie de Dieu, le Glorieux et Sublime'' ;* puis il traça d'autres lignes à sa droite et à sa gauche et dit : *''Celles-ci sont des voies divergentes et sur chacune se tient un démon qui appelle à la suivre'',* puis il lit : ***''Tel est, en toute droiture, Mon chemin ; suivez-le donc et ne suivez pas les chemins qui vous éloigneraient des chemins de Dieu.''*** »[1]

Le cœur du Prophète de Dieu, que les bénédictions et le salut de Dieu soient sur lui, a été élevé au monde sublime après que la porte de l'ascension lui a été ouverte, en son corps, pendant la nuit de l'Ascension, *Mi`rādj*. Et il a eu, après la nuit de l'Ascension, moult montées successives par la grâce de son être instinctif, de son âme sainte et de son cœur éclairé. Et tous ses états, avant la nuit de l'Ascension, étaient en deçà de ce qui a été pendant cette nuit-là.

S'il n'en était point ainsi, ce n'aurait été que stase et reflux, et ses états exigent qu'il soit en constant progrès. Il eut en effet, après cette nuit, parmi les voies ascensionnelles, un chemin grand ouvert, aisé de parcours et de traversée. Il eut dans toutes ses ascensions, des incursions

---

1 Coran, sourate *al-An`ām*, n° 6, verset n° 153.
Le *ḥadith* cité par Ahmed Ibn Ḥanbal dans *Musnad*, volume 1, page 453. Cité par al-Darāmī dans *Sunan*, volume 1, chapitre 23, *ḥadith* n° 208, page 60.

dans les mystères de l'Au-delà, et des lectures des événements à survenir dans la nation, en son temps et en d'autres, jusqu'au jour de la fin du monde. La matière de la présente nouvelle participe à ce qui fut lors de ce périple. Le Prophète, que les bénédictions et le salut de Dieu soient sur lui, instruisit tous ses compagnons et les éveilla aux dangers du sommeil de la négligence et de l'assoupissement et les exhorta à considérer la mutation des états pour qu'ils soient vigilants, grâce à son avertissement, aux voies de Satan et aux soubresauts des âmes prescriptrices de mal.

Les âmes sont en effet maîtresses dans l'art de la dissimulation, et ne sont mises à nu que par ceux qui jouissent d'une vue pénétrante. Et il fut dit que les âmes sont capables de dissimulation comme en sont capables les pierres à feu, du feu qu'elles renferment. Les cœurs des compagnons du Prophète gagnèrent donc en science par le miracle de cet éveil et de cet avertissement.

Par l'honorable autorisation, nous rapportons, selon Abī al-Ḥasan Ali Ibn `Asākir, selon Abī al-Waqt `Abd al-Awwal, selon al-Dāwudī al-Ḥamūlī, selon al-Firbarī, selon al-Bukhārī qui a dit : « Nous avons été informé par Sa`īd Ibn Ḥafs qui a dit : ''Nous avons été informé par Ibn Wahb, le tenant de Yūnis Ibn Shihāb, le tenant de Ḥamīd Ibn `Abd al-Raḥmān, qui a dit : ''Nous avons entendu Mu`āwiya, qu'il soit agréé de Dieu, qui prédiquait en disant : ''J'ai entendu le Prophète de Dieu, que les bénédictions et le salut de Dieu soient sur lui, dire : *''Celui à qui Dieu veut du bien, Il lui accorde la science de la religion, je ne suis en fait qu'intermédiaire et c'est Dieu qui donne.''* »[1]

Le Cheikh, que Dieu lui accorde Sa bénédiction, ajouta : « Les cœurs des compagnons du Prophète se remplirent de rectitude et se lièrent à son cœur droit, s'unirent dans la quête des sciences et des connaissances et s'entraidèrent en vue d'approfondir les liens de

1 *Ḥadith* authentifié par al-Bukhārī dans *Ṣaḥīḥ, Kitāb al-I`tiṣām bi al-Sunna*, volume 7, chapitre 10, page 149. Aussi par Muslim dans *Ṣaḥīḥ*, chapitre 33, *Kitāb al-Zakāt*, *ḥadith* n° 97, volume 1, page 718.

proximité. Et cette affinité se perpétue comme un héritage transmis parmi la nation et dont chacun a en jouissance d'une portion. Ce qui témoigne de la vigueur de cet attachement des cœurs des compagnons du Prophète à leur guide est que Dieu a fait d'eux un des accès par lequel Il verse sur le Prophète une part[1] de sagesse et de science. »

Dieu dit : « ***Pardonne-leur, demande pardon pour eux et consulte-les sur toute chose.*** »[2]

Chercher conseil auprès des compagnons est donc une exploration des Volontés divines. Reconnaissant en leur parole le secret gardé, le Très-Haut inspire la vérité par leur biais comme Il le fait par le biais de l'ange Gabriel. Où trouverait-on une telle affinité ? Et où trouverait-on un tel esprit de corps et entraide menant aux Connaissances éternelles et aux Sciences absolues dans les tréfonds des philosophes, jaloux de leur indépendance et de leurs opinions. Parmi eux « ***il n'y a pour Nous d'intercesseurs ; Nous n'avons aucun ami zélé*** »[3]. Leur esprit est hanté par les délires et ils occupent leur temps à hisser les fardeaux des ignorances. Ils ne disposent guère d'un discernement qui leur permette de déchiffrer les significations.

Si nous cherchions à tirer enseignement des liens des compagnons avec le Prophète, que les bénédictions et le salut de Dieu soient sur lui, nous les verrions attester les uns aux autres vérités et perfections, alors que les tenants du mensonge n'obtiennent qu'illusion et fantaisie. Dieu fera régner ceux qui ont la foi. Leur attachement au Prophète, que les bénédictions et le salut de Dieu soient sur lui, né de leur foi, est indéfectible.

Dieu nous informe de leur état et de celui des menteurs et dit : « ***Il en est ainsi : Dieu est le maître des croyants. Les incrédules n'ont***

---

1 Dieu verse sur le Prophète, que les bénédictions et le salut de Dieu soient sur lui, une part de science par chacune des voies de son attachement à ses compagnons.

2 Coran, sourate *Āl `Imrān*, n° 3, verset 159.

3 Coran, sourate *al-Shu`arā'*, n° 26, versets 100 et 101.

point de protecteur. »[1] Et selon cet attachement, le Prophète, que les bénédictions et le salut de Dieu soient sur lui, disait à ces compagnons : « *Qui parmi vous a vu hier un rêve ?* »[2] Tout cela en guise d'interrogation et d'exploration des Intentions divines, car il sait que leurs cœurs sont vrais et que lors des cinq prières et des saluts, *Taḥiyyāt*, qu'elles comprennent, l'alliance est renouvelée.

Le fidèle en prière dit : « que la paix soit sur nous et sur les pieux serviteurs de Dieu » et les brises de la paix frappent aux portes des cœurs des justes sur la Terre et dans les cieux. Le pacte est alors renouvelé par les liens de la proximité et par les lumières instinctives et ils sont réunis alors par l'accord des âmes : « ***Dans un séjour de vérité, auprès d'un Roi Tout-Puissant*** »[3] et par une tendresse renouvelée dans les souffles qui accueillent ce qui est inscrit dans la parole de Dieu tout-puissant : « ***Certainement, le désir des pieux de Me rencontrer dure depuis si longtemps, et Mon désir de les rencontrer n'est point moins vif.*** »[4] À chaque apparition de la Générosité éternelle, les âmes s'éveillent à elle et frémissent de la perspective de la rencontre dans le mystère de l'Au-delà, leur frémissement saturant le domaine des ombres.

« Savent-ils, les nôtres, le sang qu'ils ont versé,
Quand à nos cœurs ils ont tantôt manqué !
Nous et nos chers, nos âmes, de tout temps,
S'unissent, bien que de corps, sommes éloignés. »

Les ferments des souffles prophétiques ont atteint des cœurs accueillants qui ont été ainsi fécondés de connaissances et de sciences et ont poursuivi les vertus et les savoirs. Ils ont produit des mots tels qu'à les entendre, les sages de la Grèce, devant eux, tomberaient à genoux. Et parmi les anecdotes qu'on raconte des philosophes, est que

1 Coran, sourate *Muhammad*, n° 47, verset 11.

2 Cité par al-Bukhārī, *Ṣaḥīḥ*, chapitre 93, volume 2, page 104. Cité par Muslim, *Ṣaḥīḥ*, chapitre 4, *Kitāb al-Ru'yā*, volume 2, page 42, *ḥadith* n° 2269.

3 Coran, sourate al-Qamar, n° 54, verset 55.

4 Al-Fitnī, *Tadhkīrat al-Mawḍū'āt*, copie Beyrouth, page 196.

l'un d'eux, Aristote ou autre, a un jour déclaré, devant un groupe de ses disciples : « L'attachement aux possessions est la demeure des chagrins. » Ceux-ci s'agenouillèrent alors devant lui, en signe de respect et d'émerveillement pour ce qu'il a dit. Combien de mots sages sont prononcés par les individus de notre nation qui surpassent les paroles de celui-ci, devant lequel on s'agenouille.

Ibn Sa`d a dit, avec son honorable permission : « Nous avons été informé par `Abd Allah Ibn Dja`far, d'après Ibn Khaytham, d'après Mudjāhid qui a dit : ''J'ai entendu Ibn `Abbās dire : ''Nous avons servi `Umar Ibn al-Khaṭṭāb, qu'il soit agréé par Dieu, comme aucun homme de sa famille jamais ne le fit, et j'ai été doux pour lui comme aucun membre de sa famille jamais ne le fut. Un jour que nous étions seul chez lui et qu'il me faisait asseoir et m'honorait, il poussa un soupir tel que je crus que son âme allait quitter son corps. Je lui demandai : ''Est-ce d'angoisse, Commandeur des croyants ?'' Il me répondit : *''Oui, d'angoisse !''* Je lui demandai : ''Pour quelle raison ?'' Il me demanda de me rapprocher, ce que je fis, et me dit alors : *''Je ne vois personne qui puisse s'acquitter de la charge du califat !''* Je dis alors : ''Et tel et tel alors ?'' Et il lui nommait six de ses proches du Conseil. Il lui répondit pour chacun de ceux qu'il a cités, chacun par des mots différents à chaque fois. Puis il lui dit : *''Il ne convient à cette tâche qu'un homme qui soit fort mais sans violence, conciliant mais sans faiblesse, généreux mais sans dissipation, retenu mais sans radinerie !''* »[1]

Contemplez donc cette voie que `Umar désigne dans son discours. C'est la voie de la modération entre les écueils des extrêmes, celle des paroles inspirées des sagesses héritées, informant de l'état honorable

---

1 Rapporté par Ibn Sa`d dans *al-Ṭabaqāt al-Kubrā*, volume 3, page 343, limité à la dernière ligne et l'attribuant à Wakī` Ibn al-Djarrāḥ, d'après ses maîtres, d'après `Umar : « Cette tâche ne s'arrange que par une autorité qui ne soit point coercition et une flexibilité qui ne soit point mollesse. » Il juge ce *ḥadith* douteux ou problématique car certains des narrateurs n'ont point été cités. *Ḥadith* également rapporté par Ibn Abī Shayba avec la même concision et il l'a attribué à Muhammad al-Kātib, d'après `Umar. *Al-Muṣannaf*, volume 11, page 98.

du Prophète, que les bénédictions et le salut de Dieu soient sur lui, et de sa famille, selon la parole du Tout-Puissant : « ***Muhammad est le Prophète de Dieu. Ses compagnons sont violents envers les impies, bons et compatissants entre eux*** »[1], alliant les vertus morales à la prestance ; et aussi : « ***Tu les vois inclinés, prosternés*** »[2] alliant la vérité à la justice ; « ***On les reconnaît car on voit sur leur fronts les traces de leurs prosternations.*** »[3]

Notre philosophe ne sait-il rien de ce signe ? Conçoit-il une telle lumière ? S'est-il jamais prosterné une seule fois devant Dieu au cours de sa vie, d'une prosternation qui puisse éclairer son cœur et sa face ? Laisse-le se prosterner devant la Cause première ! Il en reviendra renfrogné, pris par la tristesse des errements et par l'obscurité de la folie.

Parmi ce qui fut rapporté d'Ali Ibn Abī Ṭālib, qu'il soit agréé de Dieu, certaines paroles trahissent une sagesse profonde. Ainsi a-t-il dit : « *Celui qui prêche sans agir est semblable à un archer sans corde* », et il a dit aussi : « *La science est selon deux formes : l'une réelle, estampillée, et l'autre verbale ; celle-ci ne vaut rien en l'absence de celle-là.* » Il a dit également : « *La droiture du jugement est dans les États et s'étiole de leur étiolement* », et de même : « *La pudeur est l'ornement de la pauvreté et la reconnaissance est l'ornement de la richesse* ». Mais encore : « *Le jour du jugement pour l'inique est beaucoup plus pénible que le jour de l'injustice pour l'opprimé.* » Et aussi : « *Les dires sont résiliés, les intentions sont éprouvées et chaque âme est tributaire de ce qu'elle a récolté, et les Hommes sont imparfaits et vulnérables sauf par la protection de Dieu ; ceux qui les interrogent sont des entêtés et ceux qui leur répondent sont des imposteurs ; celui qui, parmi eux, a le jugement le plus droit est séparé des bienfaits de son jugement par l'autosatisfaction et l'irritation.* »[4]

---

1 Coran, sourate *al-Fatḥ*, n° 48, verset 29.

2 Ibid.

3 Ibid.

4 Ces citations figurent dans *Nahdj al-Balāgha*, pages 534- 535 et du numéro 337 jusqu'à 343.

Ces paroles constituent une indication des Gratifications divines en termes de sagesse et de sciences. Pensez-vous que celui qui ainsi discourt puisse être sans jugement ? Certes pas, mais il est le tenant d'une force de conviction qui lui fait dire : « Si la couverture des mystères de l'Au-delà était tirée, je n'aurais point davantage de conviction. »[1] Il contemplait donc les choses de l'autre monde par l'œil de son entendement et empruntait à la compagnie du Prophète de Dieu des paroles, des circonstances et des agissements qu'il apprenait de la lanterne de sa prophétie et dont il s'éclairait.

Il a été rapporté de Dja`far al-Ṣādiq, qu'il soit agréé de Dieu, qui a dit : « Dieu s'est révélé à Ses sujets dans Sa parole mais ils ne voient point. » Contemple cette science et cette conviction qui s'est élevée de la connaissance de la parole à la connaissance de son auteur.

Il a été rapporté que tandis que Dja`far al-Ṣādiq priait, il eut une sorte d'évanouissement qui dura jusqu'à ce qu'il eût terminé sa prière. On lui demanda alors la cause de ce qui advint et il répondit : « Je n'eus de cesse de répéter le vers et jusqu'à ce que je l'eusse entendu de son auteur, mes pieds ne purent plus alors me porter. »

As-tu de cela, philosophe, la moindre portion ? Où bien penses-tu que Dj`far al-Sādiq, que la paix soit sur lui, eut un jugement débile et une science déficiente ? Crut-il au Prophète de Dieu par manque de science et faiblesse de jugement ? C'est vous plutôt qui êtes chétif de jugement et falot de raison.

Aussi il a été rapporté par certains qu'il récita le Coran en présence de son maître puis il en lut encore une autre unité puis il entama la lecture d'une troisième. Son maître s'exclama alors : « Quitte-moi et va lire devant Dieu ! » Ils atteignent un seuil de certitude et de conviction qui leur fait quitter l'état de créature terrestre pour accéder aux lumières du monde instinctif. Ils entendent alors Dieu et lisent pour Dieu. Ils entendent même le Verbe divin lu par son auteur à l'instar de Moïse,

---

1 Al-Qārī, *al-Asrār al-Marfū`a fī al-Akhbār al-Mawḍū`a,* page 256, *ḥadith* n° 1060.

puissent sur lui s'étaler les Prières divines, qui, de l'arbre, entendit l'appel de Dieu : « ***C'est moi, Allah.*** »[1]

La langue du lecteur est alors similaire à l'arbre de Moïse. Il en est même parmi les lecteurs du Coran qui savent que l'antique parole de Dieu est, comme le dit le Prophète de Dieu, que les bénédictions et le salut de Dieu soient sur lui, « *par un bout dans Sa main et par l'autre bout dans la vôtre* »[2].

Ils s'élèvent par la pureté de leur être profond jusqu'à réciter par le bout qui succède immédiatement au Juste. Ils peuvent alors lire le Coran de son ouverture, *Fātiḥa,* à sa conclusion, sans que ne viennent les perturber les susurrations de l'âme. Ce sont là des épiphanies, des prodiges et des signes qui démontrent les vertus de la foi dans l'Au-delà et de l'acquiescement à l'appel du Prophète de Dieu, que les bénédictions et le salut de Dieu soient sur lui. Il a été dit : « Les vertus des saints sont le complément des miracles des Prophètes. »

Il a pu être dit qu'al-Ḥuṣayrī se présentait chez al-Shiblī chaque vendredi, alors celui-ci lui disait : « Si quelque autre chose que Dieu te passe par le cœur, du vendredi au vendredi suivant, alors il t'est prohibé de venir à moi. » Celui dont la science est médiocre pourrait dire :

---

1 Allusion à la parole de Dieu : « ***Quand il y fut arrivé, on l'appela du côté droit de la vallée dans la contrée bénie et du milieu de l'arbre : Ô Moïse ! Je suis en vérité le Seigneur des mondes !*** » Coran, sourate *al-Qaṣaṣ*, n° 28, verset 30.

2 *Ḥadith* apporté par Ibn Ḥibbān dans *Ṣaḥīḥ*, volume 1, pages 329-330, *ḥadith* n° 122, Mu'assasat al-Risāla, première édition, 1988. Il dit : « Selon d'Ibn Shurayḥ al-Khuzā`ī qui a dit : ''Le Prophète de Dieu, que les bénédictions et le salut de Dieu soient sur lui, parut à nous et dit : *''Réjouissez-vous ! Réjouissez-vous ! N'attestez-vous point qu'il n'y a d'autre Dieu qu'Allah et que je suis, moi, son Prophète ?''* Ils répondirent : ''Certainement !'' Il ajouta : *''Alors, sachez que ce Coran est par son principe dans Sa main et par son bout dans les vôtres, accrochez-vous-y, et vous ne connaîtrez plus après cela l'égarement et la perdition.''* »
Ḥadith rapporté également par Abd Ibn Ḥamīd dans *al-Muntakhab min al-Musnad*, page 175, n° 438 et par al-Ṭabarānī dans *al-Kabīr*, volume 2, page 126, *ḥadith* n° 1539. Al-Haythamī déclare dans *Madjma` al-Zawā'id*, volume 1, page 169 : *ḥadith* rapporté par al-Ṭabarānī dans *al-Kabīr*, avec les sources du *Ṣaḥīḥ*.

Celui qui n'est point en cet état, comment pourrait-il se le représenter ? Moi, je pourrais te le représenter : si les lumières de la certitude se sont réunies et logées dans le cœur, elles projettent alors un rayon qui s'élève du cœur comme l'eau de sa source, poussée par une telle force que si l'on y jetait une paille, l'eau la repousserait[1] vers le haut par son jet et elle n'atteindrait nullement l'endroit d'où elle jaillit.

Ainsi, la lumière de la certitude rejette les susurrations de l'âme qui ne peuvent guère se mêler au cœur. Et je vous en donne une autre illustration : celui qui est gratifié de l'élargissement de poitrine par la lumière de la foi et de l'Islam, voit le récipient de son cœur s'évaser et observe les susurrations de l'âme courir dans l'âme, mais son cœur en est prémuni et elles ne s'y insinuent point. Ainsi est l'homme qui se trouve sur une montagne entourée d'une vallée infestée de vipères et de scorpions ; il les observe du faîte, mais elles ne peuvent l'atteindre.

C'est dans ce sens qu'on peut concevoir que `Umar préparait l'armée alors qu'il était en prière[2], faisant de la préparation de son armée les susurrations de son âme, en sa prière entre les mains du Juste, au vu et au su de Dieu, sans que la préparation de l'armée ne le distraie et sans que cela ne trouble la sérénité de sa méditation. Nulle forfaiture pour qui prépara l'armée dans ces conditions et dans ce sens, si parmi ces prodiges figura qu'il appelait « *Ô Sāriya al-Djabal* ! » de Médine et qu'alors, celui-ci l'entendait à Nahawand.[3]

Ceci n'est qu'une goutte parmi des océans dont nos philosophes ne burent jamais la moindre gorgée et dont aucun souffle n'effleura leurs cœurs.

---

1 *Tibna* : paille, la tige des plantes telles que le blé et les plantes semblables, utilisé comme fourrage animal, *Lisān al- `Arab*, entrée *Tibn*, volume 13, page 71.

2 Allusion aux mots de `Umar Ibn al-Khaṭṭāb, qu'il soit agréé de Dieu : « *Certainement, je prépare mon armée alors que je suis en prière* », cité par al-Bukhārī dans *Ṣaḥīḥ*, chapitre 18, volume 2, page 64.

3 Ibn al-Athīr, *Usd al-Ghāba fī Tamyīz al-Saḥāba*, chapitres *`Ayn et Mīm*, volume 4, page 153. Cité également par al-Sayūṭī, *Thārīkh al-Khulafā'* dans la biographie de `Umar, 2e édition, 1969, page 125.

« Cède l'amour à celui qui,

En son empire devint illustre.

Qui de l'amour a pris tel pli,

Que du doigt tendre le mène en maître. »

Oh gente philosophique, oh efféminés parmi les hommes, chevauchant mensonges et chimères, orgueilleux des leurs, interdits de l'onde pure, si vous saviez ce que vous manquez de bonheur immense, vos foies se déchireraient d'affliction.

QUINZIÈME CHAPITRE

SUR LA VIE DES ÉLITES DE CETTE NATION DE PRÉDILECTION ET DU DON QUI LEUR FUT ACCORDÉ PAR LA GRÂCE DE LA COMPAGNIE DU PROPHÈTE, SE MANIFESTANT À TRAVERS DES PRODIGES ET DES FAITS EXTRAORDINAIRES, EN TÉMOIGNAGE DE LA JUSTESSE DE LEUR DÉMARCHE ET EN DÉMONSTRATION DE LA FUTILITÉ DES AFFIRMATIONS DES PHILOSOPHES

Dieu dit : « ***Alif, Lām, Mīm. Voici le Livre. Il ne renferme aucun doute ; il est une direction pour ceux qui craignent Dieu, ceux qui croient au mystère, ceux qui s'acquittent de la prière, ceux qui font l'aumône avec les biens que Nous leur avons accordés, ceux qui croient à ce qui t'a été révélé et à ce qui a été révélé avant toi, ceux qui croient fermement à la vie future. Voilà ceux qui suivent une voie indiquée par le Seigneur, voilà ceux qui sont heureux*** ! »[1]

Les versets renferment des tiroirs des secrets ; ils sont tous édifiés sur la certitude qui se trouve dans les paroles de Dieu « ***Ceux qui croient fermement à la vie future*** »[2]. La révélation informe de ce que cette caste a obtenu, le plus précieux des trésors : la certitude. Ce trésor, il n'en fut point donné la moindre poussière aux philosophes et aux athées. Dieu a refusé qu'il leur en soit accordé le moindre lot. Et parmi

---

1 Coran, sourate *al-Baqara*, n° 2, versets de 1 à 5.

2 Coran, sourate *al-Baqara*, n° 2, verset 4.

les heureux détenteurs de la certitude, certains sont devenus un exemple pour les hommes pieux.

Dieu, le Très-Haut, dit : « ***Nous avons suscité des chefs pris parmi eux. Ils les dirigeaient sur Notre ordre, quand ils étaient constants et qu'ils croyaient fermement à Nos signes.*** »[1]

Et parmi ce qui a été relaté d'Abū Imāma al-Bāhilī est qu'il a dit : « Le Prophète, que les bénédictions et le salut de Dieu soient sur lui, a dit : ''*Parmi ce qui vous fut accordé le moins figurent la conviction et une patience ferme ; celui qui est gratifié de son lot en ces deux qualités ne doit point avoir de crainte quant à ce qu'il a manqué de prières nocturnes et de jours de jeûnes ; et que celui d'entre vous qui se présente à moi par une conduite telle que celle qui est la vôtre maintenant, est meilleur à mes yeux que s'il se présentait à moi par une conduite semblable à celle qui est la vôtre dans votre ensemble. Mais je crains que le monde ne s'ouvre à vous après moi, que vous vous désavouiez les uns les autres et qu'alors vous soyez désavoués de ceux qui sont dans les cieux. En ces temps-là, celui qui fera preuve de patience et se prémunira aura entière rétribution.*'' Puis, il récita : ''***Ce qui se trouve auprès de vous s'épuise ; ce qui se trouve auprès de Dieu demeure.***'' »[2]

Les gens de conviction savent que Dieu voit en leurs consciences, ils en sont intimidés comme de ce qui fait le plus honteux un homme. Leur foi suit les choses concrètes au point qu'ils adorent un présent et non un absent ; Dieu est entre eux et dans le sanctuaire même auquel ils font face, *Miḥrāb*. Et parmi les gens de conviction, certains élèvent la certitude au point que s'ils se prosternent, ils ont le sentiment de se prosterner aux pieds du Trône. D'autres vont jusqu'à ressentir qu'ils s'agenouillent sur les orées de l'habit du Très-Haut. Et au-delà de ces

---

1 Coran, sourate *al-Sadjda*, n° 32, verset 23.

2 Coran, sourate *al-Naḥl*, n° 16, verset 96.
Le *ḥadith* a été cité dans une version brève par al-`Adjlūnī dans *Kashf*, volume 1, page 305, *ḥadith* n° 802.

degrés de conviction, d'autres sont indicibles, si ce n'est par leurs auteurs et ne doivent point être commis dans les plis des feuillets ; ils représentent l'essence même de la conviction dont nous ne saisissons que de modestes semblances ici-bas.

Ainsi donc, gente des philosophes, quittez-vous l'existence avec des âmes assoiffées, n'ayant atteint nulle gorgée de cet océan de la certitude et n'ayant ouï de vos maîtres nul souffle. Vous quittez l'existence l'œil aveugle à la connaissance dont vous faites pauvre provision, n'ayant en profusion que les sciences des idées, mais avec lesquelles il ne vous est point loisible d'acquérir ne serait-ce qu'une once de certitude.

Les rangs de cette nation sur les échelons de la conviction sont divers : « ***Et ceux qui ont reçu la science selon des degrés.*** »[1] Les premiers à s'approvisionner[2] des certitudes parmi la nation sont les compagnons du Prophète. Le degré de conviction qu'ils ont atteint les pousse à sacrifier leurs vies et ils considèrent le martyr comme le plus grand des bénéfices. Même les femmes ont eu leur part en cela du temps du Prophète, que les bénédictions et le salut de Dieu soient sur lui, et certaines d'entre elles ont assisté aux signes et aux prodiges. Tel a été le cas de Um 'Ayman, que Dieu soit satisfait d'elle, qui quitta son pays pour rejoindre le Prophète, que les bénédictions et le salut de Dieu soient sur lui. Elle fut épuisée par la soif et la faim alors qu'elle jeûnait et frôla la mort. C'est alors qu'elle vit de l'eau dans une gourde qui descendait du ciel et en but. Ensuite, elle chercha exprès la récompense de la soif en jeûnant aux jours de canicule, mais n'eut plus jamais soif.

Les destins sont ensuite divers, certains ont accédé à l'essence de cette certitude sans effort préalable, y étant parfaitement enclins et

---

1 Coran, sourate *al-Mudjādala*, n° 58, verset 11.

2 *Imtāra*, *Mīra* : apporter la nourriture, *Mayār* : celui qui apporte la nourriture, cela réfère ici aux premiers qui se sont approvisionnés des trésors de la certitude et de la conviction, c'est-à-dire les compagnons du Prophète, que les bénédictions et le salut de Dieu soient sur lui. *Lisān al-`Arab*, entrée *Mawr*, volume 5, page 188.

ouverts : « ***Et dont l'huile est près d'***éclairer sans que le feu la touche. »[1] D'autres ont frappé à la porte des profits et escaladé les degrés de la purification et de la grâce jusqu'à ce que les voiles se soient levés sur leurs cœurs. Les premiers, par l'un des attraits du Juste égale à tous les efforts, et les seconds, par l'abnégation et le zèle, y sont guidés. « ***Oui Nous dirigerons sur Nos chemins ceux qui auront combattu pour Nous.*** »[2] Les deux figures sont réunies dans les paroles de Dieu : « ***Dieu choisit et appelle à cette religion qui Il veut ; Il dirige vers Lui celui qui revient repentant.*** »[3]

Dans le premier cas, il s'agit d'un appel sans autre motivation, dans le second, il s'agit d'une invitation justifiée par le repentir. Parmi les gens de conviction, certains ont été récompensés par des miracles défiant les états ordinaires et par la vision prémonitoire du destin et des signes, tels que la capacité d'avaler les distances et de marcher sur l'eau et dans les airs.

Il nous est parvenu, avec l'autorisation d'Abī al-Qāsim Ismā`īl Ibn Muhammad Ibn Abī al-Faḍl al-Taymī, qui l'attribue à Abī al-Dunyā, qui a dit : « Nous avons été informé par Hārūn Ibn `Abd Allah qui a dit : ''Nous avons été informé par Hadjdjādj Ibn Muhammad qui a dit : ''Nous avons été informé par Abū Hilāl Muhammad Ibn Sālim, d'après Bakr Ibn `Abd Allah al-Miznī qui a dit : ''Les *Ḥawāriyyūn*, les Apôtres de Jésus, perdirent de vue un jour leur Prophète ; on leur dit alors de se diriger vers la mer et ils partirent à sa recherche ; quand ils y parvinrent, ils le trouvèrent marchant sur l'eau, tantôt soulevé par la vague et tantôt abaissé, sur lui une tunique dont il était vêtu de la moitié et était couvert de l'autre, jusqu'à ce qu'il les eût rejoints. L'un d'eux lui demanda : ''Pourrais-je venir vers vous, Ô Prophète de Dieu ?'' *''Certainement'',* lui répondit celui-ci. Il mit alors un pied dans l'eau et voulut y plonger, l'autre et s'écria : ''Je me noie ! Ô Prophète de Dieu.'' Celui-ci lui dit alors : *''Donne-moi la main,*

1 Coran, sourate *al-Nūr*, n° 24, verset 35.

2 Coran, sourate *al-`Ankabūt*, n° 29, verset 69.

3 Coran, sourate *al-Shūrā*, n° 26, verset 13.

homme de peu de foi ! Si le fils d'Adam avait l'équivalent d'un grain d'orge de conviction, il marcherait sur l'eau.'' »

Un certain savant de ceux avisés a dit : « L'une des bases de la foi est la foi dans le Pouvoir divin et la foi dans le destin. » On lui demanda : « Qu'est-ce que la foi dans le Pouvoir ? » Il répondit : « C'est de croire que Dieu puisse avoir un fidèle en orient, dormant sur son côté droit, et que, se retournant sur son côté gauche, celui-ci se retrouve en occident. » C'est dans ce sens qu'Abū Ḥanīfa, que Dieu soit clément avec lui, juge recevable l'union d'un Homme se trouvant en orient avec une femme se trouvant en occident.[1]

Notre nation a connaissance de tels prodiges et y croit. Cela ne fait point partie de ce que l'esprit d'un philosophe peut saisir et ce n'est point impossible. Le temps, tout aussi bien que l'espace, peut leur être abrégé.

Et il m'a été rapporté par un homme dont je ne puis mettre en doute la parole, étant édifié de sa sincérité et de sa bonne foi, qu'il était à La

---

1 C'est l'opinion d'Abū Ḥanīfa concernant les conditions de la certitude de l'union conjugale et de la parenté. En cela, il s'oppose à l'ensemble des oulémas. Ceux-ci professent la nécessité de l'union des corps ou du moins de sa possibilité matérielle pour déclarer l'union consommée. Abū Ḥanīfa, quant à lui, se limite à l'existence du contrat de mariage sans la consommation ou sa possibilité. Nous supposons qu'Abū Ḥanīfa, dans son interprétation, a pris en considération le Pouvoir divin en ce qu'il accorde à certaines de Ses créatures de prodiges. Ainsi le résident en Orient peut s'unir à l'occidentale alors qu'ils sont séparés par la distance d'une année de marche. Et si après cela, elle met au monde un enfant après six mois de mariage seulement, la parenté est déclarée recevable vu qu'une possibilité que le mariage soit consommé existe car la distance peut être parcourue si le sujet use de moyens de locomotion extraordinaires tels les Djinns, le vol et autres. Voir la marge d'Ibn `Ābidīn dans *Radd al-Muḥtār `Alā al-Durr al-Mukhtār*, volume 3, page 512, édition Muṣṭafā al-Bābī al-Ḥalabī, Égypte. Al-Sarkhasī dit à ce propos : « La vraie raison de la certification de la parenté est la fécondation de la femme par la semence de l'homme, et cela fait partie des choses celées qu'on ne peut vérifier. Il en est ainsi de l'accouplement qui atteste de cette fécondation et qui est intime. Ainsi faudrait-il lier ce jugement à la cause apparente qui est le contrat de mariage qui ne peut être établi du point de vue juridique qu'à cette fin ». *Al-Mabṣūṭ*, Imprimerie al-Sa`āda. Égypte, 1924, volume 17, page 156.

Mecque alors qu'il y avait un saint homme du Maghreb à qui on attribuait des prodiges et des usages extraordinaires. Il continua en disant : « Je le rejoignis durant le *Ṭawāf,* le tour rituel de la Kaaba. Je l'accompagnai à partir de coin irakien et écoutai sa récitation du Coran, entre le coin irakien et le coin de la pierre noire. Il a récité de *Ḥā'*, *Mīm*, jusqu'à la fin du Coran, le prodige unissant ainsi le récitateur et l'auditeur.

Alors, philosophe athée, celui qui voit et apprend cela, comment pourrait-il ouïr les ornements des sciences philosophiques. On te dit : « Que te demeure ce que tu as acquis par le biais de la géométrie et de l'astronomie ; ce que tu as appris n'égale point une poussière de certitude. Tu en demeures perdant, tes prétentions ne t'offrant ni Dieu, ni Prophète, ni paradis, ni enfer, ni résurrection, mais avec dans tes armoires, des réserves infinies de fausseté et d'orgueil. »

Nous avons connu en notre temps un jeune homme de la mer Caspienne, dont la réputation était qu'il avait le don de convoquer les Hommes de l'autre monde chez lui. Les gens se réunissaient devant son domicile et l'écoutaient réciter le Coran de l'intérieur de la maison ; ils s'acquittaient entièrement des prières dues sous l'imamat des hommes de l'Au-delà, avec les récitations et les formes dues, puis, entrant dans la maison, ils ne trouvaient personne. L'un de nos amis l'avait vu tendre la main à l'un d'entre eux et celui-ci lui donner une pierre précieuse qui est maintenant en ma possession.

Les histoires des gens dotés de tels prodiges de notre nation et d'autres sont nombreuses et remplissent les livres et les volumes. Tu as, philosophe, des choses approchantes par le biais des magies, des talismans et des disparitions visuelles, mais tout cela n'est que tentation et piège tendu : « ***Dieu ruse aussi, Dieu est le meilleur de ceux qui rusent*** » [1] pour te laisser dans les contrées de l'éloignement et de l'exil. Et moi, par ces paroles, je t'appelle à venir entre les mains du Juste, par clémence pour toi dans l'Au-delà, dans l'espoir que Dieu te sauve des

1 Coran, sourate *Āl 'Imrān*, n° 3, verset 54.

méandres de ton ignorance. Il sauve qui Il veut. Nous étions pendant un certain temps en compagnie de l'un de ceux qui en sont restés à ces sciences méprisables, et il y a mené des études et a eu des disciples. Puis, Dieu, le Très-Haut, le sauva et il passa de nombreuses années en jeûne et priant au point qu'il fasse en un jour et une nuit mille prosternations obligatoires.

Dieu m'est témoin qu'en composant cet ouvrage, je ne cherchais aucun des avantages de la vie ici-bas, que ce soit pour obtenir un pouvoir ou bien pour me rapprocher de qui que ce soit. Mais j'y retrouve Dieu avec une intention pure et je l'implore. Et il se pourrait que celui qui n'avait point accès aux prémonitions, aux signes et aux faits extraordinaires ait meilleur lot que celui qui y a pénétré.

Quelqu'un a dit : « Certains ont marché sur l'eau grâce à la foi qui les animait, d'autres sont morts de soif, alors qu'ils avaient encore plus de foi. » Le secret est que certains parmi ceux qui ont eu accès aux mystères étaient de médiocre conviction et n'avaient point atteint le sommet de la foi et ils y ont eu accès pour que leur conviction redouble et qu'ils jouissent des gratifications faites aux Hommes. Celui, par contre, qui possède la parfaite disposition voit le voile levé sur son cœur et il est attiré par un attrait du Juste qui équivaut à tous les efforts universels. La découverte de la Toute-puissance n'a point besoin de la sagesse et ne doit point compléter la certitude.

En effet, la découverte de la Toute-puissance a levé chez lui le voile de la réserve. Celui-ci est le lot des nobles parmi les sages pour qu'ils soient encore plus imposants. Ils l'épousent pour fuir les affres de la pusillanimité et de la pudeur qui sont en fait le comble de la disponibilité. Certains ont pu déclarer que se rendre au moment de la rencontre est une forme de hardiesse, que se réjouir au moment de l'allégresse est une vertu et que se livrer à la fuite de l'expérience de la bassesse est liaison. Et parmi ce qu'il y a de plus étrange dont certains connaisseurs ont pu user dans les joutes de la vraie conviction, et dont certains ici-bas ne possèdent que quelques lumières, est qu'ils ont pu dire : « Pleurer peut être du plus haut rang car on peut pleurer de peur, de tristesse, mais on peut pleurer d'amour et on peut pleurer de joie. Ainsi a-t-on pu dire :

''Le bonheur déborde en mon cœur,

Au point que d'intenses liesses

Me sont venus proprement pleurs.''[1]

Les pleurs pourraient dans ce cas être imputés au haut degré de proximité dans les contrées de la conviction vraie, on pleure alors de constater l'abîme qui sépare l'Être éternel et antique de la créature terrestre, impuissante et pusillanime. Il en résulte qu'on pleure et ce n'est là que l'affleurement du sentiment des aléas de l'existence en contact avec l'ardeur de l'empire de la grandeur de Dieu. En est assez proche l'état de celui qui observe le convoi des brumes à la rencontre des astres multiples.

Alors, adepte de la philosophie, entends-tu, ou bien, as-tu entendement ? « ***Non ! Leurs cœurs ont été endurcis par ce qu'ils ont accompli.*** »[2] « ***Que si Nous le voulions, Nous leur enverrions quelques adversités à cause de leurs péchés. Nous mettrions un sceau sur leurs cœurs et ils n'entendraient plus rien.*** »[3]

La rouille des idées corrompues a brouillé ta tête et les produits de ton inspiration souillée ont aveuglé ton cœur et tu dois te dire : combien sont éloignées ces paroles de celles d'untel ou bien untel ! Crois-tu que l'inspiration de celui qui a été élu pour les Dons divins peine à atteindre ce que tu as atteint ? Mais la Providence divine protège les cœurs de ses fidèles des pernicieuses flétrissures et des multiples salissures. Et le plus haut degré de ce qu'Avicenne insinue et que ton hérésie entend et adopte par mimétisme n'est, chez les robustes savants, que bagatelles

---

1 Ces vers ont pu être exprimés d'une autre manière :
« Le bonheur assaillit mon cœur
Au point que d'immenses liesses
Me sont venus promptement pleurs. »

2 Coran, sourate *al-Muṭaffifīn*, n° 83, verset 14.

3 Coran, sourate *al-A'rāf, n° 7*, verset 100.

sans produit. Celui qui a une part de science considère sans aucun doute tes inspirations et celles de ceux en qui tu crois comme inopérantes et dit : « Si Aristote et Platon et leurs semblables connaissaient ces savants, ils éprouveraient de l'envie pour ce qu'ils détiennent de disposition. Et si l'un d'eux les avait côtoyés, il aurait bouleversé leurs plus fermes convictions par ce que sa fiole renferme d'élixir de certitude et de conviction. »

J'ai entendu d'un certain savant des paroles que je cite pour que tu puisses en tirer le signe que j'y accorde le plus grand crédit et dont j'use de peur que dans les cœurs des frères puissent s'insinuer le moindre inconfort à ce propos. Il a dit : « *al-Karāmiyya* en comparaison avec les hanbalites sont des imitateurs, les hanbalites en comparaison avec *al-Ash`ariyya* sont des imitateurs, *al-Ash`ariyya* en comparaison avec les *Mu`tazilītes* sont des imitateurs, les *Mu`tazilītes* en comparaison avec les philosophes sont des imitateurs et les philosophes en comparaison avec les savants qui ont acquis le savoir donné en héritage aux Prophètes, que Dieu leur accorde la paix, sont des imitateurs.

Les savants de la *Umma* sont semblables aux Prophètes d'Israël, ils ont le lot le plus important de l'océan du savoir, ils en ont les ruisseaux et les sources. L'océan des sciences attenantes à la science du Prophète, que les bénédictions et le salut de Dieu soient sur lui, n'a point de rive qui le limite et il rejoint les océans du Savoir éternel qui ne tarit point quand les mers de science tarissent et dont les grains de sable échouent à en indiquer le nombre. Et si tu avais la grâce et la réussite de prendre connaissance des paroles et des recommandations du Prophète de Dieu, que les bénédictions et le salut de Dieu soient sur lui, tu ferais peu de cas de la science des philosophes et tu la rangerais parmi les fantaisies et les mensonges.

Il nous est parvenu, attribué à Abū al-Qāsim Ismā`īl Ibn Muhammad Ibn al-Faḍl al-Taymī qui a dit : « Nous avons été informé par Ahmed Ibn `Abd al-Raḥmān al-Dakwānī qui a dit : ''Nous avons été informé par Abū Bakr Murdawayh qui a dit : ''Nous avons été informé par `Abd al-Raḥmān Ibn al-Ḥasan qui a dit : ''Nous avons été informé par

Ibrahim Ibn al-Ḥusayn qui a dit : ''Nous avons été informé par Abū Bakr Ibn Shayba al-Khuzāmī al-Madanī qui a dit : ''Nous avons été informé par Muhammad Ibn Ibrāhīm Ibn al-Muṭṭalib Ibn Abī Wadā`a al-Sahmī, d'après Zahra Ibn `Amrū al-Taymī, d'après Ibn Ḥāzim, d'après Sahl Ibn Sa`d, qu'il soit agréé de Dieu, qui a dit : ''Le Prophète, que les bénédictions et le salut de Dieu soient sur lui, nous a dit : *''Veux-tu, jeune homme, que je te dise des mots qui te seront d'une grande utilité ?''* Nous répondîmes : ''Certainement, Ô Prophète de Dieu !'' Il continua alors en disant : *''Garde Dieu en toi et Il te protègera, garde Dieu en toi et tu Le trouveras devant toi, reconnais Dieu pendant les jours de vaches grasses et Il te reconnaîtra les jours de vaches maigres, et si tu dois implorer, implore Dieu. Si tu dois quémander une aide, demande celle de Dieu. La plume de ce qui est créé est sèche, et quand toutes les créatures s'efforceraient de t'aider de quelque façon et que Dieu ne te l'eût point écrit, ils n'y pourraient rien ; et si toutes les créatures s'efforçaient de te nuire de quelque façon et que Dieu ne te l'eût point imparti, il ne t'en arriverait rien. Alors si tu peux œuvrer pour Dieu avec une sincère conviction, fais-le ; et si tu n'en as point la force, tu trouveras dans la patience face à l'adversité de grandes vertus, et sache que la victoire est sœur de la patience, que l'apaisement accompagne les revers et qu'à toute difficulté succède un répit.''* »[1]

Il est attribué à Abū al-Qāsim Ibn Ismā`īl d'avoir dit : « Nous avons été informé par Abū al-Ḥasan Ali Ibn Muhammad al-Khatīb al-Anbārī à Bagdad qui a dit : ''Nous avons été informé par Abū al Ḥasan Ibn Bishrān qui a dit : ''Nous avons été informé par Abū Ali Ibn Ṣafwān qui a dit : ''Nous avons été informé par Abū Bakr Ibn Abī al-Dunyā qui a dit : ''Nous avons été informé par Salma Ibn Shabīb qui a dit :

1 Cité par Ahmed Ibn Ḥanbal, *Musnad*, volume 1, page 307 et par al-Tirmidhī, *Sunan, Kitāb Ṣifat al-Qiyāma*, chapitre 59, *ḥadith* n° 2516, volume 4, page 667, en le jugeant comme *ḥadith* bon et authentique.

‘’Nous avons été informé par Marwān Ibn Muhammad, d’après Abī Laḥī`a, d’après `Amrū Ibn Shu`ayb, d’après son père, d’après son grand-père qui a raconté ceci : ‘’Le Prophète, que les bénédictions et le salut de Dieu soient sur lui, a dit : *‘’Les premiers parmi cette nation ont été sauvés par la conviction et l’ascèse et les derniers parmi cette nation seront perdus par la lésine et l’espoir.’’* »[1]

Et il est attribué à Abā al-Dunyā qu’il a dit : « Nous avons été informé par Ahmad Ibn `Īsā qui a dit : ‘’Nous avons été informé par `Abd Allah Ibn Wahb qui a dit : ‘’Nous avons été informé par Sa`īd Ibn Abī Ayyūb d’après `Abd al-Raḥmān Ibn Nūḥ qui a dit : ‘’Nous avons entendu Abā Hurayra, qu’il soit agréé de Dieu, dire : ‘’Le Prophète de Dieu, que les bénédictions et le salut de Dieu soient sur lui, a dit : *‘’Je ne crains rien d’autre pour ma nation que la faiblesse de la conviction.’’* »[2]

Le lot de la conviction est d’être pure et limpide grâce au Saint-Esprit, et elle est dotée du privilège de la proximité de la Générosité éternelle qui est définie par Dieu pour les fils d’Adam par ces paroles : « ***Après que Je l’aurais harmonieusement formé et que J’aurais insufflé en lui de Mon esprit, jetez-vous devant lui prosternés .*** »[3] La voie des Prophètes, que la paix soit sur eux, est donc éclairée des lumières du Saint-Esprit alors que les sciences des philosophes sont inférées de la raison comme ils prétendent, de la personne totale, des corps célestes et des étoiles, et ce sont là des sciences coupées de toute source et renfort. Ils prétendent que la raison est parvenue à définir la Cause première, mais ensuite la source en est tarie et le nombre s’en est amoindri.

`Abd al-Razzāq Ibn al-Cheikh `Abd al-Qādir al-Djīlī, par honorable autorisation, a dit : « Nous avons été informé par Abū Mas`ūd Sulaymān

1 Al-Mundhirī, *Kitāb al-Targhīb wa al-Tarhīb*, édition et commentaire de Muṣṭafā `Amāra, volume 4, page 241, n° 14.

2 Al-Haythamī, *Madjma` al-Zawā’id*, Dār al-Kitāb al-`Arabī, volume 1, page 107, chapitre *La faiblesse de la conviction*. Rapporté par al-Ṭabarānī dans *al-Awsaṭ*, les rapporteurs sont dignes de confiance.

3 Coran, sourate *al-Ḥidjr*, 15, verset 29.

Ibn Mas`ūd al-Shaḥḥām qui a dit : ''Nous avons été informé par Abū al-Ḥusayn Mubārak Ibn `Abd al-Raḥmān al-Ṣayrafī qui a dit : ''Nous avons été informé par Abū Ali al-Ḥasan Ibn Ahmed Ibn Ibrāhīm Ibn Shādhān al-Bazzār qui a dit : ''Nous avons été informé par Abū Muhammad Dj`afar Ibn Muhammad Ibn Nuṣayr al-Khaldī qui a dit : ''Nous avons été informé par al-Ḥārith Ibn Usāma qui a dit : ''Nous avons été informé par Dāwūd Ibn al-Miḥbar qui a dit : ''Nous avons été informé par Ṣāliḥ al-Murī, d'après al-Ḥasan Ibn Abī al-Ḥasan qui a : ''Le Prophète, que les bénédictions et le salut de Dieu soient sur lui, a dit : *''Quand Dieu créa la raison, il lui ordonna de se présenter devant lui et elle se présenta, puis il lui demanda de repartir et elle repartit ; Il dit alors :* ***Je n'ai point créé de créature qui Me soit plus aimable que toi et qui Me soit plus généreuse car c'est par toi que Je suis connu et par toi que Je suis adoré, par toi que Je prends et par toi que Je donne.*** »[1]

La raison est une Création divine et tu en fais la Cause première. Elle a des venues et des allées : ses venues sont pour les Prophètes et pour leurs compagnons convaincus ; elle les prend vers les mondes de l'Au-delà après qu'ils ont traversé les sphères du monde visible. Ses allées sont pour les philosophes, elle tourne alors le dos et revient à son point de départ où son horizon se referme et sa force décline. Elle se disperse alors dans la tentative de connaître les créatures du monde sensible, elle chute vers la nature basse de la Terre qui est attenante aux vals de l'enfer. La raison est donc la preuve de Dieu ; il en use pour perdre de nombreux hommes et pour guider d'autres, et nous avons expliqué comment elle a été conçue pour les deux finalités. Et n'eût été sa présence et validité pour les deux fins, celle du bonheur et celle de l'affliction, la preuve n'aurait point tenu la route et le sens n'en n'aurait point été clair : « ***Pour que celui qui devrait mourir périsse pour une raison évidente et pour que celui qui demeurerait en vie survive comme témoin d'une preuve irréfutable.*** »[2]

---

1 Rapporté par al-Ḥāfiẓ al-`Irāqī, dans *al-Iḥyā'*, volume 12, page 142.

2 Coran, sourate *al-Anfāl*, n° 8, verset 42.

Depuis des années, je plaignais les Prophètes, bénis soient-ils, et me révoltais que puissent apparaître, en ces époques tardives de la nation, des gens qui abandonnent leur voie et qui défient Dieu et son Prophète en penchant vers la science philosophique, et qui poussent l'ignorance jusqu'à en faire un sujet de fierté et d'orgueil. L'attention que j'accordais à composer ce qui pouvait rivaliser avec leur science dépréciée et me mener parmi les voies de la connaissance qui est l'héritage de notre Prophète, que les bénédictions et le salut de Dieu soient sur lui, n'était point assez forte jusqu'à ce que la Providence éternelle ait pris possession de toutes les fibres de mon cœur et de la sincérité de mon intérêt et les ait dirigées vers la composition de cet ouvrage que je commençai en *joumada al-awwal* de l'année 621 H./1224 ap. J.-C., alors qu'un problème de vue m'empêchait de lire et d'écrire. Je m'étais fait aider par une personne qui écrivait ce que je dictais et me lisait ce que je voulais lire. Je demande à Dieu de m'orienter vers ce qu'il désire et accepte, qu'il permette qu'on tire profit de ce que j'ai réalisé et me récompense de l'avoir réalisé.

Je conclus l'ouvrage par ce qui m'est parvenu, attribué à Abū al-Qāsim Ismā`īl, qui l'attribue a Ibn Abī al-Dunyā qui a dit : « Nous avons été informé par Qāsim Ibn Hāshim al-Samsār qui a dit : ''Nous avons été informé par Ādam Ibn Iyyās qui a dit : ''Nous avons été informé par Shihāb Ibn Ḥarrāch qui a dit : ''Nous avons été informé par `Abd Allah Ibn Rāshid, d'après `Awn Ibn Abī Khālid qui a dit : Je trouvai dans certain livre qu'Adam, que la bénédiction et le salut de Dieu soient sur lui, s'est prosterné du côté du coin yéménite deux prosternations, puis dit : ''Ô mon Dieu, je Vous implore une foi qui habite mon cœur, une conviction sincère jusqu'à ce que je sache qu'il ne m'arrivera que ce que Vous avez écrit et une pleine satisfaction de ce que Vous m'avez imparti.'' Dieu lui révéla alors : ***''Ô Adam, Je te suis redevable de ceci que tout Homme de ta progéniture qui fasse ta prière obtienne ce qu'il désire et évite ce qu'il déteste, et que J'éloigne de ses yeux le spectre de la pauvreté et que J'emplisse ses flancs de sagesse.''*** »[1]

1 Cette nouvelle, d'après nos connaissances, est imputable au Prophète, que les bénédictions et le salut de Dieu soient sur lui. Voir al-Haythamī, *Kashf al-Astār `an Zawā'id al-Bizār*,

Et enfin que Dieu, Seigneur des univers, soit loué, et que Dieu bénisse son Prophète Muhammad, notre maître, ainsi que sa famille, et le gratifie de ses salutations.

édition de Ḥabīb al-Raḥmān al-A`ẓamī, Mu'assasat al-Risāla, volume 4, page 58, *ḥadith* n° 3191, voir également al-Zabīdī, *Itḥāf al-Sāda al-Muttaqīn*, volume 4, page 358, et volume 5, page 71.

PREMIÈRE CONCLUSION

SUR L'ÉVOCATION ET LA DÉFINITION DE L'ÂME

Combien est Grand et Parfait Celui qu'on ne peut connaître que par ce dont Il s'est fait connaître et qui fait nos pas impuissants dans le désert de Sa détermination. Les Prophètes, que les bénédictions de Dieu soient sur eux et sur leurs disciples, ont été gratifiés du privilège de la franche connaissance et résident dans les heureuses contrées de la sérénité et de la conviction, et ce, par l'éclat des lumières du fleuve de la Grandeur divine, descendu sur leurs chœurs et leur représentant la Grandeur et la Beauté éternelles.

L'épiphanie de la grandeur de l'Être suprême a ainsi saisi toutes les fibres de leurs cœurs qui s'en sont désaltérés et les lumières de ce grand fleuve ont irrigué leurs attitudes morales. Leurs mœurs se sont purifiées, leurs vertus et origines se sont perfectionnées et leurs êtres se sont assainis par les soins de ce qu'ils ont observé par manifeste connaissance. Ils étaient prémunis par les canons de la Science divine de la contamination par les us des natures réticentes à la franche connaissance.

Ceci est, pour qui veut comprendre et être instruit, une preuve de la fausseté de la voie de ceux qui ne se sont point contraints à les suivre et qui ont été tenus à l'écart de cette purification et de ce privilège. C'est là l'un des signes de Dieu qui distinguent les Prophètes et ceux qui les suivent de ces autres qui prétendent à la science et à la sagesse. Celui qui contemple leurs états peut saisir le grand privilège qu'ils ont eu par ce don et saisir la grande privation de ceux qui ne se sont point contraints à les suivre, tels que les philosophes et les athées et tous ceux qui outrepassent les limites de l'obéissance.

S'en sont découlés les dispositions de la Loi qui décident des limites, des verdicts, des héritages et des rituels du culte et leur classification en actes dus, obligatoires, souhaitables ou bien répréhensibles. Les philosophes n'ont de cela nul lot ni opportunité. Les sciences se sont ensuite ramifiées et se sont développées parmi les nations en tant qu'héritage des Prophètes.

Les philosophes ont hérité des éléments de la pensée où ils se sont noyés et n'ont point pu atteindre la rive du salut par la connaissance du Créateur. Les cœurs se sont éclairés par les dispositions de la loi et les états, se tenant aux contraintes des promesses et menaces, se sont consolidés et ont œuvré, mus par un franc désir, à acquérir les provisions des promesses et à éviter l'espace des menaces. Ils se sont disciplinés dans les sanctuaires de l'adoration suivant la voie de la droiture.

C'est là une porte fermée devant les philosophes, les athées et leurs semblables et c'est sur la voie des Prophètes que réside le profit évident et manifeste. L'homme en est le bénéficiaire triomphant, dont le front est irisé par la joie de la conquête des fins. Il n'égare point son chemin et son âme n'est point trompée, il ne rate point la lumière de la bénédiction des nobles desseins, comme nous en informe le Livre révélé : « ***On les reconnaît car on voit sur leurs fronts les traces de leurs prosternations.*** » [1]

Puis, quand les Prophètes ont été gratifiés des trésors de la connaissance par la Volonté de l'Inventeur, du Concepteur, du Créateur et de la lumière de la connaissance de l'Être suprême, ils ont alors béni, au nom de Dieu, le Grand, les univers par cette connaissance. Ses phrases et ses détails se sont réfléchis sur le miroir lustré de leurs cœurs par la lumière du Polissage divin. C'est dans ce cadre que s'inscrivent les paroles du Très-Haut : « ***Après que Je l'aurais harmonieusement formé et que J'aurais insufflé en lui de Mon esprit***. » [2] Ils ont connu donc l'univers créé par le biais du Créateur, par le déversement des vasques du Flot divin dans leurs cœurs.

1 Coran, sourate *al-Fatḥ*, n° 48, verset 29.

2 Coran, sourate *al-Ḥidjr*, n° 15 verset 29.

Les philosophes ont entrepris, par le défaut de leur jugement, la connaissance des éléments de la création appartenant au monde sensible, qui n'est que l'un des mondes de Dieu. Ils se sont satisfaits de le connaître et ont été privés de la connaissance des mondes celés dans les replis de l'Au-delà que leurs yeux n'ont point vus. Ils ont entamé la connaissance des éléments et des états, puis ils ont évolué vers la connaissance des étoiles et de leurs trajectoires dans les divisions ternaires et quaternaires, l'opposition et la comparaison, les éclipses solaires et lunaires, l'éloignement des astres par rapport au globe terrestre, en commençant par la trajectoire de la lune qu'ils ont chargée d'éléments. Ils ont abouti à l'astronomie des constellations. Ils ont évolué ensuite dans les mondes des éléments simples pour aboutir à ce qu'ils ont appelé la Cause des causes.

À ce niveau, leur parcours s'est interrompu et la preuve de leur ignorance s'est établie. C'est que leur marche dans les océans des idées rationnelles les a menés au point de la Cause des causes, à la stérilité, et ils ne savaient point que ce qu'ils appellent la Cause première n'est autre que le Saint-Esprit dont nous informe la Parole divine : « ***Après que Je l'aurais harmonieusement formé et que J'aurais insufflé en lui de Mon esprit.*** »[1]

Il a été dit qu'il n'y a rien de plus grand que le Saint-Esprit, dans ce que Dieu a créé, hormis le Trône, et que s'il en recevait l'ordre, le Saint-Esprit avalerait les cieux et la Terre. Le texte révélé nous en informe en ces termes : « ***Le jour où l'Esprit et les anges se tiendront debout sur une rangée.*** »[2] Dieu en a fait la clé du monde sensible et il en a inféré la raison qui est sa langue et son interprète. De lui découle aussi ce que les philosophes ont saisi et qu'ils dénomment l'être total, puis la raison.

1 Coran, sourate *al-Ḥidjr*, n° 15 verset 29.

2 Coran, sourate *al-Naba'*, n° 79, verset 38. La nouvelle est rapportée par al-Bayhaqī, dans *al-Asmā' wa al-Ṣifāt*, pages 366–368. Rapportée également par al-Sayūṭī, *al-Durr al-Manthūr*, volume 6, page 506, commentaire du verset 38, sourate *al-Naba'*, n° 79.

La raison et les astres sont des éléments dont l'existence est de l'ordre du possible et ne tient pas à la nécessité, comme ils l'ont prétendu. Ils prétendent en effet qu'elle peut être liée à la nécessité par un aspect et qu'elle peut être liée à la possibilité par un autre. En réalité, ils se sont trompés en cherchant à la déterminer car ils ont confondu Créateur et motivation, et la motivation leur a caché le Créateur. Ayant institué l'idée que la Cause première doit avoir une motivation, ils en ont établi la raison comme motivation, ainsi l'Esprit qu'ils ont appelé Cause première est possiblement existant. Ils ont ensuite ajouté les univers comme un résultat motivé de la Cause première motivante. Cependant, il n'existe d'autre motivation que Dieu, le Créateur, et en dehors de Lui, tout le reste, notamment l'esprit et autre, est possiblement existant.

Dieu est le Créateur, et quand on ajoute la nécessité à l'âme, c'est comme si on additionnait les motivations au soleil dans sa fonction d'éclairer et de cultiver ce qui existe dans l'univers, et d'influer sur les métaux, les animaux et les minéraux. Derrière ces motivations se tient un Créateur. De la même façon, derrière les motivations de l'Esprit, il y a un Créateur.

Dieu est ce Créateur, le Puissant, le Dominateur, nanti des noms et des qualités : Ses noms informent de Ses qualités et Ses qualités informent de Son essence. Son essence est d'être l'Origine et le Créateur par des qualités qui assument l'action dans l'univers. Si l'existence du Créateur est établie sans motivation, la thèse des philosophes qui stipule que l'Un ne génère qu'un est alors une thèse nulle. Ils ont examiné la question d'un œil borgne et ont alors connu la motivation qui est l'Esprit, dont Dieu a fait une motivation des éléments simples et complexes, mais n'ont point atteint le Créateur, dont l'une des créations est cette motivation. Ils n'ont point compris le mystère confié aux Paroles divines : ***« Je vais établir un*** Khalifa ***sur Terre.*** »[1]

Quand Dieu voulut générer de la Terre, de Son corps, tous types d'animaux, Il généra et créa alors tous types d'animaux. Il choisit

1 Coran, sourate *al-Baqara*, n° 2, verset 30.

ensuite le corps de l'Homme et en fit le siège de Son plus grand mystère : la conception d'un *Khalifa* pour Lui sur Terre. Il fermenta les éléments organiques terrestres pendant quarante matinées, tournés et retournés par les mains de la Puissance pour y déposer les secrets : « ***Il apprit à Adam le nom de tous les êtres.*** »[1] Il polit ensuite le miroir de Son être par la conception, puis, Il lui insuffla de Son esprit. Les ruisseaux de ses éléments et de ses parties s'apprêtèrent alors à l'écoulement des flux des Qualités éternelles. Son ouïe s'anima, son regard devint voyant, sa langue parlante, sa main triomphante, son pied marchant et son cœur volontaire et générateur de pouvoir. Les qualités de science, de volonté, d'ouïe, de vision, de pouvoir et de parole, qui sont celles de l'Être suprême, se dessinèrent dans le cœur du légataire qui devint une image du Créateur. Les preuves de l'invisible se représentèrent dans le visible et celles de l'absent dans le présent. On sut alors que les attributs de l'Antique et Éternel étaient multiples, la diversité des attributs n'étant en rien une atteinte à l'absolue unicité.

Cet état des choses se réalise avec l'infirmation de l'illusion que l'Un ne peut générer qu'un. Prends, en guise de réfutation de cette idée, un signe de ces paroles : « Dieu a créé Adam à son image »[2], et laisse de côté l'aversion envers l'interprétation, car nous ne faisons point d'interprétation, mais ce que nous disons c'est qu'un signe implique une signification, car toute image a un sens et tout sens a une image. Les Attributs éternels sont une signification qui a une image. Les attributs d'Adam, tels que la mise à disposition et l'appropriation, sont une imitation de l'image. Il te sera plus aisé de distinguer cela en sachant que la mise à disposition, *Tskhīr,* et l'appropriation, *Tamlīk*, sont des caractéristiques uniques à l'Homme. Il en est de même pour les attributs contradictoires du désir et de la colère repoussantes et attirantes qui sont une imitation des attributs de Majesté et de Beauté éternelles, de la Douceur et de la Domination divines. C'est là une

1 Coran, sourate *al-Baqara*, n° 2, verset 31.

2 Déjà cité, Rapporté par Muslim, *Ṣaḥīḥ, Kitāb al-Djanna wa Ṣifatu Na`īmuhā wa Ahluhā*, chapitre 11, volume 3, page 2183.

caractéristique de l'être humain : ainsi les anges de miséricorde n'ont-ils point de colère et les anges de la colère n'ont-ils point de compassion. La réunion des contraires, qui mime la douceur et la Somination éternelles, est une caractéristique de l'être humain.

Cette conclusion montre la nullité de la théorie de la Cause première et la thèse que ne peut procéder de l'Un que l'un. Et renonce là à toute demande de preuve : la preuve est l'unité de mesure de la raison qui est le troisième des éléments simples et non la raison première qui est la langue de l'Esprit que toi, philosophe, tu appelles la Cause première. Les sciences inférées de la raison première ne sont point soumises à la preuve. Ce sont des sciences intuitives et spirituelles. La preuve est une mesure aux mains de celui qui stère la raison sensible et matérielle, celle qui concerne la création.

Les sciences probatoires, si on les comparait à celles intuitives et mystiques, pourraient être assimilées à l'image de celui à qui on donne une mesure qui évalue une part de ce qui est dans le tamis,[1] alors que celui qui les possède, c'est comme si on lui avait donné le tamis tout entier. Ta vue est donc de courte portée et ton lot est des moindres, Ô philosophant qui t'arroge la sagesse et le fin mot. Il t'aurait été de plus grand secours que tu n'eusses jamais su ce que tu sais ; ta science est devenue cause de tes errements et ton état est semblable à celui que décrit celui qui dit :

« Content je fus, de ce que point je ne connus ;

Mon ignorance, heureusement, me fit joyeux.

Autant au moins, de ce que je sus, je fus déçu.

---

1 *Al-Minthar* : un récipient pour la nourriture et les graines de sarrasin ou d'orge. *Nathara* : jeter et parsemer.

Al-Suhrawardī compare le monde de l'Au-delà à *al-Minthar* qui regroupe tous les éléments de l'Au-delà et dont la raison probatoire ne peut connaître que des bribes. Au contraire, la raison intuitive et émotive peut en connaître une bonne part, au point que l'on croirait qu'*al-Minthar* dans sa totalité lui a été donné.

Tel oiseau-mouche,[1] fort librement, va dans les prés ;

Tel rossignol,[2] pour ses chansons, [3] est encagé. »

Garde, philosophe, ce que tu as acquis par le biais des preuves, tu aurais mieux fait de n'en pas connaître, et de les échanger contre une poussière de conviction et de certitude ! Sache ensuite que la lanterne prophétique stipule que la raison est double : intuitive et matérielle. La raison intuitive est celle dite première par ceux qui croient à la Cause première ; la raison matérielle est celle qui est successive à l'être total. Aristote et ceux qui le suivent par ignorance n'ont point saisi que l'être total, médian entre les deux raisons, a obscurci les lumières de la deuxième, comme la Terre cache la lumière de la lune au cours de l'éclipse. Et avec le déclin de sa lumière, cette raison a vu ses pas devenir impuissants à pénétrer le monde de l'Au-delà ; sa marche, comme celle du dromadaire puiseur, s'est faite en allées et venues entre les éléments simples et ceux composés, et les astres du cosmos.

L'être total s'est transformé en obstacle entre elle et le monde de l'Au-delà. Elle a rejeté et nié les choses de l'Au-delà, telles que le paradis, l'enfer, la résurrection, l'apocalypse avec la réunion des corps sortis de leurs tombes, et a suivi la voie des athées concernant l'existence de toute éternité de l'univers. Sache également que les sciences philosophiques sont imputables à la raison matérielle et que ce sont des sciences qui hésitent entre la représentation et l'acquiescement chez certains, et la définition de la limite et de la preuve chez d'autres, dans les structures desquelles viennent se loger les éléments simples et ceux complexes.

---

1 *Al-Sa`w ou al-Was`* : oiseau-mouche, volatile de petite dimension, moins volumineux qu'un oiseau, *Lisān al-`Arab* entrée *Sa`ā*, volume 14, page 460.

2 *Hazzār* : rossignol, un oiseau doté d'une belle voie, c'est un vocable persique arabisé, il est aussi dit Hazzārdistan car il chante des airs multiples et variés. *Hazzār* en persan signifie mille. *Al-Mu`djam al-Wasīt*, entrée *Hazzār*, édition du Consortium de la Langue Arabe. Le Caire 1972, volume 2, page 984.

3 Les deux vers sont attribués à l'Imam al-Shāfi`ī, comme il est précisé par le copiste dans la marge du manuscrit n° 2.

Combien est donc lointain leur regard des sciences totalisantes qui surpassent la preuve, des sciences qui évaluent et pèsent la preuve et elle ne les évalue et ne les pèse nullement, les sciences intuitives, mystiques et divines, inspirées de la lanterne prophétique que la Générosité éternelle épand sur ceux qui sont dotés des raisons intuitives parmi les disciples du Prophète, que les bénédictions de Dieu soient sur eux, le plus gros lot étant imparti aux confiants parmi les compagnons de Muhammad. Cette science institue que les éléments premiers, simples et individualisés sont des motivations d'une cause instituée par l'Antique Créateur, l'Unique, l'Éternel, distingué par les noms et les attributs dont il épand une acception sur le genre des Hommes. Il en a initié l'adjonction avec Adam, le père des Hommes puisqu'il a déversé dans son être certaines qualités. C'est ainsi qu'il lui a appris les noms en leur intégralité.

La Générosité divine l'a plaçé alors sur le piédestal, le différenciant des êtres supérieurs. Les anges ont obéi à Dieu et se sont prosterné devant Adam qui a hérité la science de la part de Dieu, le Très-Haut, et son héritage a été donné en partage aux Prophètes parmi ses enfants et à leurs compagnons. Les rayons de leur science se sont étendus à la connaissance de la motivation première qui a été créée en premier, par le Créateur éternel. Il s'agissait de l'Esprit magnanime par rapport auquel rien n'est plus grand parmi les créatures sauf le Trône. Mais l'âne de notre ancien philosophe a trébuché et l'a appelé Cause première et a prétendu qu'il constituait la limite et la fin. En fait, il s'agit de l'Esprit magnanime, la raison intuitive en est l'essence et la langue, et il est de genre masculin. Puis il a institué l'Être total dont l'essence et la langue sont la raison matérielle et il lui a octroyé le genre féminin. Cette détermination féminine affaiblit la vue de la raison matérielle qui en est l'essence et la langue, et il ne lui était plus loisible ainsi d'accéder aux mondes de l'Au-delà et il s'est replié sur l'examen des éléments du monde visible. En même temps, la raison intuitive, dotée du genre masculin et de sa force, s'élevait par amour vers le Créateur, et les mondes mystérieux de l'Au-delà se sont découverts à lui. Il a alors connu le paradis, l'enfer et la résurrection. Il s'est créé, par la Volonté de Dieu, entre l'Esprit magnanime et l'Être total, une dualité motivant la création des astres cosmiques et des étoiles sublimes, et ensuite, tout ce qui est apparu de motivations et d'éléments simples et composés. L'effet de cette dualité a ensuite été transmise jusqu'à atteindre Adam, le père des Hommes, qui est de genre masculin, et Ève, qui est de genre féminin. Il en a fait le juste, après l'avoir constitué d'une poignée de terre et lui avoir insufflé de son âme. Sa nature spirituelle était dominante en lui et il a été atteint par les souffles de l'être total.

Il a pris ensuite un sens de l'être total et il en a créé Ève par un mélange de l'Esprit, et elle a eu sa part de l'être total et est apparu en elle le caractère de la féminité, s'appuyant sur la féminité de la terre et sur la masculinité de l'eau, comparable à la féminité de l'air et à la masculinité du feu. Et par une dualité décidée par Dieu, est apparue la progéniture qui est la provision de Dieu et l'entrepôt des secrets de Sa parole : « ***Ne suis-je pas votre Seigneur ?*** »[1]

L'Homme devint alors une copie de l'univers qui est le monde sensible, cause de la Cause première, qui est l'Esprit conçu par le Créateur éternel. Il a ensuite créé une copie d'Adam et d'Ève dans chaque Homme par l'esprit partiel et l'être partiel. Et il y a eu de cette copie un rejeton qui est le cœur, passage entre l'esprit partiel et l'être partiel, comme la raison intuitive est le passage entre l'esprit total et l'être total. Leurs influences répétées créent dans le cœur son bonheur et son malheur. Dieu dit : « ***Par une âme comme Il l'a modelée, en lui inspirant son libertinage et sa piété.*** »[2]

On a évoqué préalablement dans ce livre les influences du cœur et l'attraction qui le dirige vers l'esprit qui est le père, et l'être qui est la mère. Les sciences inspirées de la lanterne prophétique se sont élevées de la dualité de l'esprit et de l'être dans la progéniture, à la dualité d'Adam et Ève qui sont l'origine de la progéniture. Puis, ces sciences

1 Coran, sourate *al-A`rāf*, n° 7, verset 172.

2 Coran, sourate *al-Shams*, n° 91, versets 7 et 8.

se sont élevées jusqu'à la dualité de l'Esprit suprême et de l'être total, et c'est là une porte close pour tout philosophe dont les provisions sont épuisées et la marche de peu d'envergure.

Philosophe dont la raison a été éblouie par les rayons de sa pensée, il a hésité et s'est alors perdu dans les motivations et sa vue s'est arrêté à la Cause première que Dieu a fait motivation. Les pas de sa raison matérielle n'ont guère pu fouler les déserts arides des choses de l'Au-delà et il est revenu sur ses pas à reculons. Il a alors institué la Cause première comme une fin et une limite sans arriver à saisir que cela n'est autre que l'Esprit magnanime et que la vraie fin est celle de Dieu auquel tout finit et qui est le Créateur de cet esprit, qui est cause, mais sans que les éléments qui en sont inférés ne fassent de lui une cause finale comme les influences du soleil sont des motivations pour le soleil qui en est la cause, sans que les motivations des influences en fassent une motivation finale.

Il a été dit à Avicenne ce que lui-même a dit, dans son livre *al-Qūnūn,* Le Canon, qui selon lui, a voulu être philosophe alors que cela n'était point dans ses cordes. Cela est également un océan sans fond qu'Avicenne ne peut chevaucher, ni Aristote qui est son mentor et son guide. Cette parole et cette démonstration renferment une réfutation des sciences des philosophes eux-mêmes et non des philosophes imitateurs des imitateurs des premiers philosophes. Ceux-ci marchent dans les pas des initiateurs, certains dans les pas d'Aristote qui institue l'éternité de l'univers, d'autres dans ceux de Platon qui en institue la création et qui se distingue parmi les philosophes en cassant l'étalon de la preuve et en pensant avoir atteint les flots de l'inspiration, et qui, sans la misère de sa condition, aurait suivi les pas des Prophètes.

Alors, quelle valeur réside dans les ouvrages d'Avicenne et d'al-Farābī qui sont le fruit d'une quête intellectuelle née des recherches longues et laborieuses et semble comme la mousse dont le volume paraît immense mais dont la substance est minime ? Leur savoir ressemble à celui d'un artisan qui, à force d'effort et d'exercice, fabrique des objets que les autres ne peuvent réussir. Ainsi sont leurs sciences malgré leur nombre, on les croit considérables, mais ne sont en fait d'aucune utilité. Ils n'ont point de science intrinsèque comme celle des Prophètes, que la paix soit sur eux, et qui dépasse l'entendement des adeptes de la philosophie de ce temps. Ce sont des imitateurs devenus hérétiques par leur imitation. Et si ce que nous avons décrit de la science des Prophètes avait été proposé aux premiers philosophes, ils en auraient saisi la profondeur et embrassé l'étendue, seraient revenus à l'obéissance et auraient gagné le trésor de la foi.

Ces sciences ont élevé la bannière de la religion et les drapeaux de l'Islam se sont propagés à mesure que refluaient les mensonges de la philosophie. Et Dieu est le meilleur des aides, qu'il soit donc loué, Lui le Créateur.

DEUXIÈME CONCLUSION

SUR LE DÉVOILEMENT DU SENS DE LA GÉNÉROSITÉ

Sache que les raisons matérielles peinent déjà à circonscrire le monde sensible dans sa simplicité. Leurs pas sont donc inaptes à pénétrer les mondes de l'Au-delà. Elles battent en retraite aux orées de ces mondes et ne savent point quelle voie de retour prendre ni le sens de leur récompense et de leur châtiment, au moment où le fil de la vie est rompu et le front de la mort apparu. Qu'elles sachent donc que la mort naturelle n'est pas négation de l'effectivité de l'humanité. Au contraire, l'humanité véritable dure et se poursuit après la mort. Au sujet de l'âme, Dieu, le Très-Haut, dit : ***« Par une âme, comme Il l'a bien modelée.*** »[1] Et comme l'iris oculaire est porteur de la lumière qui en est projetée, il en est ainsi du moule corporel qui porte l'âme humaine. Le poète a dit :

« Oh ! Serviteur du corps, œuvrant à l'édifier,

En cette perdition, poursuivant ton salaire,

Cultive plutôt l'âme, et cherche ses bienfaits ;

Par l'âme tu es Homme, et non par ton corps et ta chair. »[2]

---

1 Coran, sourate *al-Shams*, n° 91, verset 7.

2 Ces vers sont rapportés dans le manuscrit dans une version erronée, la version exacte en est :

> « Oh ! Serviteur du corps, t'efforçant de le servir,
> En cette perdition, poursuivant ton salaire,
> Cultive plutôt l'âme, et cherche ses bienfaits ;
> Par l'âme tu es Homme, et non par corps et chair. »

Ils sont extraits du poème rimé en *Nūn*, *Nūniyya*, d'Abī al-Fatḥ al-Bastī (Boukhara en 400 H.) Un poème de 63 vers qui commence par :

La mort est donc l'altération des corps, et par l'altération des corps n'est point abolie la factualité de l'humanité. Ainsi, si un organe du corps est atteint par un accès d'humidité et de glaire dépendant d'un excès des trois éléments aux dépens de cet élément, il devient alors impotent mais cette impotence n'annule point les facultés de l'Homme. Et ainsi, même si tous les organes devenaient impotents, cela n'annulerait nullement l'effectivité de l'humanité.

La mort naturelle entraîne la perte de l'âme animale qui est le point d'équilibre de l'humeur du sang du cœur. Par le cœur est désigné un morceau de chair ligneuse placé du côté gauche du corps. La résidence de l'âme dans cette chair est comparable à celle de la lumière dans l'orbite oculaire. Le cœur existe chez tous les animaux, et à partir de lui débordent les forces des sens et se propagent dans les cavités des vaisseaux diffus dans les corps par l'équilibre de ses humeurs, gérées par la science médicale et sur lesquels on agit par des médicaments, pour redonner aux mélanges leur équilibre. L'esprit humain existe par cette âme et c'est par son biais qu'il se différencie du reste des âmes animales.

Les philosophes ont reconnu l'existence de cet esprit mais ont prétendu que c'est une partie de l'esprit total et qu'avec la mort la partie rejoint le tout. Qu'ils soient donc fort loués de tailler leurs idées auprès des athées qui pensent que l'humanité finit avec la fin du réceptacle corporel. Ils sont blâmables de penser que par la mort, la partie rejoint le tout car les éléments du bien et du mal coupent la voie de cette jonction et les esprits partiels suivent chacun sa propre voie pour son séjour final soit au domicile du bonheur soit dans celui de grande souffrance, après avoir habité l'âme animale, son rapport à cette âme étant comparable à celui de la lumière avec l'iris oculaire.

« L'augment de l'Homme sur terre est amenuisement
Et ses gains, s'ils ne sont en franc bien, perdition. »
Voir al-Tha`ālibī, *Yatīmat al-Dahr*, volume 4, page 348 ; voir aussi `Umar Farrūkh, *Tārikh al-Adab al-`Arabī*, volume 3, pp. 1 et 49. Et Al-Fatḥ al-Bastī, *`Uyūn al-Ḥikam*, édition et commentaire de `Abd al-Fattāḥ Abū Ghadda, Alep, Maktabat al-Maṭbū`āt al-Islāmiyya.

Avec la mort naturelle, l'esprit partiel se sépare de l'âme animale, tout en gardant une impression des forces des sens. Ces forces y restent accolées, car l'iris n'était point conscient par l'une de ses parties mais bien par le sens du rayonnement conscient résidant en lui. Le rayonnement conscient était de l'ordre de l'esprit et son déplacement est lié au sien. Et si le lien de l'âme animale est rompu avec les éléments du cœur, reste le lien de l'esprit partiel avec eux après qu'elle a disparu dans les replis de l'Au-delà. Et c'est avec ce lien que se font la résurrection et le rassemblement le jour du jugement. C'est pourquoi le mort entend, voit et sent même la chaleur de la main de celui qui l'ensevelit.

Il a été rapporté parmi ce qui nous est parvenu, après honorable autorisation, d'après Abī al-Ḥasan Ali Ibn `Asākir Ibn al-Marḥab Ibn al-`Awwām d'après Abī al-Waqt `Abd al-Awwal al-Sadjarī, d'après al-Dāwudī, d'après al-Ḥamawī, d'après al-Farbarī, d'après al-Bukhārī qui ont dit : « Nous avons été informé par `Abd Allah Ibn Muhammad qui nous a dit qu'il a entendu Rawḥ Ibn `Abāda dire : ''Nous avons été informé par Sa`īd Ibn Abī Urba, d'après Qatāda qui a dit : ''Anas Ibn Mālik nous a raconté, d'après Abī Talḥa, que le Prophète que les bénédictions et le salut de Dieu soient sur lui, ordonna que vingt-quatre des hommes morts de Quraysh fussent ensevelis dans un des puits abandonné nommé Ṭiwā[1] à Badr. Par ailleurs, son habitude était, quand il se rendait chez des gens, de résider trois nuits dans la cour. Le troisième jour de sa résidence à Badr, il ordonna que son dromadaire fût harnaché, puis il marcha avec ses compagnons qui le suivaient en se disant qu'il allait sûrement pour une tâche qu'il devait accomplir. Quand il arriva au bord d'al-Rakā,[2] il commença à appeler les morts par leurs noms et les noms de leurs pères : *''Oh untel ! Oh untel fils d'untel ! N'eût-il pas mieux valu que vous eussiez obéi à Dieu et à son Prophète ? Nous avons éprouvé que la promesse faite à nous par notre*

1 *Ṭiwā* : un puits empierré ; la région de la Mecque en question portait en effet le nom de ce puits. Voir *Mukhtār al-Ṣaḥīḥ*, entrée *Ṭiwā*, page 401.

2 *Al-Rakā* : nom d'un autre puits, *Lisān al-`Arab*, entrée *Rakā*, volume 14, page 333.

Dieu soit véridique ! Avez-vous éprouvé que celle faite à vous par le vôtre, le fût de même ?''

`Umar Ibn al-Khaṭṭāb, qu'il soit agréé de Dieu, lui dit alors : *''Ô Prophète de Dieu ! Vous adresserez-vous à des cadavres sans âme ?''* Le Prophète, que les bénédictions et le salut de Dieu soient sur lui, lui répondit alors : *''Par celui qui détient en ces mains l'âme de Muhammad, vous n'entendez pas mieux vous-mêmes ce que je dis qu'ils ne l'entendent !''* »[1]

L'implication en est que les facultés de perception par les sens ont un esprit uni de par sa nature, divisé entre les différents sens de ces facultés. Les sens, eux aussi, ont un esprit qui constitue le lien entre les sens et les facultés de connaissance de la nature de l'esprit. Les facultés de connaissance ont donc un lien avec les sens, un lien qui assure cette faculté de connaissance après la mort.

Ainsi peux-tu saisir que le mort entend et voit ce que nous avons dit de l'unité de l'esprit et de sa division sur les facultés de conscience. Les facultés de connaissance sont inférées des paroles du Très-Haut : « ***Il n'y a rien qui ne célèbre Sa louange.*** »[2] Dans ce verset figure la preuve formelle que Dieu sait tous les détails car il est impossible que le Loué ne connaisse point le loueur et que le Créateur ne connaisse point la créature, la création supposant une volonté et il n'y a point de volonté qui n'émane d'un nanti de Volonté du Souverain : « ***Rien de ce qui est dans les cieux ou sur la Terre, fût-il du poids d'un atome, n'échappe à la connaissance du Seigneur.*** »[3]

La parole des objets psalmodiants est comparable à la conscience des facultés de connaissance et de celui qui en est conscient. L'ouïe qui écoute les objets psalmodiants est comparable à l'ouïe et à la vision après la mort. À ce niveau, les philosophes devraient dire ce dont Dieu nous informe par Sa parole : « ***Ils disent : nos cœurs sont enveloppés***

---

1 Rapporté par al-Bukhārī, *Ṣaḥīḥ, Kitāb al-Maghāzī*, chapitre 8, volume 5, page 8.

2 Coran, *sourate al-Isra'*, n° 14, verset 44.

3 Coran, *sourate Saba'*, n° 34, verset 3.

d'un voile épais qui nous cache ce vers quoi Tu nous appelles ; nos oreilles sont atteintes de surdité. »[1]

C'est en effet une surdité et hypoacousie spécifiques aux philosophes et autres parmi ceux qui ont été privés de suivre les Prophètes. Cette faculté de connaissance ne cesse de s'élever jusqu'aux premiers temps où sera soufflé le cor, qui sera la limite entre la vie ici-bas et l'Au-delà. Celui-là – je veux parler de cet esprit – appartient au monde de l'Au-delà, *Malakūt*, que les Prophètes ont saisi et dont ils sont informé, et derrière le monde de l'Au-delà qui est l'ultime champ de marche des Prophètes, se trouve le monde de la Toute-puissance, *Djabarūt*, qui est le lieu de la grandeur de l'Antique éternel, loué soit-Il, aux limites duquel la vue des Prophètes s'arrête, et qui est sans début et ne prend fin qu'à l'Être éternel.

Entre le monde sensible et le monde de l'Au-delà existe un degré intermédiaire à deux bouts dont l'un donne sur celui-ci et l'autre sur celui-là, et c'est dans cette zone qu'ont évolué les sages de la Grèce et les philosophes de l'Inde : c'était la limite qu'ils n'ont jamais dépassée pour le monde de l'Au-delà, *Malakūt*. La marche de leur pensée ralentit par le noircissement de leur vue, par un rayon aveuglant de l'Au-delà ; ils ont saisi ce que ne peut saisir le commun, mais leur science est devenue une preuve contre eux car elle ne leur a pas permis d'établir la réalité des prophéties, ils n'ont point eu la félicité d'être les disciples des Prophètes et ils ont nié les choses de l'Au-delà.

Il a été rapporté, d'après honorable autorisation, qu'Abū Sa`īd Ibn `Abd al-Djabbār Ibn Hilāl a dit : « Nous avons été informé par Abū al-Fath Muhammad Ibn `Abd al-Bāqī qui a dit : ''Nous avons été informé par Abū al-Ḥasan Ali Ibn al-Ḥusayn Ibn Ayyūb al-Bazzār en lisant qui a dit : ''Nous avons été informé par Abū Ṭāhir `Abd al-Ghaffār Ibn Muhammad Ibn Dja`far al-Mu'adhdhin qui a dit : ''Nous avons été informé par Abū Ali Muhammad Ibn Ahmed Ibn al-Ḥasan Ibn Isḥāq Ibn Ḥasan Ibn Maymūn al-Ḥarbī qui a dit : ''Nous avons été informé

1 Coran, *sourate Fuṣṣilat*, n° 41, verset 5.

par Ibn Ḥusayn Muhammad Ibn Bahrām Abū Muhammad al-Mirwizī qui a dit : ''Nous avons été informé par Shībān, d'après Qutāda, qui a dit : ''Anas Ibn Mālik, qu'il soit agréé de Dieu, a dit : ''Le Prophète de Dieu, que les bénédictions et le salut de Dieu soient sur lui, a dit : ''*Après que l'être humain est placé dans sa tombe et lorsque ses compagnons repartent, il entend le bruit de leurs chaussures.''* Puis il dit : ''*viennent alors deux anges qui lui font la conversation.''* »[1] Et avec l'impression des facultés sensibles, la tombe peut être l'un des jardins d'Éden ou bien l'un des abîmes de l'enfer.

La perception des sens après la mort est comparable à la perception des sens durant le sommeil, cependant, parce que la relation avec l'âme animale est maintenue, la lumière de la perception des sens est manifeste pour l'être et elle est mêlée à la perception de la force imaginative qui accompagne l'état d'éveil. Dans la mort, au contraire, la relation avec l'âme animale est rompue et les sens et leur perception sont épurés du voile jeté par les cahots de cette relation. Les perceptions des sens ne cessent d'évoluer dans les contingences de l'inspiration et du péché. Dieu dit : « ***Par une âme, comme Il l'a modelée, en lui inspirant son libertinage et sa piété*** »[2] jusqu'à ce qu'elles atteignent la demeure du jugement et que ses perceptions prennent contact avec le Bonheur éternel et la souffrance insupportable. C'est là la base de ma religion et le domaine de ceux qui ont la conviction, des croyants, des fidèles compagnons des Prophètes et des envoyés de Dieu, le plus grand lot en cela étant imparti à la nation de Muhammad, que les bénédictions et le salut de Dieu soient sur lui, le Prophète des analphabètes et des savants émérites.

Le Prophète, que les bénédictions et le salut de Dieu soient sur lui, a dit : « *Les savants dans ma nation sont comme les Prophètes d'Israël, car il est admis que par bonne attention, ils finissent par trouver la voie de la vérité manifeste et c'est Dieu qui protège les vertueux.* »

---

1 Cité par al-Bukhārī, dans *Ṣaḥīḥ, Kitāb al-Djanā'iz*, chapitre 87, volume 2, page 102.

2 Coran, sourate *al-Shams*, n° 91, versets 7 et 8.

Il a été rapporté, dans différents récits décrivant les morts et ce qui en est des âmes après la mort, plus d'histoires qu'on ne saurait citer. Parmi ces histoires, voici ce qui a été raconté par `Abd Allah Ibn `Umar, qu'il soit agréé de Dieu, d'après le Prophète de Dieu, que les bénédictions et le salut de Dieu soient sur lui, qui a dit : « *Les âmes des croyants se rencontrent avec entre elles la distance d'un jour de marche, et nul ne voit jamais son compagnon.* »[1] Abū `Abd Allah al-Tirmidhī a dit cependant que : « Les âmes se promènent dans l'isthme et observent les états d'ici-bas et des anges, et elles discutent dans les cieux des états des êtres humains. Des âmes se trouvent sous le Trône, d'autres en vol vers le paradis et vers où elles veulent selon l'œuvre qu'elles ont accomplie pour aller vers Dieu lorsqu'elles étaient en vie. »

Sa`īd Ibn al-Musayyab a raconté, d'après Salmān, qu'il soit agréé de Dieu que : « Les âmes des croyants se rendent à un isthme de terre, là où elles planent entre ciel et terre jusqu'à ce qu'elles soient rendues à leur corps. En évoluant ainsi, elles apprennent les états des vivants, et quand elles sont rejointes par un mort, elles se rencontrent, discutent et s'interrogent sur les vivants. »

Les visions et les rêves des hommes vertueux et de leurs semblables portent des indications qui attestent du pouvoir du Juste, le Très-Haut, et qui donnent aux détenteurs de la conviction davantage de conviction. Et c'est là une porte close devant ceux qui sont ligotés par les raisons dénudées de la lumière de la foi, qui n'ont point été éclairés en suivant les voies prophétiques ; c'est là une faculté empruntée de la lanterne des prophéties, et les personnes qui ne sont point des disciples des Prophètes n'y sont point admises.

---

1 Al-`Adjlūnī al-Djarrāḥī, *Kashf al-Khafā' wa Muzīl al-Ilbās*, Mu'assasat al-Risāla, 1983, 2e édition, volume 3, page 83, *ḥadith* n° 1744. Al-Albānī déclare à ce propos : « Les savants s'accordent à dire que ce *ḥadith* n'a pas de fondement, c'est ce qui permet aux *Qādiyāniyya* hérétiques de prouver la persistance de la prophétie après lui. Et si c'était vrai, cela serait une preuve contre leurs thèses, comme le montrerait un examen minime ». Voir *Silsilat al-Aḥādīth al-Ḍa`īfa wa al-Mawḍū`a*, volume 1, page 480, *ḥadith* n° 466.

Il a été rapporté concernant les rêves des faits étranges dont ce qui a été narré dans la longue histoire de Thābit Ibn Qays Ibn Shams à qui le Prophète, que les bénédictions et le salut de Dieu soient sur lui, avait prédit le martyr. Ensuite, alors qu'il participait à la guerre contre Musaylima à Yamāma, il vit dans les rangs de certains musulmans une certaine tiédeur et qulques-uns d'entre eux furent vaincus. Il dit alors : « Fi, d'eux et de ce qu'ils font ! » Puis il s'adressa à Sālim Ibn `Abd Allah : « Nous ne combattrons point les ennemis de Dieu avec le Prophète de Dieu de cette manière ! »

Ils poursuivirent le combat et persévérèrent jusqu'à ce qu'ils soient tués et que Thābit soit gratifié du martyr, *al-Shahāda*, comme le lui promit le Prophète, que les bénédictions et le salut de Dieu soient sur lui, avec sur lui son bouclier. L'un des compagnons du Prophète le vit ensuite en rêve et il l'entendit lui dire : « Sache qu'un tel – un des musulmans – m'a dépouillé de mon bouclier et l'a emmené, alors qu'il était à distance des troupes, il possède un cheval rapide et de belle prestance. Va auprès de Khalid Ibn Al-Walid et demande-lui de reprendre mon bouclier. Va ensuite auprès d'Abū Bakr, qu'il soit agréé de Dieu, le successeur du Prophète de Dieu, et dis-lui que je dois une dette et qu'elle doit être honorée pour moi, et qu'untel de mes esclaves doit être émancipé. » L'homme raconta son rêve à Khālid qui trouva le bouclier et le cheval tels qu'ils furent décrits et reprit le bouclier. Puis Khālid raconta le rêve à Abū Bakr, qu'il soit agréé de Dieu, et celui-ci déclara légitime le testament. Mālik Ibn Anas, qu'il soit agréé de Dieu, commenta cette histoire en disant : « Je ne connais point de testament qui fût fait légitimement après la mort de son auteur à part celui-là. »[1]

Et c'est là une porte close à celui dont la science n'est pas inspirée de la lanterne prophétique. La révélation du destin est donnée à ceux qui œuvrent pour Dieu avec sincérité et abnégation. Ceux qui sont figés

1 Tradition rapportée par Ibn Ḥidjr dans *al-Iṣāba*, dans la biographie de Thābit Ibn Qays Ibn Shammām, Ibn Ḥidjr l'attribue à al-Baghawī d'après `Aṭā' al-Khurasānī. Volume 1, pages 195-196, première édition, al-Sa`āda 1328 H.

sur les raisons dénudées des lois révélées et de l'acquiescement aux Prophètes voient cette porte fermée et c'est Dieu qui est à remercier de la foi qu'Il nous a donnée et de la sérénité dont Il nous a gratifiés et qui est le complément de cette foi, et c'est Lui qui est pourvoyeur de la bonne fin. Cette dimension spirituelle que nous avons décrite est unique en elle-même et répartie sur les différentes facultés de perception. Or, les facultés de perception font partie du monde de l'Au-delà, *Malakūt*. L'Au-delà est la dimension celée de l'univers alors que le monde sensible, *Mulk*, en est la dimension apparente.

Par la mort, l'Homme se défait du monde sensible et accède au monde à l'Au-delà. Les affirmations à ce propos de certains des savants de la langue qui stipulent que le monde de l'Au-delà n'est autre que le monde sensible, en comparant le rapport entre *Mulk* et *Malakūt* à celui entre *Raghba* et *Raghabūt* peuvent leur être concédées seulement du point de vue de la dérivation linguistique ; la différence entre *Mulk* et *Malakūt* du point de vue terminologique n'est nullement de leur compétence. Cette science a ses connaisseurs qui en maîtrisent les règles.

Les paroles de Dieu, le Très-Haut, « ***Ainsi avons-nous montré à Abraham le Royaume des cieux et de la Terre*** »[1] sont une allusion à la dimension celée du monde sensible et les Prophètes sont dotés, lorsqu'ils sont en vie, de la connaissance d'une partie du Royaume de l'Au-delà. C'est ce qui les distingue de ceux qui sont figés sur les raisons qui n'ont jamais été illuminées par les rayons de l'Aiguillage divin. C'est ainsi qu'ils sont éclairés sur les états des morts après la mort ; leurs sciences sont en effet empruntées à l'Esprit magnanime par le biais de la raison intuitive qui en est la langue.

Les sciences des philosophes sont quant à elles empruntées à l'âme par le biais de sa langue qui est la raison matérielle, le rapport de l'âme totale à l'Esprit magnanime étant celui de la féminité à la masculinité. C'est pour cette raison que sont courts les pas de ceux qui s'inspirent

1 Coran, sourate *al-An`ām*, n° 6, verset 75.

de l'âme, car celle-ci est en soi débile et courte, étant marquée du signe de la féminité. La conception de la masculinité et de la féminité est passée du monde de l'ordre *`Ālam al-Amr,* appelé aussi *Malakūt* et *Ghayb,* le monde des âmes et des éléments spirituels, ainsi nommés parce qu'ils existent par l'ordre de Dieu et sans intermédiaire de la matière et du temps à celui sensible et elle s'est accoutrée des habits des hommes et a pris les noms d'Adam et d'Ève, bénis soient-ils. Les astres et les corps célestes ainsi que les éléments sont la progéniture de la masculinité et de la féminité dans le monde de l'ordre. La progéniture d'Adam et d'Ève, dans le monde sensible, contient l'essence des créatures, générée par la masculinité et la féminité dans le monde de l'ordre. Elles méritent alors l'honneur que renferme la parole du Prophète, que les bénédictions et le salut de Dieu soient sur lui : « *Dieu a créé Adam à son image.* »[1] Puis, a été imprimée la copie du mâle et de la femelle dans chaque âme et être particuliers.

De là découle la justification de l'association de la masculinité à l'âme, à sa perfection et à la perfection de sa langue qui est la raison intuitive qui a été l'attribut exclusif des Prophètes et de leurs disciples. De là provient aussi la débilité de ceux qui ne les suivent point, leurs sciences étant adossées à la raison matérielle qui est la langue de l'être impuissant marqué du sceau de la féminité. Ainsi ont bifurqué les deux modes de connaissance : celui des Prophètes et de leurs disciples qui atteignent les sciences de l'Au-delà et celui des autres qui les ignorent et qui affirment donc que l'Un ne peut générer qu'un, pilier de leur conviction et finalité de leur pensée. Ils n'ont point vu que cet « Un » n'est que l'Esprit magnanime et l'ont appelé donc raison première. Cet « Un » dont ils ont parlé d'une manière défigurée est l'origine des raisons d'être mais il s'adosse à un Créateur qui est l'Unique, l'Ancien, l'Omnipotent, le Volontaire, Celui qui est doté des noms et dont les raisons d'être sont la création et l'œuvre. Les raisons d'être sont à

---

1 Cité par Muslim, dans *Ṣaḥīḥ, Kitāb al-Djanna wa Sifatu Na`īmuhā*, chapitre 11, volume 3, page 2183, le commentaire d'Al-Suhrawardī est extrait de la Torah, la Genèse, premier chapitre, page 8.

l'image des raisons d'être du soleil et son essence en tant que raison, et toutes les raisons d'être remontent à un Créateur dont l'Unicité n'est point remise en cause par la pluralité des raisons d'être. S'il s'avère donc que ce qu'ils appellent la raison première est une raison d'être qui suppose un Créateur, cela est de nature à briser l'échine des philosophes, à annihiler leurs raisons et à estomper leurs idées. Instituer qu'il ne peut être généré de l'Un que l'un est le jugement de la raison sensible dans le monde sensible.

Dire qu'il peut exister des raisons d'être plurielles et infinies qui ne mettent point en cause l'Unicité pure est le jugement de la raison intuitive qui est l'apanage des Prophètes, que Dieu les bénisse. Dans cette science-là, le monde sensible est perclus et ne peut point accéder au monde de l'Au-delà. Alors que l'accès au monde de l'Au-delà est la voie vers l'Existence éternelle qui est sans fin et qui s'étend jusqu'à la fin des temps. Les Prophètes y naviguent de leur vivant et après leur mort. S'imaginer que la pluralité des raisons d'être est la preuve que l'Éternel et l'Antique est sujet aux variations est une manière de trébucher dans les pans de l'ignorance quant à l'essence de la Majesté éternelle et de la Grandeur divine.

L'ouvrage prend ainsi fin au terme des deux conclusions et Dieu est garant que l'on en tire profit. Il est en effet une preuve aux mains des croyants et une preuve de Dieu contre ceux qui se sont abstenus de suivre les Prophètes. Que Dieu soit loué, Lui, le Dieu des univers et que Dieu bénisse Muhammad, notre maître, le Prophète ingénu, ainsi que sa probe et chaste famille, et les gratifie abondamment de Sa paix.

BIBLIOGRAPHIE

1. Le Coran.
   Traduction et notes par D. Masson. Paris, Gallimard, 1967, 2 volumes 772 pages, préface de J. Grosjean.

1. Les plus importants livres de *ḥadith* et des traditions.
2. Ibn al-Athīr, Abū al-Hasan Ali Ibn Muhammad al-Djazarī
   Usd al-Ghāba fī Tamyīz al-Ṣaḥaba. Le Caire, Dār al-Sha`b, 1970.
3. Ibn Ḥibbān, al-Ḥafiẓ al-Imām Abī al-Ḥātim Muhammad al-Bastī
   Al-Iḥsān fī Taqrīb Ṣaḥīḥ Ibn Ḥibbān. Beyrouth, édition critique par Shu`ayb al-Arna'ūṭī, Mu'assasat al-Risāla, première édition 1988.
4. Ibn Rushd (Averroès), Muhammad Ibn Ahmad al-Andalusī
   Al-Kashf `An Manāhidj al-Adilla fī `Aqāid al-Umma. Le Caire, al-Maktaba al-Maḥmūdiyya al-Tīdjāriyya, 3e édition 1968.
5. Ibn Sīnā (Avicenne), Abū Ali al-Husaynī
   a. *Al-Ishārāt wa al-Tanbīhāt.* Commentaire Naṣīr al-Dīn al-Ṭūsī. Le Caire, 2e édition critique par Sulaymān al-Dunyā, Dār al-Ma`ārif, 1968.
   b. *Al-Udḥawiyya fī al-Mī`ād.* Beyrouth, édition critique par Ḥasan `Āṣī, al-Mu'assasat al-Djāmi`iyya, 2e édition, 1987.
   c. *Al-Nadjāt.* Égypte, Maṭba`at al-Sa`āda, 1331 H. Aussi le même titre édition Le Caire, Maṭba`at al-Kurdī, 1938.
   d. *Al-Shifā'.* Qism al-Ilāhiyyāt. Égypte, édition critique de Muhammad Yūsuf Mūsā et autres, 1960.
6. Ibn `Arabī, Muḥyī al-Dīn, al-Cheikh al-Akbar
   a. *Al-Futūḥāt al-Makkiya.* Le Caire, Dār al-Kutub al-Miṣriyya, 1329 H.
   b. *Risālat al-Anwār.* Hyderabad, 1361 H.
7. Ibn Kathīr, al-Ḥāfiẓ Abū al-Fidā
   Al-Bidāya wa al-Nihāya. Beyrouth, Maktabat al-Ma`ārif, 1984.
8. Al-Azraqī, Abū al-Walīd Muhammad Ibn `Abd Allah Ibn Ahmad
   Akhbār Makka mā Djā'a bihā min al-Āthār. La Mecque, édition critique de Rushdī al-Ṣālaḥ Malḥas, Dār al-Thaqāfa, 1965.

9. Al-Aṣbahānī, al-Ḥāfiẓ Abū al-Na`īm
Ḥilyat al-Awliyā'. Le Caire, Maṭba`at al-Sa`āda, 1974.
10. Al-Āmidī, Sayf al-Dīn
Al-Mubīn fī Sharḥ Alfāḍal-Ḥukamā' wa al-Mutakallimīn. Le Caire, édition critique de Ḥasan Maḥmūd al-Shāfi`ī, 1983.
11. Le baron Carra de Vaux, Bernard
Gazâli. Le traité de la rénovation des sciences religieuses, Paris, A. Picard, 1891. Traduction de `Ādil Z`aytar. Beyrouth, al-Mu'assasat al-`Arabiyya li al-Dīrāsāt wa al-Nashr, 1984.
12. Al-Bastī, Ali Ibn Muhammad Ibn al-Ḥasan Abī al-Fatḥ
*`Uyūn al-Ḥikma*. Alep, Maktabat al-Maṭbū`āt al-Islāmiyya, sans date.
13. Al-Baghdādī, Abū Manṣūr `Abd al-Qāhir Ibn Ṭahir
a. *Uṣūl al-Dīn*. Istanbul, 1928.
b. *Al-Farq Bayna al-Firaq*. Beyrouth, 1991.
14. Al-Baghdādī, al-Ḥāfiẓ Ahmad Ibn Ali al-Khaṭīb
Tārīkh Baghdād. Beyrouth, Dār al-Kitāb al-`Arabī, sans date.
15. Al-Baghawī, al-Ḥusayn Ibn Muhammad al-Farrā'
a. *Ma`ālim al-Tanzīl*. Riyad, Dār Ṭība, 2e édition, 1995.
b. *Sharḥ al-Sunna*. Damas, al-Maktab al-Islāmī, 1983.
16. Al-Bahī, Muhammad
Al-Djānib al-Ilāhī min al-Tafkīr al-Islāmī. Le Caire, Dār al-Kitāb al-`Arabī, 1967.
17. Al-Bayhaqī, al-Ḥāfiẓ Abū Bakr Ahmad Ibn al-Ḥusayn
Kitāb al-Asmā' wa al-Ṣifāt, al-Markaz al-Islāmī li al-Kitāb.
18. Al-Djurdjānī, Ali Ibn Muhammad al-Sharīf
Al-Ta`rīfāt. Beyrouth, Maktabat Lubnān, 1978.
19. Al-Ḥanafī, `Abd al-Mun`im
Mu`djam al-Muṣṭalaḥāt al-Ṣūfiyya. Beyrouth, Dār al-Masīra, 1980.
20. Al-Ḥanafī, Ibn Abī al-`Izz Ṣadr al-Dīn Muhammad
Sharḥ al-`Aqīda al-Ṭaḥawiyya. Beyrouth, al-Maktab al-Islāmī, 1391 H.
21. Al-Zamakhsharī, Maḥmūd Ibn `Umar
Al-Kashshāf. Beyrouth, Dār al-Kitāb al-`Arabī, 1976.
22. Al-Suhrawardī, Abū al-Ḥafṣ `Umar Ibn Shihāb al-Dīn (623 h.)
a. *`Awārif al-Ma`ārif*. Le Caire, Maktabat al-Qāhira, 1973.
b. *Zād al-Musāfir wa Adab al-Ḥāḍir*. Manuscrit n° 246. Taṣayyuf. Le Caire, Ma`had Iḥyā' al-Makhṭūṭāt al-`Arabiyya.

c. *A`lām al-Hudā wa `Aqīdat Arbāb al-Tuqā*. Manuscrit n° 421. Qatar, Dār al-Kutub.

23. Al-Sayūṭī, Djalāl al-Dīn `Abd al-Raḥmān (911 H.)
Al-Durr al-Manthūr fī al-Tafsīr bi al-Ma'thūr. Beyrouth, Dār al-Kutub al-`Ilmiyya, première édition, 1990.

24. Al-Shintanāwī, traduit par :
Traduction de l'Encyclopédie de l'Islam.

25. Al-Shihristānī, Abīal-Fatḥ Muhammad Ibn `Abd al-Karīm (547 H.)
Al-Milal wa al-Niḥal. Beyrouth, édition Amīr Ali et Hasan Ali, Dār al-Ma`ārif, 2e édition, 1992.

26. Chodkiewicz, Michel
Le sceau des saints. Prophétie et sainteté dans la doctrine d'Ibn `Arabī, traduction Ahmad al-Ṭayyib, Dār al-Qubba al-Zarqā', Marrakech, première *édition, 1999.*

27. Al-Ṣaliḥ, Ṣubḥī
Nahdj al-Balāgha. Beyrouth, Dār al-Kitāb al-Lubnānī, 3e édition, 1983.

28. Saliba, Jamil
Al-Mu`djam al-Falsafī. Beyrouth, Dār al-Kitāb al-Lubnānī, 1982.

29. Al-Ṭabarānī
*al-Mu`djam al-Kabīr*. Édition Ḥamdī `Abd al-Madjīd al-Salafī, Maktabat Ibn Taymiyya.

30. Al-Ṭabarī, Abū Dja`far Muhammad Ibn Djarīr (310 H.)
*Djāmi`al-Bayān fī Ta'wīl al-Qur'ān*. Beyrouth, Dār al-Kutub al-`Ilmiyya, première édition, 1992.

31. Al-`Adjlīnī, Ismā`īl al-Djarrāḥī
Kashf al-Khafā' wa Muzīl al-Ilbās. Beyrouth, Mu'assasat al-Risāla, 1983.

32. Al-`Irāqī, Muhammad `Āṭif
Madhāhib Falāsifat al-Mashriq. Le Caire, Dār al-Ma`ārif, 6e édition, 1978.

33. Al-Ghazālī, al-Imām Abū Ḥāmid Muhammad (505 H.)
   a. *Tahāfut al-Falāsifa*. Le Caire, édition Sulaymān al-Dunyā, Dār al-Ma`ārif, 6e édition, 1980.
   b. *Al-Minqidh Mina al-Ḍalāl*. Le Caire, édition `Abd al-Ḥalīm Maḥmūd, Dār al-Ma`ārif, 1981.
   c. *Maqāṣid al-Falāsifa*. Le Caire, édition Sulaymān al-Dunyā, Dār al-Ma`ārif, 1961.

34. Al-Kutbī, Muhammad Ibn Shākir
Fawāt al-Wafayāt. Beyrouth, Dār Ṣādir, sans date.
35. Muhammad, Ibn Ahmad Ibn `Uthmān
*Tartīb al-Mawḍū`āt li Ibn al-Djawzī*. Liban, Dār al-Kutub al-`Ilmiyya, commentaire Kamāl Basyūnī Zaghlūl, sans date.
36. Al-Makkī, `Abd al-Malik Ibn Ḥusayn
*Simṭal-Nudjūm al-`Awālī*. Sans Lieu ni date, al-Maṭba`a al-Salafiyya.
37. Naṣṣār, Muhammad `Abd al-Sattār
Fī al-Falsafa al-Islāmiyya. Le Caire, Maktabī li Ṭibā`at al-Ufsīt, Offset, 1981.
38. Harawī, Nadjīb Māyil (Edition critique de :)
Kitāb Rashf al-Naṣā'iḥ al-Īmāniyya wa Kashf al-Faḍ'iḥ al-Yūnāniyya. Le dévoilement des ignominies grecques et les aspersions par de pieux conseils. Iran, traduction en persan par Mu`īn al-Dīn Djamāl Muhammad, première édition, 1365 H.

INDEX

'Uḥud, 126, 225

`Abbās 235
`Aql 35, 171
`Arafa 113, 237
`Awārif al-Ma`ārif 17, 24, 32, 33, 78, 183, 209
`Awārif al-Ma`ārif, les définitions des connaissances 17
`Awārif al-Ma'ārif 174
`Ikrima 209
`Irāqī 55, 179, 218, 306
`Umar 140, 186, 257
`Umar Ibn al-Khaṭṭāb 257, 324
`Uthmān 257
`Uzayr 203
`Uzzā 34, 54, 222

A

abbasides 99
Abbassides 34
Abraham 78, 187, 202, 215, 253
Abū al-Dardā' 133, 183, 184
Abū Bakr 255, 256
Abū Dāwūd 129, 164, 184, 197, 212
Abū Ḥanīfa 299
Abū Mūsa al-Ash`arī 140
Abū Nadjīb al-Siharawardī 32, 156, 160, 191
Abū Ṣāliḥ 222
action 43, 46, 48, 49, 51, 52, 53, 57, 86, 100, 102, 112, 118, 126, 133, 141, 142, 150, 151, 152, 153, 159, 162, 166, 175, 193, 194, 195, 197, 199, 204, 205, 213, 214, 226, 312
Adam 77, 129, 130, 131, 132, 173, 179, 181, 189, 190, 191, 201, 220, 221, 242, 252, 254, 299, 307, 313, 316, 317, 330
Ahriman 59, 147
Aïcha 55, 109, 135, 179, 224, 237
Albānī 157, 191, 218, 240, 277, 327
al-Djamā`a, l'avis collectif 125
Ali 257
Ali Ibn Abī Ṭālib 138, 139, 221, 280, 289
al-Nīsābūrī 35, 245
al-Sayūṭī 169, 207, 221, 222, 270, 292, 311
al-Shāfi`ī 100, 315
Amāna 189
âme 38, 51, 55, 62, 67, 73, 74, 75, 76, 77, 80, 84, 86, 87, 93, 94, 97, 104, 106, 107, 108, 109, 115, 129, 132, 135, 150, 156, 157, 160, 162, 169, 173, 174, 180, 181, 182, 183, 186, 200, 201, 204, 205, 210, 214, 215, 217, 220, 221, 222, 223, 227, 228, 235, 253, 255, 259, 266, 268, 274, 279, 280, 283, 284, 288, 289, 291,

292, 309, 310, 312, 317, 321, 322, 324, 326, 329, 330
âme animale 77, 78, 180, 181, 200, 201, 227, 322, 323, 326
âme parlante 225
âme première 51
âmes 35, 75, 76, 78, 81, 82, 98, 117, 121, 129, 133, 142, 144, 145, 149, 150, 155, 158, 181, 186, 190, 202, 205, 216, 220, 222, 225, 229, 248, 251, 265, 270, 271, 274, 275, 283, 285, 287, 297, 327, 330
âmes des animaux 322
âmes humaines 225, 269
âme spirituelle 77, 78, 180, 200, 227
âmes supérieures 245
âme supérieure 227, 228
âme universelle 148, 150, 157, 181, 182, 200, 205
anges 50, 61, 62, 63, 114, 122, 130, 131, 132, 144, 151, 153, 160, 162, 175, 177, 184, 189, 204, 211, 221, 222, 231, 234, 235, 236, 239, 242, 244, 246, 247, 248, 249, 252, 255, 257, 259, 271, 276, 282, 311, 314, 316, 326, 327
anthropomorphisme 57, 65
Antique 251, 260, 265, 313, 316, 325, 331
apparent 156
Aristote 35, 36, 37, 39, 143, 144, 145, 146, 148, 149, 164, 205, 288, 303, 315, 318
artisan 41, 42, 58, 151, 318
Artisan 41, 42, 52, 56, 172
ascension 61, 112, 116, 201, 231, 238, 284
Ash`arī 192
Ash`arīte 192
Ash`arītes 194
Asmā' Bint Abū Bakr 239
astres 50, 53, 62, 63, 93, 175, 184, 208, 216, 217, 220, 230, 231, 232, 244, 245, 249, 271, 275, 302, 311, 312, 315, 317, 330
astronomie 98, 148, 231, 279, 300, 311
athées 137, 140, 175, 211, 215, 218, 220, 241, 249, 295, 309, 310, 315, 322
attributs 43, 52, 53, 57, 67, 68, 93, 149, 151, 154, 155, 158, 159, 160, 165, 174, 188, 192, 313, 316
attributs d'action 155
attributs de Dieu 65
attributs d'essence 155
attributs par action 155
attributs par essence 155
Au-delà 73, 74, 75, 78, 81, 93, 160, 163, 164, 177, 198, 201, 210, 229, 249, 257, 269, 270, 274, 278, 279, 281, 285, 287, 290, 291, 300, 306, 311, 314, 315, 316, 318, 321, 323, 325, 329, 330
Averroès 73, 74, 85, 86, 91
Avicenne 33, 34, 35, 37, 39, 42, 43, 44, 45, 46, 49, 65, 66, 74, 75, 76, 77, 86, 87, 125, 126, 139, 143, 144, 150, 167, 172, 245, 274, 302, 318
Awwal 41

B

Bagdad 99, 100
Baghūrī 235
Bārī 42, 155
Bayān fī Ta'wīl al-Qur'ān 113
Bayhaqī 129, 130, 207, 221, 222, 235, 239, 242, 243, 311

Bidāya wa al-Nihāya 247, 248, 282, 333
Bienfaiteur 226
bonheur 75, 76, 97, 98, 100, 105, 107, 111, 123, 150, 153, 183, 184, 188, 199, 226, 229, 241, 245, 269, 272, 293, 302, 306, 317, 322, 326
bonne action 166, 193, 214
Brockelmann 18, 19, 20, 21
Bukhārī 111, 117, 122, 150, 155, 168, 169, 186, 200, 212, 213, 250, 256, 268, 271, 281, 285, 287, 292, 324, 326

C

caché 153, 160
Calame 146, 151, 164, 223
Carra de Vaux 33
cause 41, 42, 44, 45, 47, 48, 53, 54, 55, 57, 58, 83, 138, 147, 148, 159, 165, 203, 228, 244, 254, 258, 259, 260, 265, 266, 270, 290, 302, 314, 316, 331
Cause 41, 42, 148, 311, 318
Cause des Cause 138, 145, 147
cause des causes 249
Cause des causes 145
Cause des Causes 42, 53, 54, 55, 56, 57, 58, 62, 140, 145, 147, 149, 157, 158, 159, 172, 173, 174, 178, 217, 218, 222, 254, 258, 259, 266
cause première 42, 45, 47, 53, 56, 147, 223, 228, 268, 305, 306, 317, 318
Cause première 206
Cause Première 266, 278, 289, 311, 312, 314, 315, 316
cause secondaire 159
châtiment 54, 73, 74, 75, 76, 77, 78, 81, 93, 168, 185, 201, 204, 206, 223, 321
châtiments 204
chiites 188
choses composées 217
choses multiples 49, 50
choses non composées 147, 148, 149
choses simples 152, 154, 157
cœur 78, 97, 104, 107, 109, 114, 115, 120, 123, 155, 169, 174, 176, 177, 180, 181, 182, 183, 186, 188, 191, 194, 195, 197, 200, 212, 214, 227, 234, 253, 254, 255, 256, 264, 266, 271, 279, 284, 285, 289, 291, 292, 301, 302, 307, 313, 317, 322, 323
commencement du monde 144, 207
compagnons 88, 106, 109, 124, 134, 135, 144, 155, 164, 169, 186, 195, 217, 221, 224, 226, 243, 251, 255, 282, 283, 285, 286, 287, 289, 297, 306, 316, 323, 326, 328
complexes 217, 266, 312
composées 154
composés 216
connaissance de Dieu 155, 157, 160, 220
connaissance que Dieu 267
connaisseurs de Dieu 89
conséquence 42, 45, 47, 48, 55, 58, 149, 223, 228
conséquent 43, 59, 60, 244
conséquent premier 59
Conséquents premiers 175
constance 189
Coran 18, 23, 32, 34, 35, 39, 43, 49, 56, 65, 70, 77, 78, 79, 80, 85, 89, 93, 94, 97, 99, 103, 104, 105, 107, 108, 110, 113, 114, 115, 116, 117, 118, 120, 121, 123, 125, 126, 129, 131, 132, 136, 138, 140, 141, 143, 145,

146, 151, 152, 153, 154, 156, 160, 164, 165, 166, 167, 171, 172, 174, 176, 177, 179, 180, 181, 184, 185, 187, 188, 189, 190, 193, 194, 201, 209, 235, 239, 240, 245, 246, 252, 254, 256, 257, 258, 260, 261, 264, 268, 270, 271, 272, 273, 274, 277, 278, 279, 280, 281, 282, 283, 284, 286, 287, 289, 290, 291, 295, 296, 297, 298, 300, 302, 305, 306, 310, 311, 312, 313, 317, 321, 324, 325, 326, 329, 333

corps 50, 52, 58, 61, 67, 69, 71, 73, 74, 75, 76, 77, 78, 79, 80, 81, 84, 87, 90, 93, 94, 114, 121, 148, 149, 150, 154, 157, 160, 162, 167, 170, 172, 175, 180, 185, 190, 195, 202, 203, 204, 205, 206, 209, 211, 213, 214, 217, 220, 228, 238, 255, 256, 267, 274, 275, 280, 284, 286, 287, 288, 299, 305, 313, 315, 321, 322, 327, 330

corps célestes 50, 51, 52, 53, 58, 61, 114, 148, 157, 160, 162, 167, 170, 175, 217, 228, 305, 330

Créateur 41, 46, 48, 62, 68, 70, 73, 93, 144, 146, 149, 155, 159, 172, 184, 212, 241, 265, 310, 312, 313, 316, 317, 318, 319, 324, 330

création du monde 207, 217

créations de Dieu 55, 145, 149, 158, 168

D

Darāmī 115, 140, 183, 284

Définitions des connaissances 19, 20

destinée 54, 101, 135, 176, 179, 188, 190, 193, 196, 197, 212, 227, 229, 245, 247, 248, 280

Dieu 41, 42, 43, 44, 46, 47, 48, 49, 50, 51, 52, 53, 54, 55, 56, 57, 58, 59, 60, 61, 63, 65, 66, 67, 68, 69, 71, 76, 77, 81, 85, 86, 87, 89, 92, 93, 99, 100, 104, 105, 107, 108, 110, 114, 116, 117, 118, 119, 120, 121, 123, 126, 129, 130, 131, 134, 137, 138, 139, 141, 144, 145, 146, 147, 148, 150, 154, 158, 159, 161, 162, 164, 166, 168, 170, 173, 174, 179, 184, 185, 186, 188, 189, 190, 191, 193, 194, 196, 198, 199, 201, 202, 204, 206, 207, 208, 211, 212, 213, 215, 216, 218, 219, 220, 222, 223, 224, 225, 227, 229, 230, 231, 233, 235, 237, 240, 241, 244, 246, 248, 249, 253, 256, 259, 281, 284, 285, 286

Dieu du bien 59, 147

Dieu du mal 147

Dieu, le Très-Haut 35, 42, 43, 44, 46, 47, 56, 100, 107, 113, 114, 118, 120, 123, 129, 132, 137, 141, 143, 146, 152, 153, 156, 157, 161, 166, 171, 173, 181, 184, 187, 189, 194, 215, 242, 252, 256, 267, 271, 275, 281, 282, 283, 296, 316, 321

Diḥya al-Kalbī 122

dits du Prophète 105

Dja`far al-Ṣādiq 89, 290

Djabriyya 194

Djamā`a 125

Djawhar 56, 172

Djaylānī 32

Djurdjānī 101, 144, 202, 208

Dunyā 36, 42, 76, 143, 304, 305

E

éléments 46, 47, 48, 50, 51, 52, 62, 148, 154, 157, 170, 175, 180, 202, 205, 211, 216, 217, 220, 228, 241, 249, 260, 265, 266, 268, 269, 277, 280, 281, 311, 312, 313, 314, 315, 316, 318, 322, 330
éléments complexes 251
éléments composés 249
éléments particuliers 267
éléments simples 216, 217, 249, 266, 312
émanation 49, 50, 61, 173
émergence 49, 51, 57, 58, 61, 62
enfer 77, 81, 99, 114, 135, 139, 152, 158, 165, 168, 177, 179, 197, 202, 205, 209, 211, 229, 236, 241, 249, 263, 281, 300, 306, 315, 326
Enfer 124, 144, 185, 210, 212, 226
escabeau 170, 241, 244
Escabeau de Dieu 170
espace 148, 159, 167, 215, 216
Esprit Saint 311
essence 43, 44, 46, 47, 48, 49, 50, 58, 59, 60, 65, 66, 68, 69, 74, 132, 138, 144, 145, 148, 149, 161, 172, 194, 200, 207, 228, 249, 252, 254, 297, 312, 316, 330, 331
Essence 138
essence de Dieu 68
essence divine 60
Essence, Djawhar 56
Eternel 316
éternel 46, 47, 52, 58, 60, 61, 69, 71, 108, 114, 148, 154, 155, 159, 167, 168, 210, 216, 217, 226, 229, 233, 248, 280, 302, 303, 317, 326
Éternel 313
éternité 41, 47, 48, 59, 60, 71, 92, 144, 145, 148, 155, 162, 168, 169, 178, 204, 206, 216, 217, 220, 221, 233, 248, 267, 278, 315, 318
éternité de Dieu 46, 148
éternité de la cause 47
éternité du monde 46, 47, 48, 60, 148, 150
éternité par essence 48
être premier 146
Ève 181, 254, 317, 330
éveil 84, 188, 283, 285, 326
ex nihilo 150
Ex nihilo 266
existant 43, 44, 45, 46, 47, 48, 49, 50, 57, 58, 60, 159, 171, 172, 219, 220, 233, 248, 312
existence 41, 42, 43, 44, 45, 46, 47, 48, 49, 50, 52, 60, 66, 71, 83, 120, 122, 125, 148, 149, 151, 155, 161, 164, 165, 171, 172, 173, 211, 212, 215, 218, 225, 241, 249, 266, 273, 274, 279, 280, 297, 302, 312, 315, 331
existence de Dieu 47, 48, 53, 59, 60
existence par obligation 159
Ezraïl 130

F

faculté de connaissance 324, 325
faculté imaginative, *al-Quwwa al-Mutakhayyila* 83
faculté pratique de l'âme, *al-Quwwa al-Nafsiyya al-`Amaliyya* 83
faculté théorique et rationnelle, *al-Quwwa al-Naẓariyya al-`Aqliyya* 83
Farābī 34, 35, 37, 39, 43, 46, 47, 49, 111, 139, 143, 144, 245, 318
Fayḍ 148

Fiṭra 169, 171, 175
forme 34, 45, 46, 47, 48, 49, 56, 60, 61, 148, 161, 214, 277, 282
forme du monde 46

G

Gabriel 31, 110, 120, 121, 122, 123, 130, 144, 237, 238, 239, 248, 253, 282, 286
genre du monde 47
Ghayb 52, 153, 247, 330
Ghayb, le monde caché 52, 247
Ghazālī 32, 33, 34, 35, 36, 37, 38, 39, 41, 42, 47, 48, 51, 61, 67, 83, 84, 91, 92, 94, 95, 139, 143, 162, 172, 176, 206, 218
Grecs 148

H

Ḥad al-Wudjūd 120
hadith 55, 101, 116, 117, 127, 129, 134, 138, 146, 150, 157, 164, 170, 178, 179, 186, 191, 201, 212, 218, 220, 240, 243, 273, 285, 304
Hadith 104
Ḥanbalītes 192
Ḥarrā' 108, 109
Ḥawāriyyūn 298
Hedjaz 112, 254
Hubal 34, 54, 145, 258, 268
Ḥudayfa 197
Ḥudūth 37, 57
Ḥudūth al-`Ālam 37
Hurayra 117, 122, 134, 154, 164, 169, 213, 218, 243, 246, 275, 276, 305
Huyūlī 168, 266

I

Iblis 130, 131
Iblīs 130, 131, 132, 149
Ibn `Abbās 113, 122, 126, 136, 156, 157, 212, 221, 232, 237, 240, 246, 247, 288
Ibn `Arabī 238
Ibn `Umar 115, 124, 146, 219, 226, 327
Ibn al-`Āṣ 137
Ibn al-Djawzī 164, 220
Ibn al-Khaṭṭāb 288
Ibn al-Musayyab 119, 275, 327
Ibn al-Ṣiddīq 31
Ibn Djabal 273
Ibn Ḥanbal 115, 119, 124, 135, 136, 139, 146, 182, 184, 200, 219, 227, 232, 244, 281, 284, 304
Ibn Isḥāq 35, 245
Ibn Ka`b 160, 197
Ibn Kathīr 136, 247, 248
Ibn Khillikān 20, 100, 230
Ibn Mādja 116, 117, 119, 120, 135, 137, 154, 196, 197, 212, 213, 214, 232, 273, 275
Ibn Mālik 133, 135, 157, 323, 326
Ibn Mas`ūd 125, 126, 197
Ibn Mish`ar al-Maqdisī 35
Ibn Mus`ūd 284
Ibn Qurra al-Ḥarrānī 35, 245
Ibn Refay ` 135
Ibn Rushd 73, 74
Ibn Sa`d 304
Ibn Sīnā 42, 74, 75, 76
Ibn Yāsir 140
Iḥyā' `Ulūm al-Dīn 32, 33, 218
imagination intellectuelle 43
Imkān 44, 228
immatériel 149

Immuable 44
infini 42, 65, 69, 71, 178, 216, 217
Influant 47
intellect de Dieu 51
intemporel 160
inventeur 41, 46, 266
Iqbal 20
Ishārāt 45
Ishārāt wa al-Tanbīhāt 42, 43, 44
Islam 18, 20, 31, 33, 34, 36, 77, 99, 100, 102, 103, 110, 113, 122, 126, 129, 134, 135, 137, 138, 139, 140, 141, 142, 150, 156, 164, 166, 169, 184, 192, 194, 224, 233, 245, 255, 256, 259, 260, 268, 278, 292, 319
Isnād 55, 101, 115, 127, 135, 136, 139, 232
Isrāfīl 157, 237

J

Jérusalem 119
Jésus 135, 141, 254, 298
jour dernier 80
jugement dernier 73, 270, 280

K

Ka`b 234
Kaaba 108, 207, 300
Kalābādhī 155
Kalām 260
Karāmiyya 303
Kashf `an Manāhidj al-Adilla 85, 86
Khadidja 110
Khash `An Manāhidj al-Adilla 73, 74
Khaṭīb al-Baghdādī 100, 124
Kindī 35, 245
Kitāb al-Luma` 32
Kitāb al-Ta`rīfāt 144, 202
Kitāb Risālat al-Qushayrī 32
Kufr, mécréance 48
Kursī 170, 241, 242

L

la Loi, *Sharī`a* 31, 35, 95
la sagesse divine 144
Lât 222
Lāt 34, 54, 145, 268
Lawḥ 84, 156, 215, 227, 240
Lawḥ al-Maḥfūḍ 97
l'existent possible 45
livre de Dieu 116, 125, 137
l'ordre divin 62, 105, 158, 171, 172, 173, 175
lumière 22, 48, 54, 59, 62, 71, 74, 80, 81, 93, 97, 101, 104, 107, 114, 117, 123, 144, 145, 146, 155, 156, 158, 164, 168, 169, 172, 174, 175, 177, 180, 186, 194, 198, 207, 210, 211, 214, 219, 220, 221, 222, 226, 227, 233, 238, 240, 243, 248, 260, 265, 267, 269, 270, 276, 283, 289, 292, 310, 315, 321, 322, 326, 327
lumière divine 147
lumière originelle 219
lumières 309
lumières divines 144
lumières éternelles 108, 113
lune 51, 83, 107, 148, 161, 163, 184, 220, 231, 243, 255, 258, 260, 268, 276, 311, 315

M

Ma`lūl 43, 47, 175
Ma`lul al-Awwal 157

Madjūsī, Zoroastre 147
Madjūs, zoroastrisme 147
Madkūr 20
Makkī 32, 34
Malakūt 153, 174, 178, 271, 325, 329, 330
malheur 75, 76, 97, 107, 170, 183, 184, 199, 317
manichéens 34, 171, 172, 175
Mannāniyya 137
Maqāṣid al-Falāsifa 33
Masā'il al-Falsafiyya 46
matériel 149
matière 45, 46, 47, 60, 61, 74, 155, 255, 279, 285, 330
matière du monde 48
matière première 47, 168, 174
Mātrīdī 155
mauvaise action 193
mazdéens 59, 171, 175
Mecque 89, 119, 300, 323
Médine 183
message 85, 111, 117, 120, 121, 122, 123, 124, 137, 153, 211, 221, 241, 282, 283
métaphysique 20, 39, 176, 208
Milal wa al-Niḥal 132
miracle 84, 85, 86, 89, 257, 285
miracles 83, 84, 88, 94, 269, 271, 291, 298
miroir 123, 165, 214, 224, 229, 241, 249, 278, 310, 313
Miséricordieux 124, 172, 185, 226, 257
Moïse 110, 135, 246, 248, 254, 290, 291
monde 41, 42, 44, 45, 46, 47, 48, 49, 50, 51, 52, 53, 56, 59, 60, 61, 63, 73, 92, 120, 140, 144, 148, 149, 159, 161, 167, 178, 198, 206, 208, 225, 229, 231, 245, 246, 249, 267, 271, 277, 278, 282, 284, 285, 290, 296, 299, 306, 311, 314, 315, 316, 325, 329
monde apparent 145
monde caché 93, 98, 106, 120, 144, 153, 154, 158, 162, 163, 165, 169, 172, 197, 198, 204, 208, 210, 239, 241, 244, 247, 249
monde de Dieu 49
monde de gouvernance 158
monde de la création 55, 56, 179, 181
monde de la gouvernance 174
monde de la royauté 98, 153, 216
monde de la sagesse 120
monde de l'Au-delà 80, 93, 325, 329, 331
monde de l'Au-delà 253, 279, 325, 329
monde de l'ordre 49, 55, 56, 179, 181, 198, 330
monde de témoignage 228
monde d'ici-bas 88
monde du rapprochement 121, 239
monde du témoignage 56, 61, 62, 63, 208, 210, 216, 221, 225, 230, 236, 238, 241, 244, 249
monde ésotérique 173
monde ici-bas 73, 80, 81, 90, 239, 244
monde invisible 62, 279
monde matériel sensible 279
monde multiple 50
mondes caché 156
mondes cachés 157, 233
monde sensible 241, 245, 258, 306, 311, 317, 321, 329, 330, 331
mondes invisibles 139
monde supérieur 249
monde temporel 98, 117, 153, 154,

158, 169, 172, 174, 176, 179, 197
monde visible 260, 275
monde voilé 197
monde voilé et caché 190
mort 19, 36, 138, 150, 155, 165, 168, 205, 238, 240, 258, 297, 321, 322, 323, 324, 326, 327, 328, 329, 331
Mu`āwiya 285
Mu`tazilītes 192, 303
Mubdi' 41
Mudjāhid 124, 136, 156, 221, 226, 239, 240, 288
Mufassir 35, 245
Muhammad 108, 133, 138, 139, 156, 183, 212, 234, 237, 240, 249, 256, 289, 316, 324
multiple 49, 51, 56, 59, 60, 61, 62, 146, 148, 159, 206
Multiple 56
multiples 146
multiplication 71, 105, 129, 130, 148, 159, 265
multiplicité 58, 59, 60, 65, 68, 93, 120, 146, 147, 173, 265, 266
Mumkin 44, 58
Mumkin al-Wudjūd 44, 48, 58, 62, 159, 173
Munqidh mina al-Ḍalāl 38, 176
Muslim 111, 136, 168, 186, 191, 200, 212, 213, 240, 250, 281, 285, 287, 313, 330

N

Nadjāt 76
Naḥwī 35, 245
naissance naturelle 52
naissance symbolique 52, 98, 211, 212, 215
Nāṣir 19, 99, 280
Nāṣir li Dīn Allah 34, 99, 100, 109, 199
nature originelle 56, 62, 105, 169, 171, 172, 174, 175, 177, 179, 180, 195, 196, 238, 239
nature originelle, *al-Fiṭra* 56
néant 41, 42, 45, 46, 47, 48, 49, 71, 149, 178, 252, 267
nécessaire 44
nécessaire existant 47, 50, 51, 58, 60
nécessité 42, 43, 44, 260, 312
nécessité de l'existant 43, 44, 62
nécessité de l'existence 173
nécessité d'existant 42, 44, 48, 50, 53
Noé 135, 220
nom de Dieu 97, 124, 165, 226, 310
noms 158, 160, 165, 174
noms de Dieu 53
noms divins 149
non-existant 44, 45
non-existence 44, 45, 46
Nūn 164, 223

O

obligation 42, 44, 58, 62, 116, 173, 180, 188, 228
obligation de l'existant 47
obligatoire 44, 45
ordre 174, 180
ordre de Dieu 56, 101, 121, 160, 227, 244, 330
ordre divin 220
ordre éternel 215

P

paradis 81, 93, 133, 135, 139, 155, 156, 158, 165, 168, 177, 179, 191,

204, 209, 211, 229, 241, 244, 249, 263, 271, 272, 273, 275, 276, 277, 279, 280, 281, 300, 315, 327
Paradis 124, 131, 168, 184, 186, 210, 212, 226, 240
parole de Dieu 49, 74, 81, 85, 119, 123, 154, 164, 167, 219, 245, 287, 291
parole divine 247, 311
particules 139
particulier 69, 70, 71, 108
particuliers 65, 66, 67, 68, 69, 70, 71, 84, 266, 330
perpétuel 99, 139, 155, 162, 168, 215, 216, 233, 248
philosophe 111
philosophes 18, 33, 34, 35, 36, 38, 39, 41, 42, 44, 45, 46, 47, 48, 49, 50, 51, 52, 53, 54, 55, 56, 57, 58, 59, 60, 61, 62, 63, 65, 66, 67, 68, 69, 70, 71, 73, 74, 76, 78, 80, 81, 83, 84, 88, 90, 91, 92, 93, 94, 95, 102, 106, 118, 129, 132, 138, 143, 144, 145, 147, 148, 149, 150, 153, 157, 158, 159, 160, 161, 167, 171, 172, 173, 174, 175, 176, 177, 178, 180, 184, 187, 188, 198, 200, 205, 206, 207, 208, 210, 211, 213, 215, 218, 219, 220, 221, 222, 223, 224, 225, 227, 228, 229, 231, 241, 244, 249, 251, 252, 258, 259, 268, 274, 275, 278, 286, 287, 292, 295, 297, 303, 305, 306, 309, 310, 311, 312, 318, 319, 322, 324, 325, 329, 331
philosophes grecs 36, 57, 206, 218
philosophes islamiques 57
philosophes musulmans 33, 34, 35, 36, 39, 52, 57, 139, 143, 146, 148, 172, 206, 208, 218
philosophie grecque 18, 33, 149, 153, 202
planètes 62, 63, 98, 157, 161, 162, 167, 169, 175, 216, 220, 228, 230, 231, 236, 249, 251, 258, 275
Platon 36, 37, 143, 144, 303, 318
possible 44, 45
possible de l'existence 173
possible existant 44, 45, 48, 50, 58, 62, 159, 173
Possible Existant 159
pouvoir de Dieu 88
préexistant 48
Préexistant 147
préexistence de Dieu 48
Premier 41, 43, 162
première Cause 266
Première Cause 55, 147, 148, 172, 173
première des Cause 138
première forme préexistante 48
première raison 57, 61, 146, 147, 228
principe de raisonnement, al-Ta`aqqul 50
prodiges 83, 88, 89, 94, 106, 271, 291, 292, 297, 299, 300
promesse 97, 105, 108, 156, 199, 200, 208, 240, 323
Prophète 21, 31, 38, 39, 54, 55, 75, 78, 85, 88, 92, 94, 97, 99, 102, 106, 108, 109, 110, 111, 112, 114, 115, 116, 117, 119, 120, 122, 123, 124, 126, 129, 133, 134, 135, 136, 137, 138, 156, 164, 165, 170, 174, 179, 183, 186, 191, 196, 197, 202, 203, 207, 212, 213, 218, 221, 222, 223, 224, 226, 232, 234, 238, 239, 240, 242, 243, 246, 250, 255, 256, 257, 259, 263, 273, 275, 276, 277, 281, 282, 283, 284, 285, 286, 287, 289,

290, 291, 296, 297, 298, 300, 303, 304, 305, 306, 307, 308, 316, 323, 324, 326, 327, 328, 330, 331
Prophète de Dieu 109, 154, 164, 165, 169
Prophète de Dieu, que les bénédictions et le salut de Dieu soient sur lui 54, 109, 112, 115, 116, 117, 119, 120, 121, 122, 146, 182, 184, 200, 212, 214, 218, 219, 220, 226, 237, 238, 239, 242, 246, 255, 256, 276, 277, 282, 283, 284, 285, 291, 303, 305, 326, 327
Prophètes 55, 58, 62, 80, 84, 86, 93, 94, 98, 99, 102, 106, 108, 111, 112, 120, 121, 124, 130, 139, 144, 151, 152, 153, 155, 158, 159, 160, 166, 171, 176, 177, 179, 180, 183, 184, 186, 198, 206, 208, 210, 211, 216, 217, 218, 219, 225, 227, 229, 230, 233, 234, 236, 241, 245, 248, 249, 251, 253, 258, 259, 278, 279, 291, 303, 305, 306, 307, 309, 310, 316, 318, 319, 325, 326, 327, 329, 330, 331
prophétie 75, 85, 86, 111, 112, 139, 151, 177, 218, 281, 283, 290, 327
Puissance 251, 260, 267, 277, 313
puissance éternelle 57, 159, 190, 267
punition 75, 150, 164, 173, 179, 269, 278

Q

Qadar 129, 135, 150, 176, 193, 196, 197
Qadariyya 194
Qayyūm 44
Qibla 119
Qidam 47, 178
quatre éléments 52, 202, 211, 238
Qun, sois 49
Qun/sois 49
Quraysh 115, 323
Qurb 121
Qushayrī 32
Qūt al-Qulūb 32

R

raison 18, 35, 42, 46, 50, 51, 53, 54, 55, 56, 61, 62, 66, 70, 73, 75, 76, 80, 94, 102, 105, 110, 144, 148, 156, 157, 158, 161, 162, 164, 165, 171, 173, 175, 178, 179, 180, 182, 183, 184, 185, 190, 194, 195, 198, 206, 208, 210, 216, 217, 220, 223, 224, 225, 228, 231, 233, 247, 249, 252, 257, 259, 264, 266, 268, 277, 278, 279, 281, 288, 290, 305, 306, 311, 312, 314, 315, 316, 317, 318, 329, 330, 331
raison active 146
raison humaine 42, 51, 93, 215, 241, 244
raison naturelle, `Aql Fiṭrī 180
raison originelle 210
raison première 50, 51, 53, 55, 58, 60, 61, 62, 146, 174, 217, 228, 229, 314, 330
raison secondaire 217
raison seconde 61
Rashf al-Naṣā'iḥ 34, 35, 36, 37, 38, 39, 55, 56, 57, 58, 59, 60, 63
Rashf al-Naṣā'iḥ al-Īmāniyya 24, 36, 53, 54, 55
Rasm al-Wudjūd 120
récompense 54, 73, 74, 75, 76, 78, 80, 81, 93, 97, 105, 150, 155, 164, 179, 193, 201, 206, 223, 271, 272, 297, 321

récompenses 74, 204, 205
Réfutation des Philosophes 36
religion 18, 31, 36, 46, 47, 49, 50, 53, 57, 73, 74, 75, 76, 84, 85, 92, 100, 102, 103, 104, 105, 111, 112, 113, 114, 117, 118, 119, 120, 122, 126, 133, 134, 135, 136, 137, 139, 141, 142, 146, 156, 162, 163, 171, 174, 175, 192, 196, 198, 250, 255, 257, 264, 285, 298, 319, 326
Résolution, al-Ikhtiyār 61
résurrection 73, 74, 75, 76, 77, 78, 79, 80, 81, 93, 105, 119, 122, 133, 139, 164, 199, 200, 203, 206, 208, 209, 211, 221, 222, 223, 247, 274, 280, 300, 315, 323
Résurrection 210
rêve 109, 177, 187, 188, 280, 281, 287, 328
révélation 80, 85, 109, 110, 111, 113, 115, 117, 120, 121, 123, 144, 152, 186, 187, 210, 222, 254, 255, 259, 260, 282, 283, 295, 328
rêves promontoires 109
royauté 62, 162, 174, 179, 198, 216, 221
Rūḥ 156
Rūḥ al-Qudus 173

S

Sa`īd Ibn Djubayr 222
sabéens 171
sacré 144
sagesse 35, 62, 98, 106, 120, 121, 131, 142, 144, 145, 146, 151, 158, 161, 162, 171, 172, 174, 175, 176, 179, 189, 190, 191, 193, 214, 216, 217, 228, 229, 253, 256, 257, 277, 286, 289, 290, 301, 309, 314
sagesse divine 189
Saint-Esprit 62, 146, 173, 175, 279
Saint-Esprit, al-Rūḥ al-Qudus 61
Saldjuqide 99

Ṣ

Ṣalṣāl 132

S

savoir 35, 66, 67, 69, 98, 99, 117, 136, 137, 138, 139, 144, 150, 151, 152, 155, 161, 164, 181, 183, 184, 194, 195, 208, 212, 217, 231, 245, 249, 303, 318
savoir absolu 98
savoir de Dieu 66
savoir divin 65, 68, 69, 70, 71
savoir humain 69, 70
savoir partiel 98, 99
savoir universel 98
Sayūtī 236, 240
science 22, 35, 37, 65, 66, 67, 69, 70, 71, 75, 80, 84, 86, 88, 92, 93, 97, 98, 100, 101, 103, 105, 108, 125, 142, 143, 144, 148, 151, 152, 158, 164, 205, 208, 213, 214, 215, 218, 220, 224, 226, 227, 230, 233, 239, 251, 264, 265, 266, 267, 277, 279, 285, 286, 289, 290, 291, 297, 303, 309, 313, 314, 316, 319, 322, 325, 328, 329, 331
science absolue 98
science de Dieu 67, 68
science divine 70, 71, 93, 309
sciences 152

sciences ésotériques 108
sciences légales 99, 102
second conséquent 58
seconde raison 58, 61, 62, 174, 230
Seldjoukides 34
Shihāb al-Dīn 125, 194
Shihāb al-Milla wa al-Dīn 233
Shihristānī 131
Shīrāzī 91

Ṣ

Ṣiddīqīn 43
Ṣiddīqiyya 31

S

Sidjrī 35
Siharaward 17
Siharawardī 17, 20, 24, 31, 32, 33, 34, 35, 36, 37, 38, 39, 51, 52, 53, 54, 56, 57, 59, 60, 61, 63, 68, 69, 70, 71, 77, 78, 80, 81, 88, 89, 90, 91, 92, 93, 94, 125, 156, 171, 175, 180, 192
Siharawardiyya 31
simple 61
Simple 56
Simt al-Nudjūm al-`Awālī 34
situation de témoignage 120
Socrate 36, 257
souffle 118, 120, 172, 177, 180, 181, 183, 205, 210, 227, 236, 292, 297
sphères célestes 50, 236

Ṣ

Ṣubaygh 140
Subsistant 44

S

Sunna 18, 32, 52, 103, 105, 113, 116, 117, 125, 126, 146, 155, 164, 186, 197, 201, 237, 255, 273, 277, 280, 285, 334
sunnites 155, 188
surgissement 49, 50

T

Ta`aqqul 51, 53

Ṭ

Ṭabarānī 55, 207, 240, 246, 247, 291, 305
Ṭabarī 113, 127, 132, 134, 138, 157, 179, 253, 335

T

tablette protégée 97, 227
tablette réservée, al-Lawḥ al-Maḥfūẓ 84
Tahāfut 47
Tahāfut al-Falāsifa 33, 36, 37, 42, 61, 76, 83, 91, 143
Tanzīh, l'exemption 50
Tārīkh Baghdād 100
Taymiyya 192
témoignage 176, 216
temporel 47, 66, 153, 176
temps 38, 41, 46, 47, 48, 49, 59, 60, 61, 66, 69, 89, 125, 148, 149, 150, 155, 158, 159, 167, 209, 215, 216, 217, 244, 252, 260, 267, 278, 280, 285, 296, 297, 299, 300, 301, 316, 319, 325, 330, 331

texte révélé 22, 107, 311
Thābit Ibn Qays 328
Tirmidhī 116, 119, 124, 134, 146, 184, 201, 212, 219, 240, 243, 273, 280, 304
Torah 131, 132, 207, 330
troisième cause 205
trône 88, 108, 235, 237, 239, 242, 243, 244, 246, 273, 276
Trône 156, 157, 170, 207, 220, 222, 234, 235, 239, 240, 248, 296, 311, 316, 327

Ṭ

Ṭūsī 32, 42, 45, 46, 87, 230

U

Uḍḥawiyya 74, 77
Uḍḥawiyya fī al- Mī`ād 74
'Uḥud 225
Uḥud 196, 197
Um 'Ayman 297
un 49
Un 43, 48, 49, 50, 51, 53, 56, 57, 58, 59, 62, 108, 122, 146, 147, 148, 159, 165, 172, 173, 206, 248, 278, 312, 313, 314, 330
unicité 196, 265
unicité de Dieu 49, 146, 155, 260
univers 44, 47, 56, 61, 62, 71, 111, 119, 146, 147, 148, 159, 160, 161, 162, 171, 178, 181, 190, 208, 230, 245, 246, 254, 266, 267, 278, 280, 281, 308, 310, 312, 315, 317, 318, 329, 331
universel 69, 70, 71, 205, 206

V

Vérité, Ḥaqīqa 95
vicaire de Dieu 78
vie future 36, 101, 139, 224, 295
vie ici-bas 325
voie droite 101, 177, 225, 264
voile 62, 71, 88, 174, 175, 191, 222, 239, 243, 258, 259, 267, 301, 325, 326
volonté 19, 38, 57, 58, 60, 61, 62, 87, 93, 105, 118, 120, 121, 131, 144, 147, 149, 150, 151, 153, 155, 159, 172, 174, 175, 190, 191, 194, 195, 197, 205, 210, 216, 222, 229, 230, 236, 249, 251, 252, 256, 266, 268, 310, 313, 317, 324
Volonté, al-Irāda 61
volonté de Dieu 19, 121, 144, 215, 317
volonté divine 62, 93, 120, 150, 159, 173, 203, 219, 228
volonté éternelle 61, 159, 229

W

Wādjib 44
Wādjib al-Wudjūd 42, 43, 44, 47, 48, 50, 58, 148, 159, 173
Wafiyyāt al-A`yān 20
Waraqa Ibn Nawfal 110
Wudjūb 228
Wudjūd 44, 171

Y

Yasdan 147
Yazdan 59

Z